다문화 배경 학생을 위한
KSL 한국어 교육의 이해와 원리

- 다문화 시대 문식성 교육을 위한 한국어 교육과정 구성 방안 -

다문화 배경 학생을 위한
KSL 한국어 교육의 이해와 원리

- 다문화 시대 문식성 교육을 위한 한국어 교육과정 구성 방안 -

|김 윤 주|

한국문화사

다문화 배경 학생을 위한 KSL 한국어 교육의 이해와 원리
- 다문화 시대 문식성 교육을 위한 한국어 교육과정 구성 방안 -

1판1쇄 2014년 3월 15일
2판1쇄 2015년 6월 30일

지은이 김 윤 주
펴낸이 김 진 수
펴낸곳 **한국문화사**
등 록 1991년 11월 9일 제2-1276호
주 소 서울특별시 성동구 광나루로 130 서울숲IT캐슬 1310호
전 화 (02)464-7708 / 3409-4488
전 송 (02)499-0846
이메일 hkm7708@hanmail.net
홈페이지 www.hankookmunhwasa.co.kr

ISBN 978-89-6817-240-3   93710

이 도서의 국립중앙도서관 출판예정도서목록(CIP)은 서지정보유통지
원시스템 홈페이지(http://seoji.nl.go.kr)와 국가자료공동목록시스템
(http://www.nl.go.kr/kolisnet)에서 이용하실 수 있습니다.
(CIP제어번호 : CIP2015017216)

이 책은 2012년 12월에 제출한 필자의 박사 학위 논문『다문화 배경 학생 대상 한국어 교육과정 구성 방안 - 다문화 시대 문식성 교육을 중심으로』를 손질하여 책으로 펴낸 것이다.

논문의 주제를 정한 후 자료를 수집하며 공부하던 당시만 해도 초·중·고등학교 내 KSL 한국어 교육은 아직 본격화되지 않은 상황이었다. 논문 집필이 시작된 이후 2012년 3월 '다문화 학생 교육 선진화 방안'이 발표되고 몇 달 후엔 한국어 교육과정이 고시되었으며 2013년 말에는 한국어 교재는 물론 교사용 지도서까지 출간되기에 이른다. 필자가 자료 수집을 시작하던 당시 3만여 명에 그치던 취학 다문화 가정 학생 수도 2년여 만에 어느새 6만 명에 육박하는 수준이 되었다.

묻어 두고 싶은 박사 학위 논문을 굳이 책으로 펴내기로 한 것도 이런 이유에서이다. 급물살을 타고 있는 교육 현장의 변화를 보고 있자니 논문에 담아낸 고민이 저만치 상류 강기슭 어디에 두고 온 짐 보따리처럼 느껴졌다. 이렇게나마 세상에 내어 놓으면 어딘가에서 같은 생각으로 공부하고 있을 누군가에게는 작은 도움이 될 수도 있을 것이라 생각했다. 필자 자신에게도, 새로운 국면으로 접어든 학교 내 다문화 배경 학생 대상 한국어 교육 연구를 위해 그간의 묵은 흔적들을 정리할 필요가 있었다.

다문화 사회에서의 소위 주류 대상 교육과 소수자 대상 교육, 학교 내 제2언어 교육, 문식성 교육, 계승어 교육 등의 주제에 관한 어설픈 고민이 시작된 시점은 2004년 무렵이다. 당시 필자는, 서너 달 후면 만 세 살, 여섯 살이 되는 두 딸을 데리고 '미국에서 5년 살기' 프로젝트를 시작한 참이었다. 미국의 초등학교와 유치원에 아이들을 넣어 놓고 정기적으로 학교 수업과 행사에 참여하며 ESL 교육을 경험하였고, 한편으로는 한글학교를 설립하고 운영하며 계승어로서의 한국어 교육 현장을 지키는 귀중한 체험을 하게 된 것이다. 학교뿐만 아니라 학회와 세미나를 통해 만나는 미국 교사와 교수, 연구자들은 필자로 하여금 다양한 각도에서의 사고를 가능하게 했다.

미국 공립학교의 다언어·다문화적 환경은 한국의 상황과 물론 다르다. 미국은 2020년이면 공립학교의 절반이 유색인 학생들로 채워질 것이라지만 한국은 2050년에야 전체 인구의 10%가 외국인이 될 것으로 전망된다. 그렇지만 동북아 정세와 관련한 우리만의 특수한 상황, 통일 시대를 앞두고 풀어야 할 문제들은 또 다른 차원에서의 다문화적 논의를 필요로 하는 과제들이다. 연구자로서 교육자로서 더 열심히 공부해야 할 이유이기도 하다.

서문을 통해 고마움을 표하고 싶은 분들이 많다.

뒤늦게 다시 공부를 하겠다고 안정적인 직장까지 뒤로 하고 대학 강의실로 돌아온 필자의 대책 없는 모험을 처음부터 따뜻하게 지켜봐 주신 홍종선 선생님께는 살아가는 내내 모시며 갚아야 할 은혜가 너무도 깊다. 국어 교육자였던 필자가 한국어 교육 전문가로 거듭날 수 있도록 다양한 현장 경험의 기회를 베풀어 주시며 필자의 능력에 과분한 신뢰를 보내 주신 김정숙 선생님께도 깊은 감사의 마음을 전한다. KSL 한국어 교육이 우리의 공교육 체계에 자리 잡을 수 있기까지 여러 정책 연구를 지휘해 오신 원진숙 선생님과 함께 해 온 시간들도 소중하고 고마울 뿐이다.

언제나 편안한 미소와 덕담으로 마음을 녹여 주시는 최호철 선생님, 논문 심사 때 참고하라며 한 뭉치 책들을 손수 싸다 주신 김중섭 선생님, 석사과정 지도 선생님이시지만 자주 찾아뵙지 못해 늘 마음 한구석에 죄송스럽기만 한 이남호 선생님께도 감사의 마음을 전한다. 은퇴 후에도 여전한 열정으로 지내시는 박영순 선생님, 한결같이 반갑고 든든한 모교의 전경욱 선생님, 고형진 선생님, 이관규 선생님, 신지영 선생님, 학부 시절부터 특별한 추억을 함께 해 온 전은주 선생님과 김유범 선생에게도 고마움을 전한다.

인생의 소중한 시기를 함께 한 모교의 동학과 선후배들, 바쁜 학교 일정 중에도 설문 조사에 정성껏 답해 준 교사 친구들과 전국 각지의 선생님들께 고마움을 전한다. 새롭게 시작한 직장 생활이 외롭지 않도록 많은 도움을 주고 계신 홍익대학교의 여러 선생님들께도 감사드린다. 일을 통해 닿은 인연이지만 살뜰하게 챙겨 주시는 장인실 선생님, 권순희 선생님, 이숙 선생님, 임철호 선생님, 박동규 선생님, 정주리 선생님께도 고마움을 전하고 싶다. 어려운 출판 여건에도 흔쾌히 책 출간을 결정하고 도와주신 한국문화사 김태균 부장님, 박재형 팀장님, 김진수 사장님과 편집부 여러분께 감사드린다.

벌여 놓은 일이 많아 늘 분주하기만 한 딸을 안쓰럽게 지켜보며 든든한 버팀목이 되어 주시는 부모님, 부족한 며느리를 멀리서 응원해 주고 계시는 시부모님, 언제나 든든한 지원군인 두 동생과 가족들에게도 고마움을 전한다. 마지막으로, 단조로운 일상을 다채로운 색으로 물들이며 끊임없이 삶의 영감을 제공해 주는 나의 큰 자랑이고 기쁨인 두 딸 예린과 소야, 세상에서 가장 친한 친구로 인생을 풍요롭게 해 주는 고마운 남편 부형욱 박사에게 깊은 감사와 사랑을 전한다.

2014년 2월 봄으로 가는 길목,
서울 와우산로 연구실에서

■ 차례

01 서론 ___ 3

1. 연구의 목적과 필요성 ___ 3
    1.1. 다문화 배경 학생의 개념 ___ 6
    1.2. 다문화 배경 학생 현황과 특성 ___ 14
2. 선행 연구 검토 및 문제 제기 ___ 21
    2.1. 다문화 교육 관련 연구 ___ 21
    2.2. 다문화 시대 문식성 교육 및 국어교육 관련 연구 ___ 23
    2.3. 다문화 가정 자녀 대상 한국어 교육 관련 연구 ___ 25
3. 연구 주제와 방법 ___ 29

02 다문화 시대 문식성 교육을 위한 이론적 검토 ___ 32

1. 다문화 사회 학교 내 언어 교육 ___ 33
    1.1. 다문화 교육의 개념과 목표 ___ 33
    1.2. 다문화 교육의 내용과 방법 ___ 43
    1.3. 다문화 교육과 언어 교육 ___ 50
2. 다문화 시대의 문식성 교육 ___ 54
    2.1. 문식성의 개념 확장 ___ 55
    2.2. BICS와 CALP ___ 60
    2.3. 기본 문식성과 학업 문식성 ___ 66
    2.4. 다문화 문식성 ___ 69
3. 다문화 배경 학생 한국어 교육을 위한 언어 교육 접근법 ___ 73
    3.1. 내용 중심 접근법 ___ 74
    3.2. 과제 기반 접근법 ___ 81
    3.3. 사회문화적 구성주의 관점 ___ 86

03 KSL 교육과정 구성을 위한 해외 및 국내 사례 분석 ___ 91

1. 미국의 자국어 교육과정과 ESL 교육과정 ___ 92
   1.1. 영어 학습자(ELL)의 개념 ___ 94
   1.2. 자국어 교육과정과 ESL 교육과정의 구성 체계 ___ 97
   1.3. 자국어 교육과정의 특징 ___ 102
   1.4. ESL 교육과정의 특징과 시사점 ___ 124

2. 미국의 ESL 교육과정, WIDA ___ 136
   2.1. WIDA의 개발 배경 ___ 136
   2.2. WIDA 교육과정의 내용 체계와 구성 요소 ___ 138
   2.3. 모델수행지표(MPIs)와 구성 요소 ___ 145

3. 일본의 JSL 교육과정 ___ 149
   3.1. JSL 교육과정 개발 배경과 교육 현황 ___ 150
   3.2. JSL 교육과정의 구성 체계 ___ 153
   3.3. 토픽형과 교과지향형 ___ 155
   3.4. JSL 교육과정의 특성과 시사점 ___ 159

4. 유럽공통참조기준 ___ 162
   4.1. 유럽공통참조기준의 개발 배경과 특징 ___ 162
   4.2. 유럽공통참조기준의 등급 체계 ___ 165

5. 한국어 교육과정 ___ 167
   5.1. 국제 통용 한국어 교육 표준 모형 ___ 168
   5.2. 초·중·고등학교 한국어(KSL) 교육과정 ___ 172

6. 미국, 일본, 한국 교육과정의 비교 ___ 178

04 다문화 배경 학생 대상 한국어 교육 현황 및 요구 분석 ___ 180

1. 다문화 배경 학생 대상 한국어 교육 프로그램 분석 ___ 181
   1.1. 다문화 배경 학생 대상 한국어 교육 현황 ___ 181
   1.2. 다문화 배경 학생 한국어 교육 현장 참관 ___ 184
   1.3. 다문화 배경 학생 한국어 교육 프로그램 분석 ___ 186

2. 다문화 배경 학생용 한국어 교재 분석 ___ 200
   2.1. 다문화 배경 학생용 한국어 교재 현황 ___ 202
   2.2. 분석 대상 선정 및 분석 기준 설정 ___ 208
   2.3. 교재 분석 결과 ___ 212

3. 다문화 시대 문식성 교육 관점에서의 국어과 교육과정 분석 ___ 223
   3.1. 국어과 교육과정의 구성 체계와 목표 ___ 225
   3.2. 국어과 교육과정 성취기준의 성격 ___ 228

4. 다문화 배경 학생 대상 한국어 교육 요구 분석 ___ 239
   4.1. 설문 조사 방법과 표본 구성 ___ 240
   4.2. 설문 조사 내용과 결과 분석 ___ 245
   4.3. 서술형 응답 및 면담 결과 분석 ___ 275

05 다문화 배경 학생 대상 한국어 교육과정 구성 방안 ___ 292

1. 한국어 교육과정 설계의 기초와 원리 ___ 293
   1.1. 한국어 교육과정의 대상 ___ 296
   1.2. 다문화 배경 학생 대상 한국어 교육과정 구성 원리 ___ 298

2. 한국어 교육과정 구성 방안 ___ 319
   2.1. 한국어 교육과정의 목표 ___ 320

2.2. 한국어 교육과정 구성을 위한 문식성의 개념 설정 ____ 320
2.3. 한국어 교육과정의 범주(scope) 설정 ____ 327
2.4. 한국어 교육과정의 위계(sequence) 설정 ____ 336

3. 한국어 교육과정 운영 방안 ____ 340

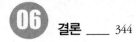 **결론** ____ 344

■ 참고 문헌 ____ 349
■ 참고 자료 ____ 365

다문화 배경 학생을 위한
한국어 교육의 이해와 원리

- 다문화 시대 문식성 교육을 위한 KSL 교육과정 구성 방안 -

01 ___ 서론

02 ___ 다문화 시대 문식성 교육을 위한 이론적 검토

03 ___ KSL 교육과정 구성을 위한 해외 및 국내 사례 분석

04 ___ 다문화 배경 학생 대상 한국어 교육 현황 및 요구 분석

05 ___ 다문화 배경 학생 대상 한국어 교육과정 구성 방안

06 ___ 결론

서론

1. 연구의 목적과 필요성

본 연구는 초·중·고등학교에 재학 중인 다문화 배경 학생을 위한 한국어(KSL: Korean as a Second Language) 교육의 본질과 원리에 대해 탐색하고 한국어(KSL) 교육과정 설계 방안을 마련하는 것을 목적으로 한다.

국내에 체류하는 외국인의 수가 점차 증가하고 있다. 1990년까지만 해도 그 수가 5만여 명에 불과해 전체 인구의 0.11%에 그치던 것이 2007년에는 100만 명을 넘어섰고, 2015년 현재 178만7,728명으로 전체 인구의 3.5%에 이른다.[1] 2050년에는 전체 인구의 9.2%까지 증가할 것으로 예상되며, UNESCO 등 세계기구에서는 한국을 이미 다문화 국가, 이민 국가로 규정하고 있다(장미혜 외, 2008; 장한업 2009a).

최근에는 그 자녀의 수도 급격히 증가하고 있다. 안전행정부의 통계

---

[1] 본 연구가 진행되던 2011~2012년 당시만 해도 2011년 통계 자료를 기반으로 집필될 수밖에 없었으나 이후 통계 자료가 새롭게 발표되고 있다. 따라서 필요에 따라 새로운 통계 수치를 본문이나 각주에 반영하였음을 밝혀 둔다.

에 따르면, 2013년 현재 만 18세 이하의 외국인 자녀 수는 19만1,328명이다. 2008년 5만8,007명이던 것에 비하면 5년간 3.3배 증가한 수치다. 또한 교육부의 자료에 따르면 2014년 현재 초·중·고등학교에 재학 중인 다문화 가정 학생 수는 모두 6만7,806명으로 전체 학생 수의 1.07%에 해당한다.[2] 이는 전년에 비하면 22% 가까이 증가한 수치이며, 다문화 가정 학생 수를 처음 조사하기 시작한 2006년의 9,389명에 비하면 7배도 넘게 증가한 수치다.

〈그림 1〉 다문화 가정 학생 수 변화 (2014.4.1 기준)

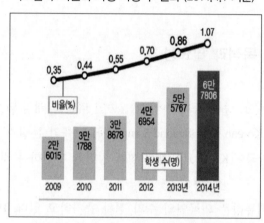

(출처: 교육부)

학교급별로는 초등학생이 전체 다문화 가정 학생 수의 71.2%, 중학생이 18.5%, 고등학생이 10.3%를 차지하고 있다. 2011년을 기준으로 다문화 가정 학생이 1명 이상 재학 중인 학교는 7,989개교로 전체 초·중·고등학교의 71.8%에 이른다. 현재 초·중·고 학령인구가 연평균 약 22만 명씩 감소하고 있음에 반해 다문화 가정 학생 수는 연평균 약 8천-1만

---

[2] 본 연구가 진행되던 2011년 당시만 해도 3만 8,678명으로 전체 학생 수의 0.55%에 그쳤으나 이후 더욱 가파른 증가세를 보이고 있다.

명씩 증가하고 있다. 이러한 추세라면 다문화 가정학생 수는 3년 안에 10만 명을 넘어설 것으로 보인다.

이처럼 초·중·고등학교에 재학 중인 다문화 배경 학생[3] 및 한국어 학습자는 급속한 속도로 증가하고 있지만 우리의 교육정책과 교육 현장의 변화는 그에 따라가지 못하고 있는 것이 사실이다. 학계에서도 이와 관련하여, 다문화 교육 방안, 다문화 배경 학생 대상 한국어 교육 방안, 다문화 사회 국어교육의 새로운 방향 모색 등에 관한 다양한 논의들이 이루어지고는 있으나, 아직 연구의 역사가 길지 않다보니 축적된 성과가 크지 않고 지엽적인 논의에 그치고 있는 실정이다.

이에 본 연구는 다문화 사회 학교 내 언어 교육의 문제에 관해 논의하고, 다문화 배경 학생 대상 한국어 교육과정 구성 방안을 마련하고자 한다. 특히 다문화 시대 문식성 교육의 중요성에 착안하여, 문식성의 개념을 역사적으로 고찰하고 다문화 시대에 문식성의 개념은 어떤 관점에서 정의되어야 하는지 논의해 볼 것이다. 또한 미국의 ESL 교육과정, 일본의 JSL 교육과정 등 해외 사례 분석을 통해 초·중·고등학교에 재학 중인 다문화 배경 학생을 위한 한국어 교육과정은 어떻게 구안되어야 하는지 그 구성 방안에 관해 논의할 것이다.

아울러 다문화 사회의 구성원으로서 소위 주류 학습자를 대상으로 한 국어교육과 인종적·민족적, 언어적·문화적 소수자에 해당하는 다문

---

[3] '다문화 학생'은 2012년 3월 교육과학기술부에서 발표한 「다문화 학생 교육 선진화 방안」에서 사용하고 있는 용어다. 여기에서 명시하고 있는 '다문화 학생' 유형에는 '국제결혼 가정 자녀'와 '외국인 가정 자녀'가 포함된다. 국제결혼 가정 자녀는 다시 '국내출생 자녀'와 '중도 입국 자녀'의 두 부류로 나누고 있다. (김윤주, 2012a:25-26). 본고에서는 여기에 '탈북 학생'과 '장기 해외 체류 후 귀국 학생'까지를 포함해 '다문화 배경 학생'으로 정의하고, 이들 중 한국어 숙달도가 낮아 일상생활과 학교생활에 어려움이 있는 학생들을 '한국어(KSL) 학습자'로 정의하고자 한다. 각각의 개념 정의에 관해서는 뒤의 1.1절에서 논하게 될 것이다.

화 배경 학생들을 대상으로 한 한국어 교육은 어떤 관계에 있으며, 각각의 영역에서 지향해야 할 교육의 목표는 무엇인지 그 방향성에 대해서도 고민해 볼 것이다. 다문화 시대, 다문화 사회의 구성원으로서 다문화 배경 학습자는 물론, 우리 사회 구성원 모두가 현재의 다문화적 상황에 대하여 인식의 전환이 필요하기 때문이다.

본격적인 사례 분석 및 교육과정 구성 방안에 대한 논의에 들어가기에 앞서 먼저 '다문화 배경 학생'의 개념과 특성을 고찰할 필요가 있다. 이에 1.1절에서는 그동안 통용되어 오던 '다문화 가정 학생'이라는 용어에 대한 비판적 검토와 함께 '다문화 배경 학생'의 개념 범주에 어떤 학습자군이 포함되는지에 관해 논의할 것이다. 1.2절에서는 국내 초·중·고등학교에 재학 중인 다문화 배경 학생의 현황을 학습자군 별로 나누어 살펴볼 것이다.

1.1. 다문화 배경 학생의 개념

현대적 의미의 본격적인 한국어 교육의 역사[4]는 대학의 교육기관에서 출발하였으며[5] 한국어 교육의 대상도 주로 성인 외국인 학습자였다.

---

[4] 외국인을 대상으로 한국어를 가르치기 시작한 시점이 언제인지는 분명치 않다. 윤여탁 외(2006b)에서는 사료 고찰을 통해 몇 개의 단서를 보여주고 있다. 우선 박갑수(1999:364)에 의하면 『속일본기(續日本記)』의 기록을 볼 때 신라 성덕왕(聖德王) 때까지 거슬러 올라갈 수 있다는 것이다. 하지만 이는 기록만 남아 있을 뿐 교재에 관한 내용을 알 수가 없는데, 교재에 관해서는 중국 송나라 손목(孫穆)의 『계림유사(鷄林類事)』가 한국어 교재로 사용되었을 가능성이 있다는 것이다. 정광(1990:174-175)에서는 1492년부터 1505년 사이에 편찬된 『13관 화이역어(十三館華夷譯語)』에 수록된 『조선관역어(朝鮮館譯語)』를 한국어 교재의 출발로 보고 있다. 당시 명나라의 역관들이 조선어를 배우기 위해 사용한 교재라는 것이다(윤여탁 외, 2006b:484).

[5] 1959년 연세대학교의 한국어학당이 설립된 시점을 현대적 의미의 한국어 교육

한국어 교육과정과 교재 개발 방안에 관한 최초의 박사학위 논문인 김정숙(1992) 역시 대학의 성인 외국인 학습자를 대상으로 한 연구이다.

아동이나 청소년 학습자를 대상으로 한 한국어 교육에 관한 논의가 시작된 것은 얼마 되지 않은 일이다. 물론 여성 결혼 이민자의 한국어 교육 문제와 그 가정의 자녀를 대상으로 한 한국어 교육에 관한 연구들이 다문화 교육의 관점에서 진행되어 오기는 했다. 그러던 것이 취학 연령의 다문화 가정 자녀들이 생겨나면서 공교육 내에 이전에는 없던 새로운 학습자군으로 이들이 주목받게 되고 점차 다양한 영역과 관점에서 이들을 대상으로 한 연구가 진행되고 있다.

사실 초·중·고등학교에서의 한국어 교육 대상과 범주에 대한 고민이 그동안은 크게 필요하지 않았다. 하지만 최근 학교 내 다문화 배경 학생 수가 증가함에 따라, 이들의 한국어 능력과 학업 성취도, 학교 적응 문제가 크게 대두되기 시작했다. 초기에는 다만 '일반 가정 자녀'와 '다문화 가정 자녀'[6]의 이분법으로 이해하려는 경향이었으나 점차 교육 대상의 범주 구분에 대한 논의가 증가하고 있다. 그럼에도 여전히 '다문화

의 시발점으로 삼는 것이 일반적이다. 이러한 관점에 기반하여 백봉자(2001)는 '초창기(1959-1975), 변화기(1976-1988), 발전기(1989-2000), 도약기(2001년 이후)'로 시기 구분을 하고 있다. 이에 반해 윤여탁(2006b)에서는 외국인을 위한 한국어 교재가 개발되기 시작한 시점이 근대계몽기라는 점에 착안해 '제1기(근대계몽기-1958년), 제2기(1959-1985년), 제3기(1986-1997년), 제4기(1998-2004년)'으로 시기 구분을 하고 있다. 한편, 조항록(2003)에서는 '태동기(1897-1970년대), 도약기(1980-1990년대), 안정적 성장기(1990년대 중반-현재)'로 한국어 교육의 시기를 구분하고 있다.

6 '다문화 가정'이라는 용어는 2004년 4월 건강가정시민연대라는 시민단체에서 차별적인 가정 용어를 개선하기 위해 혼혈아를 '다문화 가정 2세'로 바꿔 부를 것을 제안하면서 사용되기 시작한 용어다(문화일보, 2004. 4. 27). 당시 혼혈아를 지칭하던 용어인 '코시안(Kosian)'이나 '온누리안'과 같은 용어들이 특정 집단에 대한 차별적인 용어라는 지적이 대두됨에 따른 결과였다. 설동훈(2008)에서도 '코시안'이나 '온누리안' 같은 용어들이 특정 집단을 '제3의 존재로 집단화'하는 경향이 있을 뿐 아니라, 외국인 및 혼혈인을 비하하는 우리 사회의 정서와 맞물려 일종의 '차별의 도구'로 전락할 수 있음을 지적한 바 있다.

가정 자녀', '국제결혼 가정 자녀' 등의 용어들이 혼재되어 사용되고 있으며 '중도 입국 학생'들까지 증가하면서 다문화 배경 학생의 개념 범주가 점점 불분명하게 사용되고 있는 형편이다.[7]

그렇다면, 학교 내 한국어 학습자로서 '다문화 배경 학생'이라 하면 어떤 학생들이 포함될 수 있으며 어떻게 범주 구분을 하고 개념 정의를 할 수 있을까? 서혁(2007), 조영달(2008), 권순희(2009a), 교육과학기술부(2012) 등을 토대로 그 변화 양상을 살펴보기로 하자.

먼저, 서혁(2007)에서는 <표 1>과 같이 유형을 구분하고 있다. '다문화 가정'을 크게 국제결혼 가정, 외국인 근로자 가정, 새터민 가정의 세 가지 유형으로 분류하고, 이들 가정의 자녀를 모두 '다문화 가정 자녀'라 일컫고 있다. 아울러 이들 다문화 가정 자녀를 위한 한국어 교육 지원에 관한 논의는 "각각의 그룹과 세대를 고려한 접근이 이루어져야 한다"고 주장하고 있다.

또한 다문화 가정을 위한 한국어 교육 지원의 기본 원리로 '① 수요자 중심의 다양성과 실제성의 원리, ② 경제성의 원리, ③ 단계성의 원리, ④ 분담과 공조의 원리, ⑤ 다문화와 다중 언어적 접근의 원리, ⑥ 우리 사회 전체 구성원을 위한 프로그램의 장기적·지속적 확대와 유지' 등에 대해서 제안하고 있다. 즉, 교육 내용과 방법이 학습자의 요구와 수준에 적합해야 하고, 관련 정책과 프로그램의 운영이 기관 간 분담과 공조를

---

[7] 2006년 5월 교육인적자원부에서 '다문화 가정 학생 교육 지원 대책'을 발표하면서 '다문화 가정'을 '우리와 다른 민족, 문화적 배경을 가진 사람들로 구성된 가정'으로 정의한 바 있다. 현재까지도 '다문화 가정', '다문화 가정 자녀' 등의 용어가 비교적 널리 통용되고 있기는 하나, 정책의 특성에 따라, 혹은 학문적 연구 초점에 따라 '다문화 가정'에 포함되는 유형은 상이하게 설정되고 있는 실정이다. 일반적으로는 국제결혼 가정, 외국인 근로자 가정, 북한 이탈 주민 가정 등을 포함하지만 경우에 따라서는 이 중 일부만을 일컫기도 한다. 최근에는 외국에 오래 체류하다 귀국한 '귀국 가정 자녀'까지 대상에 포함시켜 이들의 한국어 교육에 관해 논하고 있는 연구들도 증가하고 있다.

통해 최소의 비용으로 최대의 효과를 끌어낼 수 있어야 하며, 단계적이고 총체적인 프로그램이 지원되어야 한다는 것이다. 뿐만 아니라 장기적으로는 다문화 가정과 그 자녀만이 아닌 사회 구성원 전체를 위한 교육 프로그램으로 확대해가야 한다는 것이다.

<표 1> 서혁(2007)에서의 다문화 가정 및 그 자녀 유형

1. 국제결혼 가정 및 그 자녀	1-a. 한국인 남성과 외국인 여성의 결혼으로 이루어진 가정 및 그 자녀
	1-b. 한국인 여성과 외국인 남성의 결혼으로 이루어진 가정 및 그 자녀
2. 외국인 근로자 가정 및 그 자녀	2-a. 외국인 근로자인 남성과 여성이 한국에서 결혼하여 이루어진 가정 및 그 자녀
	2-b. 외국인 남성과 여성이 그들의 자국에서 결혼 후 한국에 이주한 가정 및 그 자녀
	2-c. 외국인 근로자로서 결혼하지 않고 단독으로 또는 동료와 함께 생활하는 가정
3. 새터민 가정 및 그 자녀	3-a. 탈북자 출신의 남성과 여성의 결합으로 이루어진 가정 및 그 자녀가 한국에 입국한 경우
	3-b. 탈북자 출신의 남성 또는 여성이 한국에 입국 후 한국 여성 또는 남성과 결합하여 이룬 가정 및 그 자녀
	3-c. 탈북자 출신으로서 결혼하지 않고 단독으로 또는 동료와 함께 생활하는 가정

(출처: 서혁 2007:2)

두 번째로, 조영달(2008)에서는, 2006년 교육부 정책 과제로 이루어진 다문화 가정 자녀 교육 실태 조사에서의 분류를 기초로, 다문화 교육의 대상을 구분하여 제시하고 있다. 조영달(2008) 역시 서혁(2007)에서와 같은 관점을 취하고 있음을 알 수 있다. 즉, '부모 중 하나가 외국인인 가정', '부모 둘 다 외국인으로 이루어진 가정', '탈북자 가정'의 세 가지 부류로 나누고 있다.

〈표 2〉 조영달(2008)에서의 다문화 교육의 대상

다문화 가정	학생
국제결혼 가정	한국인 아버지와 외국인 어머니 사이에서 태어난 아이
	한국인 어머니와 외국인 아버지 사이에서 태어난 아이
외국인 근로자 가정	외국인 근로자가 한국에서 결혼하여 태어난 아이
	본국에서 결혼하여 형성된 가족이 국내에 이주한 가정의 아이
새터민 가정	북한에서 태어나서 한국에 입국한 아이
	한국에서 태어난 아이

(출처: 조영달 2008:4)

여기서 하나 짚고 넘어갈 점은 이 분류표의 제목이 '다문화 교육의 대상'이라 붙여져 있다는 점이다. 다문화 가정 자녀의 유형을 분류한 것이 아니라 '다문화 교육의 대상'을 세 가지 유형의 가정으로 분류하고 있는데, 다문화 교육의 대상이 과연 이들로 국한되어야 하는가에 관해서는 재고의 여지가 있다. 소위 '다문화 가정'에 속하는 유형이 이들뿐인가 하는 점도 논의의 여지가 있지만, '다문화 교육의 대상'이 과연 이들로 한정되어야 하는가에 관해서는 좀 더 깊은 논의가 필요하다. 다문화 교육은 학교 구성원, 나아가 사회 구성원 전체를 대상으로 해야 하고, 특히 다문화 사회로의 진입이 급속도로 진행되고 있는 우리나라 상황에서는 소위 '주류 집단'을 대상으로 한 다문화 교육이 오히려 더 강도 높게 이루어져야 하기 때문이다.

세 번째로, 권순희(2009a)에서는 다문화 가정의 양상을 국제결혼 가정, 외국인 근로자 가정, 새터민 가정, 재외 동포 및 장기 외국 체류 귀국 가정의 네 가지 유형으로 나누고, 이 네 가지 유형을 다시 각각 두 가지 유형으로 구분하고 있다. 특히, '재외 동포 및 장기 외국 체류 귀국 가정'을 새롭게 다문화 가정의 유형에 포함시키고 있는 것이 앞선 연구들과 다른 점이다.

<표 3> 권순희(2009a)에서의 다문화 가정 양상과 언어 교육 방향

다문화 가정	다문화 가정 종류	사용 언어	언어 교육 방향
국제결혼 가정	한국인 아버지와 외국인 어머니로 이루어진 가정 → (2세 한국인)	한국어, 어머니 나라의 언어(소수언어) → (부분) 이중 언어(한국어 우세)	이중 언어 교육, 한국어 부진아 교육
	한국인 어머니와 외국인 아버지로 이루어진 가정 → (2세 한국인)	한국어, 아버지 나라의 언어(소수언어) → (부분) 이중 언어(한국어 우세)	이중 언어 교육, 한국어 부진아 교육
외국인 근로자 가정	외국인 근로자가 한국에 이주한 후에 이룬 가정 → (2세 한국 태생)	부모의 언어, 제2언어로서의 한국어(KSL), 외국어로서의 한국어(KFL)	이중 언어 교육
	본국에서 결혼하여 형성된 가정이 이주한 경우 → (1.5세대 본국 태생)	부모의 언어, 외국어로서의 한국어(KFL)	이중 언어 교육
새터민 가정	북한에서 입국한 가정	북한어, 부분 교정 남한어	한국어 교정, 방언 허용
	입국한 후 남한에서 형성된 가정	북한어, 남한어	한국어 부분 교정, 방언 허용
재외 동포 및 장기 외국 체류 귀국 가정	입국 재외 동포 가정, 재외 동포 중 국제결혼 가정 등	부분 한국어, 외국 체류지 언어 등 다양	한국어 보완, 외국어 유지
	장기 외국 유학 가정	한국어, 외국 체류지 언어 등	한국어 보완, 외국어 유지

(출처: 권순희 2009a:24)

권순희(2009a)에서는 재외 동포 가정이나 장기 외국 체류 가정이 한국에 귀국할 경우 그 가정의 자녀들은 한국어 구사에 어려움이 있고 한국 문화에도 익숙하지 않으므로, 이들도 다문화 가정에 포함시켜 국가 차원에서 이루어지는 여러 교육 정책의 수혜 대상이 될 수 있도록 해야 한다고 주장한다. 한때 일본에서 브라질로 이민을 갔던 사람들이 일본 경제가 좋아지자 다시 본국으로 돌아와 마을을 형성하며 살고 있는 예를 들며 국가 간 경제 여건의 변화 등으로 이민 간 사람들이 본국으로 귀국하는 사례가 늘고 있고 이 경우도 다문화 가정에 포함시켜야 한다는 것이다.

한편, 교육과학기술부(2012)의 『다문화 학생 교육 선진화 방안』에서 제시하고 있는 '다문화 학생' 유형은 다음과 같다. '다문화 학생'이 한국의 초·중·고등학교에 들어와 한국의 일반 학생들과 같이 교육을 받게 되는 과정을 법적 근거에 기초해 밝혀두고 있다.

〈표 4〉 교육과학기술부(2012)에서의 다문화 학생

유형		개념
국제결혼 가정 자녀	국내 출생 자녀	▪ 한국인과 결혼한 외국인 배우자(결혼 이민자) 사이에서 출생한 자녀 ▪ 국적법 제2조 제1항에 따라 국내 출생과 동시에 한국 국민이 되므로 헌법 제31조에 따른 교육권 받음
	중도 입국 자녀	▪ 결혼 이민자가 한국인과 재혼한 이후에 본국에서 데려온 자녀, 국제결혼 가정 자녀 중 외국인 부모의 본국에서 성장하다가 청소년기에 입국한 자녀 등 ▪ 국내 입국 시에는 외국 국적이나 특별 귀화를 통해 한국 국적으로 전환 가능
외국인 가정 자녀		▪ 외국인 사이에서 출생한 자녀 ▪ 헌법 제6조 제2항 및 'UN 아동의 권리에 관한 협약'('91비준)에 따라 한국 아동과 동일하게 교육권을 가짐 ▪ 미등록 외국인 자녀도 초·중등교육법 시행령 제19조 및 제75조에 따라 거주 사실 확인만으로 초·중학교 입학 가능

(출처: 교육과학기술부, 2012)

우선 일차적으로 다문화 가정의 생성 배경에 따라 '국제결혼 가정'과 '외국인 가정'으로 구분하고, 이 중에서 '국제결혼 가정 자녀'는 그들의 출생지에 따라 '한국 출생 자녀', '중도 입국 자녀'로 구분하고 있다. '국제결혼 가정 자녀'를 두 부류로 구분하고 있으며, 이전에는 없었던 '중도 입국 자녀'가 새로운 유형으로 제시되어 있는 것이 앞선 연구들과 다른 점이다.

이상의 논의를 바탕으로 다문화 배경 학생과 한국어 학습자의 개념을 정의해 보기로 하자. '다문화 배경 학생'에는 초·중·고등학교에 재학 중인 '① 국제결혼 가정 자녀, ② 외국인 가정 자녀, ③ 중도 입국 학생, ④ 탈북 학생, ⑤ 장기 해외 체류 후 귀국 학생' 등의 학생들이 포함될 수 있으며, 이들 중 '한국어 숙달도가 낮아 일상생활과 학교생활에 어려움이 있고, 특히 한국어로 진행되는 교수-학습 상황에서 어려움을 겪는 학생'을 '한국어 학습자'로 정의할 수 있다.

〈그림 2〉 다문화 배경 학생과 한국어(KSL) 학습자

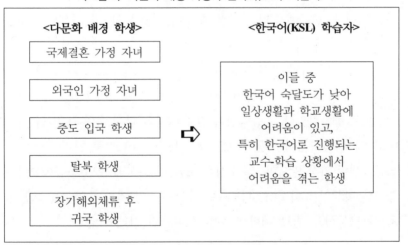

1.2. 다문화 배경 학생 현황과 특성

이 절에서는 앞서 살펴본 유형별로 현재 초·중·고등학교에 재학 중인 다문화 배경 학생의 특성과 현황을 살펴볼 것이다. 이들은 모두 다문화적 배경을 가지고 있다는 점에서는 공통되나, 그 '다문화적 배경'을 이루는 요소에 큰 차이가 있으며, 각 유형별로 나타나는 학습자 특성이 차별화되기도 한다.[8]

(1) 국제결혼 가정 및 외국인 가정 자녀

'국제결혼 가정 자녀'는 부모 중 하나가 한국인이고 다른 하나는 그렇지 않은 가정의 자녀를 말한다. 넓게는 '중도 입국 학생'도 여기에 포함될 수 있지만, '중도 입국 학생'과 구분해서 사용할 경우 '국제결혼 가정 자녀 중 한국에서 나고 자란 자녀'라는 좁은 의미로 사용되는 것이 일반적이다.

앞서 언급한 바와 같이 2014년 현재 초·중·고등학교에 재학 중인 다문화 가정 학생 수는 6만7,806명으로 전체 학생 대비 1%를 넘어서는 수준으로 증가하였다. 초등학생이 전체 다문화 학생 수의 71.2%를 차지하고 있고, 중학생과 고등학생은 각각 18.5%, 10.3%를 차지하고 있어 초등학생이 가장 많으며, 그 구성을 조금 더 분석해 보면 초등학생이든 중·고등학생이든 학년이 낮을수록 학생 수가 증가하는 양상을 보인다. 초·중·고등학교 별로 재학생 수를 살펴보면 아래와 같다.

---

[8] 이들 다문화 배경 학생의 유형별 학습자 특성 및 교육 현황에 관해서는 뒤의 4장에서 자세히 다루게 될 것이다.

<표 5> 초·중·고등학교 다문화 학생 수 (2014.4.1 기준/ 단위: 명,%)

구분	초등학교	중학교	고등학교	계
학생 수 (명)	48,297	12,525	6,984	67,806
비율 (%)	71.2	18.5	10.3	100

(출처: 교육부)

부모의 국적을 살펴보면, 조선족 포함 중국이 34.4%, 일본이 19.5%로 이 둘을 합한 수가 과반수에 이르고, 그 뒤를 필리핀 14.3%, 베트남 16.5%, 태국 2.2%, 몽골 2.0% 등이 차지하고 있다.

국제결혼 가정 자녀 중에는 한국에서 나고 자라 한국어 의사소통 능력에 큰 문제가 없는 학습자들도 있지만, 영유아 시절 어머니를 통한 한국어 구어 입력이 적고 한국어 문식 환경에의 노출이 일반 가정에 비해 부족한 편이어서 일반 가정 자녀에 비해 한국어 숙달도가 낮은 경우도 많이 보고되고 있다. 이는 자칫 학령기 학습자들의 학교생활 부적응이나 교과 학습 부진으로 이어질 수 있기 때문에 이들을 대상으로 한 한국어 교육의 중요성은 매우 중요하다 할 수 있다.

(2) 중도 입국 학생

'중도 입국 학생'이란 '결혼 이민자가 한국인과 재혼한 이후에 본국에서 데려온 자녀' 혹은 '국제결혼 가정 자녀 중 외국인 부모의 본국에서 성장하다가 청소년기에 입국한 자녀' 등을 말한다. 얼마 전까지만 해도 국제결혼 가정 자녀들 중 취학 아동이 증가하면서 유아동기 학습자를 대상으로 한 한국어 교육 문제가 논의의 중심에 있었다면, 최근 중도 입국 학생의 중·고등학교 진학이 증가하면서 이들에 대한 논의가 활발해지고 있다.

〈표 6〉 초·중·고등학교 다문화 학생 수 (2013.4.1 기준/ 단위: 명)

구분		2011	2012	2013
국제결혼 가정	한국출생	33,999	40,040	45,674
	중도입국	2,541	4,288	4,931
외국인 가정 자녀		2,138	2,626	5,162
계		38,678	46,954	55,767

(출처: 교육부)

표에서 보는 바와 같이 중도 입국 학생 수는 2011년에서 2012년 사이에 59.3%가 증가하였고 이후로도 소폭이긴 하나 상승세를 보이고 있다. 전체 다문화 가정 학생 수의 약 9% 정도를 이들 학습자군이 차지하고 있다.

약 90% 이상이 중국인이나 조선족이며, 비교적 연령대가 높은 10대 중·후반에 입국하는 경우가 많아 한국의 중·고등학교에 들어가게 된다는 것이 특징이다. 중도 입국 학생의 경우 한국어 능력이 아직 미숙해 일상의 기본적인 의사소통도 불가능한 상태에서 중·고등학교에 들어가게 된다. 학교생활에 적응하고 교과 수업에 참여해야 하며 또래 문화에 적응해야 하는 중첩된 어려움에 처하게 되는 것이다. 이로 인해 많은 문제점들이 부각되고 있으며 가장 큰 문제점은 이들의 학교 중도 탈락률이 크다는 점이다.

2012년을 기준으로 다문화 가정 자녀 취학률은 66.8%에 그치고 있다. 이는 우리나라 전체 취학률인 99.6%의 3분의2 수준에 불과한 수치다. 초등학생 취학률은 78.2%로 비교적 높은 편이지만, 중학교는 56.3%, 고등학교는 35.3% 등에 그치고 있어 학년이 올라갈수록 학교를 포기하는 학생들이 많은 것으로 나타나고 있다. 중도 입국 학생들이 주로 중·고등학교 연령대에 해당됨을 고려할 때 학교에 다니지 않고 있는 중도 입국 청소년들이 매우 많을 것으로 짐작할 수 있다. 실제로 일부 전문가들은 학교 밖의 중도 입국 청소년이 6천 명에 달하는 것으로 추정하고 있다. 이들은 자칫 한국 사회에 적응하지 못하고 소외된 빈곤 계층으로 전락하거나 범죄에 노출될 가능성이 있기 때문에 이들을 위한 체계적인 제도적 장치와 교육이 반드시 필요한 것이다.

(3) 탈북 학생

한국적 특수 상황에 의해 발생한 다문화 배경 학습자 유형으로 탈북 학생이 있다. 이들 중 한국에 입국한 이후 이루어진 가정의 자녀라든가 어린 나이에 부모와 동반 입국한 자녀의 경우는 비교적 큰 문제가 없으나, 오랜 탈북 과정에서 중국 등 제3국에서의 장기 체류 기간에 모국어는 잊고 체류국의 언어에 익숙하게 되어, 입국 후에 오히려 한국어를 새롭게 학습해야 하는 학습자들이 있다. 한국어를 구사하는 경우라 해도 북한 언어와 남한 언어의 차이, 남북한의 이질적 문화와 탈북 과정에서 겪어야 했던 정신적 상처로 인해 언어적·정서적 어려움에 처해 있는 학습자들이 많이 있다.

1990년대 이후 북한을 이탈하여 남한으로 유입되어 온 인구가 꾸준히 증가하고 있다. 2001년 이후 매년 천 명 이상씩 증가하다 2006년 이후로는 매년 2천 명 이상씩 증가하고 있다. 통일부의 통계에 의하면, 2007년 2월에는 총 1만 명을 넘어섰고, 2012년 1월에는 총 2만3,260명이 북한을 이탈하여 남한에 입국한 상태다. 연령별로는 30-39세가 가장 많은 33%를 차지하며, 초·중·고등학교 취학 연령을 포함하여 0-19세까지는 전체의 16%를 차지하고 있다.

<표 7> 북한 이탈 주민 입국 현황(2011.12월 기준/ 단위: 명)

연도	~'98	~'01	'02	'03	'04	'05	'06	'07	'08	'09	'10	'11	합계
인원	947	1,043	1,138	1,281	1,894	1,383	2,018	2,544	2,809	2,927	2,379	2,737	23,100

(출처 : 통일부)

전국의 초·중·고등학교에 재학 중인 탈북 학생들은 2009년 현재 총 1,143명으로, 전년 대비 18.3% 증가하였다. 학교급별로는 초등학교 49.2%(562명, 187개교), 중학교 26.7%(305명, 137개교), 고등학교 24.1%(276명, 111개교)로 역시 초등학생의 비율이 높으며, 지역별로는 서울(35.0%), 경기(28.8%), 인천(9.2%), 부산(5.7%) 등의 분포가 높다.

<표 8> 탈북 학생 연도별 증가 추이 (2009.4.1. 기준/ 단위: 명)

구분	초		중		고		계	
	인원	증감(%)	인원	증감(%)	인원	증감(%)	인원	증감(%)
2006	248		166		60		474	
2007	341	37.5	283	70.5	148	146.7	772	62.9
2008	495	45.2	288	1.8	183	23.6	966	25.1
2009	562	13.5	305	5.9	276	50.8	1,143	18.3

(출처: 통일부)

(4) 장기 해외 체류 후 귀국 학생

세계화의 가속화에 따라 장기간 해외에 체류한 후 귀국하게 된 가정의 자녀들도 점차 증가하고 있다. 이들 중 국적이 한국이고 부모가 모두 한국인인 경우라도 오랫동안 외국의 학교에 다니며 한국어가 아닌 체류국 언어를 주 언어로 사용해 온 까닭에 한국어 숙달도가 낮고 그에 따라 귀국 후 일반 학급에서 이루어지는 수업 참여에 어려움이 있는 학생들이 많이 있다.

교육부의 정의에 따르면, '2년 이상 해외에서 거주하다 귀국한 학생 중 국내 거주 기간이 6개월 미만인 학생'을 '귀국 학생'이라 한다. 이들은 대개 외교관, 공무원, 주재원, 유학생 등 부모와 함께 해외에서 장기 체류하다 귀국하는 경우로, 이러한 귀국 학생들도 해마다 증가하고 있는 추세다. 이들의 증가 추이는 다음과 같다.

〈표 9〉 귀국 학생 현황 (2009 기준, 단위: 명)

연도	초등학교	중학교	고등학교	계
2002	5,351	1,803	1,201	8,355
2003	7,471	3,006	1,721	12,198
2004	9,676	3,097	2,190	14,963
2005	7,309	3,950	2,327	13,586
2006	10,536	4,851	2,975	18,362
2007	12,789	5,259	2,229	20,277
2008	13,845	5,585	2,833	22,263
2009	13,901	6,351	3,446	23,698

(출처: 교육과학기술부)

이들 '귀국 학생'의 특수성을 나타내는 표현 중에 '제3문화권의 아이들(TCK: The Third Culture Kids)'이라는 표현이 있다(Fuller, 1994; 하나리, 2012에서 재인용). "부모가 태어난 나라가 아닌 다른 나라에 살면서, 현재 자신이 살고 있는 나라의 문화와 부모가 태어나 살아온 나라의 문화 사이에서 어느 한쪽의 문화와도 완전히 하나가 되지 않고 세계 공통의 문화에 가치를 부여하는 아이들"을 일컫는 말이다. 즉, "두 문화의 경계선에 있으면서, 양쪽의 문화권에서는 모두 주변인 취급을 받으며, 영속적인 것보다는 유동적인 것을 당연한 것으로 받아들이는 이들의 특성"을 나타내는 의미이다(하나리, 2012).

이처럼 장기 해외 체류 후 귀국하는 학생들 중에는 체류국에서는 우수한 학업 성취도를 보이고 원활한 학교생활을 하던 학생이었으나, 귀국 후 학교 문화의 차이, 부족한 한국어 능력 등으로 학교생활과 학업에 어려움을 보이는 경우가 흔히 있다. 사실 단순히 체류 기간이나 귀국 후 국내 거주 기간만을 기준으로 '귀국 학생' 여부를 규정하는 것은 다소 부족한 면이 있다. 한국어 숙달 정도, 한국 문화에의 적응 정도, 체류국에서의 내재화 정도 등에 따라 학생들 개인마다 많은 차이가 있기 때문이다. 뿐만 아니라 체류국과 체류지가 어디였는지, 체류 시기가 어느 연령대, 어느 학교급에 해당되는지, 귀국 후 생활하게 된 학교의 상황이 어떠한지 등 여러 요소가 학생의 한국 학교 적응에 영향을 끼치는 요인으로 작용하기 때문이다.

지금까지 국제결혼 가정 및 외국인 가정 자녀, 중도 입국 학생, 탈북 학생, 귀국 학생 등에 대해 살펴보았다. 이처럼 초·중·고등학교에 재학 중인 다문화 배경 학생은 점차 증가하고 있을 뿐 아니라 그 유형 또한 다양화되어 가고 있다. 이들은 각 유형별로 전형적인 학습자 특성을 보이기도 하며, 개별적 특성을 지니기도 한다. 이들이 가지고 있는 다문화적 배경이나 한국어 숙달도 수준, 학습 능력 등은 매우 이질적이지만, 원활한 학교생활과 학업 성취를 위해 한국어 능력이 필수적임은 말할 것도 없다. 이들의 한국어 교육에 대한 요구도 유형별로 차이가 크기 때문에 학습자 유형별 특성에 대한 연구는 물론 차별화된 한국어 교육 방안에 대한 연구가 현장과 밀착되어 깊이 있게 진행되어야 할 것이다.

2. 선행 연구 검토 및 문제 제기

본 절에서는 다문화 배경 학생 대상 한국어 교육과정 구안을 위해 '다문화 교육', '다문화 시대 문식성 교육 및 국어교육', '다문화 가정 자녀 대상 한국어 교육'을 주제로 관련 선행 연구들을 살펴볼 것이다.

2.1. 다문화 교육 관련 연구

다문화 교육에 관한 연구들은 매우 다양하고 광범위하게 진행되고 있지만, 본고의 논의와 관련된 선행 연구로 장인실(2006), 이민경(2007), 최관경(2007), 조영달(2008), 양영자(2008), 장미혜 외(2008), 이원희(2008), 박성혁·곽한영(2008), 장한업(2009a, 2009b), 김영주(2009), 이용승(2010), 김상돈(2010) 등이 있다.

장인실(2006)에서는 미국 다문화 교육의 개념과 역사, 다문화 교육 정책 등을 살펴본 후 Gibson(1976), Gay(1979), Sleeter & Grant(1988), Bennett(1990), Banks(1993), Banks(2001) 등의 다문화 교육 모형을 소개하고 있다. 한국적 상황에 적합한 교육 모형 개발에까지는 이르지 않고 있으나 다문화 교육에 관한 면밀한 이론적 탐색을 시도하고 다양한 교육 모형을 소개하고 있다는 점에서 의의가 있다.

조영달(2008)에서는 미국을 비롯한 영국, 호주, 뉴질랜드 등의 예를 통해 같은 영어권이라도 각 나라의 역사와 상황에 따라 다문화 교육이 다양한 모습으로 발전해 왔음을 보여주고, 한국의 다문화 교육 현황과 과제에 대해 논하고 있다. 양영자(2008)는 현재 우리나라에서 이루어지고 있는 다문화 교육 현황과 연구 동향을 분석한 후, 분단 현실과 다문화적 현상이 공존하는 한국적 상황에 적합한 다문화 교육의 개념을 정립하고 교육과정 개발 방향을 모색한 연구이다.

최관경(2007)에서는 다문화 교육의 출현 배경을 살피고 21세기 다문화 시대의 교육적 과제에 관해 논하고 있으나 본격적인 다문화 교육 방안 제시로 보기에는 논의의 범위가 광범위하고 추상적이다. 김영주(2009)는 국제이해교육과 다문화 교육의 비교를 통해 다문화 교육의 개념을 밝힌 후, 초등학교 다문화 교육은 학습자의 바람직한 인식 변화를 목적으로 삼아야 한다고 주장하고 있다.

한편, 한국의 다문화 교육 논의가 너무 미국의 그것에 경도되어 있음을 비판하고, 유럽의 이론을 소개하거나 적극적인 도입의 필요성을 역설하고 있는 논의들이 있다. 이민경(2007), 장한업(2009a, 2009b) 등이 그것이다.

이민경(2007)은 프랑스 다문화 교육의 역사적·사회적 배경과 쟁점 고찰을 통해 한국 다문화 교육의 방향성 모색을 시도한 연구이다. 프랑스의 '문화 간 교육'은 "다양성으로의 개방, 기회 균등과 평등, 사회적 통합이라는 기치 아래 이루어지는 교육"으로, 나와 타자의 관계를 설정하는 시민교육의 역할에 적절하다는 것이다. 장한업(2009a, 2009b)에서는 프랑스와 한국의 다문화적 상황을 역사적으로 고찰하고, 미국의 다문화 교육과 프랑스의 상호문화교육을 비교한 후 우리의 상황에는 프랑스의 상호문화교육이 더 적합함을 보이고 있다. 이들 논의는 미국의 다문화 교육 이론을 무비판적으로 받아들이고 있는 우리의 상황을 반성하고, 다문화 교육 방안에 관한 심도 있는 논의를 가능하게 했다는 점에서 의의를 찾을 수 있다.

2.2. 다문화 시대 문식성 교육 및 국어교육 관련 연구

문식성 교육 관련 연구로 최인자(2001, 2002), 박인기(2002), 박영목(2003), 이병민(2005), 정혜승(2008, 2010), 이재형(2011) 등이 있고, 특히 다문화 시대의 문석성 교육 문제에 관한 논의로는 박영민·최숙기(2006), 박윤경(2006), 최숙기(2007), 권순희 외(2008), 심상민(2009), 천나영(2010) 등이 있다. 다문화 사회에서의 국어교육의 새로운 방향 모색에 관해 논의한 연구들로는 서혁(2007b), 원진숙(2008), 한명숙(2009), 진선희(2010), 권순희(2011), 송현정·양정실(2010, 2011) 등이 있다.

박인기(2002)에서는 의사소통 환경의 변화에 따라 꾸준히 확장되어 온 문식성 개념의 대표적 양상이 '문화적 문식성'이라면서, '사회·문화적 소통에 필요한 기본적 문화 지식, 교육받은 사람들에 의해 공유되는 텍스트의 해석 구조를 아는 능력'까지를 포함하는 복합적인 개념이 '문화적 문식성'이라고 설명하고 있다. 최인자(2002)에서는 다중 문식성 개념에 기대어 사회·문화적 환경의 급변으로 인한 언어 개념의 확장, 문식성 개념의 재개념화 문제에 대해 논의하고 있다. 정혜승(2010)에서는 아동, 발달, 문식성, 교육과정의 개념을 사회 문화적 관점에서 논의하면서 초등학교 저학년 문식성 교육과정이 나아가야 할 방향을 탐색하고 있다. 이들 논의의 공통점은 사회·문화적 접근에 기반해 문식성을 재개념화하고 있으며, 확장된 문식성 개념에 따른 국어교육의 목표 설정 및 내용과 방법 제안을 시도하고 있다는 점이다.

또한, 다문화 시대 문식성 교육의 문제와 관련해 '다문화 문식성'이라는 개념을 본격적으로 도입하고 있는 논의들이 있다. 다문화 문식성 관련 연구들은 대부분 학교 현장의 교육 실천 방안에 관한 논의들이 주를 이룬다. 내용에 따라 좀 더 세부적으로 분류해 보자면, 다문화 문식성 교육을 위한 텍스트 구성 및 제재 선정 방안에 관한 연구(박영민·최숙기, 2006; 최숙기, 2007; 권순희 외, 2008), 다문화 문학작품 활용 방안에 관한 연구(박윤경, 2006), 다문화 문식성 교육을 위한 교수·학습 방안에 관한 연구(심상민, 2009; 천나영, 2010) 등으로 나누어 볼 수 있다.

한편, 다문화 시대 국어교육의 새로운 방향 모색에 관한 연구도 활발히 진행되고 있다. 서혁(2007b)은 국어교육과 한국어 교육의 관계 설정에 대해 논의한 연구로 주목할 만하다. 원진숙(2008)에서는 초등학교 국어과 교육도 다문화주의의 맥락 안에서 외연을 확장할 필요가 있다고 주장하며, 교육과정과 교재 개발의 필요성, 교사 교육 시스템 강화, 이중 언어 교육의 관점 수용 등에 관해 역설하고 있다. 권순희(2011)는 국어교육 정책 수립 방향의 구체적 모색을 위해 호주 다문화 교육의 사회 문화적 배경을 살펴본 후, 호주의 자국어 교육 정책을 교육과정 전반, 영어 교육과정, 제2언어 또는 제2외국어로서의 영어 교육, 교수·학습 사례 등으로 나누어 고찰하고 있다. 한명숙(2009)에서는 다문화 학생의 국어교육이나 언어 교육을 효과적으로 수행하기 위해서는 교사가 관련된 교수 내용 지식(PCK: Pedagogical Contents of Knowledge)에 능통해야 하며 초등학교 교사와 예비 교사에게 PCK가 지원되어야 한다고 주장하고 있다.

또한, 다문화 사회, 언어·문화적 다수 학습자를 위한 국어교육의 변화의 필요성에 관해 주장하고 있는 연구로 진선희(2010), 송현정·양정실(2011) 등이 있다. 이들은 다문화 교육이 다문화적 배경의 소수자만을 대상으로 해서는 안 되며 오히려 다수자 집단을 대상으로 해야 한다는 점을 강조하고 있다. 송현정·양정실(2011)은 교사, 교수, 정책 연구원 등 현장 전문가들을 대상으로 한 설문 조사 분석을 바탕으로 다문화 사회 국어과 교육과정 및 교과서의 변화 방향에 대한 제언을 하고 있고,

진선희(2010) 역시 국어과 교육과정의 문제점 분석 및 변화 방향에 대한 제언을 제시하고 있다. 특히 수준별 교수-학습 프로그램 강화, 교과서 구성 및 체재 변경, 교사 교육 프로그램 변화, 한국어 교육 방법 원용, 공인된 국어 능력 평가 시행 등의 필요성에 대해 역설하고 있다.

이들 연구에서 공통적으로 강조하고 있는 점은, 국어과 교육이 민족중심주의를 넘어서야 하며, 이중 언어 교육 혹은 다중 언어 교육 시대에 적합한 내용으로 새롭게 설계되어야 한다는 점이다.

2.3. 다문화 가정 자녀 대상 한국어 교육 관련 연구

다문화 가정 자녀 대상 한국어 교육 관련 연구는 크게 두 가지 유형으로 나누어 볼 수 있다. 먼저, 다문화 가정 자녀의 한국어 능력과 학교 적응 실태 등에 관한 연구가 있고, 다문화 가정 자녀 대상 한국어 교육 방안 모색에 관한 연구가 있다.

다문화 가정 자녀의 한국어 능력과 학교 적응 실태 등에 관한 연구에는 조영달(2006), 설동훈(2006), 오성배(2007), 김선정·강진숙(2009), 권순희(2009a, 2009b), 박지윤·서혁(2009), 서혁·박지윤(2009), 윤준채(2012) 등이 있으며, 다문화 가정 자녀 대상 한국어 교육 방안 모색에 관한 연구에는 이해영(2007), 김정숙(2008), 원진숙(2008), 전은주(2008, 2009), 조수진·윤희원·진대연(2008), 김영주(2008, 2009), 김연희·김영주(2010), 최권진·채윤미(2010), 이보라미(2010), 원진숙 외(2011), 김윤주(2012a), 이소라(2012), 박지희(2012) 등이 있다. 특히 후자에 속하는 연구들은 교수-학습 방안을 비롯하여 교재 개발 및 교육과정 개발 방안에 이르기까지 점차 연구 주제가 다양화되고 있으며, 연구의 대상도 구체화되고 있는 추세다.

조영달(2006), 설동훈(2006), 오성배(2007) 등 비교적 초기 연구들은 다문화 가정 자녀들이 일반 가정 자녀들에 비해 한국어 능력이 부족하다는 점과 그로 인해 학교생활에 있어 부적응 상태에 놓여 있다는 점을 강조한 연구이다. 이들 연구에서는 다문화 가정 자녀들이 일반 가정 자녀들에 비해 소극적이고 침체되어 있으며, 또래들과의 어울림에서 어려움을 겪는다고 보고하고 있다. 대부분 이들이 다문화 가정 자녀라는 이유만으로 따돌림을 받거나, 학교 수업이나 일상생활에서도 소외되는 일이 흔하다는 것이다. 정체성에 혼란을 겪거나 정서적·심리적으로도 위축되어 있어, 학교생활에 흥미를 느끼지 못하고 실패할 가능성이 크다고 지적한다.

권순희(2009a, 2009b), 서혁·박지윤(2009), 박지윤·서혁(2009), 김선정·강진숙(2009) 등은 다문화 가정 자녀들의 언어 발달에 주목한 연구들이다. 이들 연구에서는 다문화 가정 자녀들의 언어 발달 상태와 언어 사용 실태를 기술하고 있는데, 대부분 읽기와 쓰기 능력이 동일 학년의 일반 가정 자녀들에 비해 많이 부족하다는 것이다. 말하기에 있어서도 독특한 발음으로 인해 자신감을 상실하게 되는 경우가 많으며, 그로 인해 발표 등의 수업 활동에 어려움을 겪고 있다고 밝히고 있다. 다문화 가정 자녀들의 이러한 한국어 능력 부족은 결국 교과 학습과 학업 성취에도 부정적 영향을 주며 이것이 장기화될 경우 결국 학교생활에 실패하게 될 가능성이 커진다고 지적하고 있다.

한편, 기존의 연구들이 대개 다문화 가정 학생의 학교생활 부적응이나 낮은 학업 성취도 등을 문제점으로 부각시키고 있는 데 반해 다른 결과를 보여주는 연구가 있다. 전은주(2009)는 다문화 가정 학습자와 일반 가정 학습자 두 집단 간 차이를 비교하였는데, 국어과 교수-학습과 관련된 학습자 특성과 국어 사용 능력, 국어 교과와 타 교과 난이도에 대한 인식 등에 있어서 유의미한 차이가 없다는 것이다. 이를 통해 교사나 연구자들은 다문화 가정 학습자에 대한 선입견을 버려야 하며, 정확한 실태 파악과 효과적인 교수-학습 방안이 마련되어야 한다는 점 등을 주장하고 있다.

이처럼 다문화 가정 자녀의 언어적 특성 진단에 초점을 맞춘 일련의 연구들이 이루어지는 중에, 다른 한편에서는 다문화 가정 자녀 대상 한국어 교육 방안을 모색하고 제안하는 연구들이 이루어지게 된다. 김정숙(2008)은 다문화 가정 자녀 입장에서 한국어의 언어 지위 문제, 이들을 위한 한국어 교육과정 설계 문제, 교사 교육 및 수급 문제에 관해 논의하고 있으며, 원진숙(2008)에서는 초등학교 다문화 가정 자녀를 위한 한국어 교육 지원 방안으로, 한국어 교육과정과 교재 개발, 교사 교육 시스템 강화, 이중 언어 교육의 관점 수용 등에 관해 제안하고 있다. 전은주(2008)는 학교 교육을 위한 KSL 교육과정의 목표로 생활 한국어 의사소통 능력의 신장, 학습 능력의 신장, 상호 문화적 능력의 신장, 국어과 교육에 필요한 배경지식의 신장, 정체성 확립과 공동체 의식의 함양 등을 제안하고 있다. 원진숙 외(2011)는 다문화 가정 자녀의 기본적인 의사소통 능력과 학습을 위한 한국어 능력 신장을 위한 한국어 교육과정 구성 방안 및 평가 도구 개발 방향에 관해 제안한 연구이다.

구체적인 교수-학습 방안과 관련해, 이해영(2007)은 재한몽골학교 운영 사례를 중심으로, 외국인 근로자 자녀의 한국어 교육은 초·중등학교의 학습 활동을 돕는 특수 목적 한국어 교육의 일종으로 구안되어야 하며 '일반 목적 한국어 교육 단계 → 학습 목적 한국어 교육 단계 → 일반 학교 교육 단계'로 구성되어야 한다고 주장하고 있다. 박지희(2012)는 서울사대부속초등학교 귀국 학급 사례를 중심으로 귀국 학생의 특성과 한국어 교육 실태를 알아보고 귀국 학생들의 한국어 문식성 신장 프로그램을 개발한 연구이다. 이보라미(2010)는 말뭉치 구축과 분석을 통해 초등학교 국어과 교과서 활동 지시문에 출현하는 어휘들이 서로 연계적이고 반복적이며, 고학년으로 올라갈수록 구체적인 것에서 추상적인 내용을 지시하는 활동으로 변화하는 양상을 보인다는 점을 확인하고 있다.

이밖에 다문화 가정 자녀를 위한 한국어 교재 개발 연구들이 있다. 최권진·채윤미(2010)는 다문화 가정 자녀를 대상으로 하는 한국어와 한국 문화에 관한 교재의 개발 및 개선 방안에 대해 고찰하였으며, 김영주(2008)에서는 다문화 및 재외 동포 가정 아동을 대상으로 한 한국어 교육 방안으로 한국 전래 동화에 그림 동화책 언어 교육 기법을 접목한 아동용 한국어 교재 개발 방안을 제안하고 있다. 김영주(2009)는 문어 능력 향상을 위한 문식력과 이해력을 강조하는 통합 교육 방법으로 균형적 접근법을 소개하며 균형적 접근법에 기초한 다문화 가정 아동 대상 한국어 교재 개발 방안과 단원 모형을 제시한 연구이다. 김연희·김영주(2010)도 균형적 접근법의 틀에 맞춰 다문화 가정 자녀를 위한 교재들을 분석하여 기초 문식성 활동들이 어떻게 반영되어 있는지 살펴본 후, 향후 기초 문식성 향상을 위한 다문화 가정 자녀 교재 개발을 위해 고려해야 할 점을 제안하고 있다.

한편, 다문화 가정 자녀들의 학습 능력 신장을 위한 교재 개발 관련 논의들이 있어 왔다. 조수진·윤희원·진대연(2008)은 다문화 가정 자녀를 위한 '학습 한국어' 교재 개발의 원리와 교재 구성 방안을 제안하고 교재 개발의 실제를 제시하고 있다. 이소라(2012)는 중도 입국 청소년을 대상으로 한 학업 문식성 신장을 위한 한국어 교재 개발 방안에 관해 논의하였다. 김윤주(2012a)에서는 다문화 배경 학생의 인지적·학문적 언어 능력(CALP) 신장의 중요성에 대해 강조하고, 다문화 배경 학생 대상 한국어 교재 개발에 있어 CALP 신장을 위한 학습 한국어 단원 구성 방안에 대해 논한 후, 인지·학문적 언어 학습 접근법(CALLA)에 기반해 실제 단원 모형을 제안하였다.

3. 연구 주제와 방법

이러한 선행 연구들을 바탕으로 본 연구에서 다루게 될 주제는 다음과 같다.

첫째, 다문화 배경 학생 대상 한국어 교육은 철학적, 교육적, 사회·문화적으로 어떤 의미를 지니는가?

둘째, 다문화 배경 학생에게 필요한 한국어 능력은 어떻게 개념화되어야 하며, 어떤 언어 교육 접근법에 기반해야 하는가?

셋째, 미국, 일본, 유럽 등 해외 여러 나라의 학교 내 제2언어 교육을 위한 교육과정은 어떻게 설계되어 있으며, 한국어 교육과정 구안을 위해 적용할 만한 시사점은 무엇인가?

넷째, 다문화 배경 학생 대상 한국어 교육 현황은 어떠하며, 어떠한 문제점과 요구가 있는가?

다섯째, 다문화 배경 학생을 위한 한국어 교육과정 설계는 실제로 어떻게 이루어져야 하는가?

이러한 질문에 대한 탐구의 과정으로 본고의 논의의 흐름은 다음과 같이 진행될 것이다. 1장에서는 연구의 목적과 필요성을 밝히고, 관련 선행 연구들을 살펴본 후 문제 제기를 거쳐 연구 주제와 방법을 제시한다.

2장에서는 다문화 배경 학생 대상 한국어 교육과정 설계를 위한 이론적 검토를 하게 될 것이다. 다문화 사회 학교 내 언어 교육 문제를 생각해 보기 위해 다문화 교육의 성격과 목표에 관한 논의들을 살펴보고, 다문화 교육 관점에서의 언어 교육의 문제에 관해 생각해 본다. 그리고, 본 연구의 주된 관심이 다문화 배경 학생의 문식성 신장을 위한 한국어 교육 문제이므로, 문식성(Literacy)의 개념 및 문식성 교육 방안에 대해 짚어볼 것이다. 문식성의 개념이 역사적으로 어떻게 확장되어 왔는가 고찰한 후, 다문화 배경 학생의 문식성 교육에서 중요하게 다루어져야 할 요인으로 BICS와 CALP의 개념과 내용을 살펴본다. 이러한 과정을 통해 기본 문식성, 학업 문식성, 다문화 문식성이라는 주요 개념을 추출한다. 이어 다문화 배경 학생의 문식성 교육을 위한 언어 교육 접근법으로, 내용 중심 접근법과 과제 기반 접근법, 사회문화적 구성주의 이론을 살펴본다.

3장에서는 다문화 배경 학생 대상 한국어 교육을 위한 교육과정 구성 방안 모색을 위해 미국, 일본, 유럽, 한국의 사례를 분석할 것이다. 미국의 ESL 교육과정, 일본의 JSL 교육과정, 유럽공통참조기준을 분석하고, 한국의 경우, 국제 통용 한국어 교육 표준 모형과 한국어(KSL) 교육과정을 분석할 것이다.

4장에서는 다문화 배경 학생 대상 한국어 교육 현황을 검토한다. 초·중·고등학교 다문화 배경 학생 한국어 교육 현장 방문을 통해 교육 프로그램들의 운영 현황을 분석하고, 현재 개발되어 사용되고 있는 다문화 배경 학생 대상 주요 한국어 교재들을 분석해 본다. 마지막으로, 설문 조사와 심층 면담을 통해 요구 분석을 실시한다.

이러한 과정을 통해 5장에서는 다문화 배경 학생 대상 한국어 교육 방안을 모색해 본다. 앞서 살펴본 이론과 사례들을 통해 이들을 위한 교육과정을 설계하고 교재 개발의 방향을 제안할 것이다. 다문화 학생 대상 한국어 교육의 목표와 구성 원리, 성취기준의 범주와 위계 설정, 교수요목의 구성과 배열 방법에 관해 논의하고, 실제 현장에서의 교육과정 운영 및 교수·학습 방법에 대해 제언을 하며 논의를 마치게 된다.

02

다문화 시대 문식성 교육을 위한
이론적 검토

이 장에서는 다문화 시대 문식성 교육을 위한 이론적 검토를 통해 이 연구의 이론적 토대를 구축할 것이다. 우선 1절에서는 다문화 시대, 다문화 사회 학교 내 언어 교육의 문제와 관련한 논의들을 살펴본다. 다문화 교육의 개념과 목표, 다문화 교육의 내용과 방법, 다문화 교육과 언어 교육의 관계 등에 대한 논의들을 살펴볼 것이다. 2절에서는 다문화 시대 문식성 교육이 함의하는 바를 추출해 내기 위한 작업으로, 우선 문식성의 개념 확장 양상과 연구의 흐름을 짚어 본다. 또한, BICS와 CALP의 개념에 대해 알아보고, 기본 문식성과 학업 문식성, 다문화 문식성의 개념 범주 설정의 토대를 마련한다. 3절에서는 다문화 배경 학생의 한국어 교육에 필요한 언어 교육 접근법들을 훑어본다. 내용 중심 접근법, 과제 기반 접근법, 사회문화적 구성주의 접근법 등에서의 주요 논의를 살펴보게 될 것이다.

1. 다문화 사회 학교 내 언어 교육

본 절에서는 다문화 시대, 다문화 사회 학교 내 언어 교육의 문제와 관련한 논의들을 살펴볼 것이다. 다문화 교육의 개념과 목표, 다문화 교육의 내용과 방법, 다문화 교육과 언어 교육의 관계 등에 관한 주요 논의들을 살펴볼 것이다. 이를 통해 다문화 시대 한국어 교육이 갖는 의미를 철학적, 사회·문화적 관점에서 생각해 보기로 한다.

1.1. 다문화 교육의 개념과 목표

우리나라에서 다문화 교육에 관한 본격적인 논의가 진행된 것은 비교적 최근의 일이다. 외국인 이주 노동자, 여성 결혼 이민자, 다문화 가정 자녀 등을 대상으로 한 각종 프로그램이 주로 지방 자치 단체나 종교 단체, NGO 등을 중심으로 어느 정도 운영되어 온 것은 사실이지만, 국가적 차원에서 정부에 의해 관련 정책이 수립되고 프로그램 지원이 시작된 것은 2006년 이후에야 일어난 일이다. 2006년 정부가 '다민족·다문화 사회로의 전환'을 선언한 이래 각 부처별로 다양한 정책을 내놓기 시작했으며, 서울대학교에 '중앙다문화교육연구센터'를 설치하고 각 지역에 다문화 교육 실천 프로그램을 지원하기 시작한 것도 이 무렵의 일이다(장인실, 2006; 조영달, 2008; 양영자, 2008; 장한업, 2009 등).

논의의 역사가 짧은 만큼 자생적 정책이나 연구가 아직은 크게 축적되어 있지 않은 편이며 다문화 교육이 무엇인가에 대한 논의도 여전히 진행 중이다. 다문화 교육에 관한 논의 자체가 한국 사회에서 비교적 최근에 이루어지기 시작한 때문이기도 하지만, 또 다른 이유는 '다문화 교육의 움직임이 일어나게 되는 사회·문화적 상황이 나라와 지역마다 크게 다르기 때문'이기도 하다(조영달 2008:3). 용어만 살펴보아도, 미국은 'Multicultural'이라는 용어를 주로 사용하는 반면 유럽의 경우 'Intercultural'이나 'Cultural Pluralism' 등의 용어를 주로 사용하고 있다. 게다가 이를 우리나라에 들여와 소개하는 과정에서도 'Multicultural'은 일반적으로 '다문화'라는 용어로 옮겨 사용하지만, 'Intercultural'의 경우엔 '문화 간', '간문화', '상호문화' 등의 용어가 혼재되어 사용되고 있는 형편이다.

비단 용어의 문제만이 아니라 다문화 교육이 무엇인가에 대한 개념 정립이 제대로 되어 있지 않은 상황에서 유사한 개념들이 혼용됨으로써 혼란이 가중되고 있는 실정이다.[1] 양영자(2008:1-10)에서 지적하고 있는 바와 같이 현재 우리나라에서는 '① 인종적 소수자를 대상으로 하는 교육, ② 한국적인 것이 세계적인 것이 되도록 하는 교육, ③ 귀국자 자녀의 적응 교육, ④ 세계화 시대에 국제경쟁력을 기르는 데 도움이 되도록 다양한 언어를 배우는 교육, ⑤ 국제이해교육의 일환, ⑥ 문화 상대주의나 문화주의를 구현하는 수단으로서의 교육' 등 다양한 개념들이 다문화 교육으로 인식되고 있다. '다문화 교육'이라는 이름으로 실시되고 있는 프로그램 유형도 대부분 일회성 행사의 형식을 취하고 있는 것이 대부분이며, 그 내용도 의식주와 관련된 지역 문화 체험, 다른 나라의 문화 체험, 역사 유적지 탐방, 다문화 가정과 일반 가정의

---

[1] 이와 관련하여 김상돈(2010:43-53)에서는 우리 사회에서 만연하고 있는 기존 다문화 교육에 대한 오개념과 도입 상의 문제점에 대해 지적을 하고 있다. 우리나라의 다문화 교육이 1990년대 후반에 등장하기 시작해 기존에 도입된 다문화 교육과 유사한 개념들이 혼용됨으로써 뚜렷한 개념 정립이 이루어지지 못하고 있다는 것이다. 한국의 다문화 교육은 이주자를 대상으로 하는 교육 활동과 이주자의 2세 문제와 관련된 교육적 과제로 받아들여지는 경향으로 인해 부분적인 이해 방식을 벗어나지 못하는 한계를 드러내고 있기 때문에 다문화 교육에 대한 광범위한 오개념을 분석하여 명확한 개념 정리가 필요하다고 역설하고 있다.

결연 활동 등 단편적인 내용으로 구성되어 있음을 쉽게 발견할 수 있다.[2]

우리와는 달리, 서구 사회에서는 다문화 교육과 관련된 논의의 역사가 길고 다양한 관련 분야에서의 연구 결과들이 축적되어 왔다. 장인실 (2006), 조영달(2008), 양영자(2008), 장한업(2009a, 2009b) 등을 토대로 다문화 교육의 등장 배경과 개념 변천 양상 및 발전 과정에 대해 살펴보기로 하자.

먼저 영국은, 사회 통합을 위한 동화(Assimilation)와 문화적 다원주의 (Cultural Pluralism) 사이의 지속적인 충돌 과정을 통해 변화와 발전을 거듭해 왔다. 즉, "사회적 통합을 지향하는 유럽 전반의 분위기"와 맞물리면서 초기에는 동화주의에 기반한 다문화 교육이 주류를 이루고 있었다면, 문화적 다원주의의 중요성을 강조하는 학계의 목소리가 높아짐에 따라 다문화 교육의 관점과 방향에도 변화가 일게 되었다는 것이다. 한편, 호주는 1978년 공식적으로 정부 정책에 다문화주의가 도입되었으며, 이후 1989년에는 'National Agenda for a Multi-cultural Australia'라는 다문화주의 정책 기조 발표로 인해 교육은 물론 사회 제도 전반에 다문화주의가 확장되어 가게 되었다. 즉, "다문화주의를 교육 제도 속으로 끌어 들여오는 과정에서 다문화 교육이 발전하였다"는 것이다. 뉴질랜드는 앞서 제시한 영국이나 호주의 다문화 교육과는 또 다른 모습을

---

[2] 양영자(2008:115-117)에서는 현재 한국에서 실시되고 있는 다문화 교육 활동을 다섯 가지 유형으로 나누어 설명하고 있다. ① 한국어와 한국 문화 교육 위주인 '소수자 적응 교육', ② 한국과 모국의 비교 교육, 한국과 어머니 나라의 비교 교육, 남북한 비교 교육 등의 방식으로 시행되고 있는 '소수자 정체성 교육', ③ 자국 문화 이해 및 집단 간 이해를 도모하는 '소수자 공동체 교육', ④ 주요 국가와 한국 문화의 관계, 편견과 차별에 대한 인식 전환 등을 중심으로 한 '다수자 대상 소수자 이해 교육', ⑤ 타문화 이해 교육을 중심으로 한 '국제이해교육' 등이 그것이다. 이 각각의 유형들은 '전제하고 있는 관점의 차이'에 따라 교육 대상, 교육 영역, 핵심 가치, 교육 효과에 대한 기대 등이 다르다는 것이다.

취하고 있는데, "교육과정에서 문화적 다양성을 인식할 수 있는 방안을 모색하는 과정을 통해 다문화 교육이 실현·발전되고 있다"는 것이다. (조영달, 2008:6-7)

미국은 인종적, 민족적, 문화적으로 다양하게 구성된 다원적 사회이다. 국가 건설 초기부터 자유, 평등, 정의의 관념이 이상적 가치로 강조되어 왔으며, 이러한 관점은 다문화 교육의 이론적 흐름 형성에 있어서도 중요한 주제로 간주되어 온 가치이다. 그럼에도 불구하고, 미국 문화는 근본적으로 영국의 백인 청교도 문화(WASP: White Anglo-Saxon Protestant)에 뿌리를 두고 형성된 까닭에 한편으로는 단일문화주의 인식이 뿌리 깊은 나라이기도 하다.

1620년 9월 16일 영국을 떠난 Mayflower 호는 그해 11월 21일 북미 대륙 Cape Code에 도착하게 된다. 같은 해 12월 지금의 매사추세츠 주 Plymouth에 정착하면서 오늘날 미국의 역사가 시작되지만 초기 미국 문화는 단지 '영국 문화의 이식'에 불과했다. 이후 1870년대까지 200여 년간은 영국, 스웨덴, 독일, 스위스 등 북부 유럽과 서부 유럽에서 온 이민자들이 주를 이루었으며 학교 교육을 비롯한 사회 문화 역시 '백인 청교도 문화의 이식'에 지나지 않았다(장인실, 2006:30).[3]

1870년 이후 남부 유럽, 동부 유럽, 남미 이주자들이 유입되면서 백인 청교도 문화와의 갈등이 깊어지게 되고, 이를 해결하기 위한 방안으로 제안된 것이 '동화주의(Assimilation)'이다. '동화주의'는 Cubberly(1909)에 의해 처음 주창된 개념이다. 그는 '여러 민족 집단 간의 갈등을 해결'하기 위하여, "앵글로 색슨의 정의, 법, 질서와 정부의 개념을 심어 주고

---

[3] 이후 남부, 중부, 동부 유럽 출신 이민자들이 유입되면서 신이민자 집단에 대한 초기 이민자 집단의 반발과 불신이 깊어지게 되는데, 이러한 현상을 '네티비즘(Nativism)'이라 한다. 이 시기 학교와 대학의 역할은 "정부의 지원 하에 국가에 대한 맹목적 충성심과 외국인과 이민자 집단에 대한 불신을 장려하는" 것이었다(장인실, 2003; 장인실, 2006:31에서 재인용).

소수 민족들로 하여금 미국 민주 제도의 존엄과 인간 존중의 미국 생활을 깨닫게 해야 한다"고 주장하였다(장인실, 2006:31; 양영자 2008:19). 당시로서는 '열등한' 유색인이 문화적인 '동화'[4]를 통하여 '우월한' 백인으로 구성된 미국사회의 주류에 편입될 수 있다는 이러한 이론이 다소 파격적인 주장이기도 했다. 하지만, 유럽계 이주자들과는 달리 비유럽계 이주자들의 경우 문화적 동화는 가능하더라도 신체적 동화는 불가능했기에 유색인종에 대한 사회의 편견과 차별은 여전했고, 따라서 동화주의는 해답이 될 수 없었다.

동화주의는 '용광로(Melting Pot)' 이론으로 대치된다. '용광로' 개념은 미국의 역사학자 Turner(1893)에 의해 제안되었던 것으로, 여러 문화 집단의 이질적인 요소들을 녹여 "하나의 종합적인 새로운 미국 특유의 동질 문화(homogeneous culture)를 형성"하자는 이상을 담은 은유적 표현이다(양영자, 2008:20). 이후 Mayo-Smith(1904)는 "어느 국가도 그들의 동질 문화 없이 강국이 될 수도 없고 존재할 수도 없다"면서 "하나의 공통 국가 내에서 단일 언어, 단일 정치 체제, 단일 국가주의, 단일 사회 발전의 이상을 추구"해야 한다고 용광로 이론의 필요성을 주장하였다(장인실, 2006:32에서 재인용). 하지만, 이 용광로 속에 용해되어야 하는 문화들 중 인디언과 흑인의 고유문화는 철저히 소외시켰기 때문에 이 역시 비판을 받게 된다.

용광로 이론에 이어 등장한 것이 '샐러드 볼(Salad Bowl)' 이론이다. "다양한 채소와 양념은 그것을 한 그릇에 담아도 각각의 독특한 맛을 잃지 않는다"(장한업, 2009b:108)는 사실에 빗대어 표현한 은유적 표현

---

[4] 사회과학에서는 동화와 문화 변용을 구분한다. 즉, 문화 변용(acculturation)은 "구조적 혹은 개인적 수준에서 사고가 주류 문화를 향하는 문화적 이동"을 의미하고, 동화(assimilation)는 "개인적 측면에서 주류 문화의 언어, 기질, 매너 등을 획득하는 것"을 뜻하는 말이다(Gutierrez, 2001; 장인실, 2006:31-32에서 재인용).

이다. 소수 민족 문화의 다양성이 미국 문화를 더욱 풍부하게 할 것이라는 주장이었으나 이 역시 오래 지속되지는 못한다.

1960년대 중반 흑인 민권 운동을 필두로 1970년대 여성 운동, 반전 운동, 저항 문화 등이 등장하면서 그동안 소외되어 왔던 미국 내 소수 인종, 민족, 여성, 노동 계층 등 주변 집단의 정체성에 대한 연구가 활발해지기 시작한다. 이러한 일련의 사회적 변화를 촉구하는 움직임의 흐름은 다문화 교육의 발생으로 이어지게 된다. 이는, 학교 교육과정과 교과서에 소수 집단의 역사와 문화 유산, 기여와 관점을 반영하여야 하며, 소수 집단 출신의 교사 및 행정가 고용을 확대해야 한다는 등의 요구와 움직임으로 구체화되게 된다(장인실, 2006:33-34; 조영달, 2008:6; 양영자, 2008:20-21). 이 과정에서 '주류(Mainstreaming)', '문화적 다원주의(Cultural Pluralism)', '다양성(Diversity)'의 개념들이 주목받기 시작하였으며(조영달, 2008:6), 이후 다문화 교육에 관한 논의에서 중요한 개념으로 자리 잡게 된다.

1970년대에 들어서면서 미국 내 수많은 교육 전문 기관들이 다양한 "민족 집단에 대한 내용과 이해를 교육과정에 통합"해야 한다는 주장을 펼쳤으며, 1973년 미국교육대학협회(AACTE: American Association of College for Teacher Education)가 'No One Model American'이라는 선언[5]

---

[5] AACTE(1973)의 선언 내용은 다음과 같다. "다문화 교육은 학교가 문화적 차이를 녹여 없앤다거나 문화적 다원주의를 단순히 용인한다는 정도의 견해를 배격한다. 오히려 학교는 모든 청소년들이 여러 문화적 대안들을 보존하고 확장하도록 학교의 모든 프로그램을 통하여 문화적 양식을 넓혀 주어야 한다. (중략) 그러므로 우리의 문화적 다양성을 인정하고 발전시켜야 하며 어떤 형태의 단일 모형의 미국인도 인정하지 않는다(No one model American). 그렇게 함으로써 미국 시민들 간에 존재하는 문화적 차이를 이해하고 수용하는 태도를 기른다. 이와 같은 태도는 각 개인이 갖고 있는 원천적 가치를 진실로 존중해 주는 사회가 되도록 보다 긍정적 자세를 취한다. (중략) 그러므로 문화적 다원주의란 어떠한 형태든 동화와 분리주의를 강력히 배격한다. 문화적 다원주의의 긍정적 요소를 실현시켜 시민들의 다양성을 인정한다. 이는 각기 다른 문화가 건전하게 상호 작

을 하면서 마침내 다문화 교육의 기틀이 마련되기에 이른다(장인실, 2006:35).

Banks(2010:25)에서도 다문화 교육은 '학생들이 성별, 민족, 인종, 문화, 언어, 사회 계층, 종교, 예외성 등의 요소들과 관련하여 어느 그룹에 속해 있든 그것과 무관하게 모든 학생들이 학교 안에서 교육적 평등을 경험해야 한다고 선언하는 이념'[6]으로 규정되고 있다. 학교라는 공간은 본래 학생들 모두에게 교육적 평등의 기회를 제공하는 곳이어야 한다. 하지만 현실의 학교는 그렇지 못하다. 가정의 경제적 수준, 부모의 직업과 가족 구성원, 사회적 계층이나 지역적 차이 등 여러 요소들에 의해 학생의 특성이 결정되고, 이러한 특성은 학업 성취나 학교생활 등에 있어 성공과 실패를 좌우하는 원인이 되곤 한다. 다문화 교육은 이처럼 다양한 집단의 학생들이 학업 성취를 경험하는 평등한 기회를 가질 수 있도록 학교를 개혁하고자 시작된 운동이라는 것이다.[7]

다문화 교육에 관한 논의들을 살펴보면 대개 민족이나 인종에 관련된 내용에 국한되어 다루어지는 경향이 있다. 하지만 다문화 교육은 그보다 넓은 영역에 적용될 수 있는 개념이다. 이와 관련해 장인실(2006)에서는 Gibson(1976), Gay(1979), Sleeter & Grant(1988), Bennett(1990),

---

용하게 하여 미국이 갖고 있는 여러 문화의 전통을 살려 문화의 풍요를 만끽하게 하는 것이다. 그리하여 문화 간의 긴장을 해소시키도록 한다."(AACTE, 1973; 김종석, 1984; 양영자, 2008에서 재인용).

[6] 다문화 교육에 대한 정의는 학자마다 조금씩 다르다. 일반적으로 다문화 교육은 교육에서 문화적 다양성과 평등의 문제에 접근하는 개념으로(Gollnick & Chinn, 2006:6), '인종, 종족, 피부색, 출신국, 혼인 여부, 성, 성적 성향, 종교, 나이, 사회경제적 지위, 결혼 상태, 장애, 이주 상태 등에 의해 제한을 받지 않고 모든 영역의 다양성을 포괄'하는 개념으로 인식되곤 한다(양영자, 2008:12).

[7] 다문화 교육자들은 다문화 교육의 주된 목적이 '다양한 인종, 종족, 언어, 문화 집단에 속하는 학생들이 학교에서의 학문적 성취를 위해 평등한 기회를 갖도록 학교, 대학을 재구조화하는 데 있다'고 강조한다(Banks & Banks, 2005:1; 양영자, 2008:12에서 재인용).

Banks(1993), Banks(2001) 등의 교육 모형을 소개하면서 다문화 교육의 개념을 다음과 같이 정의하고 있다.

> 다문화 교육은 인종뿐만이 아니라 다양한 문화 집단에 속해 있는 서로 다른 사람들의 상호 이해와 평등 관계를 중시하고, 민족, 사회적 지위, 성별, 종교, 이념 등과 같이 서로 다른 집단의 문화가 동등하게 가치로운 것으로 인식하며, 학생들이 자신이 속해 있지 않은 다른 문화에 대한 편견을 줄이고 다양한 문화를 올바로 이해하도록 하기 위한 지식, 태도, 가치 교육을 제공하는 것이다(장인실, 2006:28).

Banks(2008)에서 제시하고 있는 다문화 교육의 목표는 모경환 외 (2008:2-22)를 참조하여 다음의 여섯 가지로 요약할 수 있다. "① 자문화를 타문화의 관점에서 바라보게 함으로써 자기 이해를 증진시키고, ② 문화적·민족적·언어적 대안을 가르치며, ③ 모든 학생들이 다문화 사회가 요구하는 지식, 기능, 태도를 습득하게 하고, ④ 인종적·민족적 소수 집단이 그들의 인종적·신체적·문화적 특성 때문에 겪는 많은 고통과 차별을 감소시키고, ⑤ 학생들이 '전지구적(global)'이고 '평평한(flat)' 정보·기술의 세계를 살아가는 데 필요한 읽기, 쓰기, 수리적 능력을 습득하게 하며, ⑥ 자신이 속한 문화 공동체, 국가적 시민 공동체, 지역 문화, 그리고 포괄적인 공동체에서 자기의 역할을 수행하는 데 필요한 지식, 태도, 기능을 습득하도록 하는 것"이다.

한편, 장한업(2009a, 2009b)에서는 미국의 다문화주의와 다문화교육, 프랑스의 상호문화주의와 상호문화교육의 출현 배경과 주요 원리를 비교한 후, 국내 대부분의 학자들이 미국의 다문화 교육에서 방안을 모색하고 있는데 반해, 우리의 현실은 프랑스의 그것과 더 가깝기 때문에 프랑스의 상호문화교육을 보다 적극적으로 도입할 필요가 있다고 주장하고 있다. 특히 압달라-프렛쎄이(1999)의 관점을 수용하며 프랑스의 상호문화교육이 대안이 될 수 있음을 몇 가지 근거를 들어 주장하고 있는데 그 내용을 표로 정리해 보면 다음과 같다.

〈표 10〉 미국의 다문화교육과 프랑스의 상호문화교육 비교[8]

	미국의 다문화주의·다문화교육	프랑스의 상호문화주의·상호문화교육
출현배경	▪ 1960년대 민권 운동, 70년대 여권 운동 등과 관련해 출현	▪ 1970년대 이민 가정 자녀의 언어·문화 교육과 관련해 출현
구성형태	▪ 광활한 영토에 다양한 인종 집단이 순차적으로 들어와 구성	▪ 비교적 좁은 영토에 여러 민족/인종이 뒤섞여 구성
추구개념	▪ 인종/민족의 평등, 정의, 시민성, 민주주의	▪ 인종/민족의 이질성, 표상, 편견, 고정관념, 정체성
해결방식	▪ 다양한 문화에 대한 이해	▪ 다양한 문화들 간의 만남

양쪽 다 각국의 문화적 다양성 문제를 교육적으로 해결하고자 한 노력이었다는 점에서는 같지만, 출현 배경, 기본 개념, 해결 방식 등에서는 상당히 다르며, 한국 이민 사회의 상황은 미국보다는 프랑스의 그것과 더욱 가깝다는 것이다.

하나씩 살펴보면, 출현 배경에 있어서 미국의 다문화교육보다는 프랑스의 상호문화교육이 한국의 상황과 더 닮아 있다. 미국의 다문화교육은 민권운동, 여권운동 등에 기반해 등장했지만 프랑스의 상호문화교육은 '이민 가정 자녀의 언어·문화교육 문제'와 관련해 출현하였다는 점이 그러하다. 한국의 다문화 문제도 외국인 이민자의 급증과 함께 대두되었고, 국제결혼 가정 자녀, 외국인 근로자 가정 자녀, 중도 입국 자녀 등의 한국어 교육 문제와 관련해 대두되었기 때문이다.

다문화 사회의 구성 형태에 있어서도 좁은 영토에 여러 민족이나 인

---

[8] 장한업(2009a:116-118)의 내용을 연구자가 표로 정리함.

종이 뒤섞여 구성되어 가고 있는 한국의 상황은 프랑스의 그것과 더 닮아 있다. "광활한 영토에 다양한 인종 집단이 순차적으로 들어와 구성한 모자이크 형태의 국가로 민족 또는 인종별로 배타적인 공간을 가지고 있는" 미국의 사례보다는 비교적 좁은 영토에 "배타적인 공간은 상대적으로 적은 편"인 프랑스의 사례가 우리의 것과 유사한 측면이 있다는 것이다(장한업, 2009a:117).

또한, 미국의 다문화 교육은 1960년대 흑인 인권 운동에 의해 촉발되고, 1970년대 페미니즘 운동 등에 의해 그 맥이 이어지며 일종의 교육 개혁 운동의 맥락에서 학교 교육 내에 자리 잡기 시작한 까닭에 다문화 교육의 내용이 평등, 정의, 시민성, 민주주의 등을 주요 주제로 삼는다. 이에 반해 프랑스의 상호문화교육은 여러 민족과 인종, 언어와 문화 간의 이질성에서 출발한다는 점에서 미국의 다문화교육과 본질적으로 다르다고 한다. 인종, 민족, 언어, 문화가 서로 다른 것은 당연한데 그것들 간에 어떻게 하면 고정관념이나 편견 없이 자신과 상대에 대한 진정한 이해를 바탕으로 정체성을 확립해 가느냐에 초점을 맞추고 있다는 것이다.

마지막으로, 미국의 다문화주의는 "문화적 다양성의 확인이나 서술 차원"에 그치고 있고, 다문화 교육은 "문화에 대한 지식과 이해를 강조"하고 있지만, 프랑스의 상호문화주의는 "문화적 다양성에 대한 행동의 차원"에 무게를 두고 있고, 상호문화교육은 "문화에 대한 지식이나 이해보다는 문화들 간의 만남(rencontre)을 강조"하고 있다는 점에서 차별화되며(장한업, 2009a:118) 프랑스의 상호문화주의에 기반한 상호문화교육이 한국적 다문화 사회 상황에서 더욱 유용한 가치가 될 수 있다는 것이다.

1.2. 다문화 교육의 내용과 방법

앞 절에서는 다문화 교육의 등장 배경과 개념, 목표에 관해 살펴보았다. 그렇다면, 이러한 목표에 다다르기 위한 과정은 어떠한가?

먼저, Bennett은 다문화 교육의 단계를 '자문화 중심주의에서 문화 상대주의로 가는 6단계의 과정'으로 설명하고 있다. 다음 그림은 김영주(2009)에서 소개하고 있는 Bennett(1996)의 모형을 필자가 그림으로 도식화한 것이다.

〈그림 3〉 Bennett(1996)의 다문화 교육 단계[9]

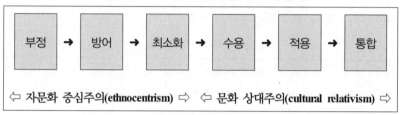

'부정(denial)'의 단계에 속하는 사람들은 문화적 차이의 존재 자체를 부정하고 믿지 않는다. 자신의 가치나 행동방식이 표준적이라 믿고 타인의 가치나 행동이 자신의 것과 다르면 틀린 것이라고 믿는다. '방어(defense)'의 단계에 속하는 사람들은 문화 간 차이는 인정하지만, 타문화에 대해 부정적이고 혐오하는 태도를 보인다. '최소화(minimization)'의 단계에서는, 문화 간 차이는 사람들에게 다양한 시각을 제공해 주기 때문에 기피해야 할 것이 아니라 추구해야 할 것이라고 인정하게 된다. 문화적 차이 자체에 대해서는 어느 정도 위협을 느끼기도 하지만, 타문화를 열등한 것으로 생각하지는 않는다. 4단계 '수용(acceptance)'의 단

---

[9] Bennett(1996)의 내용을 연구자가 도식화 함.

계는 문화 상대주의가 시작되는 시점으로, 타문화의 가치와 행동 방식을 인정하고 동의하는 태도를 보인다. 5,6단계는 '적용(adaptation)', '통합(integration)'의 단계로 다른 문화권의 사람들의 가치나 행동에 동의하고 공감하는 것은 물론 "자신의 행동을 다른 문화의 기준에 적용"시킬 수도 있으며 "타문화의 요소를 자문화 속에 통합"시키는 단계이다. 앞의 세 단계는 '자문화 중심주의'에 속하고, 뒤의 세 단계는 '문화 상대주의'에 속하며, 다문화 교육은 5,6단계로 나아가게 하기 위한 과정이라 할 수 있다(김영주, 2009:25-27).

프랑스 상호문화교육에서의 교수-학습 단계도 앞서 살펴본 Bennett(1996)과 같이 6단계로 구체화되나 그 내용에서 약간의 차이를 보인다. 상호문화교육의 교수-학습 단계는 '문화 이해 → 문화 인식 → 문화 발견 → 문화 비교 → 상대화 → 문화 수용'의 여섯 단계로 구체화된다. 이 여섯 단계는 마가(Hardée Maga) 연구진이 2005년에 발표한 내용을 장한업(2009b:650-651)에서 부분 수정하여 정리한 것이고, 연구자가 그 내용을 도식화한 것이다.

〈그림 4〉 상호문화교육의 교수-학습 단계[10]

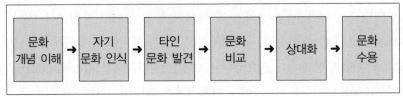

상호문화교육에 있어서 교수-학습의 1단계는 학생들에게 문화의 개념을 이해시키는 단계이다. 음식, 건축, 의상 등과 같이 유형적인 것들 외에 가치, 의도, 개념 등과 같이 무형의 보이지 않는 것들은 자칫 문화

---

[10] 장한업(2009b:650-651)의 내용을 연구자가 도식화 함.

라고 의식하지 못하는 수가 있기 때문에 문화 자체의 개념에 대한 이해가 필요하다는 것이다. 2단계는 자신의 문화에 대한 비판적 인식과 검토의 단계이며, 3단계는 타인의 문화를 발견하게 하는 단계이다. 자기 고유의 문화에 대한 객관적 인식을 바탕으로 타인의 문화와 관점을 인식할 수 있도록 유도하는 것이 교육의 역할이라 할 수 있다. 4단계는 자신의 문화와 타인의 문화를 비교해 보는 단계이다. 타인의 문화와 자신의 문화 사이에 존재하는 공통점을 발견하고, 이를 통해 모든 사람과 문화 사이에 공유되는 기본적 가치에 대한 이해를 도모한다. 5단계는 상대화 단계로, 문화를 보는 다양한 관점이 존재할 수 있고 각각의 관점이 서로 상대적임을 이해하게 하는 단계이다. 마지막 단계는 타인의 문화를 수용하고 이해하며 새로운 '참조 체계'를 갖추게 되는 단계이다(장한업, 2009b:650-652).

다문화 교육은 종종 특정 교과 영역에만 해당되는 것이라고 간주되곤 한다. 그래서 사회나 문학과 같은 교과에서는 다문화 교육이 가능하지만, 수학이나 과학 같은 교과에서는 다룰 필요가 없는 무관한 것이라고 쉽게 간주되는 경향이 있다. 하지만 이것은 잘못된 생각이다. 일반적으로 다문화 교육과 관련 있다고 여겨지는 사회, 문학, 음악 등의 교과는 다문화 교육의 개념이나 주제 등을 다루기 위해 인종적, 민족적, 문화적인 내용을 활용할 기회가 많은 과목들일 뿐이지 다문화 교육이 반드시 이들 교과에만 한정된 것은 아니기 때문이다(Banks, 2010:20).

다문화 교육은 여러 가지 다양한 층위와 차원에서 검토되고 적용되어야 하는 개념이다. 이와 관련해 Banks(2010)에서는 다문화 교육이 여러 가지 다양한 측면에 걸쳐 고려되고 실행되어야 하는 광범위한 개념이라고 설명하면서, 다음과 같은 다섯 가지 차원과 관련해 개념을 제시하고 있다. '① 내용 통합, ② 지식 구성 과정, ③ 편견 감소, ④ 평등

교육, ⑤ 학교 문화의 역량 강화' 등이 그것이다.

〈그림 5〉 다문화 교육의 여러 차원[11]

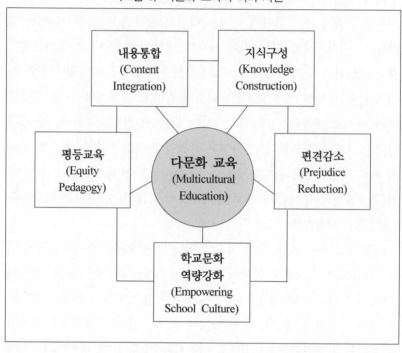

'내용 통합(Content Integration)'이란, 교사가 교과 영역에 필요한 핵심 개념, 원리, 일반화, 이론 등을 가르치기 위해 얼마나 다양한 문화와 집단으로부터 사례와 내용을 가져와 보여주고 활용하는가를 말한다. 물론 이때 각각의 사례의 민족적 문화적 내용은 교과 영역에 논리적으로 적합하도록 삽입되어야 한다. '지식 구성 과정(Knowledge Construction Process)'이란, 내재된 문화적 가정이나 관점, 편견 등이, 어떠한 지식이 구성되어가는 과정과 방법에 어떻게 영향을 미치는가에 관한 것이다.

---

[11] Banks(2009), "The Dimensions of Multicultural Education". Banks(2010:23) 재구성.

즉, 교사는 교과 영역의 특정 지식이 구축되는 과정과 방식에 영향을 미치는 편견들에 관해 학생들이 인지하고 검토해 볼 수 있는 기회를 제공해야 한다는 것이다.[12] [13] '편견 감소(Prejudice Reduction)'는, 인종적, 민족적, 문화적으로 서로 다른 집단에 대해 학생들이 긍정적인 태도를 갖게 하기 위해 교사가 수업 자료나 활동 등을 편성하고 운영할 필요가 있다는 것이다. '평등 교육(Equity Pedagogy)'은 다양한 인종, 문화, 성별, 사회 계층 집단으로부터 온 학생들의 학업 성취를 도모하기 위해 교수·학습 과정과 유형에 있어 교사는 다양한 교수 방법과 접근법을 시도할 필요가 있음을 의미한다. 학습자의 사회적 문화적 배경에 따라 학습 성향과 유형이 매우 다르기 때문에 개별화된 교수 전략이 필요하다는 것이다. 마지막으로, '학교 문화 역량 강화(Empowering School Culture)'는 다양한 인종, 민족, 성별, 사회 계층 간의 형평성을 증진시킬 수 있도록 학교 문화와 조직 구성이 이루어져야 한다는 것이다(Banks, 2010:20-23).

또한, Banks(2010)는 학교의 주류 교육과정에 다문화 교육 내용을 통

---

[12] Banks(2010:21)에서는 '미국 대륙 발견'이나 '서부 개척' 등의 개념과 지식 구성에 대한 검토와 토론을 예로 들고 있다. 즉, '미국 대륙 발견', '서부 개척'이라는 표현과 개념은, 이러한 역사적 사건이 있기 훨씬 전에 4만 년 동안이나 이미 그 땅에 존재했던 원주민의 문화를 어떤 관점에서 바라본 결과인지 이러한 지식이 구축되는 과정에 어떤 잠재적 관점이 영향을 미친 것인지 등에 관해 토론해 볼 수 있다는 것이다.

[13] 양영자(2008:115-118)에서는, Banks가 다문화 교육에서 다루어야 하는 지식의 유형으로 '① 일상적 지식(popular knowledge), ② 주류 학문 지식(mainstream academic knowledge), ③ 인종적 문화적 지식(ethnical knowledge), ④ 학교 지식(school knowledge), ⑤ 변혁적 학문 지식(transformative academic knowledge)' 등을 들고 있다고 소개하면서 이를 한국 상황에 적용해 설명하고 있다. 즉, '소수자 적응교육'에서는 '일상적 지식'이나 '주류 학문 지식'이 주로 다루어지고 있고, '소수자 정체성 교육'과 '소수자 공동체 교육'에서는 '인종적 문화적 지식'이, '다수자 대상 소수자 교육'에서는 '학교 지식'이 주로 다루어지고 있다는 것이다.

합시키는 방법으로 네 단계 접근법[14]을 제시하였다. '① 기여적 접근법, ② 부가적 접근법, ③ 변형적 접근법, ④ 사회적 행동 접근법' 등이 그것이며 그 내용은 다음과 같다.

〈그림 6〉 다문화 교육 내용 통합의 4단계[15]

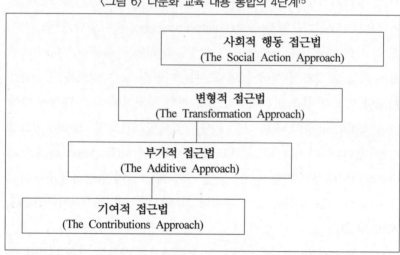

---

[14] 다문화 교육의 다양한 접근법에 관한 초기 논의는 Gibson(1979)에 의해 이루어진 바 있다. '① 문화 간 이해를 위한 다문화 교육(multicultural education for cross-cultural understanding), ② 문화적으로 응답하는 교육(culturally responsive education), ③ 이중 문화 교육(bicultural education), ④ 교육의 문화적 다원주의(cultural pluralism in education), ⑤ 인간 경험으로서의 다문화 교육(multicultural education as the normal human experience)' 등의 다섯 단계가 그것이다. ①은 '서로 다른 문화 구성원의 요구를 확인하고 서로 존중하는 교수 전략을 강조하는 단계', ②는 학교 교육과정 내용에 소수 집단 문화를 수업 매개로 포함함으로써 '소수 집단에 대한 학습을 증진시키는 단계'이며, ③은 '주류 문화의 언어와 다른 기술적 기능을 가르침과 동시에 소수 민족 학생의 문화, 언어, 정체성을 강화하도록 하는 단계'이다. ④는 '민족 집단의 정체성을 고양시키고 소수 민족 집단의 사회적, 정치적, 경제적 참여를 증가시키는 단계', 마지막 ⑤는 '개인이 다문화 사회에 완전히 참여할 수 있게 되는 단계'를 말한다(Gay, 2001; 장인실, 2006:40에서 재인용).

[15] Banks(2009), "Banks' Four Levels of Integration of Ethnic Content". Banks(2010:238)에서 재인용.

1단계 '기여적 접근법(Contributions Approach)'은 기존 교육과정의 기본적인 목표와 구조, 특징은 그대로 두고 최소한의 민족적·인종적 요소를 삽입하는 방법이다. 명절이나 음식에 대해 소개한다든지, 민족적 영웅에 대해 다루고 그들의 미국 사회와 문화에의 기여와 공헌에 대해 다룬다든지 하는 것이다. 2단계 '부가적 접근법(Additive Approach)' 역시 기존 교육과정의 기본적 구조나 목적, 특징 등에는 변화 없이 인종적·민족적 내용, 개념, 주제, 관점 등을 추가하는 방법이다. 주로 책, 단원, 강좌를 교육과정에 첨가하는 방식으로 다문화 교육을 도모한다.

앞의 두 접근법이 기존 교육과정에 인종적·민족적 내용을 단지 첨가하는 방식이었던 데 반해, 3단계 '변형적 접근법(Transformative Approach)'은 교육과정의 근본적인 목적, 구조, 관점 자체에 변화를 추구하는 방식이라는 점에서 큰 차이가 있다. 역사적·사회적 사건이나 현상의 개념과 쟁점에 관한 주류 중심 관점은 여러 관점 중 하나이며 다양한 시각과 견해가 가능할 수 있다는 점을 강조한다. 학생들로 하여금 다양한 인종·민족·문화 집단의 관점에서 개념, 문제, 사건, 주제를 생각해 볼 수 있도록 한다. 마지막 4단계 '사회적 행동 접근법(Social Action Approach)'은 사회 비평, 사회 개혁, 의사 결정 기술 등에 대해 교육하는 것을 주된 목표로 삼는다. 사회 문제에 대해 결정하고 행동하게 함으로써 소외된 인종적·민족적·문화적 집단이 사회의 온전한 참여자가 될 수 있도록 도모하는 것이 이 접근법의 목표이며 궁극적으로 다문화 교육이 도달해야 하는 지점이기도 한 것이다(Banks, 2010:233-256).

한편, 양영자(2008:104-106)에서는 한국 다문화 교육의 정립을 위해 해결해야 할 몇 가지 과제들에 관해 논의하고 있는데 주목할 만하다. 교육 이념과 관련해서는 "민족주의와 다문화주의의 양립 가능성을 모색하여 분단과 통일을 고려한 민족 정체성 교육과 다문화 교육 사이의 조율이 필요하다"는 주장이다. 즉, 학령기에 도달한 다문화 가정 자녀들을 고려해 단일민족주의와 순혈주의를 약화시킬 필요가 있다는 입장과 탈북 학생이나 입국 재외 동포 자녀를 고려할 때 민족 정체성 개념을 부각시킬 필요가 있다는 입장이 대립을 이루고 있는 상황인데 이러한 쟁점에 대한 정확한 진단과 조율을 토대로 교육 이념을 정립할 필요가 있다는 것이다. 교육 내용과 관련해서도 현재의 다문화 교육은 다만 다양한 문화나 언어를 체험하게 하는 내용 첨가 수준으로 축소되어 이해되고 행해지는 경향이 있는데 이에 대한 총체적 검토가 필요하다는 것이다. 교육단위 편성 측면에 있어서도 현재는 주로 다문화 가정 자녀를 대상으로 한 분리교육의 형태가 대부분인데 통합교육과 비교해 이것이 과연 바람직한 것인지, 그렇지 않다면 분리와 통합은 어느 정도 수준에서 어떤 방식으로 이루어지는 것이 바람직한 것인지에 관해 심도 있는 고민과 논의가 있어야 한다는 것이다.

다문화 교육은 궁극적으로는 다문화 사회 구성원 모두를 위한 교육이어야 한다. 인종적, 민족적, 언어적, 문화적 소수자 집단만을 대상으로 한 것이 아니라 소위 주류 집단이라 할 수 있는 다수자를 대상으로 한 다문화 교육 역시 반드시 필요함을 확인할 수 있다. 이 점은 다문화 배경 학생 대상 한국어 교육이나, 학교 내 주류 학생을 대상으로 한 다문화 교육에 있어서도 수용할 만한 시사점을 준다.

1.3. 다문화 교육과 언어 교육

다문화 사회로의 진입은 우리 사회에 인종과 민족의 다양성뿐 아니라 언어의 다양성도 가져왔다. 다문화 교육의 테두리 안에서 언어 교육은 매우 중요한 부분을 차지하고 있고 어떤 면에서는 가장 기초적이고 실제적인 문제이며 학교 교육과 관련해서는 당면한 가장 큰 과제 중 하나라 해도 과언이 아니다. 특히 다문화 배경 학생의 학교생활 적응과 한국 사회 안착을 위해서 무엇보다도 체계적이고 지속적으로 제공되어야 하는 것이 언어 교육이라 하겠다.

이와 관련해 김정숙(2008)에서의 논의에 주목할 필요가 있다. 김정숙(2008)에서는 '다문화 가정 자녀들에게 한국어가 제2언어인가 외국어인가?'의 문제를 판단하는 주요 변인이 "의사소통에서의 한국어 사용이 부분적인가 전면적인가" 하는 점이라고 지적하고 있다. 즉, 국제결혼 가정의 자녀나 외국인 가정의 자녀는 "한국의 공교육 시스템 안에서 교육을 받으며 일반 한국인 아동과 동일한 언어 맥락 속에서 동일한 언어 기능을 수행하며 살아간다"는 점을 지적하며, 이들에게 한국어는 일차적으로 외국어일 수는 없다는 것이다.

그렇다면 이들에게 한국어는 제2언어인가? 이 점에 관해서도 분명히 밝히고 있다. 국제결혼 가정 자녀들 중 한국에서 나고 자라 한국어를 가장 먼저, 가장 주요한 언어로 접하고 사용하는 아동에게는 한국어 교육이 제1언어 교육을 목표로 실시되어야 한다고 역설하고 있다. 즉, 이들의 한국어 숙달도 수준이 비록 일반 가정 자녀의 발달 수준에 비해 부족한 면이 있더라도, 이들이 앞으로 성장하고 생활해 가는 삶의 터전이 현재 이 사회인 만큼 학교에서의 교육의 목표도 제1언어 교육의 그것에 두어야 한다는 것이다. 이 점은 미국의 ESL 교육이 지향하는 바와도 일면 통하는 부분이라 하겠다.

미국의 ESL 교육은 외국어를 모어로 하는 이주자 자녀들에게 특별히 제공되는 프로그램으로 "정규 교육 과정과 병행하다가 궁극적으로는 자국어 교육 프로그램에 통합"되는 방식으로 운영된다. "일반 미국 시민들처럼 미국에서의 일상생활을 영위하는 데 지장이 없을 정도"의 언어 능력을 갖출 수 있게 하는 것을 공교육의 목표로 삼고 있다. 즉 미국의 ESL 교육은 "외국어 교육을 넘어 자국어 교육 수준에 도달할 수 있는 완벽한 의사소통 능력의 함양"에 목표를 두고 있는 것이다(Fountas & Pinnell, 2001; 윤여탁, 2007에서 재인용). ESL 프로그램은 다문화 배경 학생뿐만이 아니라 언어 능력이 부족한 일반 학생을 위해서도 실시되고 있다(정한호, 2009). 사회 전반에 걸쳐 다져진 다문화 교육 환경 위에 소수자뿐만 아니라 '모든 국민을 대상으로 실시하는 교육'이라는 점이 미국 다문화 교육의 특징이라 할 수 있는데, ESL 과정 운영에 있어서도 그러한 점이 반영된 것으로 보인다. 이러한 교육 환경의 영향으로 학교 내에서의 다문화 교육과 언어 교육은 매우 체계적이고 지속적으로 실시되고 있다.

한편, 다문화 가정 자녀 대상 한국어 교육과 관련해 이중 언어 교육의 관점을 도입해야 한다는 주장도 있다. 다문화 교육이나 학교 내 다문화 배경 학생을 위한 한국어 교육에 관한 논의가 이제 막 발아하고 있는 우리로선 미국이나 일본 등 서구 사회의 경우를 살펴보지 않을 수 없다. 미국의 ESL 교육과정이나 일본의 JSL 교육과정은 뒤에 이어질 3장에서 상세히 검토할 것이고, 여기에서는 이중 언어 교육 관련 논의와 관련해 미국의 양상을 살펴보기로 하자.

이중 언어 교육이 실시되기 시작한 것은 1968년으로 거슬러 올라간다. 앞서 다문화 교육의 출현 배경을 고찰하면서도 언급하였듯, 미국은 소위 '용광로(Melting Pot)' 정책이라 불리는 동화 정책에 기반해 소수민족, 소수 언어 출신 아동들에게 자신의 모어16가 아닌 표준 영어만을

---

16 북유럽의 스쿠트납 캉가스(Skutnabb Kangas) 교수의 정의에 따르면, 모어를 정의함에 있어 4가지 측면을 고려해야 한다. ①습득 시기·습득 순서, ②숙달도, ③사용 빈도, ④내적·외적 정체성 등이 그것이다. 이러한 기준에 따르면, 모어란,

사용하도록 하였고, 이에 따라 학교에서도 표준 영어만을 교육하는 단일 언어 교육을 시행하고 있었다. 그런데 소수 언어 사용자 입장에서는 자신들의 언어와 문화가 무시당하고 영어만을 강요당한다는 인식을 갖게 되었고, 이로 인해 정서적 위축, 학교 부적응 등 부정적 결과들이 초래되었다. 이러한 문제점들이 대두되고 사회적 논의와 공감이 형성되면서 이를 해결하기 위한 움직임으로 1968년 이중 언어 교육법(Bilingual Education Act)이 개정되기에 이른다. 학교 내 소수 민족, 소수 언어 출신 아동들에게 자신의 언어와 표준 영어 두 개의 언어를 교육함으로써 긍정적 자아 정체감 형성과 학업 성취를 통한 발전을 도모하자는 것이다.

박영순(2008)에서는 이중 언어 교육의 원리로 "모든 아동은 부모의 재산이나 직업, 인종과 관계없이 평등한 교육 기회를 가져야 한다는 '평등의 원리', 이중 언어 교육은 인권의 차원에서 실행되어야 한다는 '인권의 원리', 사람은 교육적 처방만 제대로 해 준다면 여러 개의 언어를 습득할 수 있다는 점을 고려한 '개인의 능력 개발 극대화 원리'"를 들고 있다(원진숙, 2008:111에서 재인용).

원진숙(2008)에서는 소수 민족 아동들이 학교에서 이러한 이중 언어 교육 원리를 바탕으로 자신의 제1언어와 표준 영어의 두 개 언어를 통한 이중 언어 교육을 받게 되었을 때 실제로 "자신의 정체성을 인정받고 자긍심을 갖게 됨으로써 학습 의욕도 높아지고 학업 성취도도 향상되었다"는 Ramirez, Yuen, Ramey(1992)의 논의를 인용하며, 이중 언어 교육이 "다문화 가정 아동들로 하여금 학교 환경 속에서 자신감을 갖고

"가장 처음에 익힌 언어(습득 시기)로, 현재 가장 잘 이해(숙달도)하면서 빈번하게 사용하는 언어(사용 빈도)이면서, 자기 자신이 일체감을 가질 수 있는 언어(내적 정체성)임과 동시에, 타인도 그렇게 인정하는 언어(외적 정체성)"를 말한다(나카지마, 2010; 이미숙 외 공역, 2012:23). 제2언어 교육이나 이중 언어 교육은 복수의 언어를 교육하는 것이므로 기초가 되는 모어, 제1언어가 어떠한 상태에 있는지를 파악하고 나서 교육 내용을 구성할 필요가 있다.

공부할 수 있도록 하는 데 힘을 부여할 수 있는(empowerment) 매우 가치로운 교육 대안이 될 수 있다"고 강조하고 있다.

권순희(2006)에서도 현재 우리나라는 '주류 문화주의 정책'에 머물러 있지만, 다문화 가정 자녀 수의 증가로 미래에는 '조합적 다문화주의 정책'을 채택하게 될 것으로 내다보고 있다. 즉 "소수 언어 정착을 통해 다문화 교육 양상이 다변화될 것이며, 이중 언어나 다국어를 구사하는 인력을 양성하는 방향으로 언어 정책을 선택하게 될 것"이라고 전망한 것이다(원진숙, 2008:112에서 재인용).

2. 다문화 시대의 문식성 교육

다문화 배경 학습자 대상 한국어 교육과 관련한 논의의 장에 문식성 중심의 언어 교육 관점을 도입해 볼 필요가 있다. 일반적인 한국어 교육이 의사소통 능력 신장에 초점을 두고 있다면, 다문화 배경 학습자를 위한 한국어 교육은 학교 안에서 이루어지게 되고 교과 학습과 필연적 관계를 갖게 되는데 의사소통 능력만으로는 학교생활과 교과 학습에 역부족이기 때문이다.

문식성의 개념 정의나 문식성 교육에 관한 연구는 우리나라에서는 주로 국어교육 쪽에서 활발히 이루어지고 있는데 최근에는 학문 목적 학습자 대상 한국어 교육이나 다문화 배경 학습자 대상 한국어 교육에서 점차 다양한 논의들이 생성되고 있는 상황이다. 반면, 미국을 비롯한 영어권 국가에서는 제2언어 교육이나 이중 언어 교육과 관련한 문식성 교육에 관한 논의들이 매우 다양하게 축적되어 있는 상태다.

2.1. 문식성의 개념 확장

Barton은 2007년 출간된 저서 『Literacy』에서 사적 고찰을 통해 '문식성(literacy)'이라는 어휘의 등장과 변천 과정에 관해 상세히 기술하고 있는데 그 내용이 흥미롭다. 그에 따르면 'literacy'라는 단어가 사전에 처음 나온 것은 얼마 되지 않은 일이다. 사전에서는 'literacy'를 어떻게 다루고 있는가를 살피기 위해 그는 'literate, illiterate, literacy, illiteracy'를 모두 고찰하는데, 이들 단어가 최초로 사전에 등장한 것은 1755년 Samuel Johnson의 최초의 영어 사전에서라고 한다. 더욱 재미있는 것은 이들 4개 단어 중 사전에 최초로 등장한 단어는 'literacy'가 아니라 'illiterate'라는 점이다.

19세기에서 20세기 초반까지의 20종의 사전을 모두 조사해 본 결과, 1820년 『Barclay's Dictionary』에도 'illiterate' 하나만 등장하고, 1839년 『Walker's Critical Pronouncing Dictionary』에 이르러서야 'illiteracy'가 수록되어 있는데 그나마도 매우 드문 단어라는 단서가 달려 있다는 것이다. 이 무렵 'literate'라는 말은 다만 '교양 있는, 교육 받은(educated, learned)'의 의미로만 가끔 등장할 뿐이다. 'literacy'는 1924년에 이르러서야 사전에 등장하며, 이 무렵에는 'literate'의 의미에도 변화가 생긴다. '읽고 쓸 줄 아는(being able to read and write)'이라는 의미가 첨가된 것이다. 이후로 이 의미가 점차 중요해지면서 제1의미로 자리 잡게 되고 오히려 '교양 있는, 교육 받은'이라는 기존의 의미가 부가적 의미로 자리하게 되었다고 한다. 사전이 아닌 문헌 기록에서의 사용을 보더라도 'literacy'가 등장한 것은 1883년 무렵이고 'literate'가 '읽고 쓸 줄 아는'이라는 의미로 쓰이게 된 것은 1894년에 이르러서이다(Barton, 2007:18-22).

이처럼 '문식성(literacy)'은 본래 '읽고 쓸 줄 아는'의 뜻을 가진 형용사 'literate'에서 꼴을 바꾼 말이다. 라틴어 'literatus'에서 온 말로, 고대 로마 시대에는 '학식이 있는 사람', 중세 시대에는 '라틴어를 읽을 수 있는 사람', 종교 개혁 이후에는 '모국어로 읽고 쓸 줄 아는 능력'이라는 의미를 가졌다(Venzky, 1993:3; 이삼형 외, 2007:19; 천나영, 2010:33에서 재인용). 이러한 문식성은 최근 매우 다층적이고 포괄적인 의미로 다양한 장면과 맥락에서 사용되며 그 외연이 확장되고 있다.

문식성의 개념 확장 양상은 2002년 3월 7일과 8일 이틀에 걸쳐 독일 베를린에서 열린 '21세기 문식성 정상회의(21st Century Literacy Summit)'에서의 논의를 보아도 알 수 있다. 35개국에서 300여 명의 관련 전문가와 학자들이 참석하였던 이 회의에서는 21세기 정보화 시대를 위한 개발과 정책 방향을 '교육, 직장생활, 시민생활'의 세 영역으로 나누어 제시하고 있으며, 디지털 시대의 성공적인 삶을 위한 21세기 문식성의 특성을 '기술적 문식성, 정보 문식성, 매체 문식성, 문화적 문식성, 사회적 능력과 책임' 등으로 다양하게 규정하고 있다(박영목, 2003; 이삼형 외, 2007; 천나영, 2010).

행동주의 심리학에 기반한 초기 정의에 의하면 문식성은 '글자를 인식하고 발음할 수 있는 능력'으로 '청각적 인식 기능과 문자의 음성 인식'을 의미했다. 1920년대 들어서는 '단어의 지각과 해독'[17]의 의미로 받아들여지면서 '문자 습득'이라는 구체적 현상에 주목하게 되었다.

---

[17] 최미숙 외(2008:190)에 의하면 해독(decoding)은 '읽기의 기초 과제'로, '기호의 규약을 아는 것'을 의미한다. '문자를 기호로서 인식하고 그 문자의 형태와 소리를 짝 지어 아는 것'이다. 해독은 그 다음 단계인 '기호의 의미를 이해하고 수용 또는 비판할 수 있는 이해(comprehension)' 단계로 발달한다. 읽기 연구의 초기에는 문자 해독(decoding)을 읽기의 본질로 여겼으나, 점차 '복잡한 정신능력이 작용'하는 과정으로 보게 되었다는 것이다(최현섭 외, 2005:307; 최미숙 외, 2008:190에서 재인용).

1960년대에는 인지 심리학의 영향으로 정보 처리의 관점에서 '행위, 기능, 인지적·초인지적 전략' 등의 개념이 부각되고, 문식성은 '인지적 기능', '의사소통 도구로써 언어를 활용하는 능력' 등으로 규정된다. 기존의 문식성 개념이 읽기 위주였다면 이제는 읽기와 쓰기의 언어 사용 과정에서 표면적으로 드러나는 구체적 형상인 문자 그 자체보다 눈에 보이지 않는 지식의 구조를 강조하게 된 것이다. '스키마를 활용한 의미 구성 능력'이 강조되는 것 역시 같은 맥락이다(박인기, 2002:24-25).

한편, 1980년대 후반에 이르러서는 사회언어학과 인류학 등의 분야에서 문식성을 관심있게 다루면서 문식성의 개념에 '문화(culture)와 문맥(context)의 문제'가 부각되게 된다(최인자, 2001:197).[18] 이처럼 다각도로 조명되고 있는 문식성의 개념 범주는 점차 확대되고 발전되어 매체 언어까지도 포함하는 의사소통 차원에서 논의되고 있다(이병민, 2005). 또한 정보를 비판적으로 수집하고 적절한 맥락에서 활용할 수 있도록 변형하여 새로운 정보를 만들어내는 창의적인 능력[19]으로까지 문식성의 의미는 점차 확대되고 있다.

오늘날 문식성은, 박인기(2002)에서도 지적하고 있듯, 다양한 파생적 의미에 밀려 원래 의미는 사라지고 '기본 능력'이라는 의미 자질만 남아 있는 수준이다. '문식성'이란 말은 이제 어떤 수식어와 결합되어 쓰이든지, 어떤 분야로 파생되어 나가든지 '그 분야의 기본 능력'이란 의미를

---

[18] 이러한 사회 문화적 맥락에서의 문식성에 대한 이해의 관점과 논제의 대두에 관해서는 뒤에 오게 될 2.4절의 '다문화 문식성'에 관한 논의에서 자세히 다루기로 한다.

[19] UNESCO(2004)에서 밝히고 있는 문식성의 개념은 '① 의사소통 상황에서 말하기, 듣기, 읽기, 쓰기의 언어 기능과 의사소통 전략을 사용할 수 있는 능력, ② 자료에 대한 이해와 배경지식의 활용은 물론 적절한 학습 방법을 적용하는 학습 능력, ③ 다양한 가치를 이해하고 사회 현상에 내포된 의도를 읽어 내고 비판적인 시각을 확보함으로써 자신의 정체성을 구성하고 사회 문제를 창조적으로 해결할 수 있는 능력'을 의미한다(이소라, 2012:35).

지니게 되었다는 것이다.

이러한 문식성 개념의 확장을 기반으로 Wiley(2005:529-533)에서는 다음과 같이 다양한 문식성의 유형을 제시하고 있다.

〈표 11〉 문식성의 유형과 개념[20]

문식성의 유형	개념과 특성
최소 문식성 (Minimal Literacy)	일정한 맥락과 수준에서 읽고 쓸 줄 아는 능력. 과거에는 자신의 이름을 쓰거나 큰 소리로 짧은 단락을 읽는 정도의 능력을 의미. 1차 세계대전 당시 미국에 입국하려는 언어적 소수 이민자들은 성경의 짧은 단락을 읽는 것을 보여줌으로써 최소 문식성을 증명해야 했음.
전통적 문식성 (Conventional Literacy)	주변 인쇄물의 친숙한 주제에 관한 텍스트를 읽고, 쓰고, 이해하는 능력
기본적 문식성 (Basic Literacy)	지속적인 문식성의 발달 단계에서 기초적인 단계의 기능으로 추정되는 능력. 연속적인 문식성 발달은 개인적 노력을 통해 이루어질 수 있음.
기능적 문식성 (Functional Literacy)	사회생활에서 야기되는 다양한 일상의 문제들을 해결하고 사회적 의무와 개인적 목표를 성취하기 위해 인쇄 매체를 활용할 수 있는 능력
엘리트 문식성 (Elite Literacy)	학교에서 획득한 지식이나 기술의 '소유(possession)'로서의 개념. 학문적 인증에 의해 '보유(hods)'하게 되는 어떤 지식이나 기능으로서의 문식성 개념
유추론적 문식성 (Analogical Literacies)	특정한 형태의 내용, 지식, 기능, 방법 등과 관련된 지식이나 기술. 컴퓨터 문식성, 역사 문식성 등
제한적 문식성 (Restricted Literacy)	언어적 소수자들이 스스로 선택한 문식성. 학교나 사회적 맥락에서보다는 자신이 포함되어 있는 지역사회나 모임 등을 통해 학습되는 능력
토속적 문식성 (Vernacular Literacies)	전통적, 학문적 기준보다는 비공식적이고 지역적인 수행으로서의 문식성, 비표준적이고 비학술적.
상황적 문식성 (Situated Literacies)	사회적 수행에서의 읽기·쓰기의 역할과 그것이 구현되는 사회적 구조 사이의 관계에 주목한 개념

---

[20] Wiley(2005:529-533)의 내용을 표로 정리함.

정혜승(2008:9)에서도 '언어를 중심으로 한 다양한 기호의 이해와 조작 능력, 기호의 작용에 대한 비판적 인식을 바탕으로 텍스트를 이해하고 디자인하며 유통하는 실천적 힘'으로 문식성을 정의하고, '① 기초 문식성, ② 기능적 문식성, ③ 정서적 문식성, ④ 미디어 문식성, ⑤ 문화적 문식성, ⑥ 비판적 문식성' 등으로 유형을 분류한 후, 지금까지 국어과 교육은 기초 문식성과 기능적 문식성에 편중되어 있었다고 비판하며 균형 잡힌 내용 선정을 주장하고 있다(정혜승, 2010:206-207).

지금까지 살펴본 바와 같이, '문식성(literacy)'의 개념은 그 짧은 역사에 비해 매우 광범위한 의미역으로 확장되기에 이르렀다. 박영목·노명완 외(2008)에서는 이와 같은 문식성 개념 범주의 확장이 국어교육의 관점과 내용에도 다음과 같은 변화를 가져왔다고 지적하고 있다.

> 첫째, 인간의 언어생활을 말하기·듣기·읽기·쓰기의 개별적 언어 행위로 보았던 과거의 관점과 태도를 넘어서서, 문식성이라는 개념은 읽기와 쓰기를 중심으로 이들 네 언어 행위를 하나로 묶는 통합적 시각을 제공해 준다. 둘째, 말하기·듣기·읽기·쓰기 개념이 음성 언어와 문자 언어에 크게 의존하는데 비해, 문식성 개념은 이들 음성 및 문자라는 언어적 매체는 물론, 그림·소리·영상 등을 포함하는 비언어적 매체까지 포함하는 넓은 의미역을 갖는다. (중략) 문식성이라는 개념은 초점이 언어 사용을 통한 의사소통에 맞추어져 있지만, 그 효과는 개인적인 삶, 사회 공동체적 관계, 심지어 인류 문명에까지 확장되어 나간다(박영목·노명완 외, 2008:6).

이러한 의미역의 확장은 교육에 대한 관점과 태도의 변화도 초래하여, '문식성 교육'이라 하면 개인적 차원의 기술 신장이 아닌, 사회적·문화적 맥락 안의 본질적인 능력에 초점을 두게 된다는 것이다. 아울러 이러한 변화는 최근 인문사회과학 패러다임이 사회적 구성주의로 변화한 것과 궤를 같이하는 것으로 이해할 수 있다고 밝히고 있다.

2.2. BICS와 CALP

앞서 '문식성(literacy)'의 의미역 확장 양상과 교육적 함의에 관해 살펴보았다. '문식성'이라는 용어가 처음 등장하고 지금과 같은 의미로 자주 사용되게 된 것은 그닥 오래지 않은 데 반해 그 의미는 짧은 기간에 매우 광범위한 영역까지도 포섭하는 수준으로 확장되었다. 그만큼 현대 사회에서 읽기와 쓰기는 중요하고 필수적인 자질이 되었다는 의미일 뿐 아니라, 읽기와 쓰기, 나아가 말하기 듣기 등의 언어 활동이 매우 다양한 맥락과 장면에서 이루어지고 있음을 의미하기도 한다.

본 연구에서는 다문화 배경 학습자의 한국어 교육과 관련하여 문식성의 측면에 주목하여 논의를 진행하고 있다. 다문화 배경 학습자의 한국어 교육과 관련한 논의에서 문식성을 중요한 요소로 고려해야 하는 데에는 여러 가지 이유가 있을 수 있으나 가장 중요한 근거는 이들의 한국어 교육이 이루어지는 곳이 바로 학교라는 점 때문이다. 초·중·고등학교의 다문화 배경 학습자는 학교에 편입되는 순간 일상적인 의사소통을 위한 한국어 능력과 여러 교과 학습을 위한 한국어 능력이 동시에 요구된다. 일반적인 한국어 학습자의 경우 대인관계 및 일상생활에 필요한 기본적인 의사소통 능력이 강조되어야 하는 점과 다른 부분이다.

초·중·고등학교의 다문화 배경 학습자는 일면 학문 목적 학습자로서의 특성을 갖고 있기도 하다. 즉, 언어를 통해 지식을 습득하고 발전시키기 위해 언어 사용 상황의 특수한 맥락에 근거한 언어 요소와 기능이 강조되어야 한다는 점에서는 대학의 학문 목적 한국어 학습자와 유사한 측면이 있다. 하지만 대학의 학문 목적 한국어 학습자들은 본격적인 '학문' 활동에 이르기 전 이미 한국어 학습에 투입된 일정 기간이 있고, 한국어 숙달도 수준도 이미 어느 정도 갖춘 성인들이라는 점에서 큰 차이가 있다.

초·중·고등학교의 다문화 배경 학습자들은 학교 입학과 동시에 언어를 통해 지식에 접근하고 학습하며, 언어를 사용해 학습한 지식을 활용하는 다양한 전략을 구사해야 한다. 학교와 교실이라는 배경과 교과 수업 시간이라는 담화 상황에 적절한 언어를 구사해야 하는 것이다. 그러기 위해서는 기본적인 의사소통 능력은 물론이고, 학교와 교실, 교과 수업에 적절한 행동 양식과 생활 방식, 학교 문화 등에 대한 이해를 바탕으로, 교과 학습에 필요한 풍부한 개념어와 사고 도구어들을 갖추어야만 한다. 다문화 배경 학습자는 구어뿐 아니라 넘쳐나는 문어 환경에 그대로 노출되어 있는 상황이다. 이러한 이유로 문식성의 개념이 도입되어야 하고, 문식성 교육 방안이 모색되어야 하는 것이다.

이와 같은 초·중·고등학교의 언어 학습자들을 대상으로 한 언어 교육의 장면에서 고려해야 할 특수한 언어 능력의 측면에 대한 본격적인 논의가 캐나다 토론토 대학 교수이자 이중 언어학자인 Cummins(1979, 1980, 1984, 2000, 2005)에 의해 이루어진 바 있다. 캐나다의 이민자 학습자들을 대상으로 한 여러 연구를 통해 제2언어 교수·학습에 있어서 기본적인 의사소통 능력의 유창성과 인지적이고 학업적인 측면에서의 숙달도 사이에는 차이가 있다는 점을 밝히고 이 둘을 구분하여 BICS와 CALP라는 용어를 사용한 것이다. BICS는 '기본적 대인관계 의사소통 능력(Basic Interpersonal & Communicative Skills)'을 의미하며, CALP는

'인지·학문적 언어 숙달도(Cognitive Academic Language Proficiency)'를 의미한다. 이러한 언어 능력의 구분은 학교 교육이라는 사회 문화적 맥락에 초점을 맞춘 것이라는 점에서 다문화 배경 학생을 위한 한국어 교육 방안 모색과 관련하여 주목할 만하다.

Cummins에 의하면, 면 대 면 대화 등 사회적 상황에서 필요한 언어 능력인 BICS는 대개 목표어로 교육 받게 된지 2-3년이 지나면 거의 대부분 습득된다. 이때 학습되는 언어는 대개 맥락화 되어 있고, 교사의 도움이나 자료 등을 통해 어느 정도 지원이 가능한 수준이다. 수행되는 과제도 인사 주고받기나, 단어카드와 그림카드 짝 짓기 수준의 단순한 유형들이다. 반면 CALP는 학교에서의 교과 학습에 필요한 인지적·학문적 언어숙달 수준으로 적어도 5년은 지나야 도달 가능하다. 교과 학습에 필요한 언어는 종종 추상적이고 형식적이어서 일정 부분 인지적 발달 수준을 요한다. 의견 판단하기, 가설 설정하기, 증명하기 등이 CALP와 관련된 과제의 예가 될 수 있겠다.

교사는 학습자들이 BICS에서 CALP로 이동해야 하는 시점에 대한 인식이 있어야 하며 이를 위해 학습의 과정에서 충분한 지원을 제공해야 한다(Bently, 2010:8). 이러한 BICS와 CALP의 구분은 교과 학습을 위한 언어 학습자의 학문적 언어 능력 신장 방안과 관련한 많은 논의들을 가능케 했고 다양한 교육 방안이 등장하게 된 화두가 되었다.

이후 Cummins(2000, 2005)는 BICS와 CALP의 개념을 좀 더 발전시켜 영어 학습자의 학문적 영어 발달 과정을 이해하기 위해서 언어 숙달도의 세 가지 측면을 구별할 필요가 있다고 주장하기에 이르게 된다. ① 회화적 유창성, ② 변별적 언어 기능, ③ 학문적 언어 능력 등의 세 요소가 그것이다.[21] 이 중 '회화적 유창성'은 이전의 BICS 개념에 해당

---

[21] 이처럼 언어 숙달 수준을 세분화하게 된 것에 대해 Cummins(2001)는 "캘리포

하고, '학문적 언어 능력'은 CALP 개념에 가깝다 하겠다.

'회화적 유창성(CF: Conversational Fluency)'은 익숙한 면 대 면 상황에서 상대와 대화를 유지할 수 있는 능력을 의미한다. 모어 화자들은 2-8세 사이에 발달하는 능력으로, 대개 취학 연령인 5세 무렵이면 회화적 유창성이 발달된 상태에 이르게 된다. 자주 사용되는, 빈도수 높은 어휘와 단순한 문법 구조를 사용할 수 있는 정도의 수준을 의미하기 때문에, 학교 환경에 노출된 학습자라면 1-2년 정도 안에 획득되는 것이 일반적이다.

'변별적 언어 기능(DLS: Discrete Language Skills)'이란 독립적으로 측정 가능한 분리된 언어 기능을 의미하는데, 음운 인식, 문자 인식, 글자와 소리의 관계에 대한 인지, 표기법, 글자 읽기 등에 관한 능력을 말한다. 이러한 기능은 직접적인 교육으로 학습되는 측면도 있고, 학교나 가정에서의 풍부한 문식 환경에 노출되면서 자연적으로 습득되는 측면이 있으며, 개인의 능력에 따라 습득에 소요되는 시간이 다르다.

'학문적 언어 능력(ALP: Academic Language Proficiency)'이란 일상생활에서 자주 사용되지 않는, 빈도수가 낮은 어휘나 복잡한 문어 구문을 이해하고 산출해내는 능력을 말한다. 학년이 올라감에 따라 학생들은 점차 빈도수가 낮은 낯선 어휘와 복잡한 구문들을 접하게 된다. 또 일상생활에서는 전혀 경험하지 못했던 추상적인 표현들도 맞닥뜨리게 된다. 게다가 언어, 수학, 사회, 과학 등 내용교과 영역의 고난도 텍스트들을 개념적으로 언어적으로 이해해야 하고, 이러한 언어를 사용해 정

니아 주 등 주의 표준 테스트 결과 등과의 관계로 변별적 언어 능력(DLS)을 따로 둘 필요가 생긴 점, 또한 종래의 교과 학습 언어 능력 안에 변별적 언어 능력(DLS)을 포함하였는데, 이 후자 부분의 습득에는 5년이 채 걸리지 않기 때문이라는 점" 등을 이유로 들고 있다. 또한, "BICS와 CALP가 학교라는 맥락을 벗어나 일반적인 언어 능력으로 확대 해석하게 된 까닭에 용어를 바꾸게 되었다"고 설명하고 있다(Cummins, 2001; 나카지마, 2010; 이미숙 외 공역, 2012:196).

확성과 응집성까지 고려하면서 고급 작문을 수행해야 하는 일도 빈번해진다. 이러한 학문적 언어 능력을 갖춘다는 것은 학습자 입장에서는 매우 도전적인 것일 수밖에 없다. 영어 학습자가 모어 학습자의 개념을 따라잡게 되려면 최소한 5년이 소요된다는 연구 결과들이 이를 증명한다(Cummins, 1981; Hakuta, Butler, & Witt, 2000; Klesmer, 1994; Thomas & Collier, 2002; Cummins, 2005:7-9에서 재인용).

언어 학습자를 더욱 어렵게 하는 요소가 있는데, 언어 학습자들이 새롭게 언어 능력을 획득해 가는 동안 모어 학습자들은 가만히 기다려주지 않는다는 점이다. 그들도 학습을 통해 읽기와 쓰기 능력이 발달해가고 어휘 지식이며 언어 능력이 점차 확장되어 간다. 즉, 언어 학습자 입장에서 보면 목표어의 목표 수준이 점차 높아져간다는 의미이다. 따라서 학년 수준의 교과 내용 지식과 개념을 갖추는 데는 훨씬 더 많은 기간이 필요할 수밖에 없다.[22]

이처럼 기본적인 회화적 유창성과 학문적 언어 능력 사이에는 커다란 간극이 존재하는데 이를 상징하는 표현으로 '4학년 슬럼프'라는 말이 있다(Chall, Jacobs & Baldwin, 1990; Rand Reading Study Group, 2002; Cummins, 2005:9에서 재인용). '4학년 슬럼프'는 저소득층 학생을 대상으로 한 Chall et al.(1990)의 연구를 통해 입증된 것으로, 저학년 때는 읽기 수행에 있어 큰 차이가 없던 것이 4학년이 되면서 상위 그룹과의 격차가 크게 벌어지더라는 것이다. 단어 인지, 구술 읽기, 철자법, 단어 의미 파악 등의 테스트에서 1-3학년까지는 큰 차이가 없으나, 4-11

---

[22] 캐나다의 ESL 어휘 연구에 의하면, "영어만 쓰는 초등학교 4,5학년생의 영어 교과 학습 어휘는 12,000~15,000개이고 6학년이 되면 25,000개로 늘어나는데, 외국인 아동이 이 정도 수준의 어휘력을 길러 모어(영어) 사용 학습자를 따라가기 위해서는 1년에 적어도 3,000개, 날짜로 따지면 하루에 8개씩 새로운 어휘를 익혀야 한다"고 한다(Sales & Graves, 2007; 나카지마 2010, 이미숙 외 공역 2012:34-35에서 재인용).

학년은 상위 그룹과 큰 차이를 보인 것이다.

연구에서는 이러한 결과를 가져온 까닭이 저소득층 학생들이 학문적 어휘에 있어서 취약하기 때문이라고 밝히고 있다. 즉, 저학년 때는 교과 학습 시 접하게 되는 어휘들이 일상생활에서도 흔히 접하는 수준의 친숙하고 구체적인 어휘들임에 반해, 4학년부터는 읽기 자료에 포함된 어휘들이 훨씬 복잡하고, 전문적이며 추상적이어서 일상생활에서는 접할 수 없고, 본격적인 읽기 활동을 통해서만 학습할 수 있는 어휘들이라는 것이다. 읽기라는 것은 단순히 단어를 해독하고 읽어내는 것으로 그치는 것이 아니므로 맥락 속에서 정확한 의미를 이해하고 사용할 수 있어야 제대로 된 어휘 지식을 갖추었다 할 수 있다(Cummins, 2005:7-14).

모어 학습자이건 제2언어 학습자이건 이러한 어휘 지식이나 읽기 능력은 방대한 읽기 활동에의 노출 정도에 따라 결정된다. 제2언어 학습자는 모어 학습자에 비해 목표 언어에 노출된 시간과 양이 제한적일 수밖에 없기 때문에 종종 확장적 읽기(extensive reading)[23]가 권장되곤 한다. Fielding & Pearson (1994)은 텍스트 읽기에 투여된 방대한 양의 시간, 교사 지도에 의한 독해 전략 학습, 동료 학습과 협동 학습의 기회, 읽은 후의 반응에 대해 동료와 교사에게 말할 수 있는 기회 등을 학문적

---

[23] Cummins(2005:11)에 의하면, 빈도수가 낮고 그리스어나 라틴어 어원으로부터 파생된 대부분의 어휘들은 주로 문어 텍스트를 통해 접할 수 있기 때문에 확장된 읽기(extensive reading)는 학문적 언어 발달에 있어서 매우 결정적인 역할을 한다. Krashen(1989)도 학문적 언어 발달에 중요하게 기여하는 요소로 확장적 읽기를 들고 있다. 학문적 언어가 많이 쓰이는 것은 주로 문어 텍스트에서이므로 확장적 읽기가 학문적 언어 발달에 큰 역할을 한다는 것이다. 텍스트에 대해 이야기를 나누고 협력적으로 학습할 기회가 많을수록 학생들이 확장적 읽기에서 마주치게 되는 학문적 언어를 온전히 이해하고 내재화할 수 있게 된다고 강조한다. 또한 글쓰기의 중요성에 대해서도 역설하는데, 글쓰기는 학문적 언어 속성에 부합하고, 언어를 통해 학습자의 정체성을 드러낼 수 있으며, 교사나 다른 사람들로부터 피드백을 받아 자신만의 표현을 계발해 갈 수 있기 때문이라는 것이다.

읽기 능력 신장을 위한 방안으로 제안하고 있다(Cummins, 2005:11).

다문화 배경 학습자를 위한 한국어 교육에는 지금까지 살펴본 BICS와 CALP의 개념을 적극 도입할 필요가 있다. 한국어 교육 초기에는 BICS 신장에 주안점을 두다가 점차 CALP 요소를 늘려가는 것이 바람직한 방향일 것이다.

2.3. 기본 문식성과 학업 문식성

본 연구에서는 BICS와 CALP의 개념에 기반하되 다문화 배경 학습자가 처한 학교의 문식 환경을 고려하여 기본 문식성(Basic Literacy)과 학업 문식성(Academic Literacy)의 개념을 도입하고자 한다.

초·중·고등학교 내 언어 교육 논의와 관련해 최근에는 '학업 문식성(Academic Literacy)'이라는 용어가 사용되고 있다. Adamson(1993)은 제2언어에 있어서 학문적 언어 능력 모형을 처음 제창한 몇몇 학자 중 하나로, 그에 의하면 학문적 언어 능력은 세 가지 서로 다른 능력으로 구성되어 있다. '① 교과 내용 지식 자료에 대한 기본적인 이해를 위해 언어적 지식, 화용적 지식, 배경지식을 조합하며 사용할 수 있는 능력, ② 교과 내용 자료의 지식을 강화하고 증대시키기 위해 적절한 전략을 사용할 수 있는 능력, ③ 교과 내용 자료를 충분히 이해하는 것만이 아니라 학문적 과제를 완성해 내기 위해 필요한 전략을 적절히 구사할 수 있는 능력' 등이 그것이다(Snow, 2005a:702).

학업 문식성과 관련해 Snow(2005a)의 모형 역시 주목할 만하다. Snow는 학업 문식성을 '언어적 특성, 배경지식, 인지적 지식, 담화 공동체에 대한 지식' 등 4개의 대범주 구성 요소와 10개의 구체적인 하위 요소로 체계화하고 있다.

〈그림 7〉 언어-내용 통합 교수를 위한 학업 문식성 모형(Snow, 2005a:707)

교육과정과 교수·학습	학업 문식성	교사의 역할
■ 내용 중심 접근법 ■ 내용 선택 - 중핵교육과정 - 주제 - 핵심내용 ■ 언어 내용 통합 교수법 ■ 성취기준	■ **언어적 특성** - **어휘** - **통사** - **학문적 언어 기능** - **담화/텍스트 구조** ■ **배경지식** - **내용** - **문화적 기대** - **문식성**	■ 내용지식 ■ 언어 지식 ■ 사회 문화적 관점을 포함한, 언어 내용 통합 교수법 숙달 ■ 언어사회화의 매개 역할
평가 ■ 수행기반 ■ 성취기준기반	■ **인지적 지식** - **지식구조** - **비판적 사고** ■ **담화 공동체에 대한 지식**	**학습자 요인** ■ 사회 문화적 변인 ■ 인지·정서적 변인 ■ 학습 유형 ■ 전략 사용

먼저 '언어적 특성(Linguistic Characteristics)'은 어휘, 문장 구조, 학문적 언어 기능, 담화와 텍스트 구조에 대한 이해를 의미하며, 이때 어휘란 일반 어휘는 물론 특수화되지 않은 학문적 어휘와 특수한 전문 용어 등이 포함된다. 두 번째 '배경지식(Background Knowledge)'은 현재 학습하고 있는 내용에 대해 학습자가 갖추고 있는 것들을 의미한다. 즉, 현재 진행 중인 학습 내용에 대해 학습자가 느끼는 친숙함의 정도, 문화적 기대 수준, 그리고 과거나 현재의 교육적 경험이나 학문적 노출 정도에 의해 형성된 문식성 수준 등이 배경지식을 구성하는 요소이다. '인지적 지식(Cognitive Knowledge)'은 학습 과정과 관련된 인지적 사

고 능력을 말한다. 사회적 사건이나 정치적 구조 등과 같은 현상의 내용, 형식, 패턴 사이의 체계적인 관계에서 드러나는 지식의 구조, 비판적 사고 유형 등을 포함하는 개념이다. 마지막으로 '담화 공동체에 대한 지식(Knowledge of Discourse Community)'은 생물학, 수학 등과 같은 특정 내용 영역의 지식에 대한 이해는 물론, 이러한 특정 분야 담화 공동체 내의 전문가들이 공유하고 있는 정신세계에 대한 이해를 의미한다(Snow, 2005a:706-708).

미국의 경우 이러한 학업 문식성 관련 논의가 초기에는 학문 목적 영어(EAP: English for Academic Purpose)[24] 학습자를 위한 교육의 장면인 대학교에서 있어 왔다. 그러던 것이 점차 K-12학년, 즉 유치원에서부터 초·중·고등학교 교육 현장에까지 적용되고 있다. 최근 미국이나 호주 등의 ESL 교육에서는 영어 학습자의 학업 능력 향상 방안에 대한 연구와 프로그램 개발이 다각도에서 마련되고 있는데, 국가 수준 교육과정의 기준과 영어과 교육과정의 기준을 연계하는 특성을 보이고 있다. 3장에서 분석하게 될 미국의 ESL 교육과정 WIDA는 학업 문식성과 연계된 제2언어 교육과정의 사례로 볼 수 있다.

---

[24] 학문 목적 언어 교육에 관한 논의는 1960년대 중반 미국에서 대학의 학문 목적 영어 학습자를 위한 영어 교육 관련 분야에서 시작되었으며 이후 여러 방면에서 변화를 이루어 왔다. 그럼에도 불구하고 변하지 않는 특성들이 있는데, Johns & Price-Marchado(2001)은 Peter Strevens(1988)의 주장을 인용하며, 일반 목적 영어 교육과 학문 목적 영어 교육의 차이점에 관해 설명하고 있다. 즉, 학문 목적 영어 교육은 학습자의 필요성에 초점을 맞추고, 학습자와 연관이 있어야 하며, 학습을 전달하는 데 성공적이어야 한다는 것이다. 또한 학문 목적 영어 교육은 학습자들의 특정한 필요를 충족시킬 수 있도록 고안되어 있고, 특정한 학문과 주제와 내용이 연관되어 있고, 언어 요소도 이러한 활동에 적절하게 구성되어 있다는 것이다(Celce-Murcia, 2001; 임병빈 외 공역, 2008:48-49).

2.4. 다문화 문식성

앞서 살펴본 기본 문식성과 학업 문식성 외에 또 하나 중요한 측면이 문화적 문식성(Cultural Literacy)이다. 1980년대 후반부터 사회언어학과 인류학 등이 문식성을 관심 있게 다루면서 문식성의 개념에 문화와 문맥의 문제가 핵심적으로 떠오르게 되었다(최인자, 2001:197).

Hirsh(1987)는 『Cultural Literacy: What every American needs to know』에서 '문화적 문식성'이라는 개념을 제안하고 있다. 이는 Chall이 읽기 쓰기 능력 발달의 핵심 요소라고 제안한 '세계 지식(world knowledge)'을 보완한 개념이다. '문화적 문식성'이란 '특정 집단이나 일부 사회 계층의 전유물이 아닌, 사회 전반에 걸쳐 중요성이 강조되는 지식과 정보의 체계'를 의미하며, 보통 사람들의 지식 수준보다는 높고 전문가들의 수준보다는 낮은 것으로, 숙달된 독자라면 누구나 갖추고 있는 수준의 지식이라는 것이다(Hirsh, 1987:2).

문화적 문식성이라는 개념이 출현하게 된 배경에는 현대 미국 공립 학교 교육과정에 대한 문제의식이 자리하고 있다. 미국의 문해율이 현대 사회에서 요구되는 일정 수준에 미치지 못하고 있는 것은 미국 공립 고등학교가 '쇼핑몰 고등학교'로 전락하여, 핵심적이고 표준적인 지식을 가르치지 못하고 있기 때문이라는 것이다(Hirsh, 1987:20-21). 이러한 문제의식에서 출발하여 Hirsh(1987)는 학교에서 과연 무엇을 가르쳐야 하는가에 대한 교육 내용의 문제를 본격적으로 다루고 있다.

Hirsh는 문화적 다원주의와 언어적 다원주의가 일치하는 것이 아니며, 미국은 하나의 언어 공동체라고 주장한다. 문화적 문식성을 반영하는 안정된 문어 형식이 존재하며, 교육 받은 미국인이라면 이러한 문어 형태를 구어 형식에서도 구사할 수 있어야 하고, 이것이 바로 '표준 영어'라고 강조한다. 이러한 표준 영어의 기준에 부합하지 못한 영어는 지식 결핍이 존재한다는 것이다. 그 결핍을 채워줄 지식과 정보의 체계가 바로 '문화적 문식성'이라며 미국인이 반드시 알아야 할 언어 목록을 60쪽에 걸쳐 4,600개 가량 제시하고 있다.

그러나 '모든 미국인이 알아야만 하는 것(What every American needs to know)'이라고 제시되어 있는 이 목록은, 그 스스로 WASP 문화가 아니라고 역설하고 있음에도 불구하고(Hirsh, 1987:11), 실상은 남성 중심적이고, 유럽 중심적이며, 주류 집단 중심적임을 부인할 수 없다. 소수 집단의 역사나 문화와 관련된 항목은 배제된 경향이 있다는 이유로 종종 비판을 받아 온 것이 사실이다.

이에 Banks(2006)는 Hirsh(1987)가 제안한 '문화적 문식성(Cultural Literacy)' 개념과 달리 '다문화 문식성(Multicultural Literacy)'이라는 개념을 제안하고 있다. 그가 말하는 다문화 문식성은 "지식의 고안자나 그들의 이해관계를 규명하고, 지식의 가정을 밝히며, 다양한 민족과 문화적 관점에서 지식을 검증하고, 지식을 인간적이며 정의로운 세계 구현을 위한 행동 지침으로 지식을 사용할 수 있는 기술과 능력"이라고 정의된다(Banks, 2006; 양영자, 2008; 서혁, 2011:7-8에서 재인용). 앞서 1.2절에서도 살펴본 바와 같이 Banks는 다문화 교육의 차원으로 내용 통합의 차원을 강조한 바 있다. 내용 통합 기법의 하나의 예로 아프리카계 미국인의 영어인 Ebonics와 마틴 루터 킹 등의 아프리카계 미국인의 연설문을 가르쳐야 한다고 강조하는데, 이는 "다원적인 미국 사회를 형성한 또 다른 중요한 전통을 부각시키고자 하는 주장"(양영자, 2008:43)으로 볼 수 있다.

서혁(2011:7-8)에서는 다문화 문식성에 관한 Banks의 이러한 정의를 좀 더 구체화한 다문화 문식성의 개념을 보이고 있는데 다음과 같다.

- 자신을 둘러싸고 있는 2문화 이상의 기호와 세계에 존재에 대한 객관적 이해
- 해당 사회 공동체에서 소통되는 언어(기호)와 문화 자원을 풍부하게 가진 사람
- 2 문화 이상의 다양한 기호의 성격과 특성, 역할과 한계를 인식하는 사람
- 각각의 문화 속에서 소통되는 사회적, 문화적, 역사적 맥락 속에서 텍스트를 해석하고 비판하는 사람
- 사회 공동체의 다양한 소통 상황에서 참여자, 목적, 매체 특성을 고려하여 텍스트를 창의적으로 디자인하는 사람
- 다문화적 상황에서 텍스트 생산과 발표, 유통 등 소통 과정에 적극적으로 참여하는 사람
- 다양한 문화와 그 참여자의 특성을 고려하여 소통 의도, 과정, 결과를 윤리적, 창의적으로 조정하고 관리할 줄 아는 사람
- 다양한 사회 문화적 소통 상황에서 자신의 텍스트 인식과 실천을 메타적으로 성찰할 줄 아는 사람
- 다양한 사회 문화적 소통 상황에서 자신의 문화적 정체성을 갖춘 사람
- 다양한 사회 문화적 맥락에서 긍정적 자아 정체성을 갖춘 사람

또, Moore(1995)에서는 다문화 문식성을 다음과 같이 정의하고 있다.

다문화 문식성은 학교에서 발생하는 언어를 학습하고 학문을 배우러 오는 모든 학생들의 문화적 경험, 역사 그리고 언어를 연결 짓는 과정이다. 다문화적 문식성은 침묵하는 목소리들을 이끌어 내고, 닫힌 마음을 열게 하고, 학업 성취도를 향상시키며 학생들이 민주사회, 다문화적 사회에 대해 비판적으로 사고하고 행동할 수 있도록 한다 (Moore, 1995; 최숙기, 2007:293에서 재인용).

결국, 다문화 문식성이란 의사소통의 유창성을 중심으로 하는 기본적인 문식성을 바탕으로 비판적이고 창의적인 문화적 소통 능력까지도 아우르는 개념이라 할 수 있다.

국어교육에서도 몰가치적인 기능주의 국어교육에 대한 비판으로 문식성을 사회 문화적 맥락에서 이해하려는 흐름이 생겨나기 시작하였다. 최인자(2001)는 문식성이 사회 문화적 현상으로 이해될 필요가 있음을 주장하면서 언어 활동은 사회 문화적 과정임과 동시에 사회 문화적 실천이라고 하였다. 그러면서 앞으로 문식성 교육은 언어 활동을 사회 문화적 실천의 총체적 활동 속에서 이해하는 시각이 매우 중요하다고 하였다.

다문화 문식성에 관한 논의들은 학교 교육 현장의 문식성 교육과 연계되어 다문화 문식성 교육을 위한 실천 방안이 주로 논의되고 있다. 다문화 문식성 교육을 위한 텍스트 구성 또는 제재 선정 방안(권순희 외, 2008; 박영민·최숙기, 2006; 최숙기, 2007), 교수·학습 방법과 교재 개발 방안(김영주, 2008; 조수진 외, 2008; 심상민, 2009), 다문화 문학작품 활용 방안(박윤경, 2006) 등이 그것이다.

권순희 외(2008)는 다문화 문식성 교육을 위한 텍스트 구성 시 내부자적 접근 방식과 외부자적 접근의 두 가지 관점을 절충적으로 반영할 것을 주장하고 있다. 텍스트의 내용, 형식, 필자, 독자의 측면에서 이러한 절충적 관점에 기반하여 다문화적 요소를 어떻게 반영할 것인가에 대해 논의하였다. 심상민(2009)에서는 다문화 문식성을 '단순히 글을 읽고 쓰는 능력뿐만 아니라 사회 문화적 맥락에서 문화의 다양성을 이해하고 표현하는 능력'이라고 정의하고, 다문화 읽기 자료 활용 및 문화 반응 수업 적용을 통한 다문화 문식성 교육에 대해 제안하고 있다. 박영민·최숙기(2006), 최숙기(2007) 등은 다문화 제재를 포함한 국어과 교육과정 및 교과서 구성 방안에 대해 논의하고 있으며, 박윤경(2006)에서도 다문화적 민감성 향상을 위해 다문화 도서를 활용할 것을 제안하고 있다.

다문화 문식성(Multicultural Literacy)은 앞에서 제안한 두 가지 유형의 문식성, 즉, 기본 문식성(Basic Literacy)이나 학업 문식성(Academic Literacy)과 마찬가지로 다문화 배경 학습자 대상 교육에서만 강조될 요소는 아니다. 일반 학생들 소위 주류 학습자에 해당하는 일반 학생들 대상 교육에서도 충분히 이루어져야 하는 문식성 요소라 하겠다.

3. 다문화 배경 학생 한국어 교육을 위한 언어 교육 접근법

Richards & Rodgers(2001)에서는 Nicholls and Nicholls(1972)에서의 논의를 인용하며, 언어 교육을 위한 교육과정 개발 과정에 교수법을 관련시켜야 할 필요성에 대해 역설하고 있다. 교육과정 개발자가 선택한 교수법은 교육 목표의 수립, 목표를 달성하기 위한 교수 방법의 선택과 교수·학습 자료의 개발 과정, 교육 목표 달성에 대한 평가 절차, 그리고 마지막 피드백의 단계 등 모든 과정과 관련을 맺게 된다. 어떠한 교수법을 선택하느냐가 이 모든 과정에 영향을 끼치게 되고 따라서 효과적인 교수법에 대한 논쟁은 이러한 폭넓은 교육계획 결정의 한 부분이라는 것이다.

다문화 배경 학습자를 위한 한국어 교육에 도입되고 반영되어야 할 언어 교육 접근법으로 본 연구에서는 내용 중심 접근법, 과제 기반 접근법, 사회문화적 구성주의의 관점을 견지한다. 다문화 배경 학생의 한국어 교육이 이러한 접근법에 기반해야 하는 까닭에 대해, 또 이러한 이론과 원리가 도입되어야 하는 지점에 대해 하나씩 살펴보기로 하자.

3.1. 내용 중심 접근법

김정숙(2008)에서는 다문화 배경 학생을 위한 한국어 교육과정 설계에 내용 중심 접근법의 방법론을 적용해야 할 필요성에 대해 역설하고 있다. 한국어 교육을 교과 교육과 통합한 '내용 중심 한국어 교육'을 통해 교과목 내용 지식과 한국어 능력을 함께 발달시킬 수 있는 방안이 마련되어야 한다는 것이다.

내용 중심 접근법(CBI: Content-Based Instruction)은 Mohan(1986)에 의해 주창된 언어 교수 접근법으로, '언어 학습과 내용 학습을 연결 짓는 통합적 접근법'을 말한다. 내용 중심 접근법은 학습의 매개로서의 언어를 고려함과 동시에 의사소통에 있어서의 맥락(context)의 중요성을 수용하는 방안이기도 하다(Snow, 2005a:693에서 재인용). 이때, 내용(content)은 학교 교육과정의 수학, 사회, 과학, 역사 등과 같은 다른 교과목에서 선정되기도 하고, 학생의 흥미와 요구 분석을 통해 추출되기도 한다. 학습은 '언어를 통해서(through)'만 이루어지는 것이 아니라 '언어로(with)' 촉진된다는 것이다(Nunan, 2004:131-132).

Mohan이 이처럼 내용 중심 접근법을 주창한 이후로 '통합적 접근법(Integrated Approach)'이 함의하는 요소가 무엇인가에 관해 수많은 연구와 논의가 있어 왔다. 마침내 Brinton & Holten(2001)은 Bycina(1989), Brinton et al.(1989), Wesche(1993)의 세 논저에서 밝히고 있는 내용 중심 접근법의 정의를 분석한 후 다음과 같은 공통점을 추출하기에 이른다(Snow, 2005a:693).

- ▪ CBI의 목표는 언어 교수를 위한 유의미한 맥락을 제공하는 것이다.
- ▪ CBI 교육과정의 조직은 내용에 중점을 둔다.
- ▪ 내용이 교육과정을 만든다. 즉, 무엇을 가르칠 것인가의 결정을 위

한 출발점은 내용이다.

- 언어와 내용을 동시에 가르친다.
- 이해 가능한 입력은 언어 학습으로 이끄는 내용 자료를 제공하는 것이다(Brinton & Holten, 2001; Snow, 2005a:693에서 재인용).

제2언어 교육이나 외국어 교육 현장에서 언어와 내용을 통합하여 가르치는 것이 효과적이라는 주장에 대한 이론적 근거는 여러 가지가 있을 수 있다. 그 중 Snow & Met & Genesee(1989)이 들고 있는 네 가지 근거는 주목할 만하다(Snow & Met & Genesee, 1989:201-202).

첫째, 아이들의 인지적 발달과 언어 발달은 동시에 진행된다는 사실이다. 언어를 도구로 점차 세계를 이해해 가게 되는 것이다. 제1언어 습득에서는 이 과정이 동시에 자연스럽게 진행되지만, 제2언어 학습에서 주로 적용되는 전통적인 언어 교수법은 학습자의 인지적·학문적 발달과 언어 학습을 분리하곤 한다. 하지만 통합적 접근은 이 두 영역을 교실 수업에 함께 들여온다.

둘째, 언어는 유의미하고 목적이 있는 사회적, 학문적 맥락의 의사소통 상황에서 가장 효과적으로 학습된다. 실제 생활에서 사람들은 그들이 알고 원하는 것들에 관해 말하기 위해 언어를 사용하지 그냥 언어 자체에 대해 말하게 되는 일은 없다. 학교의 학생들이 알고 있고 더 알기를 원하는 것은 교과목과 관련된 내용이다. 하지만 전형적인 학교 상황에서는 언어와 내용이 분리되곤 한다. Mohan(1986:1)에서 지적하듯, 통합적 접근에서는 교과 학습 시에 언어가 학습의 매개로 사용되고, 언어 학습 시에는 내용에 관한 의사소통이 이루어진다. 학습자의 제2언어는 수업의 목표이자 도구이며, 수업의 내용은 그것을 이해하는데 필요한 언어학적 기술과 함께 동시에 가르쳐야 한다는 것이다(Snow & Met & Genesee, 1989:201-202에서 재인용).

셋째, 내용은 언어 학습을 위한 동기유발 측면과 인지적 측면을 동시에 만족시킬 수 있다. 교과 내용으로 구성된 언어 학습은 학습 동기를 유발하고 만족도를 높일 수 있을 뿐만 아니라, 교과 내용의 실제적 의미를 제공하면서 효과적인 언어 학습이 가능하도록 한다는 것이다. 실제적 의미 없이 언어를 학습하는 것보다 개념적·인지적 틀에 의미가 제공되면서 언어 형식과 기능이 효과적으로 구조화될 수 있다는 것이다. 물론 이것이 가능하기 위해서는 내용이 잘 선정되어야만 한다. 주류 교육과정을 기준으로 제2언어 교육과정의 내용을 선정해야 하는 이유가 이 때문이다.

넷째, 언어적 다양성과 관련한 특성의 문제로, 학교에서 사용되는 언어와 학교 밖에서의 언어 사용이 다르다는 점이다. 내용교과의 언어는 장르와 언어 사용역 등이 특별하다는 점에서 차별화된다. 따라서 학교 언어(school register)나, 특정 내용교과의 언어 사용역은 방대한 양의 내용 지식이나 일반적인 학문적 발달 이전에 미리 학습되어야 할 필요가 있다. 학문 영역에 따라 언어 구조, 기술, 기능의 중요성 등이 달라지기 때문이다.

Cummins(2000:98-99)에서도 유사한 제안을 하고 있다. Cummins는 학문적 언어 능력 신장을 위한 교육 방안을 인지적, 학문적, 언어적 측면에서 제안하고 있는데 그 내용은 다음과 같다.

우선, 인지적으로는 도전이 될 만한 수준에서 이루어져야 하고, 학문적으로는 수학, 과학, 사회, 예술 등과 같은 교과목의 내용과 언어 교육이 통합되어야 하며, 언어적으로는 비판적 언어 인식(critical language awareness)을 갖게 해야 한다는 것이다. 다시 말해, 단순 암기나 반복 연습보다는 고등 사고 기능을 요구하는 활동들로 수업을 운영해야 하며, 내용-언어 통합 교수 방법을 통해 학문적 주제와 관련된 특정 용어나 언어 사용역을 습득할 수 있도록 유도해야 한다. 마지막으로, 비판적 언어 인식을 바탕으로 자신이 사용하는 언어, 새롭게 학습하는 언어 등 대상 언어들을 비교·대조할 수 있게 되고, 표면적 현상들에 전제되어 있는 것에 대한 광범위한 이해가 동반될 때 학문적 언어 능력도 함양될 수 있다는 것이다.

내용 중심 접근법은 내용과 언어가 통합되는 방식과 비중에 따라 다양한 모형이 제시되어 왔다. 다음은 내용 중심 접근법의 여러 유형을 내용과 언어의 비중에 따라 연속선상에 배열한 Met(1998)의 표이다.

〈그림 8〉 내용 중심 접근법의 유형[25]

의미 · 내용 중심 (Content-Driven) ⇦				언어 형식 중심 (Language-Driven) ⇨	
(1) 전면적 몰입	(2) 부분적 몰입	(3) 교과보호 프로그램	(4) 교과 수업과 언어에 초점을 둔 보조 학급 병설	(5) 주제 학습을 중심으로 한 언어 학급	(6) 언어 형식 연습 일부에 (교과) 교과 내용을 도입한 언어 학급

Met(1998)에 의하면 내용 중심 접근법은 언어와 내용이 통합되는 정도에 따라 다양한 유형의 수업이 가능한데, 표의 왼쪽 부분으로 갈수록 의미 내용을 중시하는 유형이고 오른쪽으로 갈수록 언어 형식을 중시하는 유형이다. 즉, 가장 왼쪽에 위치한 전면적 몰입(Total Immersion)과 부분적 몰입(Partial Immersion)은 교과의 내용에 중점을 두어 수업이 진행되

---

[25] 나카지마(2010; 이미숙 외 공역, 2012:292), 강지혜(2010:14) 등에 인용된 Met (1998)의 표를 재인용하였으며 용어 및 표현은 필자에 의해 부분 수정되었음을 밝혀 둔다.

는데 그 도구로 다만 언어가 사용되는 것이다. 반면 가장 오른쪽의 수업 형태는 언어에 초점을 맞춰 진행하되 다만 언어 형식을 교수·학습하기 위한 활동이나 연습의 일부에 필요에 따라 학문적 내용이 도입되는 것이다.

이들을 제외하고 표의 가운데 부분에 위치한 (3),(4),(5) 세 개의 모형 은 Brinton et al.(1989)에서 제시한 내용 중심 언어 교수 모형과 일치한 다. Brinton et al.(1989)에서는 언어와 내용이 통합되는 방식에 따라 내 용 중심 접근법의 교수 모형을 세 가지로 구분하고 있다. '내용 보호 모형, 병존 언어 모형, 주제 중심 모형' 등이 그것이다.

내용 보호 모형(Sheltered Model)은 학문적 내용을 중심으로 교육과 정을 구성하되 내용교과의 전문가가 학습자의 언어 수준을 고려하여 학생들이 이해할 수 있도록 자료를 변형하고 재구성하여 가르치는 것 을 말한다. 병존 언어 모형(Adjunct Model)은 언어와 교과 내용을 동시 에 진행하는 모형으로 언어 수업과 타 교과 수업 간의 긴밀한 연계와 소통이 필요하다. 주제 중심 모형(Theme-Based Model)은 내용교과에서 다루는 주제를 중심으로 언어 교육과정을 설계하는 것을 말한다.

이 중 특히 내용 보호 모형은 다양한 수업 모형으로 개발, 발전되어 오고 있다는 점에서 주목할 만하다. 이 방식은 흔히 '보호 모형(SI: Sheltered Instruction)'으로 일컬어지며 1980년대 개발된 모형이다. 제2 언어 학습자들이 분리된 학급에서 목표어를 사용하여 수학, 사회, 과학 등 교과의 내용을 학습하는 방법이다. Krashen(1985)에 따르면, 이러한 교수 모형에서는 가르치는 방법이 중요할 것이라는 기대와 달리 가장 핵심적인 요소는 교과목의 내용 그 자체이다. 따라서 교수·학습 내용으 로서의 지식 요소를 구조화하고 추출하는 것이 교수·학습 방법에 대한 연구보다 더 중요한 과제가 된다. 이 모형은 주류 언어 사용자들과 학급이 분리된 상태에서 수업을 받게 된다는 의미에서 '분리 모형'이라 일컬어지기도 한다(강지혜, 2010:13-14).

미국, 캐나다 등에서는 이러한 보호 모형이 SI 외에도 SIOP, SEI, SDAIE 등의 다양한 모형[26]으로 활용하고 있다. 이 중 SIOP(Sheltered Instruction Observation Protocol)는 '준비, 지도, 복습/평가'의 3개 기본 영역에 30여 개의 하위 지도 단계들로 조직되어 있다.[27] SIOP 모형은 보호 모형의 특징을 매우 구체적으로 보여주며, 궁극적으로 영어 학습자들이 동학년 수준의 교과 학습 내용도 접하면서 지속적으로 언어 능력 향상을 도모할 수 있게 하는 것을 목표로 한다(Echevarria et al., 2008; Echevarria et al., 2010; Echevarria et al., 2012; 강지혜, 2010:16). 이러한 SIOP 모형은 학습자들의 인지적 수준과 개인적 요구에 부합하도록 교과 영역의 내용 자료들을 제공함으로써 깊이 있는 내용 지식의 학습과 언어 학습이 동시에 가능하도록 한다는 데 의의가 있다. 이러한 모형들은 다문화 배경 학생을 위한 한국어 교육 현장에서도 적용 가능하며, 향후 우리의 초·중·고등학교 KSL 한국어 교육 현장의 특수성에 부합하는 새로운 모형 개발에도 시사하는 바가 크다 하겠다.

Nunan(2004)에서는 Brinton(2003)이 제안한 내용 중심 접근법의 다섯 가지 교수 원리를 정리하여 소개하고 있는데 이 역시 참고할 만하다.

---

[26] SI, SIOP 외에 SEI는 'Sheltered/Structured English Immersion/Instruction', SDAIE 는 'Specially Designed Academic Instruction in English'를 의미한다.

[27] '준비(Preparation), 지도(Instruction), 복습과 평가(Review/ Evaluation)' 등의 3개 기본 영역은 이후 '배경지식 형성(Building background), 이해 가능한 입력 (Comprehensive Input), 전략(Strategies), 상호 작용(Interaction), 연습과 적용 (Practice/ Application), 복습과 평가(Review/ Evaluation)' 등의 8개 영역으로 세분화된다. 1999년부터 2002년 사이에 이루어진 교사와 학생들을 대상으로 한 현장 조사를 기반으로 SIOP 모형은 단계와 내용이 더욱 정교하게 다듬어지게 된다(Echevarria et al., 2008; Echevarria et al., 2010; Echevarria et al., 2012; 강지혜, 2010:16).

〈표 12〉 Brinton(2003) 내용 중심 접근법의 원리

원리	내용
기본적 교수 결정은 언어 영역보다 내용 영역에 의거한다.	내용 중심 접근법은 언어 항목들의 선정과 배열에 영향을 미치게 될 내용을 선정할 수 있게 한다.
기능들을 통합한다.	CBI 전문가는 언어 교수를 위해 어휘와 문법은 물론 4가지 언어 기능까지도 아우르는 기능 통합 접근법을 사용한다. 실제 생활에서는 이처럼 다양한 언어 기능이 동시에 관여하는 상호 작용이 이루어지기 때문이다.
학습 과정의 모든 단계마다 학생들을 적극적으로 참여시킨다.	CBI 교실에서 학생들은 학습 과정에 적극적으로 참여하면서 행동을 통해 학습한다. 교사의 지시나 모든 정보의 제공에 의지하지 않는다.
학생들의 생활과 흥미, 학문적 목표를 고려하여 내용을 선정한다.	CBI에서 내용 선택은 궁극적으로 학생과 교수 환경에 달려있다. 많은 학교 상황에서 내용 중심 접근법은 학교의 다른 교과목과 병행하여 진행되기 때문이다.
실제적 과제와 텍스트를 선정한다.	CBI의 핵심적 구성 요소는 '진정성 (authenticity)'이다. 진정성은 교실에서 사용되는 텍스트와 학습자가 수행해야 하는 과제 모두에 해당된다.

(Nunan, 2004:132)

또한, Chamot & O'Malley(1994)는 내용 중심 접근법의 방법론을 활용한 수업에서 성공을 거두기 위해 갖추어야 할 필수 요소들이 있다고 설명하고 있다. '학문적 어휘, 수업 중에 만들어내는 소음, 구체적 사물을 활용한 소그룹 활동, 벽에 붙여 놓은 단어 카드와 그래픽 조직자, 시각 보조물과 그래픽 활용을 통한 의미의 명료화, 학생들의 활동 결과물 전시, 다양한 교수·학습 전략, 교사의 지속적 전략 개발, 평가의 피드백이 반영된 수업, 그리고 학급의 모든 구성원에 대한 높은 기대 수준' 등이 그것이다. 내용 중심 접근법의 특성을 잘 반영한 요소들이라 할 수 있다.

3.2. 과제 기반 접근법

과제 기반 접근법(TBLT: Task-Based Language Teaching)이란 언어 교수 현장에서 수업을 계획하고 교수-학습을 실행하는 핵심 단위로 '과제 (task)'를 이용하는 언어 교수 접근법이다. 이러한 과제 기반 접근법은 의사소통 능력[28] 신장을 언어 교육의 목표로 삼는 의사소통적 언어 교수법(Communicative Language Teaching)의 발전된 형태라 볼 수 있다.

제2언어 교육은, 학습자들이 목표어를 사용하여 자신이 의도하고 목적한 바의 기능을 수행하게 하는 것을 궁극적 목적으로 삼는다. 문법 번역식 교수법을 비롯한 전통적 언어 교수법에서는 언어 그 자체에 대하여 가르치는 것에 교수의 초점이 맞추어져 있었다면, 의사소통 중심 교수법에서는 학습자 스스로 언어를 사용하여 의미 교환을 하고 필요한 기능을 수행할 수 있도록 하는 것에 중점을 둔다.

1950-1960년대까지의 언어 수업이 언어 능력을 강조하는 교사 중심 문법 수업이었던데 반해 1970년대 이후로는 언어 사용에 중점을 둔 의사

---

[28] '의사소통 능력(Communicative Competence)'은 Hymes(1967, 1972)에 의해 처음 만들어진 용어다. Chomsky에게 있어 언어 이론의 중심은 해당 언어를 이용해 문법적으로 옳은 문장을 만들어낼 수 있게 하는, 화자가 가지고 있는 추상적 능력의 특징을 기술하는 것이었던데 반해, Hymes는 의사소통과 문화를 통합하는 보다 일반적인 이론의 한 부분으로서 간주되어야 한다고 주장했다. Chomsky가 언어 능력을 한 언어 체계에 대한 인간의 기저 지식이라 보는데 반해, Hymes는 인간이 주어진 상황과 맥락에 맞게 메시지를 전달하고 해석하며 서로 간에 의미를 타협하게 해 주는 능력, 또한 언제 말해야 하고 언제 말하지 말아야 하는지까지 알고 행하는 능력이라고 훨씬 더 광범위하게 보았으며 이를 지칭하는 용어로 '의사소통 능력'이라는 용어를 만들어낸 것이다. 즉, Hymes의 관점에서 보면, 의사소통 능력을 습득한 사람은 ① 어떤 것이 문법적으로 가능한 것인지 아닌 것인지 ② 실행 가능한 것인지 아닌지 ③ 사용되고 평가되는 문맥에 비추어 그것이 적절한 것인지 아닌 것인지 ④ 실제로 수행되는 것은 무엇이며 동반되는 결과가 무엇인지 등과 같은 언어 사용 지식과 능력을 모두 갖춘 사람이다.(Richards & Rodgers, 2001:159, 김윤주, 2011:6에서 재인용)

소통 수업으로 변모하게 되었다. 김영주(2012)에서는 제2언어 교육에서의 이러한 흐름이 모국어 아동 화자들을 대상으로 한 일련의 연구들 (Brown, 1973; de Villiers & de Villiers, 1973; Berko, 2005)에서 비롯된 것으로 보고 있다. 즉, "유의미한 언어 사용에서 언어 지식을 추론하고 축적해가는 과정"에 대한 관심이 제2언어 교육에서도 변화를 가져왔다는 것이다. 1980년대 이후 이와 같은 "총체적이고 의미 중심적이며 학습자 주도적인 의사소통의 사용"이 언어 교육에서 중시되어야 한다는 인식이 확산되면서 제2언어 교육에서 과제에 대한 관심이 증폭되게 된다(김영주, 2012:15-16).

과제는 의사소통적 언어 접근법의 원리[29]를 적용하는 데 유용한 도구이다. 과제에 대한 정의는 매우 다양하다. '과제(task)'의 개념이 처음 도입되었을 당시엔 '활동(activities)'과의 구분이 명확하지 않아서 "교실 수업에서 이루어지는 학습자 중심의 활동"을 모두 과제라 인식했다(김영주, 2012:17).

하지만, 점차 과제에 대한 다양한 정의가 시도되고 발전하게 된다. Skehan(1996)은 과제의 일차적 요건을 '의미 있는 활동'이라고 보았다. 또한 실생활의 언어 사용과 유사성을 가져야 하며 성공 여부를 평가할 수 있는 성질의 것을 과제라 정의했다. Nunan(1989:10)은 과제를 "학습자들이 목표어로 이해하고, 조작하고, 발화하거나, 상호 작용에 참여할 수 있게 하는 활동"으로 "언어의 형태보다 주로 의미에 초점을 맞추는 활동"이며, "그 자체가 하나의 완결된 의사소통 행위"여야 한다고 정의하였다.(Richards & Rodgers, 2001:224에서 재인용)

---

[29] ① 실생활의 의사소통과 관련된 활동들이 언어 학습에 필수적이다. ② 유의미한 과업을 수행하는 데 이용된 언어 활동은 학습을 증진시킨다. ③ 학습자에게 유의미한 언어는 학습 과정을 도와준다(Richards & Rodgers, 2001:223; 전병만 외 역, 2003:344).

Ellis(2003)는 과제(task)에 대한 이러한 다양한 정의들을 종합하여 과제의 정의에 필요한 요소들을 제시하고 있는데, "업무, 의미중심, 진정성, 언어기술, 인지적 과정, 결과물" 등이 그것이며, 이 중에서 특히 인지적 과정을 중시하여, "언어 지식의 구조화 및 재구조화" 과정을 통해 습득이 일어난다고 주장하고 있다(Ellis, 2003:1-16; 김영주, 2012:16-21).

다문화 배경 학생 대상 한국어 교육을 위해 이러한 과제를 계획하고 구성하고 활용할 때에는 여러 가지 특성들을 감안해야 한다. 과제를 선별하고 순서대로 나열하기 위해서는 일정한 원칙과 일관성이 있어야 한다. 과제의 선정과 배열에 가장 큰 영향을 미치는 요소 중 하나는 과제의 난이도가 될 것이다. 그런데 이 과제의 난이도라는 것이 고정불변의 것이라기보다는 여러 가지 변인들이 서로 영향을 미치는 가운데 결정되는 특성이 있다. 따라서 과제 자체의 특성과 난이도도 중요하지만, 이러한 과제를 학습자의 요구와 능력에 맞추기 위해 조정 가능하다는 점을 염두에 두고 교수·학습 상황에 맞게 검토하고 수정하는 유연성을 견지해야 할 것이다.

그렇다면 과제의 난이도에 영향을 미치는 요소에는 어떤 것이 있을까?『유럽공통참조기준』에서는 이를 크게 '언어적 요인, 인지적 요인, 정의적 요인'으로 나누어 설명하고 있다. 언어적 요인이라 하면, 과제를 해결하는데 요구되는 언어적 수준을 말하는 것으로, '문법, 어휘, 발음, 정서법 등에 대한 지식이나 숙달' 정도를 의미한다. 또한, '유창성, 유연성, 관련성, 적합성, 정확성과 같은 언어 사용의 관점'도 포함된다. 인지적 요인이라 하면, 우선, 과제에 대한 익숙함의 정도를 들 수 있다. 즉, 과제의 유형, 주제, 텍스트 종류, 이미 학습된 스키마, 요구되는 배경지식, 중요한 사회 문화적 지식 등이 이미 갖추어져 있거나 익숙한 유형의 과제라면 문제해결에 훨씬 쉽게 접근할 수 있고 성공 가능성도 높아진다는 것이다. 또 다른 인지적 요인으로 과제를 수행하는데 요구되는 대인관계에 대한 처리 능력이나 상호문화적 숙련도 등을 들 수 있다. 정의적 요인도 과제의 난이도를 결정하는 요인 중 하나로 학습자의 신체적 정의적 상태, 자신감, 참여의식과 동기 등도 과제의 성공적 수행에 영향을 미치는 요소이다(유럽평의회, 2001; 김한란 외 역, 2010:197-200).

앞서 언급한 언어적, 인지적, 정의적 요인들은 학습자 특성에 기인한 것이라면, 그 외에 교실에서 과제가 수행될 때의 조건과 제약과 관련된 요소들도 난이도 결정의 변인으로 작용할 수 있다. 가령, 과제 해결에 주어지는 시간, 도움, 목표, 물질적 조건, 참가자들의 태도나 지식도 변인으로 작용한다. 그 외에 주어지는 텍스트 자체의 언어적 복잡성[30], 장르적 특성, 담화 구조, 길이, 학습자에게 있어서 텍스트의 중요도, 즉 텍스트 내용에 대한 개인적인 관심도 과제의 난이도 결정에 영향을 미친다(유럽평의회, 2001; 김한란 외 역, 2010:200-206).

이와 같이 언어 수업에 있어서 과제의 역할과 과제의 특성이 수업의 성패에 미치는 영향은 지대하다 할 수 있다. 따라서 교사는 혹은 교육과정 개발자는 이와 같은 과제의 특성을 정확히 파악하고, 학습자의 참여와 반응을 최대로 끌어 올려, 학습에 대한 내재적 동기가 유지될 수 있도록 구성하여야 하며, 과제 수행을 위해 주어지는 텍스트는 내용교과의 영역에서 적극 가져와 학생의 관심을 끌어 올리도록 관심을 기울여야 할 것이다. 또한 과제의 내용뿐 아니라 과제 수행의 전 과정이 언어 교육을 위한 과정이기도 하지만, 교과 학습에 자주 등장하는 전략적 능력과 사고 기능 신장을 위한 과정이기도 함을 주지하고 내용교과 영역

---

[30] 언어적 복잡성은 구조적 교수요목의 고려 사항에 따라 해석될 수 있으므로, 아주 전통적인 방법으로 보면, 언어는 덜 복잡한 구조에서부터 더 복잡한 구조로 제시된다고 볼 수 있다(Skehan, 1998:99; Richards & Rodgers, 2001:227; 전병만 외 역, 2003:350).

에서 필요한 학습 전략 및 사고 기능과 긴밀히 연결된 다양한 과제를 고안하여야 할 것이다.

아동 학습자의 특성에 기반한 과제와 학습 활동에 대한 연구 중 Willis(1999)의 연구는 주목해 볼만하다. Willis(1999)는 나이 어린 입문기의 제2언어 학습자를 대상으로 한 언어 교육이 성인 대상 언어 교육과 어떻게 다른지에 대해 총체적으로 기술하고, 아동의 초기 언어 학습에 적절한 과제 유형과 특성에 대해 논하고 실제 과제의 예를 보이고 있다. 초기 학습자인 어린이들이 이해할 수 있도록 제시된 간단한 과제들은 어휘와 표현 학습을 돕게 되고 이렇게 축적된 어휘와 표현들이 이후 문법에 대한 인식과 통찰력을 길러줄 수 있다는 것이다. 따라서 입문기의 어린 학습자를 가르칠 때에는 특히 새로운 언어적 표현에 많이 노출시켜야 한다는 것이다.

예를 들면, 대부분의 아동학습자는 노래와 게임 활동에 친숙하고, 이러한 활동에 참여하는 것을 즐기며, 그 과정에서 자연스럽게 접한 목표어의 표현들을 자신의 것으로 만들어 산출하게 된다.[31] 물론 그러한 산출 단계까지 가기에는 많은 시간이 소요될 수밖에 없는데 그 기간을 인내하며 믿고 기다려 줄 수 있어야 하는 것이 교사의 역할이라 하겠다. 노래와 게임뿐만 아니라 Willis(1999)에서 제안하고 있는 아동 학습자들을 위한 간단한 활동의 예로 '목록 만들기, 순서 짓기, 분류하기, 비교하기, 문제 해결하기, 조사하기' 등이 있다.

---

[31] Krahen(1985)의 입력가설에서는 성공적 언어 습득의 필수 조건으로 '이해 가능한 입력'을 주장하는 반면, Swain(1985)은 출력가설을 통해 목표어를 적절하게 말할 수 있는 기회의 제공이 언어 발달에 중요한 조건이라고 주장한다. TBLT에서는 '과제(task)'가 이러한 입력·출력 연습, 의미의 협상 및 정보 전달에 초점을 맞춘 대화가 일어나게 하는 주축이 된다고 주장한다(Richard & Rodgers, 2001:228-229).

3.3. 사회문화적 구성주의 관점

구성주의(Constructivism)는 지식이란 무엇이며 어떻게 구성되는가에 관심을 두는 철학적 접근이며, 이전의 절대주의, 객관주의에 대한 새로운 인식론이자 패러다임이다. 구성주의는 1980년대 후반 무렵부터 활발한 논의가 이루어지기 시작하였지만, 이미 1960-1970년대 사회, 정치, 문화, 예술 영역 전반에 걸쳐 나타난 여러 현상들을 폭넓게 지칭하며 새로운 시대정신으로 등장한 포스트모더니즘과도 그 맥을 같이 하는 것으로 볼 수 있다.

이전의 객관주의에서는 지식을 인간과 독립적으로 존재하는 절대적인 객체로 보았다면 구성주의에서는 인간의 경험에 의해 형성되고 의미가 구성되는 것으로 인식한다. 지식은 존재하는 것이 아니라 구성되는 것이라는 전제 하에, 이러한 지식의 형성 과정에서 어떠한 요인들이 주된 역할을 하는 것으로 보느냐에 따라 다시 둘로 나누어 볼 수 있다. Piaget의 이론을 기초로 한 인지적 구성주의와 Vygotsky의 이론을 기반으로 한 사회적 구성주의가 그것이다.

아동 발달 및 학습 이론과 관련해 Vygotsky와 Piaget의 이론은 큰 차이가 있는데, 지식의 형성과 발달 과정에서 인간의 인지 작용을 주된 요인으로 보느냐, 사회적 환경과 영향 관계에 더 초점을 맞추느냐에 의해 대별된다. 'Piaget 이론이 개인주의적이고 유기체적이며 생물학적인 관점을 지향하며 아동 발달에 관한 위계적 단계 이론을 펼치는 데 반해, Vygotsky는 사회 문화적 관점을 지향하며 인간 발달의 사회적 맥락을 강조한다'고 요약해 볼 수 있다(한순미, 1999). 이처럼 인간의 인지 발달 과정에서 사회의 역할에 대한 해석에 있어 Piaget와 Vygotsky의 입장에는 큰 차이가 있다.

이러한 차이에 기반해 한순미(1999:93)에서는 Piaget를 '생물학적 개인주의자(biological individualist)', Vygotsky를 '사회 문화적 집합주의자(sociocultural collectivist)'라고 보고 있다. Piaget 이론에 의하면 개인은 "동화, 조절, 반성적 추상(reflective abstraction)과 같은 내적 심리 기제"를 통해 "세계에 대한 인지적 표상을 구성"하게 된다. 그러한 과정을 거쳐 심리적, 인지적 발달을 이루어가게 되는 것이다. 반면, Vygotsky 이론에 의하면, "공적 기호(signs), 언어 표현, 도구 사용 행동 등의 사회적 상호 작용"을 기반으로 사회적 기제를 내면화하게 된다는 것이다(한순미, 1999:93).

Vygotsky(1978), Leontiev(1981), Wertsch(1985) 등을 위시한 몇몇 학자들의 연구를 바탕으로 발전된 이론이 사회 문화 이론(Sociocultural Theory)이다. Lantolf(2000)에 의하면 사회 문화 이론의 가장 중심적이고 핵심적인 개념은, 인간의 고등 정신 활동이 매개된다는 것이며, 매개된 정신이 어떻게 사회 활동 속에서 발달되는지를 설명하려는 이론이다. Lantolf(2000)는 제2언어 학습에서 작용하는 이러한 매개의 유형을 세 가지를 들고 있는데, '사회적 상호 작용에서 타인에 의한 매개, 사적 발화를 통한 자신에 의한 매개, 인위적 산물(과제, 기술)에 의한 매개' 등이 그것이다(Ellis, 2003:175-176에서 재인용). 반면, Vygotsky(1978)는 매개의 유형으로 '물질적 도구, 타인과의 상호 작용, 상징의 사용' 등 3가지를 들고 있으며, 이중 가장 강력한 상징 수단은 언어라고 주장한 바 있다.

주지하다시피 '근접 발달 영역(ZPD: Zone of Proximal Development)과 '비계 설정(scaffolding)'은 Vygotsky 이론의 핵심 개념이다. 이 두 가지 개념은 다문화 배경 학생 한국어 교육의 장면에서 특히 주목해야 할 개념이기도 하다. Vygotsky(1978:86)에 의하면 근접 발달 영역(ZPD)은, 개인의 현재 능력이나 이미 학습된 기술로 혼자서 독립적으로 문제해결을 할 수 있는 실제적 수준과 성인이나 안내자의 지도 아래 좀 더 유능한 동료와의 협동을 통해 문제를 해결할 수 있는 잠재적 발달 가능한 수준까지의 거리를 말한다. 이러한 핵심적 개념은 부모, 교사, 손위 형제자매, 동료나 조력자들의 지원을 통해 가능하게 되는 학습의 사회적 측면을 강조하고 있는 것으로 볼 수 있다. 이는 곧, 협력 학습, 소그룹 활동 등을 통해 수집된 지식의 가치와 효과의 중요성에 대해서도 강조하고 있는 셈이다.

'비계 설정(scaffolding)'은 학습자가 근접 발달 영역(ZPD) 안에서의 과제 해결 과정에 놓여 있을 때 교사에 의해 제공되는 일시적인 지원'을 의미한다.[32] Bruner(1978)는 이것을 '아동의 언어 발달에 있어 현재 수준보다 좀 더 복잡한 상위 수준으로 이동하기 위해 아동을 지원하고 격려하기 위해 계획된 일시적인 도약 발판'으로 묘사하기도 하였다 (Crawford, 2005:65에서 재인용).

경험 있고 숙련된 유능한 교사라면 직관적으로 이러한 비계를 교수 과정 전반에 걸쳐 계획하고 활용하게 된다. 숙련된 교사의 역할에 대한 실험으로 Ellis(1985)의 실험은 시사하는 바가 크다. 초급 언어 학습자에게 페달이 없는 자전거 그림을 제시한 후, 그림이 어떤지를 묘사하고 설명하게 하는 과제를 수행하게 하는 실험을 실시했다. 실험 결과, 학습자는 숙련된 교사와 함께 과제를 수행할 때 학습의 기회가 극대화된다는 사실이 밝혀졌다. 즉, 숙련된 교사는 학습자가 과제를 수행하고 해결함에 있어 요구되는 적절한 수준의 비계를 제공함으로써 과제 수행을

---

[32] Wood, Bruner & Ross(1976)는 비계 설정(scaffolding)의 특성을 다음과 같은 여섯 가지 요소로 특징지었다. ① 과제에 대한 관심 끌기, ② 과제의 간소화, ③ 과제 목표의 지속적인 추구, ④ 과제의 주요한 특성 나타내기, ⑤ 좌절 통제, ⑥ 시범 보이기 등이 그것이다. 즉, 비계 설정(scaffolding)은 과제의 인지적 요구와 과제 수행자의 정의적 상태를 모두 고려한 것이라 할 수 있다(Ellis, 2003:180-181에서 재인용).

성공으로 이끈다는 것이다(Ellis, 2003:181-182).

　비계 설정을 위한 효과적인 전략으로 '질문하기, 격려하고 고무시키기, 삽화나 그 외의 시각 자료, 시범 보이기, 극화(劇化), 몸짓, 그래픽 조직자, 고쳐 말하기' 등을 들 수 있다. 이러한 전략들은 학습자가 학습 활동에 지속적인 참여가 가능하도록 하는 장치이기도 하다(Crawford, 2005:66). Gonzales(2007)도 효과적인 교수-학습의 요건으로 이와 유사한 요소들을 들고 있다. ① 언어상의 목표와 교과 학습의 목표의 명확성, ② 보조 교재 완비, ③ 보조적 학습 수단 구비, ④ 학생과 교사, 동료 학생 간의 교류, ⑤ 유의미한 학습 활동 등의 요건이 그것이다(나카지마, 2010; 이미숙 외 공역, 2012:116에서 재인용).

　언어 교육을 사회 문화적 관점에서 접근하고 있는 논의들을 살펴보면 교수-학습 과정에서 교사와 학습자의 역할에 대한 관점이 많이 다름을 알 수 있다. 기존 언어 교수 이론에서 학습자는 다만 수동적 역할로 고정되어 있고, 교사의 일방적인 입력과 교정을 통해 목표 언어를 학습하는 것으로 간주되었다. 따라서 산출보다는 입력이 강조될 수밖에 없었다. 그러나 사회 문화적 관점에서 언어 교육의 방향성을 모색하는 학자들은 학습자의 능동성과 주체성을 강조하며, 교수 학습 과정에서 일어나는 상호 작용을 중시한다. 따라서 기존 언어 교육 이론에서는 쉽게 간과되어 왔던 학습자의 "학습 동기, 태도, 언어 적성, 지능, 내향/외향성, 성별 차이 등" 학습자의 개인적 특성과 다양성이 언어 학습의 과정은 물론 결과에도 큰 영향을 미치는 요소로 중시되기 시작한 것이다. Vygotsky 이론에 근거하면, "학습자 및 교사는 모두 그 사회 문화 환경 내에서 능동적 주체로서 학습을 주재하고 상호 조정할 수 있다는 점이 전제되어 있다"는 것이다(김태영, 2004:297-298; 김지영, 2012:30에서 재인용).

김영주(2012)에 의하면, 제2언어 교육 분야에서 이처럼 사회 문화적 관점에서 언어 교육 방안을 모색하는 연구자들은 앞 절에서 살펴본 과제 기반 교수법의 역할에도 주목해 왔다고 한다. Vygotsky만 하더라도 학습이란 숙련된 교사나 동료 등 조력자와 학습자 사이의 상호 협력에 의한 목표 성취의 과정이라고 보았는데, 이 학습의 과정에서 과제의 역할은 매우 크다는 것이다. 왜냐하면 과제를 "상호 작용적 비계 설정(interactional scaffolding)이 일어나는 환경을 제공하는 수단"으로 볼 수 있기 때문이라는 설명이다(Gibbons, 2009; 김영주, 2012:32에서 재인용). 즉, 과제는 "원어민 화자들이 모국어를 배우는 것과 같은 방식으로 제2언어 학습자들에게 발화를 위한 사고(think-for speaking)의 환경을 만들어준다"는 것이다(김영주, 2012:32).

결국, 앞서 살펴본 내용 중심 접근법과 과제 기반 접근법, 그리고 교수·학습의 과정과 방법에 대한 사회문화적 구성주의 관점은 어느 하나만으로 유용한 것이 아니라 다문화 배경 학생의 한국어 교육 현장에서 서로 어우러져 교수 과정의 어느 단계와 시점에 유효하게 작용할 수 있다는 것이다. 교육과정 구안자나 교수자는 이 점을 견지하면서 교육과정의 설계와 운용 평가의 과정에 이러한 방법론을 적절하게 구사하고 적용할 수 있어야 할 것이다.

03

KSL 교육과정 구성을 위한 해외 및
국내 사례 분석

　이 장에서는 다문화 배경 학생을 대상으로 한 한국어(KSL: Korean as a Second Language) 교육과정 설계 방안 모색을 위해 해외 사례[1] 및 국내 사례를 분석할 것이다. 미국의 ESL(English as a Second Language) 교육과정, 일본의 JSL(Japanese as a Second Language) 교육과정, 유럽공통참조기준을 고찰한 후, 한국어 교육과정과 비교 분석할 것이다. 미국, 일본, 유럽의 경우 우리보다 먼저 다문화 교육에 관한 연구와 실행이 있어 왔고 다문화 교육의 관점에서 학교 내 언어 교육 문제에 관해 오랜 연구가 축적되어 온 나라들이므로 그들의 사례를 통해 우리나라의 학교 내 다문화 배경 학생을 대상으로 한 한국어 교육과정 설계에 적용할

---

[1] 이소라(2012:43)에서는 국내 KSL 교육의 지향점 모색을 위해 문식성 교육과 관련한 국외 현황을 살펴 볼 필요가 있다며 대학과 직업 적응을 위한 핵심 역량 신장에 초점을 두고 있는 미국과 호주의 예를 보이고 있다. 특히 미국의 국가 수준 교육과정인 공통 핵심 교육과정(CCSS: Common Core State Standards, 2010) 중 대학과 직업 준비를 위한 기준(CCR: College and Career Readiness)에는 대학 수학과 직업 훈련을 위해 필수적인 핵심 문식성 기준을 규정하고 있다는 점을 예로 들고 있다.

만한 시사점을 얻을 수 있을 것이기 때문이다.

1. 미국의 자국어 교육과정과 ESL 교육과정

미국의 본격적인 ESL(English as a Second Language) 교육과정인 WIDA에 대한 분석과 논의는 다음 절에서 이루어질 것이다. 하지만 그에 앞서 본 절에서는 미국의 자국어 교육과정과 ESL 교육과정 간의 긴밀한 조직과 관계를 살펴볼 것이다. 초·중·고등학교 교육과정과의 긴밀한 연계성이 필요하다는 점에서 다문화 배경 학습자의 한국어 교육은 일반 외국인 대상 한국어 교육의 성격과는 다른 특수성을 갖고 있기 때문이다. 본 절에서는 버지니아 주의 교육과정을 중심으로 고찰하게 될 것이다.[2] 미국의 자국어 교육과정과 ESL 교육과정을 고찰함에 있어서 본 연구가 버지니아 주를 대상으로 삼은 것이 사례 분석으로서의 타당성을 획득할 수 있는 근거는 다음과 같다.

주지하다시피 미국은 각 주마다 독자적인 교육 체제와 정책을 가지고 있다. 각 주의 상황과 특성에 따라 세부 내용은 조금씩 다르게 시행되고 있으나, 공통된 핵심 요소는 크게 다르지 않다. 이는 공통 핵심 교육과정(CCSS: Common Core State Standards)을 통해 확인할 수 있다. CCSS란 2010년 연방 정부에 의해 발표된 표준 교육과정으로, 미국 내 각 주는

---

[2] 연구자는 2004년부터 2008년까지 미국 버지니아 주 몽고메리 카운티에 체류하며 킵스초등학교(Kipps Elementary School)에서 매주 1-2회, 2-3시간씩 보조 교사로 활동했다. K-3학년을 담당하였는데 우리의 학제로는 유치원~초등학교 3학년의 학년에 해당한다. 당시 수업을 참관하고, 교사와 수시로 면담을 하고, 수업 자료들을 준비하고, 학생들의 수업 참여를 도우면서, 모어가 영어가 아닌 다문화 학생들이 미국의 공교육 시스템에 적응해 가는 과정, 이들을 위한 학교 교육 지원 체계 등을 가까이서 관찰할 수 있었다.

교육과정 설계에 이를 기준으로 삼을 것을 권장 받고 있다.[3] 현재로선 자국어(language arts)와 수학 두 교과만 완성된 상태이며, 2012년 7월 현재 45개 주에서 이에 의거하여 교육과정을 설계하여 실행하고 있다. 버지니아 주도 2010년 새로운 교육과정을 발표하였는데, 연방정부에서 발표한 CCSS를 따르고 있다(정은아, 2012). 버지니아 주의 교육과정은 이처럼 연방정부에서 제시한 공통적인 핵심 내용을 갖추고 있으므로 분석 대상으로서의 타당성을 획득하고 있다고 볼 수 있다.

미국의 경우 '기준(standards)'을 중심으로 교육과정을 구성하자는 교육 개혁 운동이 1990년대 시작되었다. 이전의 미국 교육이 진보주의적 교육관에 기반해 학습자의 흥미를 강조했다면, 1990년대 이후의 교육은 "교과 영역의 핵심 지식을 중시하는 학문 중심 교육과정의 부흥"이라 할 수 있다(McNeil, 2002; 이경화·이향근, 2010:292에서 재인용). 이러한 개혁과 변화의 시발점은 1983년 '수월성에 의한 국가 위원회'[4]의 보고서 '위기에 선 국가(Nation at Risk)'의 발표 시점으로 거슬러 올라간다. 이 보고서는 "미국의 교육이 절박한 위기에 봉착해 있으며 이는 국가의 위기로 직결된다"고 역설하고 있다(이현청, 2001; 윤현진 외, 2008; 이경화·이향근, 2010:291에서 재인용). 이러한 영향으로 1994년, "국가 수준의 교육 목표 설정을 법으로 규정하고 국가 수준의 교육 기준 수립을 지원하며 주의 기준을 세울 수 있도록" 하는 교육법안인 'Goals 2000'이 탄생하게 된다. 이러한 교육과정의 개혁은 "교육과정의 내용 설계와 교수·학습 및 평가의 정합성(alignment)을 지향하려는 움

---

[3] CCSS의 개발 취지는 "학생들이 졸업 후 대학이나 직장에서의 성공적인 수행을 위한 지식(knowledge)이나 기술(skill)을 갖추도록 하기 위한 것"으로, 자국어 교육과정의 경우 학교 졸업 후 "대학이나 직장에서의 성공적 말하기 듣기 읽기와 쓰기를 준비하기 위한 사항들을 등급별로 정해" 놓고 있다(정은아, 2012:7). Common Core State Standards 내용 참조.

[4] NCEE(National Commission on Excellence in Education).

직임"이며, "특정 교과 영역의 필수 핵심 지식"을 추출하고 조직하려는 노력이라 할 수 있다(이경화·이향근, 2010:290-292). 공통 핵심 교육과 정(CCSS)도 이러한 움직임에 의거한 것으로 볼 수 있다.

1.1. 영어 학습자(ELL)의 개념

'ELL(English Language Learner)'이란 '영어가 아닌 다른 언어를 배경 으로 하는 다양한 환경 출신으로서 영어 학습의 과정에 놓여있는 학생 들'을 지칭하는 용어이다. 1968년 이중 언어 교육법 개정 이후 일반적으 로 사용되던 용어로 'LEP(Limited English Proficient)'가 있고, 그 외에도 'LES(Limited English Speaking), NNES(Non-Native English Speakers)' 등 의 용어가 있다. 이들 용어의 '제한적(limited)'라는 표현이 부정적 인식을 준다는 점, 또 학생들이 무언가 결핍되어 있다는 가정을 전제로 한 용어 라는 점에서 비판을 받게 된다. 다양한 언어를 학습하고 안다는 점의 긍 정적 측면보다 영어 사용 능력이 부족하다는 결핍의 부분을 강조한 용어 라는 것이다. 이러한 주장에 많은 공감대가 형성되게 됨에 따라 최근에는 중립적 의미의 'ELL(English Language Learner)'이 광범위하게 사용되고 있다. 혹은 '다양한 언어와 문화적 배경을 가진 학생들(students from diverse linguistic and cultural backgrounds)'이라는 비교적 모호하고 확장 된 의미의 용어가 사용되기도 한다.[5] (Hawkins, 2005:26)

---

[5] '영어 학습자'를 일컫는 'ELL'이라는 용어 외에도 영어 교육 분야에서는 이처럼 여러 교육적 현상을 설명하기 위해 다양한 용어들이 등장해왔다. 영어 교육 분 야를 지칭하는 용어도 'ESL(English as a Second Language), TESOL(Teaching English to Speakers of Other Languages), ESOL(English as a Second or Other Language), TESL(Teaching English as a Second Language)' 등이 있다. 이들 용어 는 영어가 학생의 두 번째 언어라는 그릇된 가정을 전제로 하고 있다는 점에서

다음은 미국 버지니아 주의 교육과정에서 정의하고 있는 학교 내 영어 학습자의 개념이다.[6]

(A) 3-21세 사이
(B) 초등학교나 중·고등학교에 등록한, 혹은 등록하기 위해 준비 중인 자
(C) (i) 미국에서 태어나지 않았거나 모어가 영어가 아닌 다른 언어인 자

　　　　　　　OR

　　(ii) Native American, Alaska Native 등 변경 지역의 원주민들로, 영어가 아닌 다른 언어의 중요도가 커서 개인의 영어 숙달도 수준에 심각한 영향을 끼친 환경으로부터 온 자.

　　　　　　　OR

　　(iii) 모어나 공용어가 영어가 아닌 환경에서 이민 온 자.

　　　　　　　AND

(D) 영어로 말하기, 읽기, 쓰기, 이해하기에 대한 어려움 때문에
　　(i) 주의 학업 성취도 평가에서 기준에 도달하지 못하거나,
　　(ii) 영어로 하는 수업에서 성공적으로 학습하지 못하거나,
　　(iii) 사회에 완전히 참여할 기회를 얻지 못하거나 하는 경우.

위의 개념 규정에 따르면 미국 버지니아 주 교육과정에서 규정하는 영어 학습자의 기준은, 먼저 초·중·고등학교에 재학 중이거나 등록 예정인 3세부터 21세까지의 학생 중에서, '① 미국 외의 지역에서 출생하였거나 모어가 영어가 아닌 사람, ② 인디언 원주민, 알래스카 원주민, 그 외 변경 지역 원주민 등과 같이 영어 이외의 다른 언어가 영어보다 우세한 지역 출신인 사람, ③ 모어나 공용어가 영어 이외의 다른 언어인 지역에서 이민 온 사람' 등 ①,②,③의 요건 중 어느 하나에 해당되는

비판을 받게 된다. 실제로는 세 번째나 네 번째, 혹은 그 이상인 경우도 있을 수 있다는 점을 간과하고 있다는 것이다. 이에 따라 최근에는 'EAL(English as an Additional Language), ELT(English Language Teaching)' 등과 같은 새로운 용어가 등장하게 된다. 개념적으로 이들 용어가 선호되기는 하나 아직 널리 사용되고 있지는 않다(Hawkins, 2005:26).

[6] English Standards of Learning for Virginia Public School(2010).

학생이어야 한다. 이러한 학생들 중에 영어 숙달도가 매우 낮아 학업 성취도가 주의 기준에 도달하지 못한다든지, 영어로 하는 수업이나 사회 참여에 어려움이 있는 학생이 교육과정에서 규정하는 영어 학습자가 되는 것이다. 즉, ①,②,③의 어느 하나에 해당되더라도 영어로 하는 수업 참여나 학교생활에 문제가 없고, 주의 성취도 평가에서 일정 기준에 도달한 학생이면 영어 학습자로 분류되지 않는다. 따라서 별도의 교육 대상이 되지도 않는다.

결국 앞의 ①,②,③의 출생지나 모어 등의 조건들은 다만 학생의 영어 숙달도 수준에 영향을 끼칠 가능성이 있는 배경의 유형으로 제시된 것일 뿐 그것들을 기준으로 학생을 분류하지는 않는다는 것이다. 이 점이 우리에게 시사하는 바는 매우 크다. 현재 '다문화 가정 자녀'라는 이름으로 묶어 시행되고 있는 정책이나 연구들은 대부분 이들에 대한 정확한 개념 규정이나 합의 없이 산발적으로 이루어지고 있다. 게다가 소위 '다문화 교육'이라고 행해지고 있는 프로그램들도 이들에 대한 일방적인 교육일 뿐이다. 다문화 교육의 초기이며 초·중·고등학교 내 한국어 교육이 이제 막 시작되고 있는 상황에서 진지한 고민과 성찰이 있은 후 명확한 개념 규정도 따라야 할 것이다.

미국 학교에서는 매년 초에 이러한 학생들을 진단해 ESL 프로그램[7]에서 영어 교육을 받게 하고, 영어 숙달도 성취 상황을 리포트로 작성해

---

[7] 나카지마(2010; 이미숙 외 공역, 2012:115)에서는 ESL 프로그램의 다양한 유형에 대해 설명하고 있다. '① 별도 수업(pull-out) ② 통합 수업(push-in), ③ ESL 보충기(ESL Self-Contained), ④ ESL 팀티칭(ESL Team Teaching), ⑤ ESL 교과기(ESL Class Period)' 등이 그것이다. 앞의 세 가지 유형은 일반적으로 초등학교 저학년에서 시행되는데 '제2언어로서의 영어'를 한명의 ESL 교사가 가르치는 경우이다. ④ ESL 팀티칭은 'ESL 교사끼리 혹은 ESL 교사와 교과 담당 교사가 팀이 되어 교과를 담당'하는 유형으로 보통 초등학교 중·고학년을 대상으로 이루어진다. ⑤ ESL 교과기는 중학생과 고등학생을 위한 ESL 수업으로, 교과목으로 인정되고 성적도 인정되는 유형이다.

학기말에 학부모에게 고지한다. 일정 수준이 되면 ESL 수업에 더 이상 참여하지 않아도 된다는 통보를 하게 되는데 ESL 반을 일찍 마친 학생의 경우는 이후에도 모니터링 보고서가 얼마간 제공된다. ESL 교사는 학생이나 학교, 교육청의 상황에 따라 학교마다 배정되어 있기도 하고, 교육구별로 몇 개의 거점 학교에 배정되어 있기도 하다.

1.2. 자국어 교육과정과 ESL 교육과정의 구성 체계

버지니아 주의 자국어 교육과정은 『English Standards of Learning』 (2002, 2010), 『English Standards of Learning Curriculum Framework』 (2003), 『English Standards of Learning ENHANCED SCOPE and SEQUENCE』(2004) 등의 세 개 문서로 구성되어 있다.

〈그림 9〉 미국 버지니아 주 자국어 교육과정

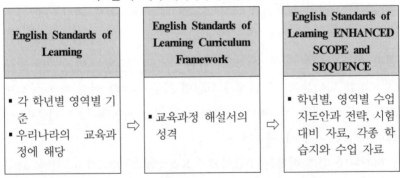

『English Standards of Learning』은 각 학년별, 영역별 기준만 제시된 것으로 우리나라의 교육과정에 해당하고, 『English Standards of Learning Curriculum Framework』는 교육과정 해설서에 가깝다. 『English

Standards of Learning ENHANCED SCOPE and SEQUENCE』는 학년별, 영역별 수업 지도안(Lesson Plans)과 전략(Strategies), 시험 자료(Test Items) 등을 수록해 놓은 두툼한 교수-학습 자료집에 해당한다.

또한 주목할 점은 자국어 교육과정(English Standards of Learning) 안에 ESL 교육과정인 LEP 기준의 내용이 함께 구성되어 있는 체제를 취하고 있다는 것이다. 다음 그림은 교육과정 내 자국어 기준과 LEP 기준이 기술되는 흐름이다.

〈그림 10〉 미국 버지니아 주 자국어 교육과정 구성 체계

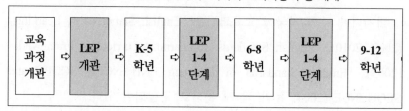

그림에서와 같이 우선 교육과정의 목표와 성격, 구성 원리와 체계 등 전반적인 설명이 제시되고 이어 다문화 배경 학습자를 위한 LEP 기준에 대한 설명이 나온다. 학교 내 영어 학습자들의 개념과 범주에 대한 설명, 이들을 위한 영어 숙달도가 어떤 식으로 정의되는지, 수준별 등급은 어떻게 나뉘는지, 각 단계가 학년별 기준 위계와 어떤 관계를 갖게 되는지 등에 대한 전반적인 설명이다. 그리고 이어 K-12의 기준이 각 학년별로 한 학년씩 제시된다.

버지니아 주의 학제는 초등학교가 K-5학년, 중학교가 6-8학년, 고등학교가 9-12학년으로 이루어져 있다. 따라서 교육과정도 자국어 교육과정 개관과, LEP 개관이 제시된 후, 초등학교, 중학교, 고등학교의 교육과정이 각각 제시되며, 그 사이사이에 해당 학교급에 적용되는 LEP 기준이 제시되는 형식을 취하고 있다.

교육과정의 언어 영역은 '듣기·말하기(Oral Language)', '읽기(Reading)', '쓰기(Writing)'의 3개 영역으로 나뉘어 있다. 우리나라 국어과 교육과정이 '듣기·말하기', '읽기', '쓰기', '문법', '문학'의 5개 영역으로 구성되어 있는 것과 다르다. '문법'과 '문학' 영역이 따로 편제되어 있지는 않으나 '듣기·말하기', '읽기', '쓰기' 각 영역에 진술되어 있는 기준을 자세히 살펴보면 우리의 문법과 문학 영역 성취기준에 해당하는 내용을 쉽게 찾아볼 수 있다. 뒤에서 다시 자세히 다루게 되겠지만, 어떤 면에서는 우리보다 문법과 문학 영역이 더 강조되고 있다고 볼 수도 있다. 즉, 교육과정 상에는 따로 영역 구분을 하지 않되, '듣기·말하기, 읽기, 쓰기'의 언어 기능 학습의 재료와 도구로서 문법과 문학을 녹여내고 있다는 것이다.

A4 용지 2-3쪽 정도로 기술되어 있는 학년별 기준은 각 학년마다 총괄 기준이 제일 앞에 제시되고, '듣기·말하기', '읽기', '쓰기' 영역이 순차적으로 제시된다. 각 학년의 영역별 기준은 매우 상세하고 구체적으로 제시되어 있는 것이 특징이다. 각 학년별 총괄 기준과 영역별 기준이 어떤 형식으로 제시되어 있는지 다음 표를 통해 살펴보기로 하자.

〈표 13〉 버지니아 주 자국어 교육과정 5학년 영역별 기준[8]

영역	기준
총괄 기준	5학년에서는, 내용교과 영역의 학습이 점차 강화되고, 정보를 찾아내고 읽기 위한 미디어 센터의 자원 활용이 중시되면서 읽기와 쓰기 기술이 계속적으로 강조된다. 학생은 모든 교과 안에서 질문에 대한 답을 구하거나, 가설을 세우거나, 추론하거나, 의견을 뒷받침하거나, 예측을 확인하거나, 관계를 비교·대조하거나, 결론을 짓기 위해 텍스트를 읽고 정보를 얻을 것이다. 학생은 픽션, 논픽션 등 다양한 작품을 읽으면서 문학 감상력을 지속적으로 키워갈 것이다. 학생은 학습 활동을 통해 의사소통 기술을 키워갈 것이며, 발표 준비를 위해 온라인,

---

[8] English Standards of Learning for Virginia Public School(2010)에서 발췌.

인쇄물, 미디어 자원 등을 활용할 것이다. 학생은 수학, 과학, 역사, 사회 교과의 교육과정 기준에 포함된 핵심 개념과 정보를 설명하기 위해 구어와 문어 의사소통 기술을 사용할 것이다. 학생은 묘사, 설명, 친교 등을 표현하기 위한 작문에서 계획하기, 개요짜기, 고쳐쓰기, 편집하기를 할 것이다.

듣기·말하기	**5.1. 교과 관련 그룹 학습 활동에서 듣고, 결론을 만들어 내고, 반응을 공유할 것이다.** a) 내용 영역 전반의 토의에 참여하고 기여한다. b) 그룹 활동 보고서를 발표하기 위해 정보를 조직한다. c) 그룹 활동으로 수집한 정보를 요약한다. **5.2. 효과적인 비언어적 의사소통 기술을 사용할 것이다.** a) 청중과 눈맞춤을 유지한다. b) 말로 전하는 메시지에 감동을 더하고 강조하고 지지하기 위해 몸짓을 사용한다. c) 말로 전하는 메시지에 감동을 주고 지지하기 위해 얼굴 표정을 사용한다. d) 의사소통 상황을 위한 적절한 자세를 사용한다. **5.3. 계획된 구술 발표를 할 것이다.** a) 청중을 위한 적절한 내용을 결정한다. b) 중심 생각과 관련한 내용들을 연속적으로 조직한다. c) 발표 전후로 중요한 핵심을 요약한다. d) 발표를 지지하기 위한 시각적 보조 요소를 포함한다. e) 문법적으로 정확한 언어와 전문적 어휘를 사용한다.
읽기	**5.4. 픽션과 논픽션을 정확성과 유창성을 갖추어 읽을 것이다.** a) 친숙하지 않은 단어의 의미를 명료화 하는데 맥락을 사용한다. b) 단어의 어근, 전치사, 접미사 등의 지식을 사용한다. c) 사전, 색인 목록, 용어 사전, 기타 단어 관련 자료들을 사용한다. **5.5. 학생은 픽션을 읽고 이해한다.** a) 텍스트와 이전에 읽은 자료와의 관계를 설명한다. b) 픽션이나 시 작품에서 인물의 성격 변화를 설명한다. c) 플롯의 전개를 설명하고 갈등이 어떻게 해결되는지 설명한다. d) 자유시, 각운시, 정형시 등의 특징을 설명한다. e) 작품의 흥미와 질을 높이기 위해 어휘와 문체에 있어서의 작가의 선택이 어떠한지 설명한다.

5.6. 논픽션을 읽고 이해한다.
a) 정보를 예측하고 분류하기 위해, 글의 양식, 제목, 그래픽 등과 같은 텍스트 조직자를 사용한다.
b) 논픽션에서 발견되는 구조적 유형의 특성을 식별한다.
c) 의견, 예측, 결론을 지지하기 위한 정보를 찾아낸다.
d) 인과 관계를 파악한다.
e) 비교·대조 관계를 파악한다.
f) 전반적인 내용 파악과 세부적 정보 파악을 위해 훑어읽기를 한다.
g) 읽기를 통해 얻은 새로운 정보를 안다.

5.7. 다양한 인쇄물로부터 정보를 얻고 이해한다.
a) 중요한 개념, 요점, 정보 확인 등을 포함한 메모를 한다.
b) 차트, 지도, 그래프로 정보를 조직한다.

쓰기

5.8. 설명, 묘사, 정보 전달, 흥미 등 다양한 목적에 맞게 글을 쓸 것이다.
a) 다양한 글의 목적에 맞게 계획하기 전략을 선택한다.
b) 정보를 조직한다.
c) 의도된 청중에 대한 지각을 보여준다.
d) 어조와 소리를 만들어 내기 위해 정확하고 기술적인 어휘를 사용한다.
e) 문장 구조를 다양화한다.
f) 명료성을 위해 글을 다시 쓴다.
g) 정보에 접근하기 위해 이용 가능한 기술을 사용한다.

5.9. 문법, 대명사, 철자법, 구두법, 문장 구조를 수정하기 위해 작문을 편집할 것이다.
a) 복수 소유격을 사용한다.
b) 형용사와 부사를 사용한다.
c) 감탄사를 사용한다.
d) 축약과 소유격에 축약 부호를 사용한다.
e) 대화에 인용부호를 사용한다.
f) 편지의 인사말이나 끝맺는 말에서 끼어 넣은 말임을 표시하기 위해 쉼표를 사용한다.
g) 행의 끝에 단어를 나누기 위해 하이픈을 사용한다.
h) 절의 일부, 계속되는 문장, 과도한 동격 등을 편집한다.

이 표는 버지니아 주의 자국어 교육과정 중 5학년 기준을 예로 보인 것이다. 각 학년별 교육과정 기준은 제일 앞에 총괄 기준, 그리고 그 아래 '듣기·말하기', '읽기', '쓰기'의 3개 영역이 순서대로 제시되어 있다. 5.1-5.3 항목은 '듣기·말하기' 영역의 기준에 해당되는 내용이고, 5.4-5.7 항목은 '읽기' 영역에, 5.8-5.9항목은 '쓰기' 영역에 해당하는 내용이다. 영역별 기준은 각각 적게는 2개, 많게는 6개 정도씩 제시되고 그 각각의 기준에 다시 또 'a), b), c)' 등의 번호로 세부 기준이 진술되어 있다. 영역별 기준의 각 항목에 붙여진 '5.1'부터 '5.9'의 번호를 보면 어느 학년에 해당하는 기준인지를 알 수가 있다. 즉, 앞의 '5'은 '5학년'임을 의미하고 뒤의 '1'에서부터 '9'는 영역 기준의 개수를 의미한다.

이렇게 초등학교 과정인 K-5학년의 기준 기술이 모두 끝난 후에는 영어 학습자를 위한 LEP 기준 1-4단계가 또 같은 형식에 의해 제시된다. 각 단계별로 '총괄기준-듣기·말하기-읽기-쓰기'의 순서로 제시되는데 이때 다른 점은, 듣기·말하기, 읽기, 쓰기 등 영역별 기준의 세부 항목이 표 안에 제시되어 해당 학년 표시가 별도로 되어 있다는 점이다. 즉, 1단계 수준의 기준이지만 어떤 세부 항목은 아직 K-2학년까지는 해당되지 않는 내용이기 때문에 '×'로 표시한다든지 하는 식이다. 영어 학습자 대상 LEP 기준의 구성 체계와 특징에 관해서는 뒤의 1.4절에서 좀 더 자세히 살펴보기로 하자.

1.3. 자국어 교육과정의 특징

교육과정의 전체적인 구성 체계와 특징을 살펴보았고, 이제 교육과정에서 제시하고 있는 기준을 통해 본 미국 자국어 교육의 성격과 특징을 고찰해 보자. 미국 자국어 교육과정 기준 분석 결과, (1) 전 학년에 걸친 읽기 강조, (2) 기초 문식성 강조, (3) 학업 문식성 신장을 위한 타 내용교과와의 연계 강조, (4) 매체 활용 강조, (5) 발표와 토론 중시, (6) 기준의 구체적 제시, (7) 학년 간 기준의 반복 심화 등의 특징을 찾아 낼 수 있었다. 각각의 내용을 하나씩 살펴보기로 하자.

(1) 기본 문식성 신장을 위한 읽기 강조

읽기를 강조하고 있다는 점은 미국 자국어 교육과정의 가장 큰 특징으로 지적될 만하다. 읽기의 비중이 얼마나 높은지는 우리나라 국어과 교육과정과의 단순 비교만으로도 간단히 알아볼 수 있다. 다음은 우리나라 국어과 교육과정의 1-2학년군 읽기 영역 성취기준이다.

〈국어과 1-2학년군 읽기 성취기준〉[9]

글을 소리 내어 유창하게 읽으며, 읽기의 즐거움을 경험하고 글을 즐겨 읽는 태도를 지닌다.
(1) 글자의 짜임을 이해하여 글자를 읽고, 읽기에 관심을 가진다.
(2) 낱말과 문장을 정확하게 소리 내어 읽는다.
(3) 의미가 잘 드러나도록 글을 알맞게 띄어 읽는다.
(4) 글의 분위기를 살려 효과적으로 낭독하고 읽기의 재미를 느낀다.
(5) 글의 내용을 자신이 겪은 일과 관련지어 이해한다.
(6) 글을 읽고 중요한 내용을 확인한다.

위에서 볼 수 있는 바와 같이 우리나라 국어과의 1-2학년의 읽기 성취기준은 그 내용이 매우 간략하다. 우선 포괄적 읽기 성취기준은 '글을 소리 내어 유창하게 읽으며, 읽기의 즐거움을 경험하고 글을 즐겨 읽는

---

[9] 2011 개정 국어과 교육과정(교육과학기술부 고시 제 2011-361호).

태도를 지닌다'이며, 이를 위한 세부 성취기준으로 6개가 제시되어 있는데, 그 내용이 추상적이어서 도달해야 할 목표를 구체적으로 설정하기 어렵다. 또한 1학년에서 2학년까지 2년에 걸쳐 '성취'해야 할 기준이라 하기엔 그 내용이 너무 한정적이어서 이것만을 읽기 교육을 위한 지침으로 삼기엔 놓치는 부분이 많아질 가능성이 있다.

반면 미국은 우리와 다른 모습을 취하고 있다. 다음은 미국의 1학년과 2학년의 읽기 영역 기준이다.

〈표 14〉 미국 버지니아 주 자국어 교육과정 1,2학년 읽기 기준[10]

학년	기준
1학년	**1.5. 글자가 어떻게 조직되고 읽혀지는지에 관한 지식을 적용할 것이다.** a) 왼쪽에서 오른쪽으로, 위에서 아래로 읽는다. b) 들은 말과 글자를 짝 짓는다. c) 글자, 단어, 문장을 안다. **1.6. 철자를 읽고 쓰는 데 음성학적 원리를 적용할 것이다.** a) 단음절어를 쓰거나 해독하기 위해 초성 자음과 종성 자음을 사용한다. b) 단음절어를 쓰거나 해독하기 위해 두 개의 자음 결합을 사용한다. c) 단음절어를 쓰거나 해독하기 위해 초성 이중자음을 사용한다. d) 단음절어를 쓰거나 해독하기 위해 단모음들을 사용한다. e) 단어들을 읽기 위해 초성, 중성, 종성을 결합한다. f) 친숙하지 않은 단어를 해독하기 위해 단어 유형을 사용한다. g) 복합어를 사용한다. h) the, said, come 등과 같은 일반적인 고빈도 어휘를 읽고 쓴다. **1.7. 읽기에서 어휘를 확장하기 위해 언어 구조나 의미 단서들을 사용할 것이다.** a) 제목과 그림을 활용한다.

---

[10] English Standards of Learning for Virginia Public School(2002)에서 발췌.

b) 단어를 읽기 위해 이야기와 주제에 관한 지식을 활용한다.
c) 문장 구조에 관한 지식을 활용한다.
d) 다시 읽고 자기수정을 한다.

1.8. 친숙한 이야기, 시, 단락들을 유창하게 감정 표현을 하며 읽을 것이다.

1.9. 다양한 픽션과 논픽션을 읽고 이해할 것이다.
a) 이야기를 미리 훑어본다.
b) 읽기의 목적을 정한다.
c) 읽은 것과 이전 경험을 관련짓는다.
d) 내용에 관해 예측한다.
e) 읽은 것에 대해 '누가, 무엇을, 언제, 왜, 어떻게'의 질문을 묻고 대답한다.
f) 등장인물, 배경, 주요 사건을 파악한다.
g) 이야기와 사건을 처음, 중간, 끝을 갖춰 다시 말한다.
h) 화제와 중심 생각을 파악한다.

1.10. 간단한 참고 자료를 사용할 것이다.
a) 첫 글자의 알파벳 순서에 관한 지식을 사용한다.
b) 친숙하지 않은 단어의 뜻을 찾기 위해 그림 사전을 활용한다.

2.4. 읽기와 철자 쓰기에 음성학적 전략을 사용할 것이다.
a) 자음, 자음 결합, 이중자음 등에 관한 지식을 단어 철자를 쓰거나 해독하는 데 사용한다.
b) 단어 철자를 쓰거나 해독하는 데 단모음, 장모음 등에 관한 지식을 사용한다.
c) 일반적인 다음절 단어를 해독한다.

2학년

2.5. 읽을 때 언어 구조와 의미 단서를 사용한다.
a) 단어들을 읽기 위해 이야기 안의 정보를 사용한다.
b) 문장 구조 지식을 사용한다.
c) 이야기 구조와 연속에 관한 지식을 사용한다.

2.6. 읽기에서의 어휘 확장을 위해 언어 구조를 사용할 것이다.
a) 전치사, 접미사 지식을 사용한다.
b) 축약과 소유격 지식을 사용한다.
c) 간단한 생략·축약 지식을 사용한다.

d) 반의어, 동의어 지식을 사용한다.

2.7. 독립적으로 다양한 전략들을 사용하면서 픽션과 논픽션을 읽을 것이다.
  a) 그림, 도형, 제목, 머리말 등을 사용해 이야기의 개요를 설명한다.
  b) 읽기의 목적을 세운다.
  c) 이야기, 시, 단락들을 유창하게 감정을 실어 읽는다.
  d) 다시 읽고 필요시 자기 수정을 한다.

2.8. 픽션과 논픽션을 읽고 내용을 파악한다.
  a) 내용에 관해 예측한다.
  b) 예측을 확인하기 위해 읽는다.
  c) 화제와 이전 경험을 연관시킨다.
  d) 읽은 것에 관해 질문하고 대답한다.
  e) 질문에 답하기 위해 정보를 찾는다.
  f) 픽션이나 시에서 등장인물, 배경, 주요 사건을 설명한다.
  g) 문제와 해결책, 중심 생각을 찾는다.

2.9. 참고 자료에서 정보를 찾아 설명한다.
  a) 목차를 사용한다.
  b) 그림과 차트를 사용한다.
  c) 사전과 색인 목록을 사용한다.

다음은 우리나라 국어과 교육과정의 1-2학년 읽기 성취기준과 미국 자국어 교육과정의 1-2학년 읽기 기준 항목 수를 비교한 것이다. 우리의 국어과 1-2학년군 읽기 성취기준은 내용 성취기준이 한 개, 그에 따른 세부 항목이 6개로 제시되어 있는 것에 반해, 미국 버지니아 주의 자국어 교육과정의 경우에는 읽기 영역 기준이 1학년은 10개, 2학년은 6개이며, 그에 따른 세부 항목은 각각 25개와 24개이다. 1-2학년 동안 도달해야 할 기준이 크게는 16개, 세부 항목으로 보면 모두 49개에 이르는 것이다. 우리의 큰 항목 1개, 세부 항목 6개와 비교할 때 차이가 크다.

<표 15> 우리나라와 미국 1~2학년 읽기 기준 항목 수(단위: 개)

학년	우리나라		미국	
	읽기 영역 항목	세부 항목	읽기 영역 항목	세부 항목
1	1	6	10	25
2			9	24
계	1	6	19	49

읽기 교육의 강조는 교육과정에 기술된 기준의 항목 수가 많은 것에 그치지 않고, 교과서나 교사용 지도서에도 그대로 반영되어 있다. 예를 들어, 자국어 교과서 중 하나인 <Trophies>의 교사용 지도서에서는 '소리내어 읽어주기(Read Aloud), 속으로 읽기(Silent Reading), 독립적인 읽기(Independent Reading), 협력하며 읽기(Coorperative Reading), 안내된 읽기(Guided Reading), 함께 읽기(Shared Reading)'과 같은 다양한 읽기 활동의 예들을 제시하고 있다. 이러한 다양한 상호 작용적 활동을 통해서 책에 대한 친밀감, 호기심 등 학습자의 학습 동기를 유발시키고, 이를 통해 기본적인 문식성과 학업 능력을 향상시키도록 유도하고 있는 것이다.

실제 수업에서는 교육과정의 이러한 요소가 어떻게 구현되고 있는지 살펴보기로 하자. 아래의 <표 16>은 미국 버지니아 주 킵스초등학교(Kipps Elementary School)의 2학년 시간표이다.

<표 16> 버지니아 주 킵스초등학교 2학년 시간표[11]

시간	월	화	수	목	금
09:00~09:30 (30분)	아침 활동 / 아침 회의				
09:30~10:30 (60분)	수학				
10:30~11:15 (45분)	작문(Writer's Workshop) / 단어 공부(Word Study)				
11:15~12:10 (55분)	소설(Novels) / 속으로 읽기(Silent Reading)				
12:10~12:40 (30분)	도서관	생활지도	체육	미술	체육
12:40~13:10 (30분)	은행/시간	음악	음악		자기소개
13:10~13:35 (25분)	소리 내어 읽어주기(Read Aloud)				
13:35~14:00 (25분)	점심				
14:00~14:30 (30분)	휴식, 바깥 놀이				
14:30~15:10 (40분)	사회, 과학				
15:10~15:30 (20분)	복습 / 알림장 적기 / 하교 준비				

초등학교 저학년의 경우 읽기에 많은 시간을 사용하는데 수업의 유형을 다양화함으로써 저학년 학생들의 흥미 유지의 방편으로 삼는다. 예를 들면, 같은 읽기라 해도 소리 내어 읽어주기(Reading Aloud), 속으로 읽기(Silent Reading), 선생님과 함께 읽기(Guided Reading), 친구와 함께 읽기(Buddy Reading), 컴퓨터로 읽기(Reading on the Computer), 합창하며 읽기(Choral Reading), 5학년과 함께 읽기(5 Grade Buddy Reading) 등 다양한 읽기 방법을 활용하되 읽기 시간을 일정하게 나누어 자율적으로 참여하도록 유도한다.

이러한 다양한 읽기 교육 방법은 일반 학생의 읽기 교육 효과를 높이기 위해서도 유용한 방법이지만, 영어 숙달도가 아직 낮은 다문화 배경 학습자를 고려할 때는 특히 유용한 방법이다. 우선, 읽기 자료를 자유롭게 선택할 수 있으므로 학습자의 수준에 맞는 제재 활용이 가능하다. 또한 일반 학생이 각자 자신의 활동을 하는 동안 다문화 배경 학습자는

---

[11] <Kipps Elementary School Handbook: Second Grade Guidebook 2006-2007>

선생님의 지도를 받으며 읽기 학습을 한다든가, 또래나 선배와 함께 읽으며 읽기 연습을 할 수도 있다. 통합학급에서의 정규 수업 시간에 활용해 볼 수 있는 방법이다.

하지만 전제되어야 할 조건들이 있다. 학급의 학생 수가 적당해야 하며, 보조 교사가 함께 해야 전반적인 운영과 통제가 가능하다. 또, 학생의 수준과 다양한 주제를 망라할 수 있는 풍부한 읽기 자료가 교실 안에 구비되어 있어야 하고, 교실 환경이 이러한 자율적인 활동을 지지할 수 있도록 각종 기자재가 배치되어 있어야 한다.

ESL 영어 학습자를 위한 영어 교육에 있어서도 이처럼 다양한 형태의 읽기 시간은 교육과정 운영상 유연성을 발휘하기 좋은 시간이다. 학습자들이 자신의 수준에 맞는 활동을 다양하게 하고 있는 사이 ESL 교사는 각 학급의 영어 학습자들을 따로 분리해 부족한 영어 학습 시간으로 활용할 수 있기 때문이다.

(2) 기초 문식성 강조

앞서 살펴보았듯, 미국의 자국어 교육과정은 전 학년에 걸쳐 읽기를 매우 강조하고 있다. 그런데 그 읽기 영역을 좀 더 자세히 살펴보면 초등학교 저학년 시기에 특히 기초 문식성[12] 교육에 중점을 두고 있음을 알 수 있다.

이경화(2006)에서는 교과 학습의 성패를 좌우할 수 있는 요소로 기초 문식성 학습을 들고 있다. 특히 공식 교육이 처음 시작되는 입문기인

---

[12] '기초 문식성'이란 초기 읽기와 초기 쓰기의 수준을 말하며, 글을 읽고 쓸 수 있는 기초적인 능력을 의미한다. '기초적인 능력'이란 한글 해득과 글씨 쓰기에서 한 걸음 더 나아가 '기초적인 의미 구성'까지를 말한다(이경화, 2007; 김윤주, 2012b).

초등학교 저학년 시기의 초기 문식성 성취의 중요성에 대해 재인식할
필요가 있다고 강조하면서, 문자의 음성화에만 초점을 맞춰 단순히 글
자를 읽고 쓰는 것만으로 기초 문식성 교육이 끝났다고 가정해서는 안
된다고 역설하고 있다(이경화, 2006:139-141; 김윤주, 2012:242).

미국의 경우, 초등학교 저학년 시기의 초기 문식성 교육의 중요성에
기반해 교육과정의 기준을 매우 상세하게 기술하고 있음을 엿볼 수 있
다. 자국어 교육과정이지만, 다양한 배경으로부터 온 영어 학습자들을
대상으로 한 교육에서도 적용 가능할 만큼 분석적이고 구체적이다. 교
육과정 수준에서 이처럼 구체적이고 세부적인 목표를 설정하고 있기
때문에 교과서 집필과 평가, 학습자료의 개발에도 이 점이 반영될 수밖
에 없다.

우리의 경우와 비교해 보면 차이가 더욱 확연히 드러난다. 국어과 교
육과정의 기초 문식성 관련 성취기준과 비교해 보자. 다음은 2011 개정
국어과 교육과정 1-2학년군 읽기, 쓰기, 문법 영역 성취기준 중 기초
문식성과 관련된 내용이다.

〈표 17〉 국어과 교육과정 1–2학년군 성취기준 일부[13]

읽기	(1) 글자의 짜임을 이해하여 글자를 읽고, 읽기에 관심을 가진다. (2) 낱말과 문장을 정확하게 소리 내어 읽는다. (3) 의미가 잘 드러나도록 글을 알맞게 띄어 읽는다.
쓰기	(1) 글자를 익혀 글씨를 바르게 쓴다. (2) 자신의 생각을 문장으로 정확하게 표현한다.
문법	(1) 한글 낱자(자모)의 이름과 소릿값을 알고 정확하게 발음하고 쓴다. (3) 낱말과 낱말의 의미 관계를 알고 활용한다. (4) 문장의 기본 구조를 이해하고 문장 부호를 바르게 쓴다.

초등학교 1-2학년군의 기초 문식성 관련 성취기준임에도 그 내용이

---

[13] 2011 개정 국어과 교육과정(교육과학기술부 고시 제 2011-361호)에서 발췌함.

매우 간결하다. 또한 성취기준의 수준 사이에 비약이 크다. 쓰기 영역의 경우, '글자를 익혀 글씨를 바르게 쓰는' 수준에서 바로 그 다음 수준이 '자신의 생각을 문장으로 정확하게 표현하는' 단계인 것이다. 읽기 영역도 마찬가지인데, '글자의 짜임을 이해하여 글자를 읽고, 읽기에 관심을 가지는' 수준과 '낱말과 문장을 정확하게 소리 내어 읽는다'거나 '의미가 잘 드러나도록 글을 알맞게 띄어 읽는' 수준 사이에는 큰 차이가 있음에도 하나의 학년군에 제시되어 있고, 그저 결과만을 제시하고 있어 다문화 배경 학습자에게 적용하기에는 무리가 있다. 문법도 마찬가지여서 '한글 낱자의 이름과 소릿값을 알고 정확하게 발음하고 쓰는' 단계와 '낱말과 낱말의 의미 관계를 알고 활용하는' 단계 사이에는 매우 많은 학습의 과정과 내용이 생략되어 있다.

교육과정의 성취기준 기술이 이렇다 보니, 교육과정을 구현한 교과서의 내용에도 기초 문식성 교육을 위한 내용은 미미할 수밖에 없고, 교과서를 활용한 실제 수업 상황에서도 이러한 경향은 그대로 이어질 수밖에 없다. 하물며 한국어 숙달도가 낮은 한국어 학습자에게는 더욱 적용하기 어려울 수밖에 없다.

(3) 학업 문식성 신장을 위한 타 내용교과와의 연계 강조

다음은 미국의 자국어 교육과정의 초등학교 각 학년 총괄 기준 중에서 타 교과와의 연계의 중요성을 구체적으로 명시하고 있는 부분을 추출한 것이다.[14]

---

[14] English Standards of Learning for Virginia Public School(2002)에서 발췌. 밑줄은 연구자에 의함.

- 수학, 과학, 역사, 사회 교과의 교육과정 기준을 반영한 자료들에 중점을 둔, 연령에 맞는 읽기 자료를 통해 이해 전략과 어휘들을 확장해 갈 것이다. (1학년)
- 수학, 과학, 역사, 사회 등의 교육과정 기준을 반영한 자료들에 집중하면서, 각 교과에서 배운 내용들과 관련해 중심 내용을 파악하고, 질문을 형성하고, 예측하기 활동을 하게 될 것이다. (2학년)
- 수학, 과학, 역사, 사회의 교육과정 기준을 반영한 자료들에 중점을 두면서 모든 교과에 독해 전략을 적용할 것이다. (3학년)
- 매우 많은 양의 읽기 자료가 수학, 과학, 역사, 사회 교과의 학습 내용과 관련될 것이다. (4학년)
- 4학년부터는 내용 영역 학습이 점차 증가하고 강조되므로, 읽기와 쓰기 기술이 이러한 내용 영역 학습을 지원할 수 있도록 하고, 또 매체를 사용해 정보를 찾아 읽고 활용하는 데에도 읽기와 쓰기 기술이 사용되도록 한다. (4학년)
- 수학, 과학, 역사, 사회 교과의 교육과정 기준에 포함된 핵심 개념과 정보를 설명하기 위해 구어와 문어 의사소통 기술을 사용할 것이다. (5학년)
- 내용교과 영역의 학습이 점차 강화되고, 정보를 찾아내고 읽기 위한 매체 활용이 중시되면서 읽기와 쓰기 기술이 계속적으로 강조된다. (5학년)

수학, 과학, 사회, 역사 등 타 교과의 내용을 교수·학습 자료의 재료로 사용할 것을 구체적이고 직접적으로 강조하고 있다. 또한 이러한 자료들을 활용하여 중점을 두어야 할 언어 기능 내용과 방법에 대해서도 명시하고 있다. 1학년부터 전 학년에 걸쳐, 수학, 사회, 과학, 역사 등 내용교과의 학습 내용을 담은 읽기 자료를 자국어 수업에 활용할 것을 명시하고 있으며, 그 학습 자료는 교육과정의 기준을 준거로 추출하여 '연령에 맞게' 재구성한 자료여야 함을 밝히고 있다. 이러한 명시적 기술로 인해 미국의 자국어 교과서에는 타 교과의 내용 지식을 담고 있는 글들이 매우 많이 수록되어 있다.

교수·학습 자료에 내용교과의 지식을 담을 것을 권장할 뿐 아니라 중점을 두어야 할 언어 기능과 전략의 측면도 명시하고 있는 점이 또 다른 특징이다. 1학년에는 내용교과의 지식과 기준을 반영한 '연령에 맞는 읽기 자료들'을 활용해 수업을 함으로써 '이해 전략'과 '어휘 확장'

에 중점을 둘 것을 밝히고 있다. 2학년에는 '중심 내용 파악', '질문 형성', '예측하기' 등의 활동에 치중하다가 3학년에 이르러서는 '독해 전략'을 모든 교과 영역에 적용할 것을 제시하고 있다. 학업 문식성의 중요한 요소 중 하나인 사고 전략 및 학습 전략을 단계적으로 신장시켜 나갈 것을 명시하고 있는 것이다.[15]

이렇게 학습된 '독해 전략'은 4학년부터 본격적으로 증가하기 시작하는 내용교과의 지식 습득과 학습에 기반이 된다. 앞서 2장에서도 언급하였던 것처럼, Cummins(2005:9)에서는 Chall et al.(1990)의 연구 결과를 통해 입증된 '4학년 슬럼프(the fourth grade slump)'라는 말을 사용한 바 있다. 즉, 저학년 때는 교과 학습 시 접하게 되는 어휘들이 일상생활에서도 흔히 접하는 수준의 친숙하고 구체적인 어휘들임에 반해, 4학년부터는 읽기 자료에 포함된 어휘들이 훨씬 복잡하고 전문적이고 추상적이어서 본격적인 읽기 활동 및 학습을 통해서만 획득될 수 있는 학문적 어휘들이다. 따라서, 저학년 때는 읽기 수행에 큰 차이를 보이지 않던 학습자들도 4학년이 되면서부터는 상위 그룹과 하위 그룹 간에 큰 격차가 벌어지게 되는데, 주로 저소득층 학생들이 학문적 어휘에 취약함을 보인다는 것이다.

자국어 교육과정의 기준에도 이러한 점을 분명히 반영함으로써 자국어 수업을 통해 점점 어려워지고 방대해지는 학문적 어휘를 학습하고, 학문적 언어 사용 기술과 전략을 학습하게 할 것을 명시하고 있음을 알 수 있다. 자국어 교육과정의 총괄 기준에 이처럼 학업 문식성 신장을 위한 내용을 명시함으로써 학교 내 영어 학습자들을 위한 ESL 영어

---

[15] Bloom은 인지적 영역의 교육 목표를 그 복잡성의 원리에 따라 '지식→이해→적용→분석→종합→평가'의 단계로 구분하였으며, 지식, 이해와 같은 하위 정신 능력이 충족되지 않는 한 종합, 평가와 같은 고등 정신 능력으로 이행해 갈 수가 없다고 하였다.

교육에서도 이정표와 지침의 역할을 하게 된다. 더구나 뒤에서 살피게 되겠지만, 자국어 교육과정과 ESL 교육과정의 기준이 서로 긴밀하게 연관되도록 내용이 배열, 조직되어 있는 구조에서는 더더욱 그러하다.[16]

우리의 경우 국어과 교육과정이 고등정신 기능의 신장, 창의력과 비판력 증진 등에 관한 추상적인 내용으로 성취기준을 제시하고 있는 것과 대별된다. 학교 내 다문화 배경 학습자의 구성이 점차 다양해지고 전체 학생 중 차지하는 비율이 점차 증가하고 있는 현실을 고려할 때 우리 국어과 교육과정의 성취기준 진술 방식에도 재고가 필요하다 하겠다.

(4) 학업 문식성 신장을 위한 발표와 토론 강조

발표와 토론은 학교 수업 상황에서 흔히 접하게 되는 전형적인 담화 양식이며, 성공적인 학업 성취와 사회생활을 위해 갖추어야 할 기본 능력이기도 하다. 즉, 학업 문식성의 구성 요소 중 하나인 것이다. 다음은 미국 자국어 교육과정의 기준 항목들 중 발표와 토론에 관한 내용들을 추출한 것이다.

〈표 18〉 발표와 토론 관련 기준 항목들[17]

학년	관련 기준
1학년	**1.3. 상황에 맞도록 구두 언어를 바꾸거나 적용할 것이다.** a) 동료나 어른과 대화를 시작한다. b) 대화에 필요한 규칙을 따른다. c) 소그룹 상황에서 적당한 목소리 수준을 사용한다. d) 소그룹 상황에서의 질문에 묻고 답한다.

---

[16] 이에 관해서는 1.4절에서 자세히 다루게 될 것이다.

[17] English Standards of Learning for Virginia Public School(2002). 밑줄은 연구자에 의함.

2학년	**2.3. 구두 의사소통 기술을 사용할 것이다.** a) 정보 전달, 설득, 친교 등 서로 다른 목적을 위해 구술 언어를 사용한다. b) 이야기나 정보를 듣는이와 말로 공유한다. c) 그룹에 리더나 공헌자로서 참여한다. d) 다른 사람들과 말로 나눈 정보를 요약한다.
3학년	**3.2. 간결하게 구술 보고를 발표한다.** a) 명확하게 말한다. b) 목소리와 높이를 적절하게 사용한다. c) 이해할 수 있을 정도의 속도로 말한다. d) 핵심 정보를 중심으로 혹은, 순서대로 아이디어를 조직한다. e) 의사소통을 위해 전문적인 어휘와 문법적으로 올바른 언어를 사용한다.
4학년	**4.2. 구술 발표와 보고를 하기도 하고 듣기도 할 것이다.** a) 교과 관련 정보와 어휘를 사용한다. b) 정보를 듣고 기록한다. c) 명백하게 정보를 조직한다.
5학년	**5.3. 계획된 구술 발표를 할 것이다.** a) 청중을 위한 적절한 내용을 결정한다. b) 중심 생각과 관련한 내용들을 연속적으로 조직한다. c) 발표 전후로 중요한 핵심을 요약한다. d) 발표를 지지하기 위한 시각적 보조 요소를 포함한다. e) 문법적으로 정확한 언어와 전문적 어휘를 사용한다.
↓↓↓	
8학년	**8.2. 그룹 혹은 개인 구술 발표를 발전시키고 완성시킬 것이다.** a) 청자에게 적합한 주제와 목적을 정한다. b) 청자, 주제, 목적에 알맞게 어휘나 어조를 선택한다. c) 언어적·비언어적 발표 기술을 알맞게 사용한다. d) 청자의 질문이나 언급에 대해 응대한다. e) 문법적으로 정확한 언어를 사용한다. f) 구두 발표를 비평한다.

'담화 상황과 맥락에 적절한 언어 사용'은 일상생활과 학교생활을 아우르는 매우 중요한 기본 능력이다. 1학년 기준으로 설정되어 있는 '대

화 상대자나 맥락에 맞는 규칙, 소그룹 상황에서의 목소리 수준, 소그룹 상황에서의 질문과 대답' 등은 발표와 토론을 위한 가장 기초적인 단계의 학습 요소라 볼 수 있다. 초등학교 1학년 수준에서부터 이처럼 발표와 토론의 기초 자질을 형성하도록 강조하고 있음을 알 수 있다. 이어, 그룹의 리더가 되어보기도 하고 참여자가 되어보기도 하면서 정보를 전달하고, 공유하고, 요약하는 등 발표와 토론을 위한 기본적인 언어 활동을 경험하는 것이 2학년에서의 학습 내용이다. 이어 3학년부터는 본격적인 '구술 발표(presentation)'가 시작되고, 각 학년 수준에 따라 학습 내용과 기준이 심화·확장되어가는 것을 발견할 수 있다.

이와 함께 '연구(research)' 역시 특히 최근 들어 미국 교육과정에서 강조하고 있는 내용들이다. 앞서 매체 활용 부분에서 발견할 수 있었던, 정보와 자료를 찾아내고 비판적으로 수용하고 적용하는 등의 활동이 '연구'의 과정이고 내용이라 할 수 있다.[18] 이와 같이 일정한 주제에 관해 필요한 정보를 매체를 활용해 찾아내고, 해석하고, 분석하고, 비판적으로 적용하는 등의 자료 조사 및 연구 과정을 거쳐, 그 내용들을 조직하고, 시각적 보조 요소와 전문적 어휘를 활용해 상황과 맥락에 맞도록 구두 언어로 발표하는 능력을 매우 중요시하고 있음을 알 수 있다.

이러한 일련의 지적 수행은 학생들이 학교생활은 물론 앞으로의 학문적 성취를 위해서도, 나아가 사회에서 일정 분야의 전문인으로 성장해 가는데 있어서도 매우 필요한 역량[19]이라 할 수 있다. 이러한 역량

---

[18] 버지니아 주 교육부의 <English Standards of Learning Crosswalk Between the 2010 and 2002 Standards>에 의하면, 2010년 버지니아 주 자국어 교육과정이 2002년 교육과정과 비교하여 변화를 보인 부분 중 하나는, '리서치(research)'에 관한 항목이 추가된 것이다. 이러한 변화는 물론 CCSS의 요지를 반영한 것이며, 그 요지는 학교 졸업 후 대학생과 직장인으로서 그 역할을 수행할 수 있는 언어 능력을 만들자는 것이다(정은아, 2012:7-9).

[19] 최근 사회 전반에 걸쳐 '역량(competence)'의 개념이 강조되고 있다. 1997년부터 수행된 OECD의 DeSeCo(Defining and Selecting Key Competencies) 프로젝

함양을 학령기가 시작되는 초기부터 조직적이고 체계적으로 교육을 통해 이루어가도록 명시하고 있음이 우리의 교육과정에 시사하는 바가 크다 하겠다.

또한 이러한 역량은 일반 학생들뿐 아니라 다문화 배경 학습자에게도 공통으로 필요한 역량이며 미국의 ESL 교육과정에서는 이 점을 강조하고 있다. 우리의 한국어 교육과정 구성에 있어서도 이 점을 반영해야 할 것이다. 궁극적으로는 다문화 배경 한국어 학습자도 일반 학습자와 동일한 교육의 수혜자가 되어야 하고, 그들이 현 시점의 한국어 능력이 부족함으로 인해 동일 학년의 다른 학생들이 접하고 있는 교육 내용으로부터 배제되어서는 안 된다는 점을 미국 자국어 교육과정과 ESL 교육과정에 명시된 기준 간의 관계를 통해서 확인할 수 있었다. 이 점은 뒤에서 다시 논의하기로 하자.

(5) 학업 문식성 신장 측면에서의 매체 활용 강조

미국의 자국어 교육과정 기준은 전 학년, 전 영역에 걸쳐 매체 활용을 강조하고 있다. 이는 최근 '매체 문식성(Media Literacy)'을 강조하는 시대적 요구를 반영한 것으로, 국가 수준의 공통 핵심 교육과정에서도 강조하고 있는 내용이다.[20]

트에서도 역량의 중요성이 강조되었다. 이때 역량이란 '현대 사회에서 개인이 성공적인 삶을 살아가는 데 필요한 총체적인 능력'을 뜻하며, 이성영(2009)은 이 능력을 '지식과 기능만이 아니라 태도, 감정, 가치, 동기와 같은 정서적 행동적 요소를 함께 동원함으로써 특정 맥락의 복잡다기한 요구를 충족시키는 힘'이라고 보았다(원진숙 외, 2012:17에서 재인용). 최근 이러한 역량 개념은 학문이나 직업의 영역을 넘어 일반적인 삶의 영역으로까지 적용 범위가 확장되고 있다.

[20] 앞서 2장에서도 언급한 바와 같이, 2002년 3월 7일부터 8일 사이에 베를린에서 열린 '21세기 문식성 정상회의'에서는 21세기 정보화 시대와 디지털 시대의 성

다음 표는 매체 문식성과 관련된 기준의 내용들을 추출한 것이다. 표의 내용을 살펴보면, 초등학교 1-2학년 저학년 수준에서는 일상생활에서의 매체 활용에 관한 제시임을 알 수 있다. 1학년에서는 단순히 '의사소통을 위한 쓰기' 활동에서 매체를 활용할 수 있음을 기준으로 세우고 있고, 2학년에서는 조금 더 구체적으로 '이야기, 편지 등의 기본적인 일상생활에서의 쓰기' 상황에서 매체를 활용하거나, 일상생활이나 학교 수업 상황에서 '간단한 설명을 쓰는' 때에도 매체를 활용할 수 있음을 기준의 항목으로 제시하고 있는 것이다.

〈표 19〉 매체 활용 관련 기준 항목들[21]

학년	영역	관련 기준 내용
1학년	쓰기	1.12. 의사소통을 위해 쓸 것이다. 　g) 매체를 활용한다.
2학년	쓰기	2.11. 이야기, 편지, 간단한 설명을 쓸 것이다. 　d) 매체를 활용한다.
3학년	읽기	3.7. 다양한 인쇄물로부터 정보를 파악한다. 　a) 사전, 용어 사전, 어휘 사전, 백과사전, 온라인 자료를 포함한 다양한 참고 자료를 이용한다.
3학년	쓰기	3.10. 모든 내용 영역에 걸쳐 이야기, 편지, 간단한 설명문, 짧은 보고서를 쓸 것이다. 　e) 매체를 활용한다.
4학년	읽기	4.6. 주제를 연구하는 데에 정보 자원에 대한 이해를 보여줄 것이다. 　b) 온라인, 인쇄물, 미디어 자료 등 미디어 센터를 활용하여 정보를 수집한다.

공적인 삶을 위해 갖추어야 할 문식성의 특성을 다양하게 규정한 바 있다. 여기에서 강조된 것 중 하나가 '매체 문식성'이었다.

[21] English Standards of Learning for Virginia Public School(2002)에서 발췌함. 밑줄은 연구자에 의함.

3학년과 4학년, 고학년으로 올라갈수록 다양한 학업 맥락에서의 매체 활용에 관해 명시하고 있다. 이전의 1학년과 2학년에서는 매체를 단순한 쓰기의 도구로 사용하는 수준에 그쳤다면, 3학년부터는 매체를 활용해 필요한 정보를 찾아내고, 찾아낸 정보를 비판적으로 수용해 활용하는 등 좀 더 적극적인 의미의 매체 활용을 의미한다는 점이 다르다. 점차 학문적 상황에서의 매체 문식성 측면을 강조하고 있다. 이 점은 총괄 기준에 명시된 내용을 통해서도 알아볼 수 있다. 다음은 총괄 기준의 매체 활용에 관한 내용을 추출한 것이다.[22]

- 4학년에는 내용 영역 학습이 점차 증가하고 강조되기 때문에, 읽기와 쓰기 기술이 이러한 내용 영역 학습을 지원할 수 있도록 하고, 또 **매체를 사용**해 정보를 찾아 읽고 활용하는 데에도 읽기와 쓰기 기술이 사용되도록 한다. (4학년)
- 내용교과 영역의 학습이 점차 강화되고, 정보를 찾아내고 읽기 위한 **매체 활용이 중시**되면서 읽기와 쓰기 기술이 계속적으로 강조된다. (5학년)

앞서도 언급하였듯, 4학년에 접어들면서 교과 학습에서 접하게 되는 읽기 자료의 어휘들이 이전에 비해 훨씬 추상적이고 전문적이게 변화하는데 이 점은 매체를 통해 접하게 되는 정보와 읽기 자료에 포함된 어휘나 지식의 수준에 있어서도 마찬가지다. 즉, 매체 활용을 통해 획득하고 비판적으로 활용해야 하는 정보의 내용도 점차 전문적이고, 추상적이고, 복잡해지기 때문에 이전에 접하던 친숙하고 구체적인 일상의 어휘들과는 차별화된다. 따라서 교과 학습을 위한 매체 활용, 매체 활용을 통해 얻어낸 정보와 자료를 읽고 해석하고 분석하여 적용하는 과정에 필요한 읽기와 쓰기의 기술과 전략들이 서로 긴밀히 관계를 맺어

---

[22] English Standards of Learning for Virginia Public School(2002)에서 발췌함. 밑줄은 연구자에 의함.

지속적으로 학습 능력이 향상되어갈 수 있도록 명시하고 있는 것이다.

(6) 기준의 구체적 제시

미국의 자국어 교육과정 기준을 살펴보면 가장 눈에 띄는 점이 매우
상세하게 구체적으로 진술되어 있다는 것이다. 우리의 국어과 교육과정
성취기준이 교육의 궁극적인 목표를 추상적으로 기술하고 있다면, 미국
의 경우는 아주 세부적인 사항까지 나누어 상세히 제시하고 있어, 어찌
보면 상식 수준으로 보이는 항목까지도 모두 열거해 놓은 것이 특징이다.

우리의 국어과 교육과정[23]은 언어 교육을 위한 교육과정이라기보다
언어 교육을 통한 고등 정신 기능의 신장과 정서적 태도의 함양에 더
초점을 맞추고 있으며 성취기준의 진술이 다소 추상적이다. 반면 미국
의 교육과정은 자국어 교육과정이 목표로 하고 있는 기준의 구체적 진
술을 통해 언어 교과로서의 역할에 충실하도록 장치해 놓았음을 알 수
있다. 그러다 보니 제시된 기준의 항목 수가 우리와는 비교가 되지 않을
정도로 양적으로 많다. 게다가 우리의 국어과 교육과정은 '학년군'으로
묶어 성취기준을 제시하고 있기 때문에 학년별 기준을 제시하고 있는
미국의 자국어 교육과정에 비해 그 수가 적을 수밖에 없다.

교육과정에 명시되어 있는 기준의 내용과 항목이 많고 구체적으로
세분화되어 있는 것은 장점이 될 수도 있고, 단점으로 작용할 수도 있
다. 즉, 교육 현장에서 학습자의 수준과 요구, 교수·학습 환경과 맥락의
차이 등에 따라 발휘될 수 있는 실제 교육의 유연성과 융통성을 제한하
는 요소로 작용할 가능성이 있다는 측면은 단점이다. 반면, 이러한 상세
하고 구체적인 기준의 나열이 어떤 측면에서는 유용하게 활용될 수도

---

[23] 국어과 교육과정에 대한 분석은 뒤의 4장 3절에서 다루기로 한다.

있다. 가령, 다문화 배경 학생을 지도하는 교사나 학부모의 입장에서는 도달해야 하는 목표 기준에 대해 구체적으로 인지할 수 있어 교수·학습 계획을 세우고 방향을 잡아 학생의 학습 과정을 도울 수 있다는 점에서 장점으로 작용한다.

실제로 미국의 학교에서는 해마다 학년 초에 '커리큘럼 나잇(Curriculum Night)'이라는 행사를 하는데, 학부모를 초대해 새 학년 담임 선생님과 학년 담당 선생님들이 모두 모여 1년간의 학교생활에 대한 안내와 정보를 제공하는 일종의 오리엔테이션이다. 이 때 교사들이 준비하여 학부모에게 제공하는 자료 중 하나가 바로 이 교육과정의 기준 목록이다. 수학, 사회, 과학 등의 교과는 물론이고 언어 교과의 기준도 제공하는데 초등 저학년에서는 문식성과 읽기 교육을 특히 강조하며 가정에서의 협조를 구한다.

학부모의 입장에서는 각 교과별로 1년 동안 성취해야 할 목표 수준에 대한 인식을 하고 자녀에게 그에 맞는 적절한 도움을 주며 학습의 조력자가 될 수 있다. 학교와 가정이 연계한 교육이 가능해지는 것이다. 이처럼 기준의 항목과 세부 항목들이 구체적이고 상세한 것은 교육 지침의 역할을 가능케 하며 실질적인 도움을 줄 수 있다. 우리나라도 교육과정 문서가 인터넷에 탑재되어 있기는 하나 학부모가 이를 접할 일은 사실 거의 없을뿐더러 설사 찾아본다 해도 내용이 추상적인 까닭에 실질적인 도움을 얻기에는 부족한 실정이다. 학부모는 차치하고, 일선 교사의 경우도 교육과정의 성취기준을 교수·학습의 계획과 설계 과정에 참조하는 일은 거의 없다.

(7) 학년 간 기준의 반복 심화

미국 자국어 교육과정의 기준은 유사한 내용이 반복적으로 제시되며 점차 심화되는 나선형 구조를 취하고 있다.

1.10. 간단한 참고 자료를 사용할 것이다.
   a) 첫 글자의 알파벳 순서에 관한 지식을 사용한다.
   b) 친숙하지 않은 단어의 뜻을 찾기 위해 그림 사전을 활용한다.

2.9. 참고 자료에서 정보를 찾아 설명한다.
   a) 목차를 사용한다.
   b) 그림과 차트를 사용한다.
   c) 사전과 색인 목록을 사용한다.

3.7. 다양한 인쇄물로부터 정보를 파악한다.
   a) 사전, 용어 사전, 어휘 사전, 백과사전, 그리고 온라인 자료를 포함한 다양
      한 참고 서적을 이용한다.
   b) 이용 가능한 기술을 사용한다.

4.6. 주제를 연구하는 데에 정보 자원에 대한 이해를 보여줄 것이다.
   a) 화제에 관한 질문을 구성한다.
   b) 온라인, 인쇄물, 미디어 자료 등 미디어 센터를 활용하여 정보를 수집한다.
   c) 정보를 평가하고 종합한다.

5.7. 다양한 인쇄물로부터 정보를 얻고 이해한다.
   a) 중요한 개념, 요점, 정보 확인 등을 포함한 메모를 한다.
   b) 차트, 지도, 그래프로 정보를 조직한다.

↓↓↓

8.6. 다양한 정보 자료들을 읽고, 이해하고, 분석할 것이다.
   a) 글의 이해를 위해 배경지식과 글 구조에 대한 지식을 이끌어 낸다.
   b) 작가의 관점, 영향 등을 분석한다.
   c) 작가의 글 구조와 단어 선택을 분석한다.
   d) 관련성과 정확성을 세부적으로 분석한다.
   e) 주어진 과제를 완수하기 위한 지시를 읽고 따른다.
   f) 글을 요약하고 비평한다.
   g) 발표 글과 구두 발표에 적용할 정보를 평가하고 종합한다.
   h) 명시적 정보와 암시적 정보에 근거해서 결론을 이끌어 낸다.
   I) 명시적 정보와 암시적 정보에 근거해서 추론한다.

---

[24] English Standards of Learning for Virginia Public School(2002).

<그림 11>은 '연구(research)' 관련 기준의 내용이 학년이 올라감에 따라 어떻게 반복·심화되도록 구성되어 있는가를 보여주는 예이다. 그림에서 볼 수 있는 바와 같이, 학생들이 정보를 조사하고 활용하여 연구 과제를 수행하는 능력을 갖추어 갈 수 있도록 교육과정에서는 각 학년별로 단계적으로 학습 요소를 배치하고 내용을 심화시켜 가고 있다.

1학년에서는 단어의 첫 글자에 들어가 있는 알파벳의 순서를 인식하는 학습부터 하고, 그 이후에 사전을 찾는 연습을 하게 된다. 정보를 수집하고 조사와 연구 과제를 수행하기 위한 가장 초보적인 단계라 할 수 있다.

이렇게 조사와 연구의 기본인 '사전 찾기', 사전을 찾는데 필수 요소인 '단어의 첫 글자 알파벳 순서대로 배열하기' 등 초보적 활동으로 시작해, 사전의 목차와 색인 목록 활용하기, 참고 자료의 그림과 차트 해석하기, 다양한 종류의 사전과 다양한 매체의 참고 자료로부터 필요한 정보 찾아내기, 찾아낸 정보 이해하고 해석하고 평가하고 종합하기, 그러한 과정을 거쳐 추출해 낸 정보와 지식을 나의 과제에 맞게 조직하여 활용하기 등 일련의 과정이 학년이 올라감에 따라 단계별로 순서대로 점차 심화되어 가는 형식으로 제시되어 있다.[25]

이는 단순히 동일한 학습 내용의 반복을 통한 완전 학습의 지향만을 의미하는 것이 아니라, 학년 수준에 맞는 학습 전략의 습득을 통한 학습 능력 강화의 의미를 지닌다 하겠다. 자료 조사, 분석, 비판, 재조직, 발표, 토론 등의 활동은 모든 교과 학습의 과정에 필요한 필수적인 학습

---

[25] 실제로 미국의 초등학교 1학년 교실에서는 <나만의 사전(My Own Dictionary)> 만들기 활동을 1년 내내 한다. 영어 시간뿐 아니라 사회, 과학, 수학 등의 교과에 나왔던 새로운 어휘나 핵심 어휘들을 새롭게 구성해 알파벳 순서대로 배열하고 사전을 찾아 뜻을 적는 활동이다. 매일매일 일정량의 어휘들을 이렇게 정리해 나가면 한 학년을 마칠 때쯤이면 제법 그럴듯한 자신만의 개념 어휘 사전이 완성되는 것이다.

능력들이며 학업 문식성의 필수 요소이다. 자국어 교육을 통해 이러한 타 교과 학습에 필요한 언어 능력과 학습 능력을 함양할 수 있도록 조직 적으로 체계화해 놓은 것은 도구 교과로서의 기능적 관점을 견지하고 있는 것으로 해석된다. 일반 학습자는 물론이고, 다문화 배경 영어 학습 자들도 통합 학급에서의 이러한 학습 과정을 통해 기본 문식성은 물론 학업 문식성 신장의 기회를 제공받을 수 있다는 점에서 긍정적이다. 또 한 자국어 교육과정을 기반으로 구성한 ESL 교육과정의 LEP 기준에도 이러한 점이 반영될 수밖에 없다.

1.4. ESL 교육과정의 특징과 시사점

앞서 1.2절에서 고찰한 것처럼, 미국 버지니아 주의 경우 자국어 교육 과정 내에 ESL 교육을 위한 LEP(Limited English Proficiency) 기준이 함께 구성되어 있는 체제를 취하고 있다.

LEP 기준은 미국 버지니아 주의 영어 학습자들을 위해 마련된 숙달 도 기준으로 4개의 레벨로 나뉘어져 있다. 각 레벨은 듣기·말하기, 읽 기, 쓰기의 각 영역과 관련해 영어 학습자가 도달해야 하는 수준을 기술 하고 있다. 이 LEP 기준은 영어과 기준과 병행해 진행되어야만 한다고 명시하고 있는데, 기본적으로 영어과 기준과 LEP 기준은 거의 동일하 지만 심화된 정도가 조금 다르다. 또 학년별로 기술되어 있지 않고 수준 별로 기술되어 있다는 점이 다르다. 즉, 다문화 배경 학생의 모국어에서 의 숙달도 수준, 미국의 학교에 들어오게 되는 연령, 타 언어를 학습할 수 있는 능력 수준에 기반해 개개인의 페이스에 맞춰 진행되도록 하고 있다. 앞의 그림을 다시 가져와 보자.

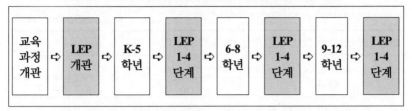

앞서 설명하였던 대로 이 중 'LEP 1-4단계'라고 표시되어 있는 부분이 다문화 배경 학생 대상 영어 숙달도 기준 부분이다.26 초등학교(K-5), 중학교(6-8), 고등학교(9-12) 각 학교급별 기준 기술이 끝날 때마다 사이사이에 제시되는 구성 방식이다. 앞서 분석한 대로 자국어 교육과정의 기준은 K-12학년까지 각 학년별로 제시되어 있는데, '학년별 총괄기준-듣기·말하기-읽기-쓰기'의 순서로 각 영역별 기준이 상세히 기술되어 있다. 영어 학습자들을 위한 LEP 기준도 1-4단계가 동일한 형식으로 구성되어 있다.

LEP 기준은 각 단계별로 '총괄기준-듣기·말하기-읽기-쓰기'의 순서로 제시되는데 이때 다른 점은, 듣기·말하기, 읽기, 쓰기 등 영역별 기준의 세부 항목이 표 안에 제시되어 해당되는 학년 표시가 별도로 되어 있다는 점이다. 즉, 1단계 수준의 기준이지만 어떤 세부 항목은 아직 K-2학년까지는 해당되지 않는 내용이기 때문에 '×'로 표시한다든지 하는 식이다.

---

26 앞서도 밝힌 바와 같이 학교 내 영어 학습자를 가리키는 말로 예전에는 이처럼 'LEP(Limited English Proficiency)'라는 표현이 쓰였으나, '제한적(limited)'이라는 의미의 부정적 인상 때문에 지금은 잘 쓰이지 않고 대신 가치중립적인 의미의 'ELL(English Language Learner)'이라는 표현이 널리 쓰이고 있다.

〈표 20〉 미국 버지니아 주 LEP 1단계 쓰기 기준[27]

쓰기		K-2	3-5	6-8	9-12
LEP 1.6	생각을 알리기 위해 쓰기를 할 것이다.				
	a. 견본을 보고 그대로 따라하거나 그림을 그린다.	✓	✓	✓	✓
	b. 어떤 화제에 관해 몇 개의 간단한 문장들을 산출한다.	×	✓	✓	✓
	c. 쓰기 전 전략들을 사용한다.	×	✓	✓	✓
	d. 이용 가능한 매체들을 사용한다.	✓	✓	✓	✓
LEP 1.7	영어의 문법적 구문들을 사용할 것이다.				
	a. 간단한 문장들에 기본적인 문법적 구문들을 사용한다.	×	✓	✓	✓
LEP 1.8	영어의 구두법과 철자법을 사용할 것이다.				
	a. 문장의 시작은 대문자로 쓴다.	×	✓	✓	✓
	b. 마침표와 의문표는 진술문이나 질문의 맨 끝에 쓴다.	×	✓	✓	✓
	c. 표음식 철자법을 사용한다.	✓	✓	✓	✓
LEP 1.9	알파벳의 대문자와 소문자를 쓴다.	✓	✓	✓	✓

위의 표에서와 같이 LEP 기준도 자국어 교육과정 기준과 같은 형식이다. 표에서 LEP는 'Limited English Proficiency'를 뜻하고, '1.9'라 하면, 1단계 9번째 기준이라는 의미다. 내용 구성 체계상 쓰기가 제일 마지막에 위치한 영역이므로, 1단계에는 1.1부터 1.9까지 총 9개의 기준이 정해져 있다는 의미가 된다. 또한, 표에서 '✓' 표시는 해당 학년군에 적용되는 항목이라는 의미이고, '×' 표시는 해당 학년군에 적용되지 않

---

[27] English Standards of Learning(2002).

는 내용이라는 의미다. 위의 표에는 나타나지 않았지만, 'FTS'라는 표시가 하나 더 있다. 이는 해당 학년군의 자국어 교육과정 기준의 내용을 그대로 따른다는 의미이다. 이러한 예는 뒤에 나올 <표 21>에서 찾아볼 수 있다.

그러면, 위의 표, LEP 1단계 쓰기 영역 기준을 좀 더 자세히 살펴보기로 하자. 1단계 쓰기 영역에서 학생들은 4가지 기준에 도달해야 하는데, ① 자신의 생각을 알리기 위해 쓰기를 해야 하고, ② 영어의 문법적 구문들을 사용해야 하며, ③ 구두법과 철자법을 사용할 줄 알고, ④ 알파벳의 대문자와 소문자를 사용할 수 있어야 한다. 각각은 다시 세부 기준들을 갖게 되는데, 이 중에서 '×' 표시가 되어 있는 5개의 세부 항목들은 K-2학년에는 해당되지 않고 3학년부터 적용할 수 있는 내용들이라는 것이다. 즉, 3학년부터는 표에 기술된 쓰기 영역 기준의 세부 항목 9개를 모두 성취해야 1단계를 마치고 2단계로 올라갈 수 있지만, 유치원·1학년·2학년 학생이라면 이 중 '×' 표시가 되어 있는 5개의 세부 항목들은 아직 제대로 산출해 내지 못하더라도 나머지 항목들 즉, '견본을 보고 그대로 따라 쓰거나 그리기(LEP 1.6a)', '매체 활용(LEP 1.6d)', '표음식 철자법 사용(LEP 1.8a)', '알파벳 대문자와 소문자 쓰기(LEP 1.9)' 등의 항목만 할 수 있어도 2단계로 올라갈 수가 있다. 왜냐하면 아래의 표와 같이 2단계에서 다시 또 같은 내용이 반복·심화되어 그때 다시 학습할 기회가 있기 때문이다.

<표 21>은 미국 버지니아 주의 LEP 2단계 쓰기 영역의 기준이다. 유치원부터 12학년(K-12)까지 모든 학년에 해당한다. 표의 'FTS 1.11a'와 'FTS 1.11b'의 의미는, 2단계 쓰기 영역 기준 LEP 2.12의 세부 항목에 제시된 a와 b의 내용이 각각 자국어 기준 1.11의 세부 기준 a와 b에 제시된 내용과 동일하다는 의미이다.

쓰기		K-2	3-5	6-8	9-12
LEP 2.10	생각을 소통하기 위해 쓰기를 할 것이다.				
	a. 화제와 관련한 다양한 문장들을 쓴다.	✓	✓	✓	✓
	b. 기술적인 어휘들을 사용한다.	✓	✓	✓	✓
	c. 글을 쓰기 전 정보 조직을 위해 계획하기와 쓰기 전 전략을 사용한다.	X	✓	✓	✓
	d. 편집하고 고쳐 쓴다.	X	✓	✓	✓
	e. 매체를 활용한다.	✓	✓	✓	✓
LEP 2.11	영어의 구두법이나 철자법을 바르게 사용할 것이다.				
	a. 종결 구두법을 사용한다.	✓	✓	✓	✓
	b. 고유명사와 문장의 첫 단어는 대문자로 쓴다.	✓	✓	✓	✓
	c. 축약이나 소유격을 표현할 때는 생략부호를 사용한다.	✓	✓	✓	✓
LEP 2.12	정확하게 글자를 쓴다.				
	a. 글자를 쓴다.	FTS 1.11a	✓	✓	✓
	b. 단어들과 문장들 사이를 띄어 쓴다.	FTS 1.11b	✓	✓	✓

앞에서 설명한 것과 같이 K-2학년 학생이라면 1단계에서는 아직 문장 산출을 못하더라도 다음 단계로 진입할 수 있었지만, 2단계에서는 'LEP 2.10a'와 같이 화제와 관련된 다양한 문장들을 쓰는 것이 가능해져야 한다. '종결 구두법 사용(LEP 2.11a), 고유명사와 문장 첫 단어 대문자로 쓰기(LEP 2.11b)' 등도 각각 LEP 2단계에 이르러서는 K-2학년에도 똑같이 적용되어야 하는 항목이다. 아래 그림을 보면 좀 더 이해하기 쉽다.

---

[28] English Standards of Learning(2002).

〈그림 13〉 LEP 쓰기 기준의 심화 1

LEP 1.8. 영어의 구두법과 철자법을 사용할 것이다.
a. 문장의 시작은 대문자로 쓴다. *(K-2 해당 없음)*
b. 마침표와 의문표는 진술문이나 질문의 맨 끝에 쓴다. *(K-2 해당 없음)*
c. 표음식 철자법을 사용한다.

↓

LEP 2.11. 영어의 구두법과 철자법을 바르게 사용할 것이다.
a. 종결 구두법을 사용한다.
b. 고유명사와 문장의 첫 단어는 대문자로 쓴다.
c. 축약이나 소유격을 표현할 때는 생략부호를 사용한다.

아래의 그림은 기준의 심화를 보여주는 또 다른 예이다. 쓰기 영역 1단계와 2단계에 해당하는 내용이다.

〈그림 14〉 LEP 쓰기 기준의 심화 과정 2

LEP 1.6. 생각을 알리기 위해 쓰기를 할 것이다.
a. 견본을 보고 그대로 따라하거나 그림을 그린다.
b. 어떤 화제에 관해 몇 개의 간단한 문장들을 산출한다. *(K-2 해당 없음)*
c. 쓰기 전 전략을 사용한다. *(K-2 해당 없음)*
d. 이용 가능한 매체들을 사용한다.

↓

LEP 2.10. 생각을 소통하기 위해 쓰기를 할 것이다.
a. 화제와 관련한 다양한 문장들을 쓴다.
b. 기술적인 어휘들을 사용한다.
c. 정보조직을 위해 계획하기와 쓰기 전 전략을 사용한다. *(K-2 해당 없음)*
d. 편집하고 고쳐 쓴다. *(K-2 해당 없음)*
e. 매체를 활용한다.

위의 그림을 보면 LEP 1단계에서는 아직 문장 산출이 어려웠던 K-2 학년의 영어 학습자도 LEP 2단계로 넘어가면 '화제와 관련된 다양한 문장들을 써야 함(LEP 2.10a)'을 알 수 있다. 하지만 '쓰기 전 전략(LEP 1.6c)'은 LEP 2단계로 진입한다 해도 K-2학년에게는 아직 해당되지 않는 내용이다. 하지만 3학년 이상이라면 해당되는 내용들이다. 그밖에 2단계에서 새롭게 제시된 항목으로 '편집하기와 고쳐쓰기(LEP 2.10d)' 가 있는데 K-2학년에게는 해당되지 않고, 3학년 이상의 영어 학습자라 면 3단계부터는 영어로 글쓰기에서 편집하고 고쳐 쓰는 것이 가능해져 야 한다는 의미이다.

LEP 기준은 1단계부터 4단계까지 기술되어 있고, 자국어 교육과정의 초등학교(K-5), 중학교(6-8), 고등학교(9-12) 등 각 학교급별 내용이 동 일하다. 하지만, 이처럼 학년마다 해당 여부를 표시해 두어 기준으로 삼을 수 있도록 해 두었는데, 앞서 살펴본 것처럼 세부 항목별로 약간씩 해당 학년에 차별화를 둔 것이 전부가 아니다. 아예 LEP 기준을 단계별 로 해당 학년을 구분하고 있어 전 학년에 모두 1-4단계 내용이 동일하게 적용되는 것은 아니라는 것이다.

〈표 22〉 학년별 LEP 기준 적용[29]

단계 학년	LEP 1단계	LEP 2단계	LEP 3단계	LEP 4단계
K-1학년				
2학년				
3-12학년				

위에서 보는 바와 같이 K-1학년은 애초에 LEP 1-2단계까지만 적용하 도록 되어 있어 두 단계만 거치면 바로 해당 학년에서 동일하게 수업에 참여할 수 있다. 3-4단계 내용들은 어차피 일반 학급 일반 학생들과 동 일하게 학년이 올라가면서 학습하게 되고 자연스럽게 확장 가능한 내 용들이기 때문이다. 같은 방식으로 2학년은 3단계까지만 해당되고, 그 리고 3학년부터는 4단계까지 모두 도달해야 학생과 동년배 학년에서

---

[29] English Standards of Learning(2002)의 내용을 바탕으로 연구자가 도표화함.

수업 참여가 가능하다.

아래 표는 ESL 교육과정의 각 단계별 읽기와 쓰기 영역 총괄 기준에 명시된 내용들이다. 이를 통해 미국의 ESL 교육과정은 다문화 배경영어 학습자를 위한 언어 교육에 관해 어떠한 철학적 가치로 접근하는지, 적용하고 있는 언어 교육의 관점은 어떠한지, 문식성 교육과 관련하여서는 어떠한 관점을 견지하고 있는지, 각 단계에 걸쳐 강조하고있는 내용은 무엇인지, 궁극적으로 ESL 교육을 통해 학습자가 도달하도록 하려는 최고 수준이 어느 정도의 수준인지, 이를 통해 추구하는교육의 목표가 무엇인지를 알 수 있다.

〈표 23〉 LEP 기준 읽기와 쓰기 영역 단계별 총괄 기준[30]

	읽기	쓰기
LEP 1단계	■ 기본적인 자료를 이해할 수 있다. ■ 간단한 언어 구조와 통사구조(syntax)로 이루어진 기본적인 읽기 자료의 일반적인 내용을 이해할 수 있다. ■ **화제와 관련된 선행지식과 경험, 시각적 단서를 활용**할 수 있다. ■ 빈도수 높은 어휘들, 예측 가능한 문법구조 등으로 구성된 간단한 언어에 한해서만 이해가 가능하다. ■ 친숙하지 않은 단어들의 의미를 짐작하기 위해, **그림, 도표, 동족 어휘, 문맥 맥락 등을 통해 읽기 전략을 사용**하기 시작한다.	■ 기본적인 개인적 요구를 표현할 수 있고, 친숙한 화제에 관해 짧은 문단의 글을 쓸 수 있다. ■ 1단계 학생들의 작문의 특성은 기본적 어휘와 구조로 이루어진 간단한 문장이나 구절들이다. ■ 철자와 문법에서의 오류가 빈번하며 언어 생산에 있어이 단계에서만의 특징적인표현들이 나타난다.
LEP 2단계	■ 기본적인 이야기 텍스트나 실제적인자료들을 이해할 수 있다. ■ **친숙하지 않은 단어, 표현, 구문들을 포**	■ 간단한 노트, 간결한 일기의도입부, 짧은 보고서 등을기본적인 어휘와 일반적인

---

[30] English Standards of Learning(2002)의 내용을 추출하여 연구자가 도표화하였으며, 밑줄은 연구자에 의함.

	함한 텍스트의 의미를 유추해 내기 위해 시각적 단서나 맥락적 단서를 사용할 수 있다. ▪ 기본적인 문형으로 쓰여진 단락은 이해할 수 있으나, 복잡한 내용의 의미를 이해하기 위해서는 추측을 해야만 한다. ▪ **맥락에서의 의미에 관해 다양한 정보를 통한 추측을 시작**한다. ▪ 단락의 **주제와 뒷받침하는 세부 내용을 구별**해내기 시작한다.	구문들을 이용해 쓸 수 있다. ▪ 현재, 과거, 미래 시제를 이용해 생각을 표현할 수 있다. ▪ 빈번한 오류는 이 단계 학생들의 특징인데, 특히 좀 더 복잡한 구문이 필요한 생각을 표현하려 시도하는 경우가 그렇다.
LEP 3단계	▪ 많은 텍스트들의 내용을 독립적으로 이해할 수 있다. ▪ **학문적 내용 영역에서 텍스트를 이해하는 데에는 아직 도움이 필요하다.** ▪ 비전문적인 산문에서의 사실적 정보와 관련해서는 높은 숙달도 수준이다. ▪ 흥미와 재미를 위해 많은 문학작품을 읽을 수 있다. ▪ **중심 생각과 뒷받침하는 세부 사항들을 분리**할 수 있다. ▪ 일반적 독자들에게 적절한 수준으로 쓰여진 글을 분석할 수 있다. ▪ 이해를 돕기 위해 **선행 지식이나 단락의 맥락을 사용**할 수 있다. ▪ 텍스트의 전반적인 어조와 의도를 찾아낼 수 있다.	▪ 여러 단락의 작문, 일지의 기재 사항, 개인적·직업적 서한, 창의적인 글 등을 쓸 수 있다. ▪ 독자가 쉽게 이해할 수 있도록 자신의 생각을 잘 표현할 수 있다. ▪ 영어 단어와 문법적 구조에 대한 능숙한 조절이 가능하나, 여전히 오류가 나타난다. ▪ 복잡한 생각을 표현할 수 있고, 어휘, 관용어, 통사구조 등을 광범위하게 사용할 수 있으며, 동사의 시제도 전부 사용할 수 있다.
LEP 4단계	▪ 다양한 종류의 텍스트로부터 의미를 얻고 이해한다. ▪ 텍스트로부터 의미를 끌어내기 위해 **영어 모어 화자와 비견할 정도의 읽기 전략을 사용**한다. ▪ **학문적 내용이나 교과 영역의 텍스트를 이해하기 위해 필요한 언어 구조나 어휘에 대한 지식이 동일 학년 수준과 가깝다.**	▪ **내용교과 영역에서의 작문**에 유창성을 갖춰간다. ▪ 약간의 오류는 있지만, 각각의 **학문적 주제에 필요한 언어 구조와 내용 어휘를 사용**할 수 있다. ▪ 작문 언어의 미묘한 차이들을 사용하기 시작하며, **청중과 목적에 따라 달리 쓸 수 있다.**

LEP 기준들을 분석해 보면, 위의 표에 밑줄 친 부분들과 같이, 아직 영어 숙달도 수준이 매우 낮은 1단계 수준이라 할지라도 학업 문식성의 요소를 배제하지 않고 있다는 점이 두드러진다. 특히 영어 수준은 당장은 낮더라도 이전에 영어가 아닌 모어나 다른 언어를 통해 습득한 지식 체계가 구조화되어 있을 것이라는 전제로, 학습자의 배경지식을 최대한 활성화시키도록 유도하고 있는 것을 볼 수 있다.

가령, ESL 교육과정의 1단계에 속하는 고등학생 영어 학습자가 있다고 가정해 보자. 이 학생은 지금 영어 숙달도 수준이 매우 낮기 때문에 영어로 자신이 가지고 있는 지식과 학습의 수준을 표현할 길이 없다. 어느 정도나 이해하고 있는지를 가늠할 길도 없다. 따라서 일정 기간 동안은 대부분의 교과에 있어 그 학생의 원래 능력과는 별개로 낮은 학업 성취도를 보일 수밖에 없을 것이다. 하지만, 그것이 이 학생의 지적 수준이 낮다든가, 학습 능력이 없다든가, 앞으로의 학업 성취 가능성도 낮다든가 하는 결정을 내릴 근거가 되지는 못한다. 이런 학생을 담당하는 영어 교사가 해야 하는 최선의 노력은 이들이 자신의 지식 체계 속에 구축해 놓은 기존의 지식과 경험들을 최대한 활성화시킬 수 있도록 다양한 시각 자료와 풍부한 보조 자료들을 동원해 언어 학습과 내용 학습을 돕는 것이다. 그리하여 궁극적으로는 하루 빨리 자신이 가진 학습 능력과 지식의 수준에 걸맞는 언어를 구사할 수 있도록 하는 것이다.

LEP 총괄 기준의 단계별 심화 과정을 분석해 보면, ESL 교육과정을 통해 학교 내 다문화 배경 영어 학습자가 도달해야 하는 최고 지점은 결국 '영어 모어 화자와 비견할 정도의 읽기 전략을 사용'할 수 있어야 하며, '학문적 내용이나 교과 영역의 텍스트를 이해하기 위해 필요한 언어 구조나 어휘에 대한 지식이 동일 학년 수준(grade-level)에 근접'하게 되는 것이다. ESL 교육과정이 되었든, 한국어 교육과정이 되었든,

이것이 목표로 추구해야 하는 최종 지점은 결국 동일 학년 수준의 언어 능력과 학습 능력을 갖게 하는 것이다. 따라서 언어 능력의 미비함으로 인해 이들이 애초에 동일 학년의 교과 내용 학습으로부터 배제되어서는 안 된다는 것이다. 한국어 교육과정을 구안하여 설계하게 될 때 이 점은 근본적인 지침이 되어야 할 것이다.

지금까지 미국 버지니아 주의 자국어 교육과정과 영어 학습자들을 위한 ESL 교육과정이 어떻게 구성되고 조직되어 있는지를 살펴보았다. 미국 버지니아 주의 경우 ESL 교육과정은 자국어 교육과정과 별개로 운영되지 않고, 자국어 교육과정과 서로 깊이 맞물려 조직되어 있으며 LEP 기준의 위계 역시 자국어 기준에 기대어 수준 설정이 되어 있다는 점을 알게 되었다.

미국의 자국어 교육과 및 ESL 교육이 목표로 하는 바가 어떠한가를 살피기 위해 자국어와 ESL 교육과정의 구성 체계 및 기준의 내용 체계를 살펴보았고, 각 학년별·영역별 기준의 진술 방식과 내용을 분석해 보았다. 이를 통해 미국의 자국어 교육과정은 학년 간 단계와 수준을 학습자에게 맞춰 조절만 한다면 다문화 배경 영어 학습자의 영어 교육에 적용해도 무리가 없을 만큼 매우 상세하고 구체적으로 기술되어 있으며, 전체적으로 같은 내용이 반복 심화되고 있어 기본적인 문식성은 물론 학업 문식성 신장에도 도움이 되도록 구성되어 있음을 알게 되었다. 미국의 자국어와 ESL 교육과정의 특징은 다음과 같다.

첫째, 문식성의 기본이 되는 읽기 영역이 전 학년에 걸쳐 두루 강조되고 있었다.
둘째, 학령기 초기인 초등학교 1,2학년에서의 기초 문식성 강화를 위한 상세한 세부 항목들이 두드러졌다.
셋째, 학업 문식성과 관련해서도 수학, 과학, 사회, 역사 등 타 교과의

핵심 내용을 읽기 자료로 활용할 것을 전 학년에 걸쳐 명시하고
있었다.

넷째, 전 교과 영역의 학습 과정에 기본적이고 필수 역량이라 할 수
있는 발표와 토론 능력 신장을 위한 항목들이 전 학년에 걸쳐
단계적으로 제시되어 있었다.

다섯째, 학업과 연구의 기본인 정보 수집과 자료 조사, 매체 활용 등
의 내용이 반복 강조되고 있었다.

여섯째, 앞서 기술한 모든 내용은 매우 구체적이고 상세하게 세분화
된 기준으로 진술되어 있었다. 그런 까닭에 영역별 기준의 항
목 수도 우리의 것과 비교할 때 양적으로 훨씬 많았다.

마지막으로, 듣기·말하기, 읽기, 쓰기 각 영역의 교육 목표에 따른
기준은 그 내용이 전 학년에 걸쳐 반복되고 있었고, 학년이 올
라갈수록 내용이 점진적, 체계적으로 심화되어 가는 나선형 구
조를 취하고 있었다.

특히 영어 학습자를 위한 ESL 교육과정은 자국어 교육과정의 기준을
토대로 핵심 항목들을 추출하거나, 비교적 중요도가 떨어지는 항목을
삭제하거나, 영어 학습자의 상황에 맞게 기준 항목을 재구성하거나, 기
준의 난이도 수준에 따라 단계별로 재배열하는 등 몇 가지 유형의 작업
을 통해 재구성한 것이다. 따라서 기본적으로 자국어 교육과정과 ESL
교육과정 기준의 내용적 특성은 유사하다 할 수 있다.

기본 문식성과 학업 문식성 측면이 교육과정 기준에 상세히 다루어
지고 있는 반면, 다문화 문식성에 관한 내용은 교육과정 기준에는 특별
히 기술되어 있지 않았다. 그런데 교육과정 상에서는 구체적으로 다문
화 문식성 함양 방안이나 기준의 단계별 제시가 명시적으로 드러나지
않지만, 교과서에 수록된 다문화적 제재와 텍스트를 통해 다문화 문식
성 함양을 도모하고 있음을 알 수 있다.

미국 사회의 다문화적 특성이 우리의 다문화적 상황과 근본적으로 다르기 때문에 이처럼 자국어 교육과정과 ESL 교육과정을 넘나드는 수준의 연계성을 가진 교육과정 설계가 우리로서는 불가능하고 받아들여지기 어려울 수 있겠으나, 기본 문식성과 학업 문식성 신장을 위한 기준 항목을 구체화, 세분화해 반복적으로 제시하고 있는 점은 우리의 국어과 교육과정이나 다문화 배경 학생을 위한 한국어 교육과정 설계에 도입할 만하다.

2. 미국의 ESL 교육과정, WIDA

WIDA는 미국의 초·중·고등학교 내 영어 학습자(ELL)를 위한 영어 교수·학습, 평가의 자료로 활용하기 위해 10여 년에 걸쳐 개발된 ESL 교육과정이다. 이 절에서는 미국의 본격적인 ESL 교육과정이라 할 수 있는 WIDA 교육과정을 분석할 것이다. 이를 통해 우리의 학교 내 다문화 배경 학생 대상 한국어 교육과정 설계를 위한 시사점을 찾아낼 수 있을 것이다.

2.1. WIDA의 개발 배경

'WIDA'는 'World-class Instructional Design and Assessment'의 약자이며, WIDA 컨소시엄은 미국의 앨라바마, 델라웨어, 워싱턴 D.C., 조지아, 하와이, 일리노이, 켄터키, 메인, 미시시피, 뉴햄프셔, 뉴저지, 뉴멕시코, 노스캐롤라이나, 노스다코타, 펜실베니아, 오클라호마, 로드아일랜드, 사우스다코타, 버몬트, 버지니아, 위스콘신, 와이오밍 등 22개 주가 멤버로 참여하고 있는 협회이다. 2009년 현재 킨더가튼부터 12학년까지 미국의 학령기 영어 학습자들 중 등록되어 있는 회원이 79만 명에 이르는 큰 규모의 협회이다. 하지만, 최초에 WIDA가 탄생하던 시점에는 지금과는 사뭇 다른 모습이었다.

WIDA 영어 숙달도 기준(WIDA English Language Proficiency Standards)이 1차적으로 완성되어 배포된 것은 2004년이지만 그 출발은 2001년으로 거슬러 올라간다. 부시 정부에 의해 낙오아동방지법(No Child Left Behind)이 제정된 후 교육 현장에서는 영어 학습자(ELL: English Language Learner)들이 재조명 받게 되었으며, 미국 교육진흥평가재단(Educational Enhance Assessment Grant)의 지원으로 위스콘신 주 교육부 산하 응용언어학센터에서 평가 도구 개발을 위한 연구가 시작된 것이다. 2004년 WIDA 영어 숙달도 기준(WIDA ELP Standards)이 발표되던 당시만 해도 위스콘신, 델라웨어, 아칸소, 워싱턴 D.C., 메인, 뉴햄프셔, 로드아일랜드, 버몬트, 일리노이 주 등만이 멤버였으나 이후 점차 확대되어 지금은 22개 주에 이른다.

WIDA의 영어 숙달도 기준은 영어 학습자들이 사회적 목적의 영어는 물론 학문적 목적의 영어까지, 두 가지 영역 모두에 능숙해질 수 있도록 하기 위해 개발된 것으로, K-12 영어 학습자들을 위한 교수-학습과 평가의 준거를 제시하고 있다. 앞서 언급한 대로, WIDA의 영어 숙달도 기준은 낙오아동방지법(NCLB: No Child Left Behind)의 요구에 근거하고 있다. 낙오아동방지법은 공립학교의 K-12학년에 재학 중인 모든 다문화 배경 학생의 영어 능력 평가를 실시할 것을 규정하고 있는데, 그 기준에 부합할 수 있도록 개발된 것이다. 이러한 이유로 WIDA의 영어 숙달도 기준은 타당도과 신뢰도를 갖춘 ELP 평가 도구 개발을 위한 준거로서의 역할을 해야 했다. 따라서, WIDA는 교육과 평가를 연계하는 기준을 제시해 놓은 특징을 지닌다.

WIDA의 교수·학습 및 평가 자료는 책자와 인터넷으로 자유롭게 이용할 수 있도록 되어 있다. <Understanding the WIDA English Language Proficiency Standards: A Resource Guide, 2007 Edition>은 140여 페이지의 일종의 WIDA 가이드북이다. 기존의 2004년 자료의 현장 활용 결과 얻어낸 수많은 피드백과 이후에 축적된 또 다른 연구 결과들을 반영하여 새롭게 업그레이드한 2007년 발간 자료로, WIDA 교육과정의 전반적인 체계와 구성 요소 교수·학습 및 평가에의 활용 방안 등에 대한 정보를 얻을 수 있다. 또한 WIDA 개발의 취지와 역사적, 철학적 배경, 교육과정 개발의 다양한 이론적 기반 등에 대한 이해도 가능하다. 워낙 복잡하고 방대한 자료이기 때문에 교육과정 문서의 전체 내용을 인터넷에 탑재해 각 학년별, 교과목별, 영어 숙달도 수준별로 필요한 부분을 찾아보며 교육과정 개발이나 교수·학습 및 평가 상황에 적용하고 활용할 수 있도록 되어 있다.

2.2. WIDA 교육과정의 내용 체계와 구성 요소

WIDA 교육과정을 이해하기 위해서는 여러 층위에서의 면밀한 고찰이 필요하다. 2개의 기본 틀(2 Frameworks), 5개의 학년군(5 Grade Level Clusters), 5개의 영어 숙달도 기준(5 English Language Proficiency Standards), 4개의 언어 영역(4 Language Domains), 5개의 언어 숙달도 단계(5 Levels of Language Proficiency), 모델수행지표(MPIs: Model Performance Indicators) 등 다양한 층위의 구성 요소들이 조직적으로 체계를 이루고 있기 때문이다. 이제 그 내용 체계와 구성 요소를 하나씩 살펴보기로 하자.

(1) 2개의 기본 틀과 학년군 구분 체계

WIDA의 영어 숙달도 기준은 전체적으로 2개의 커다란 기본 틀(frameworks) 안에 조직되어 있다. 총합적(Summative)인 수준과 형성적(Formative)인 수준이 그것이다. 이 2개의 틀은 영어 학습자(ELL)들을 대상으로 한 교육과정을 설계하거나, 교수 및 평가 계획을 수립하는 데 준거로 사용될 수 있다.

총합적 틀은 학습의 결과를 기술한 것으로, 일정 기간 동안의 영어 학습자의 영어 숙달도 발달 정도를 교사, 학생, 평가 개발자들에게 제공하기 위한 것이다. 반면 형성적 틀은 결과가 아닌 교수·학습의 진행 과정을 안내하기 위한 것이다. 평가보다는 교수·학습의 핵심 내용을 안내하기 위한 내용이라 할 수 있다. 따라서 형성적 틀을 통해 학생은 장기 프로젝트 수행 과정 동안 소그룹 파트너로서 함께 활동할 기회를 갖기도 하고, 중간 중간 교사와 동료 피드백은 물론 자기 점검 기준으로 사용할 수 있다.

WIDA 교육과정의 기준은 또한 5개의 학년군(grade level cluster) 단위로 구분하여 제시하고 있는데, ① PreK-K, ② 1-2학년, ③ 3-5학년, ④ 6-8학년, ⑤ 9-12학년 등과 같다. 즉, 초등학교의 경우 유치원 과정에 해당하는 PreK-K를 하나로 묶고, 저학년인 1-2학년, 고학년인 3-5학년을 묶어 기술하고 있으며, 중학교 과정에 해당하는 6-8학년을 하나로, 고등학교 과정에 해당하는 9-12학년을 또 다른 하나로 묶어 기술하고 있는 것이다.

2004년 WIDA 교육과정이 처음 개발되었을 당시만 해도, ① K-2학년,

② 3-5학년, ③ 6-8학년, ④ 9-12학년 등의 4개 학년군으로 구분되어 있던 것이 2007년 WIDA 교육과정에서는 5개 학년군으로 좀 더 세분화한 것이다. 특히 하나로 묶여 있던 초등학교 저학년에 해당하는 'K-2학년'을 초등학교 입학 전 유치원 과정인 PreK를 포함해 'PreK-K'를 하나의 학년군으로 묶고, 1-2학년을 다시 또 하나의 학년군으로 분리해 낸 것이 다른 점이다. 초등학교 저학년까지의 초기 문식성과 기본적인 학습 능력 신장의 중요성을 반영한 것이라 하겠다.

(2) 5개 교과 영역 분류 체계

영어 학습자들이 성공적으로 학교생활에 적응하기 위해서는 사회적이고 학문적인 언어 능력을 갖추어야 한다. WIDA 교육과정은 앞서 살펴본, 총합적, 형성적으로 나뉜 두 개의 커다란 틀 안에 영어 숙달도 기준(ELP Standard)을 다시 주요 교과목을 기준으로 5개 분야로 나누어 제시하고 있다. <표 24>와 같다.

표에서 보는 바와 같이 'ELP 기준 1', 'ELP 기준 2' 등으로 명시된 5개 분야는 영어 학습자가 갖추어야 할 사회적, 학문적 언어 능력을 기술하기 위해 학교생활의 특정한 맥락과 상황을 중심으로 분류한 체계이다. 먼저, 'ELP 기준 1'은 사회적·교수적 상황에서의 의사소통을 위해 갖추어야 할 언어 수준, 즉, 학교생활과 일반적인 수업 상황에서 주로 사용되는 언어 표현과 기능 수준을 말한다. WIDA 교육과정에서는 '사회적·교수적 언어(Social and Instructional language)'라고 명시되어 있다. 같은 방법으로 영어, 수학, 사회, 과학 등 내용교과에서의 성공적인 학업 성취를 위해 갖추어야 할 언어 능력을 각각 'ELP 기준 2, 3, 4, 5'로 나누어 기술하고 있는 것이다. 이때 혼동하지 말아야 할 것이,

이 기준은 각 교과의 학업 성취 수준에 대한 기술이 아니라, 각 교과 내용을 성공적으로 학습하기 위해 필요로 하는 언어 수준을 의미한다는 점이다.

<표 24> ELP 기준을 위한 5개 교과 영역[31]

구분		내용
ELP 기준 1	사회적·교수적 언어 (Social and Instructional language)	영어 학습자는 학교에서의 사회적이고 교수적인 목적을 위해 의사소통한다.
ELP 기준 2	영어 교과 언어 (The language of Language Arts)	영어 학습자는 영어과 내용 영역에서의 성공적인 학습을 위해 필요한 정보, 생각, 개념에 관해 의사소통한다.
ELP 기준 3	수학 교과 언어 (The language of Mathematics)	영어 학습자는 수학과 내용 영역에서의 성공적인 학습을 위해 필요한 정보, 생각, 개념에 관해 의사소통한다.
ELP 기준 4	과학 교과 언어 (The language of Science)	영어 학습자는 과학과 내용 영역에서의 성공적인 학습을 위해 필요한 정보, 생각, 개념에 관해 의사소통한다.
ELP 기준 5	사회 교과 언어 (The language of Social Studies)	영어 학습자는 사회과 내용 영역에서의 성공적인 학습을 위해 필요한 정보, 생각, 개념에 관해 의사소통한다.

(3) 언어 숙달도 위계와 언어 영역 범주

언어 교육과정으로서 WIDA 교육과정의 범주와 위계 설정은 어떻게 되어 있는지 살펴보기로 하자. WIDA 교육과정에서는 언어 영역

---

[31] <Understanding the WIDA English Language Proficiency Standards: A Resource Guide 2007>, RG-10쪽 내용을 재구성함.

(language domain)을 '듣기, 말하기, 읽기, 쓰기'의 4개 영역으로 분류하고 있다. 그리고 숙달도를 기준으로 한 단계는 총 6개로 위계화 되어 있다. ① 입문(Entering), ② 초급(Beginning), ③ 발전(Developing), ④ 확장(Expanding), ⑤ 연결(Bridging), ⑥ 도달(Reaching)의 총 6단계가 그것이다. 그 중 1단계부터 5단계까지의 언어 숙달도 수준을 듣기, 말하기, 읽기 쓰기 등 4개의 언어 영역으로 나누어 기술하고 있는 것이다.

이때 각 단계별 숙달도 기준을 기술하고 있는 독특한 문장 형식을 '모델수행지표(MPI: Model Performance Indicator)'라고 한다. 이에 관해서는 뒤의 2.3절에서 자세히 살펴보기로 하자.

각 단계마다의 언어 능력의 발달과정은 연속적인 일련의 과정으로 볼 수 있다. 1단계부터 최고 성취수준인 6단계에 이르기까지의 언어적 특성을 살펴보면 아래 그림과 같다.

〈그림 15〉 WIDA의 언어 숙달도 단계에 따른 발달 과정[32]

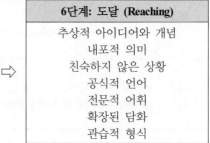

1단계: 입문 (Entering)	6단계: 도달 (Reaching)
구체적 아이디어와 개념	추상적 아이디어와 개념
명시적 의미	내포적 의미
친숙한 상황	친숙하지 않은 상황
비공식적 언어	공식적 언어
일반적 어휘	전문적 어휘
단일 어휘와 구	확장된 담화
관습적이지 않은 형식	관습적 형식

그림에서 볼 수 있는 바와 같이 1단계 입문기에는 구체적인 아이디어와 개념에 머무르던 것이 점차 추상적인 아이디어와 개념을 표현하는 단계로 발달하게 되고, 친숙한 상황에서의 비공식적 언어 사용에 익숙

---

[32] <Understanding the WIDA English Language Proficiency Standards: A Resource Guide 2007>, RG-12쪽 내용을 재구성함.

하던 수준이 점차 친숙하지 않은 상황에서의 공식적 언어 사용역 (register)에 익숙해지게 된다. 명시적 의미만으로 의사소통하던 수준에서 점차 내포적 의미까지 이해하고 표현할 수 있게 되며, 일반적 어휘로 시작해 전문적 어휘까지 발달하게 되고, 언어의 복잡도에 있어서도 처음에는 단일 어휘나 구 정도에 머무르던 것이 점차 발전해 확장된 담화까지도 가능해지게 된다. 처음엔 관습적이지 않은 일반적인 형식에만 치우치던 것이 점차 관습적인 언어 형식에 익숙해져 가는 것도 변화 중 하나이다. WIDA 교육과정 해설서에는, 이러한 제2언어 습득에서의 각 단계가 연속적 과정이며, 각 단계마다 단계적 비계 설정(scaffolding) 이 매우 중요하다고 설명하고 있다.

(4) WIDA 교육과정의 구성 체계

지금까지 WIDA 교육과정의 전체적인 구성 체계를 살펴보았다. 먼저, 형성 평가 수준과 총괄 평가 수준의 준거가 되는 2개의 커다란 틀로 나뉘고, 그 안에서 각각 학년군 개념을 적용해 PreK부터 12학년까지의 14개 학년을 5개의 학년군으로 묶어 분류하고 있음을 알 수 있었다.
또한 학업 문식성과 관련해 학교 수업 시간에 이루어지는 교수·학습의 맥락에 참여하기 위해 필요한 교과 영역별 언어 수준을 기준으로 다시 5개의 분야로 ELP 기준을 분류해 놓았음을 확인하였다. 여기까지는 WIDA가 특히 초·중·고등학교에서 이루어지는 언어 교육을 전제로 설계된 교육과정이기에 갖게 되는 특징이라 할 수 있다.
다음으로 언어 교육과정으로서의 범주와 위계 설정 부분을 살펴보았다. 언어 영역은 4개의 언어 기능을 중심으로, 숙달도 수준은 6개 단계로 나누어 체계화해 놓았음을 확인하였다. 그리고 이렇게 여러 층위로 세분화하여 조직화해 놓은 체계 안에 직접적인 언어 숙달도 진술문은 '모델수행지표(MPI)'라는 독특한 형식의 문장으로 제시되어 있으며 이에 관해서는 뒤에서 자세히 살피기로 하였다.

지금까지 분석한 내용을 기반으로 WIDA 교육과정의 구성 체계를 도식화하면 다음과 같이 나타낼 수 있다.

〈그림 16〉 WIDA 교육과정의 구성 체계[33]

2개의 프레임워크 (2 frameworks)

5개의 학년군 (5 grade level clusters)

5개의 교과 영역별 ELP 기준 (5 ELP standards)

4개의 언어 영역 (4 language domains)

5개의 언어 숙달도 단계 (5 levels of language proficiency)

1,000여 개의 모델수행지표 **(1,000 Model Performance Indicators)**

각 학년군별, 교과별 핵심 주제(topic)와 장르(genre)에 따른 수많은 모델수행지표

---

[33] WIDA English Language Proficiency Standards(2007)의 내용 구성 체계를 도식화함.

언어 숙달도 수준을 명시하기 위한 기준의 모델수행지표(MPI)의 개수는 1차적으로 전부 1,000여 개에 이른다. 그런데 여기에서 다시 주목할 것이 있다. 각 학년군 별로 교과별로 핵심 주제(topic)와 장르(genre)를 추출해 놓았다는 점이다. 국가 수준 교육과정에서 추출한 각 교과별 핵심 주제와 장르 목록을 각 학년군별 숙달도 기준이 제시되기에 앞서 맨 앞에 목록화해 두었는데, 그 각각의 주제와 관련된 모델수행지표(MPI)가 하나씩 루브릭 안에 들어가 있는 꼴이다. 결국 그 주제와 장르 목록 수만큼의 모델수행지표가 교육과정에서 보여주고 있는 영어 숙달도 기준의 항목들인 셈이다.

2.3. 모델수행지표(MPIs)와 구성 요소

앞서 설명한 바와 같이, 학교 수업 상황을 전제로 한 여러 요소들, 그 여러 요소들을 반영한 다양한 층위에서의 세분화된 체계, 그 안에서 각각의 조건을 일치시키는 해당 범주 내에 '모델수행지표(MPI: Model Performance Indicator)'라는 독특한 형식의 문장으로 제시되어 있는 일련의 조직화된 목록 표가 WIDA 영어 숙달도 기준이다. 모델수행지표(MPI)는 ① 언어 기능(language functions), ② 예시 주제(example topics)와 장르(genres), ③ 지원(supports) 요소라는 3개의 요소로 구성되어 있다. 각 요소들을 하나씩 살펴보면 다음과 같다.

〈모델 수행 지표(MPI)의 예〉

그림을 보고 **날씨** 상태를 **예측하라.**
(지원)　　(예시 주제)　　 (언어 기능)
[총합적 틀 / Prek-K / 3단계 / 말하기 / 과학 교과 언어 / 날씨]

(1) 언어 기능(language functions)

MPIs 구성 요소 중 첫 번째 언어 기능(language functions)에 대해 알아보자. 영어 학습자들이 학교에서의 성공적인 학업 활동 수행을 위해 갖추어야 할 언어 기능 유형으로 제시하고 있는 예들은 다음과 같다.

〈언어 기능(language functions)의 예〉

기술하다(describe)	설명하다(explain)	질문하다(question)
대조하다(contrast)	비교하다(compare)	확인하다(identify)
순서짓다(sequence)	평가하다(evaluate)	예측하다(predict)
대응시키다(match)	분류하다(classify)	범주화하다(categorize)

여기에 어휘, 의미, 구조, 담화 등을 포함한 다양한 요소들이 결합되면 그것이 바로 영어 학습자가 학습해야 하는 목표가 되는 것이다. 이러한 목표는 언어 숙달도 단계와 학년군 기준에 따라 다르게 설정되고 배열된다.

이러한 여러 언어 기능의 예들은 언어 숙달도 각 단계, 각 학년에 걸쳐 모두 적용되어 있다. 즉, '기술하다(describe)'는 1단계에서 학습하고 '범주화하다(categorize)'는 5단계에서 학습하는 것이 아니라, 위에 제시된 각각의 언어 기능이 전 학년, 전 단계에 걸쳐 두루두루 분포되어 있다는 것이다. 그렇다면 언어 숙달도의 낮은 단계에서 점차 높은 단계로 올라감에 따라 차별화가 되는 것은 무엇일까. 그것은 어휘 사용, 담화의 양과 복잡도 등과 관련된 기대 수준의 차이라 할 수 있다.

(2) 지원(supports) 요소

앞 절에서 언급하였듯이, 제2언어 습득에서의 각 단계는 연속적 과정이며, 각 수준마다 단계적 비계 설정(scaffolding)이 중요하다. 비계 설정의 한 방법으로 MPIs에는 다양한 지원(supports) 도구와 방법들이 제시되어 있다. 감각적(sensory), 그래픽(graphic), 상호 작용적(interactive) 도구의 예를 각각 제시하고 있는데 다음 표와 같다.

〈표 25〉 다양한 지원(supports)과 비계 설정(scaffolding)의 예[34]

감각적 지원 요소	그래픽 지원 요소	상호 작용적 지원 요소
▪ 실물 ▪ 손동작 ▪ 그림, 사진, 삽화 ▪ 벤다이어그램, 드로잉 ▪ 잡지, 신문 ▪ 신체 활동 ▪ 비디오, 필름 ▪ 방송 ▪ 모형, 도형	▪ 챠트 ▪ 도표 ▪ 그래프 ▪ 역사 연표 ▪ 수직선 ▪ 그래픽 조직자	▪ 짝 활동 ▪ 3명 이상 소그룹 활동 ▪ 전체 그룹 활동 ▪ 그룹 협동 활동 ▪ 인터넷(웹 사이트) 활용 ▪ 소프트웨어 프로그램 활용 ▪ 제1언어, 모어 사용 ▪ 멘토 활용

표에서 제시하고 있는 예들은 영어 학습 전반에 걸쳐 활용될 수 있는 도구들이다. 반면 각각의 교과 영역으로 들어가면 활용 양상이 조금 더 구체화될 수 있다. 감각적 도구를 예로 들어 보자. 사회 교과의 내용과 관련한 언어를 학습하고 평가하기 위해서는 지도, 지구본, 역사 연표, 비디오 자료, 사진, 모형 등의 감각적 도구들이 활용될 수 있다. 또, 수학 교과 영역의 언어 학습이나 평가 시에는 달력, 동전, 컴퍼스, 각도기, 자, 계산기, 블록, 큐브, 시계 등이 활용될 수 있을 것이다.

---

[34] <Understanding the WIDA English Language Proficiency Standards: A Resource Guide 2007>, RG-21쪽.

(3) 예시 주제(example topics)와 장르(genres)

또한 각 교과 영역마다 내용과 관련된 예시 주제(example topics)와 장르(genres) 목록도 제시하고 있다. 이 목록에 제시된 내용은 국가 수준 교육과정의 각 교과 영역 기준으로부터 추출한 항목들이며, MPIs 기준에 영어 발달 수준을 기술하기 위해 추출된 것들이다.

지금까지 미국의 ESL 교육과정 WIDA의 영어 숙달도 기준을 살펴보았다. 그에 앞서 3장의 1절에서는 미국의 자국어 교육과정과 ESL 교육과정을 살펴보았다. 기초 문식성, 기본 문식성, 학업 문식성 신장을 위한 항목들이 구체적으로 상세히 체계화되어 있음을 알 수 있었다. 그럼에도 불구하고, 교육 현장 적용에 있어서는 여전히 교육과정에 제시된 기준 내용이 포괄적이고 모호한 부분이 있다는 점을 지적하지 않을 수 없다. 가령, '수학, 과학, 역사, 사회 교과의 교육과정의 기준을 반영한 읽기 자료들'이라든가 '수학, 과학, 역사, 사회 교과의 교육과정의 기준에 포함된 핵심 개념과 정보'라든가 하는 내용이 그것이다.

자국어 교육과정과 ESL 교육과정을 활용하게 될 교사는 언어 교사라는 점을 감안할 때 이들이 타 내용교과의 교육과정 기준의 핵심 개념과 정보를 추출해 내는 일이 간단한 문제는 아니라는 점이다. 또한 그것들을 활용해 언어 수업을 위한 학습 자료를 구성하고 수업 설계를 한다면 어떤 식으로 해야 교육적 효과를 높일 것인지에 관해서도 문제가 될 수 있다. 또, 언어 교사의 입장에서 타 내용교과의 수업 상황과 교수·학습 맥락에 적절한 담화 구성이라든지 필수적인 사고 기능과 학습 전략의 수준을 결정하고 체계화하는 것도 쉽지 않은 일이다. 이러한 문제점들은 앞서 2장에서도 살펴본 바와 같이 언어-내용 통합 교수법에서 항상 다양한 논의와 연구가 있어 왔던 주제이기도 하다. 이러한 오랜 논의의 결과가 실제적으로 반영되어 ESL 교육을 위해 개발된 교육과정이 바로 미국 WIDA의 ESL 교육과정이다.

WIDA는 2004년 처음 교육과정이 개발된 이래, 2007년 개정되었으며, 2012년 현재 전미 지역 22개 주에서 도입하고 있는 ESL 교육과정이다. 다문화 배경 영어 학습자를 위한 수업 설계와 평가를 위한 지침의 역할을 한다. 2001년 부시 정부에 의해 제정된 낙오아동방지법(NCLB: No Child Left Behind)에 근거하여 개발된 까닭에, 매우 세분화되고 조직화된 평가 준거로서의 성격을 띠는 것이 특징이다. 이 점은 뒤에 살펴보게 될 일본의 JSL 교육과정과 확연히 차별화되는 특성이기도 하다.

3. 일본의 JSL 교육과정

이 절에서는 같은 아시아 국가이면서 우리보다 조금 먼저 다문화적 배경을 가진 언어적·문화적 소수자 그룹에 대한 교육 문제가 부각되었으며, 이들을 위한 일본어 교육정책을 마련, 시행 중인 일본의 경우를 살펴볼 것이다. 일본의 다문화적 상황 및 언어·문화적 소수자 그룹의 구성과 특성에 대해 살펴보고, JSL(Japanese as a Second Language) 교육 현황을 살펴보기로 한다.[35] 이어, JSL 교육과정 개발 배경과 진행 과정을 살펴본 후, JSL 교육과정의 구성 체계와 특징을 살펴볼 것이다.[36]

---

[35] 이하 'JSL 교육과정' 또는 'JSL 커리큘럼'으로 칭하기로 함.

[36] 이 절에서 진행하게 될 일본의 JSL 교육과정에 관한 고찰과 분석은 일본 문부

3.1. JSL 교육과정 개발 배경과 교육 현황

일본의 JSL(Japanese as a Second Language) 교육과정에 대해 알아보기 전에 먼저, JLL(Japanese Language Learner), 즉 일본어 학습자에는 어떤 유형이 있는지 살펴보기로 하자.

나카지마 카즈코(中島和子, 2010)의 분류에 따르면, 일본 내 언어적·문화적 소수자 그룹은 대개 6가지 유형으로 나누어볼 수 있다. '①특별 영주자, ②중국 귀국자, ③인도차이나 난민, ④연수생 범주에 속하는 단기 취업 노동자, ⑤일본계 남미인, ⑥아시아계 국제결혼으로 인한 중도 입국 자녀' 등이 그것이다(나카지마, 2010; 이미숙 외 공역, 2012:142). 이 중 첫 번째 그룹인 '특별 영주자'는 1945년 이전부터 체류 중인 재일 한민족과 재일 중국인의 자녀들을 말한다. 재일 한민족은 그 중에서도 가장 수적으로 우세한데 이미 그 자손이 3-4세대까지 이르게 되어 사실상 일본어 의사소통에 큰 문제가 없는 이들이다.[37] 이들을 '올드커머'라고 일컫는다.

이에 반해 소위 '뉴커머'라 할 수 있는 나머지 그룹은 1970년대 초부

과학성 홈페이지 CLARINET(Children Living Abroad and Returnees Internet) 즉, <해외자녀교육, 귀국·외국인 자녀의 교육 등에 관한 홈페이지(海外子女教育, 歸國·外國人兒童生徒教育等に關する總合ホームページ)>에서 제공하고 있는 JSL 교육과정 문서 및 관련 자료들을 기본으로, 호소카와 히데오(細川英雄) 외 (2002), 『ことばと文化を結ぶ日本語教育』; 한국일어교육학회 번역(2012), 『언어와 문화를 잇는 일본어교육』, 나카지마 카즈코(中島和子) 편저(2010), 『マルチリンガル教育への招待-言語資源としての外國人·日本人年少者』; 이미숙 외 공역 (2012), 『이중 언어와 다언어의 교육-캐나다·미국·일본의 연구와 실천』 등의 내용을 참조하여 이루어졌다.

[37] 이들 중에는 '귀화'를 통해 일본 국적을 취득하는 아동도 증가하고 있으며 국제결혼으로 일본 국적을 취득하거나 이중 국적을 가진 아동의 증가로 이들의 국적이 점점 '보이지 않는 존재'로 되어가고 있다(宋, 1998; 나카지마, 2010; 이미숙 외 공역, 2012:142에서 재인용).

터 1990년대 초에 걸쳐 일본에 오기 시작한 사람들로 다양한 배경과 경위를 가지고 있다는 점이 특징이다. 다시 말해 일본어를 모어로 하지 않는 아동 학습자로 일본어 교육의 대상이 되는 이들은 위의 ②-⑥의 그룹에 속하는 아동들이라 할 수 있다. 즉, 일본의 학교 내 일본어 학습자에 해당하는 '새로 이주한 외국인 아동'이라 하면, "1972년 이후 중국에서 철수하게 되면서 일본에 온 아동, 브라질, 페루 등지에서 온 일본계 노동자의 자녀, 보호자의 국제결혼 및 양자(養子)로 온 아동, 연수생으로 온 단기 취업자의 자녀 등 다양한 배경을 가진 어린이들"을 모두 일컫는 총칭이다(나카지마, 2010; 이미숙 외 공역, 2012:153). 또 하나 주목할 점은 일본 문부과학성 홈페이지를 보면, <해외자녀교육, 귀국·외국인 자녀의 교육 등에 관한 홈페이지(海外子女敎育, 歸國·外國人兒童生徒敎育等に關する總合ホームページ)>[38]라고 밝히고 있고, 교육 정책 역시 귀국 자녀와 외국인 자녀를 동일한 대상으로 보고 있다는 점이다.

이제까지 일본 내 언어·문화적 소수자 그룹으로서 학교 내 일본어 학습자(JLL: Japanese Language Learner)의 구성과 특성에 대해 알아보았다. 이제, 일본의 JSL 교육과정 개발 과정을 살펴보기로 하자.

일본의 경우, 모어가 일본어가 아닌 아동을 대상으로 한 일본어 교육에 관한 논의와 교육 정책이 본격적으로 시작된 것은 1990년대 전후 즈음으로 볼 수 있다. 1990년 <출입국 관리 및 난민 인정법>이 개정되면서 일본인계의 입국, 체재, 취업 등에 필요한 자격이 완화되었다. 이에 따라 일본계를 포함한 외국인의 일본 내 체류 증가를 불러왔고, 이들의 동반 자녀들이 증가하면서 학교 내 일본어 교육이라는 과제에 직면하게 되었다. 물론 이전에도 일본어를 모어로 하지 않는 아동 교육에

---

[38] CLARINET(Children Living Abroad and Returnees Internet)

대한 관심이 없었던 것은 아니어서 제2언어로서의 일본어 교육 분야에 연구 성과들이 꾸준히 축적되고 있었던 것은 사실이나, 본격적인 논의에 기반한 국가 수준에서의 교육 방안 모색과 정책 실시가 이루어진 것은 이즈음이라 할 수 있다.

특히, 1991년에는 문부과학성 주도하에 전국의 공립 초·중·고등학교 및 특수학교를 대상으로 '일본어 교육이 필요한 외국인 아동의 수용 상황 등에 관한 조사'가 실시되었다. 이에 따라 외국인 아동용 교재『日本語をまなぼう』1권(1991)이 출간되었고, 이듬해에는『日本語をまなぼう』2권(1992)이 연이어 출간된다. 1994년부터는 외국인 아동도 공립 의무교육 학교에 무상으로 입학할 수 있게 되었고, 이듬해에는『日本語をまなぼう』3권(1995)이 간행되기에 이른다. 1990년대에는 이처럼 일본어를 모어로 하지 않는 외국인 아동을 위한 일본어 교재 개발이 집중적으로 이루어졌다고 볼 수 있다(나카지마, 2010; 이미숙 외 공역, 2012:156).

2000년대에 들어서면서 본격적인 'JSL 교육과정'이 개발되기 시작하여, 2004년에는 <학교 교육에 있어서의 JSL 교육과정 개발에 관하여> 초등학교 편이, 2007년에는 중학교 편[39]이 각기 개발 완료되기에 이른다. 또한, 16개 지구에 센터 학교를 설치하여 모어가 가능한 보조 교사 및 코디네이터를 배치하고, 일본어 지도 교실 운영, 지역 내 학교 순회 지도 등을 통해 일본어 교육 및 학교 생활 적응 지도를 시행하는 등 지원 체제를 구축하고 있다. 이 밖에도 귀국 자녀 및 외국인 아동을 대상으로 한 JSL 교육을 위한 다양한 지원 시책을 마련하고 있다.[40]

---

[39] <學校教育における JSL カリキュラムの開發について>(最終報告)-小學校編(2004), <學校教育における JSL カリキュラム> 中學校編(2007).

[40] 문부과학성 홈페이지 내용에 따르면 '일본어 지도를 위한 추가 배정 교사의 급

3.2. JSL 교육과정의 구성 체계

JSL 교육과정은 일본어를 모어로 하지 않는 학생들을 대상으로 한 일본어 교육과정으로, 일상생활에 필요한 의사소통 능력은 물론, 학교의 수업 내용을 이해하고 참여할 수 있도록 하기 위한 학습 능력 신장을 목표로 개발된 교육과정이다. 일상생활에서는 유창하게 일본어를 구사할 수 있는 아이들도 학교의 수업 내용을 이해하고 능동적으로 참여하는 데에는 장애가 있는 경우가 증가함에 따라 단지 일상적인 회화 능력뿐 아니라, 일본어를 사용하여 학습에 참여할 수 있는 능력을 키우는 것이 중요한 과제로 부각되게 되고, 이러한 사회적 필요에 의해 개발된 것이 JSL 교육과정이라 할 수 있다.

JSL 교육과정은 크게 「토픽(topic)형」 JSL 커리큘럼[41]과 「교과지향형 (教科志向型)」 JSL 커리큘럼[42]의 두 가지 유형으로 이루어져 있다. 그런데 이 「토픽형」 JSL 교육과정과 「교과지향형」 JSL 교육과정은 어느 한쪽이 먼저이고 한쪽이 나중인 그런 관계는 아니다. 이 두 유형의 교육과정은 상호 병행 운영이 가능한 교육과정이다. 아주 기초적인 일본어 초기 지도를 어느 정도 끝낸 학습자를 대상으로 하며, 궁극적으로는 일반 학급의 일반 학생들과 함께 학습하는 것이 가능한 수준을 목표로 하되, 학습자의 특성이나 상황에 따라 두 가지 교육과정을 순차적으로 조합할 수도 있고, 동시에 병행할 수도 있다. 각각의 교육과정 진행에 있어서도 내부적으로 어떤 고정된 순서가 있는 것이 아니라 개별 활동들을 필요에 따라 계획하고 조합하여 활용할 수 있도록 유기적으로 구성되

여 일부 국고 부담, 강습회 실시, 7개 언어로 된 취학 안내서 작성과 배부' 등이 이에 해당한다.

[41] 「トピック型」 JSL カリキュラム. 이하 '「토픽형」 JSL 교육과정'으로 칭함.
[42] 「教科志向型」 JSL カリキュラム. 이하 '「교과지향형」 JSL 교육과정'으로 칭함.

어 있다는 것이 특이한 점이라 할 수 있다.

JSL 교육과정은 종래의 일반적인 교육과정과 같이 학습 내용과 항목을 일정한 순서로 배치한 것이 아니라, 교사 자신이 유연하게 학습 내용과 활동을 조합해 가며 교육과정을 구현할 수 있도록 구성되어 있다. 또한 JSL 교육과정은 초기 지도를 끝낸 후에 문형이나 어휘 등을 중심으로 한 일본어 지도와 병행해 실시하기 위한 교육과정이며, JSL 교육과정에서 제시하고 있는 학습 내용과 활동을 유기적으로 조합하여 학습자를 정규 학급에서 이루어지는 본격적인 학습 활동에의 참여가 가능한 수준으로 이끄는 것이 궁극적인 목적이라 할 수 있다.

다음은 JSL 교육과정을 도식화하여 나타낸 것이다.

<그림 17> JSL 교육과정[43]

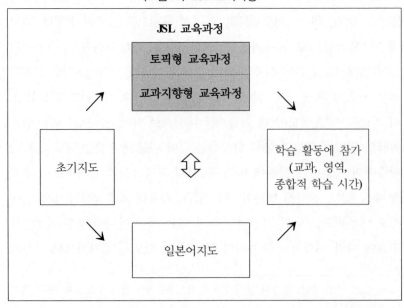

[43] 일본 문부과학성 CLARINET(Children Living Abroad and Returnees Internet).

3.3. 토픽형과 교과지향형

앞 절에서도 언급했듯, JSL 교육과정은 크게 「토픽형」 JSL 커리큘럼과 「교과지향형」 JSL 커리큘럼의 두 가지 유형으로 이루어져 있다. 하나씩 살펴보기로 하자.

(1) 「토픽(topic)형」 JSL 교육과정[44]

「토픽(topic)형」 JSL 교육과정은, 구체적인 사물, 직접적인 체험 활동, 다른 학생과의 관계를 통해 일본어로 학습할 수 있는 능력을 신장시키는 것을 목적으로 하는 교육과정 유형을 말한다. 즉, 특정 교과와 관련된 내용이 아니라, 각 교과 학습에 공통적으로 필요한 학습 능력 신장을 목적으로 한다. 이를 위해 크게 '체험', '탐구', '발신(發信)'이라는 3개의 측면으로 조직한 후, 그 안에 다시 관찰, 정보 수집, 사고, 추측, 유추, 통합, 평가 등 교과 학습의 기초가 되는 활동을 구성한 후 각각의 영역에 해당하는 학습 성과를 일본어로 표현할 수 있도록 구성하고 있다.

「토픽형」 JSL 커리큘럼에서의 '토픽(topic)'은 일상생활이나 학교생활과 관련한 특정 주제들을 말하며, 이러한 주제를 중심으로 다양한 활동을 구성해 놓은 것이 「토픽형」 JSL 교육과정의 핵심이라 할 수 있다. 이러한 학습 활동은 구체적인 '체험'과 체계화된 '탐구' 활동을 통해 점차 발전하여 '발신'의 단계까지 심화, 발전되도록 하는 것인데, 마지막 단계인 발신(發信)은 다시 말하면 '프리젠테이션' 기술을 의미한다. 즉, 일본어를 사용해 그간의 탐구 성과를 자유롭게 발표하는 단계에까지 이르게 하는 것이 교육과정에서 추구하는 바라 하겠다.

---

[44] 「トピック型」 JSL カリキュラム.

이러한 '체험', '탐구', '발신'이라는 각각의 측면에 해당하는 학습 활동은 다시 또 학습 능력 수준에 맞춰 3개의 레벨로 나뉘어 구성되어 있다. 또 각 학습 활동을 전개해 가는 데에는 일본어라는 도구가 사용되게 되는데, 이 때 사용되는 일본어 표현 역시 어휘, 문형(문장의 구조), 담화 유형이라는 언어적 요소를 고려해 다양한 형태로 제시되도록 하고 있다.

결국 「토픽형」 JSL 교육과정을 수업 상황에 맞도록 구성하고 활용하기 위해서는 ① 학습자와 수업의 수준에 적합한 주제와 학습 활동의 설정, 그리고, ② 설정된 학습 활동의 도구가 되는 일본어 표현의 선택이라 할 수 있다. 이상의 내용을 표로 정리하면 다음과 같다.

〈표 26〉 학습 활동과 일본어 표현의 매트릭스[45]

학습 활동 전개	학습 활동의 수준		
	레벨 1	레벨 2	레벨 3
체험	직접체험	직접체험/간접체험	간접체험/직접체험
	다양한 일본어 표현		
탐구	구체물의 조작	구체물의 조작	언어적 사고/구체물 조작
	다양한 일본어 표현		
발신	구체물의 이용	구체물의 이용	언어적 표현/구체물 이용
	다양한 일본어 표현		

또한 JSL 교육과정의 중요한 교수-학습 지원 요소 중 하나로 'AU 카드'를 들 수 있다. 'AU'란 'Activity Unit'의 약자로, 교수-학습 활동을 구성해 놓은 일련의 하위 활동을 의미한다. 즉, 수업 시간에 이루어지는 교수학습 활동은, 학습 목표를 향해 조직된 일련의 단위적인 하위 활동들의 구성이라 볼 수 있다는 것이다. 이러한 전제 하에 다양한 하위 활

---

[45] 일본 문부과학성 CLARINET(Children Living Abroad and Returnees Internet).

동(AU)과 그것을 실시하기 위해 필요한 일본어 표현의 다양한 형태를 조합해 한 장의 카드로 만든 것이 AU 카드이다.

말하자면, AU 카드는 일본어 학습자가 습득해야 한다고 전제된, 교과 학습에 필요한, 공통의 기본적인 기능 목록의 일람표라 할 수 있다. AU 카드는 물론 일정한 순서나 체계로 고정된 것이 아니라, 학습자의 능력과 수준, 학습의 상황 등에 맞추어 교사가 자유롭게 선택하고 배열하여 활용할 수 있다. 결국 「토픽형」 JSL 교육과정에 있어서의 일본어 수업은 이러한 AU 카드의 배열에 따라 다양하게 조직, 편성, 구성되게 된다.

AU 카드는 다음과 같은 형식으로 구성되어 있다.

〈그림 18〉 AU 카드 구성의 예[46]

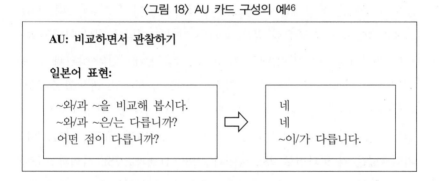

(2) 「교과지향형(敎科志向型)」 JSL 교육과정[47]

「교과지향형(敎科志向型)」 JSL 교육과정은, 국어, 수학, 사회, 과학 등 각 교과 고유의 내용을 학습하는 데 필요한 능력을 신장하는 것을 목적으로 한다. 각 교과는 저마다 각기 특정한 고유의 학습 방법이 있어서,

---

46 일본 문부과학성 CLARINET(Children Living Abroad and Returnees Internet).
47 「敎科志向型」 JSL カリキュラム.

교과 학습을 성공적으로 수행하기 위해서는 그 각각의 학습 방법을 습득할 필요가 있다는 것이다. 학교 수업에서 이루어지는 교과 학습이라는 것이 대부분 언어나 기호를 통해 추상적이고 상징적인 개념을 이해하는 것을 목표로 하고 있는데, 일본어 능력이 갖추어지지 않은 학습자의 경우, 이러한 추상적 개념과 구상을 언어나 기호로 이해하고 표현하는 것에 어려움이 따를 수밖에 없다. 따라서 실제적인 체험을 위주로 구체적인 사물이나 상황을 통해 개념을 이해하고 추상화할 수 있도록 도와 교과의 지식 습득을 촉진하는 것이 효과적이다.

「교과지향형」 JSL 교육과정은 이러한 인식에 착안해 각 교과 학습과 관련한 구체적인 학습 상황을 구상하여 「토픽형」 JSL 교육과정과 같이 관찰, 정보 수집, 사고, 추측, 유추, 통합, 평가 등 다양한 활동을 통해 일본어 능력을 신장시킬 수 있도록 구성되어 있다. 「교과지향형」 JSL 교육과정에서 가장 중요한 점은, 교과의 지식과 개념에 대한 이해 수준이나 배경지식 등에 있어 매우 이질적인 학습자 개개인의 상황과 수준에 맞추어 적절한 학습 지원과 일본어 지원을 실시하고, 학생의 수준과 상황에 맞는 적합한 교수 방법을 통해 학습의 성과를 최대한 높일 수 있도록 차근차근 지도해야 한다는 것이다. 이를 위해 「교과지향형」 JSL 커리큘럼은 각 교과별로 'JSL 국어과', 'JSL 산수과', 'JSL 사회과', 'JSL 이과'이라는 구체적인 수업 방법을 제시한 지침서를 제공하고 있다.

「교과지향형」 JSL 교육과정은 각 교과별 특성을 고려하여 개별적이고 독자적인 원리와 체계에 따라 개발되었으나, 각 교과를 아우르는 공통의 원칙을 지침으로 삼고 있다. 그 내용은 다음과 같다.[48]

---

[48] 일본 문부과학성 CLARINET(Children Living Abroad and Returnees Internet)의 「教科志向型」 JSL カリキュラム 내용 참조.

① 학습 능력이나 생활환경, 문화적, 사회적 배경이 다양한 학습자를 대상으로 한다는 점에 입각해, 이러한 다양한 학습자들을 교과 학습에 참여하게 하기 위한 방안을 모색한다.

② 구체적 사물이나 체험에 의해 아동의 학습 활동을 지원하는 방안을 모색한다.

③ 완성된 커리큘럼의 개발이 아니라 커리큘럼 만들기를 지원하는 툴(tool)을 개발한다.

④ 아동 스스로 일본어를 사용해 학습 내용을 표현하고 발표하는 것을 중시한다.

⑤ 교과 내용과 교과 고유의 학습 활동에 관련된 어휘와 표현을 다룸에 있어 교과마다 명확한 방침을 세운다.

3.4. JSL 교육과정의 특성과 시사점

앞서 살펴본 바와 같이 JSL 교육과정은 일본어 의사소통 능력뿐 아니라 일본어로 교과를 학습할 수 있는 능력 신장을 목표로 하고 있다. 일본 문부성에서 밝히고 있는 바에 기초해, JSL 교육과정의 특징을 분석하면 다음과 같이 몇 가지로 요약해 볼 수 있다.

① 교과 학습에 참여하기 위한 학습 능력 신장
② 교육 현장에의 적용 가능성
③ 일본어 지도와 교과 지도의 통합
④ 일본어에 의한 학습 능력 신장
⑤ 구체적 사물, 직접적 체험에 의한 학습 강조
⑥ 학습 내용의 이해 촉진을 위한 다양한 일본어 표현의 모색
⑦ 일본어 능력과 학습 내용 이해도 평가를 위한 방안 제시
⑧ 개별적 학습자에 적합한 교육과정 구성 방안

⑨ 교육 현장에의 활용을 위한 지원 시스템 제공

즉, JSL 교육과정은 일본어를 모어로 하지 않는 학교 내 JSL 학습자가 교과 학습에 참여할 수 있도록 학습 능력을 함양하는 것을 가장 근본적이고 중요한 목적으로 삼고 있다. 일상적인 회화 능력이 아닌, '학습할 수 있는 능력'의 육성을 중시한다는 것이다. 학습할 수 있는 능력이라 하면, '차이를 찾아내는 능력, 관계있는 것끼리 연결 짓는 능력 등 학습에 필요한 기본적인 기능'을 의미한다. 이러한 학습 능력 신장을 위해 일본어 교육과 교과 교육을 통합한 언어-내용 통합 접근법을 취하고 있다. 일본어에 의한 학습 능력 신장을 위해 구체적 사물, 직접적인 체험을 통한 학습 활동을 강조하고 있으며, 다양한 일본어 표현을 제공하고 있다. 이 외에도 학습자의 일본어 능력과 학습 내용 이해 여부의 평가를 위한 방안들을 제시하고 있다.

종래의 여타 교육과정과 비교해 가장 차별화되는 점으로, JSL 교육과정은 미국이나 유럽의 교육과정과 같이 완성된 체계적인 숙달도 수준의 기술이나, 평가 등급을 위한 준거 체계, 혹은 교수 과정을 통해 달성해야 하는 교육 목표의 제시라기보다는 개별적인 학습자와 교수-학습 상황에 맞추어 다양하게 응용할 수 있는 수업 활동의 예들을 보여주고 있는 일종의 교수-학습 사례 및 자료의 성격이 더 크다는 것이다. 학습자의 구성이 너무도 다양하기 때문에 전체를 아우르는 교육과정을 제시하기보다, 다양한 다문화적 상황의 교실 수업에 적용하고 응용할 수 있도록 풍부한 지원 시스템을 구축하겠다는 개발 의도로 해석할 수 있다.

JSL 학습자의 다양한 환경과 언어적·문화적 이질성을 고려해 개별적 학습자의 특성에 맞는 교수-학습 방안을 모색하고 활용할 수 있도록

다양한 지원 체계를 구축해 놓은 것이 JSL 교육과정의 중요한 특징이라 할 수 있다. 이러한 특성을 가리켜 일본 문부과학성에서는 JSL 교육과 정을 '지원 아이디어집(サポートアイディア集) 및 교육과정 만들기의 도구 상자'를 모아 놓은 것이라고 밝히면서 다음과 같이 설명하고 있다.

이 JSL 교육과정은 고정된 순서로 배치된 것은 아니고, 생활 환경, 학습 이력, 일본어 능력, 발달 단계 등이 다양한 학습자의 실태에 맞 추어서 교사 자신이 유연하게 교육과정을 구성하도록 지원하는 하나 의 도구이다. 구체적으로는 직접 체험 등의 활동에서 질문과 응답으 로 구성된 활동 단위(Activity Unit)마다 다양한 일본어 표현의 변형 을 서로 맞추어 놓은 'AU 카드'를 준비한다. 이를 이용하여 학습자의 실제 상태에 따라 참여 가능한 학습 활동을 설정하면서 이해 가능한 일본어 표현을 궁리함에 따라 학습자로 하여금 학습 활동에 일본어 로 참여하게 하기 위한 능력(학습하는 능력)을 육성하는 것을 목표로 한다(나카지마, 2010; 이미숙 외 공역, 2012:162-163).

이러한 JSL 교육과정의 성격은 장점이 될 수도 있으나 일면 문제점으 로 지적되기도 한다. 나카지마(2010)에서 밝히고 있는 바와 같이 JSL 교육과정은 "일정 시간 안에 끝내야 하는 교과 내용이나 도달 목표가 제시되어 있는 것이 아니기 때문에 교육과정이라는 명칭을 쓰고는 있 으나 그 내용은 실상 교육과정과는 거리가 멀고", 또 다른 문제점은, "외국인 아동이 일본인 아동과 같은 교실에 앉아 상호 작용 활동을 통 해 교과목을 공부하면서 동시에 일본어 능력을 향상하기 위해 만들어 진 교육과정이 아니기 때문"에 이 교육과정을 활용할 만한 곳이 현실적 으로 별로 없다는 것이다(나카지마, 2010; 이미숙 외 공역, 2012:163).

4. 유럽공통참조기준

앞서, 미국의 ESL 교육과정과 일본의 JSL 교육과정을 분석하였고, 본 절에서는 『유럽공통참조기준(CEFR: Common European Framework of Reference)』을 간략히 살펴보기로 한다.[49]

4.1. 유럽공통참조기준의 개발 배경과 특징

『유럽공통참조기준(CEFR: Common European Framework of Reference)』은 유럽 내 여러 국가의 다양한 언어 교육을 위한 공통 참조 기준으로, 유럽 40개 국가의 외국어 교육 전문가들이 수년간의 경험과 토론을 거쳐 산출해 낸 결과이다. 언어 교육을 위한 교육과정 설계, 수업 및 평가 계획, 교재 개발 등에 참조하기 위한 공통 기준을 마련한 것으로, "의사소통 활동과 언어 능력 수준을 기술하기 위해 여섯 단계로 세분화한 척도 체계"를 제시해 놓은 것이 CEFR의 핵심 내용이라 할 수 있다(유럽평의회, 2001; 김한란 외 역, 2010:V).

『유럽공통참조기준(CEFR)』은 유럽 내 각국의 교육 제도들 간의 차이 때문에 발생하는 소통과 교류의 어려움이나, 언어 교수자들 사이의 의사소통을 방해하는 요소로 작용하는 장벽을 극복하기 위해 개발된 '참조기준'이다. 교육기관의 언어 교육 프로그램 책임자, 교재 집필자,

---

[49] 『유럽공통참조기준(CEFR: Common European Framework of Reference)』은 2000년 초에 개발된 이후로 30여 개 언어로 번역되어 소개되었다. 이 절에서는, 유럽평의회에 의해 2001년 간행된 독일어판 원본을 번역한 김한란 외(2010)의 『언어 학습, 교수, 평가를 위한 유럽공통참조기준』의 내용을 참조하여 작성되었다.

언어 교사 및 교사 양성자, 평가 문항 출제자 등 모두에게 자신의 활동을 확인하고 조정하며 성찰하는 방법을 제공한다. 또한 다양한 어학 강좌, 수업 계획, 언어 능력 검정 등에 필요한 "교육의 목표, 내용, 방법을 명시적으로 기술하기 위한 공통 기반"을 제공한다(유럽평의회, 2001; 김한란 외 역, 2010:1). 하지만 이 참조기준의 체계는 유일한 공통 기준으로 강요되는 것이 아니라, 상황에 따라 필요에 따라 적절히 조정하여 적용할 수 있는 융통성 있는 참조기준이라 할 수 있다.

이 체계는 공적 영역, 직업 영역, 사적 영역에서 의사소통을 목적으로 언어를 사용하기 위해 학습자가 갖추어야 하는 언어 행위 능력과 그 행위 능력을 위해 개발해야 하는 지식과 기능을 포괄하고 있다. 언어 능력은 물론 문화적 능력을 기술하고, 각 학습 단계별 능력 수준을 규정하고 있다. 또한, 이 체계는 다중 언어적이고 다중문화적인 유럽에 현존하는 수많은 어학강좌의 각 단계와 평가 기준, 수료증을 서로 비교하고 인정하기 위한 믿을 만한 공통의 준거 기반을 제공한다.

김중섭 외(2010)에서는 이러한 공통 참조 기준이 개발된 배경과 필요성에 대해 다음과 같이 설명하고 있다.

교육과정, 교수요목, 능력 검정의 투명성을 높이고 현대어 영역에서의 국제 협력을 강화하는데 기여하며, 유럽 국가 간의 유동성 강화 및 효과적인 국제적 의사소통을 위해 언어 학습과 수업을 더욱 강화할 필요가 있으며 이를 통해 문화의 다양성을 존중하고 상호 이해를 심화하고자 한다. 이를 위해서는 언어 학습이 유치원부터 성인교육에 이르기까지 교육체계의 모든 영역에서 장려되고 지원되어야 하며 따라서 모든 영역에서의 언어 학습을 위한 『유럽공통참조기준(CEFR)』이 개발될 필요가 있었던 것이다(김중섭 외, 2010:10).

『유럽공통참조기준(CEFR)』에는 앞서 2장에서 살펴보았던 '상호문화이해'의 관점이 반영되어 있음을 엿볼 수 있다. 유럽평의회 장관위원회 권고문의 서문에 작성된 3대 기본 원칙에도 그러한 관점이 반영되어 있다. 유럽평의회 회원국들은 이러한 기본 원칙에 충실하게 언어 교육을 시행하도록 서로 장려하고 지원하고 있다. 다음은 3대 기본 원칙 중 2개 항목이다.

- 유럽 언어와 문화의 다양성이라는 풍부한 유산은 보호하고 발전시켜야 할 귀중한 공동의 보물이며, 이 다양성의 이해를 저해하는 장애물로부터 서로의 유익과 상호 이해의 원천으로 전환하기 위해서는 교육 제도 분야에서 많은 노력이 필요하다.
- 현대 유럽 언어들을 더 잘 아는 것만으로도 상이한 모국어를 사용하는 유럽인들 사이의 의사소통과 상호 작용을 용이하게 할 수 있고, 그로 인해 유럽 내의 유동성, 상호이해, 협력이 강화되고, 편견과 차별도 극복될 수 있다(유럽평의회, 2001; 김한란 외 역, 2010:3).

이 외에도 권고문의 전문 내용 중 일부를 눈여겨 볼 필요가 있다.

- 더 효과적인 국제적 의사소통을 통해서 상호이해와 관용 그리고 정체성과 문화적 다양성에 대한 존중심을 키운다.
- 유럽인들이 언어와 문화의 경계를 넘어 서로 의사소통을 할 수 있는 능력이 명백히 향상되면 다언어, 다문화를 가진 유럽의 요구가 충족될 것이다. 이를 위해 유럽인들은 평생 동안 지속적으로 노력해야 하며 또한 그런 노력을 격려해야 한다. 아울러 이 노력은 확실한 조직을 바탕으로 이루어져 교육 분야의 모든 차원에서 해당기관의 재정 지원을 받아야 한다.

· 의사소통 능력이 뒤떨어지는 사람들이 상호 작용을 하는 유럽에서 소외됨으로써 야기되는 위험을 예방한다(유럽평의회, 2001; 김한란 외 역, 2010:4).

『유럽공통참조기준(CEFR)』은 각 단계별 학습 목표와 내용을 고려한 언어 학습 프로그램, 시험 내용 및 평가 기준과 관련된 어학 인증서, 학습 목표 설정 및 학습 자료 선택, 자가 평가를 포함한 학습자 주도의 학습을 계획하는 데 활동되는 것을 목적으로 삼고 있다(김중섭 외, 2010:10). 하지만, 그보다 근본적으로『유럽공통참조기준(CEFR)』이 추구하는 바는 서로 다른 언어와 문화에 속한 사람들끼리의 이해, 소통, 교류를 장려하는 것이다. 이를 통해 유럽의 다언어, 다문화적 상황을 보존하고 발전시키고자 하는 공동의 노력과 의지의 산물이라 할 수 있다.

4.2. 유럽공통참조기준의 등급 체계

『유럽공통참조기준(CEFR)』의 등급 체계는 6단계를 취하고 있다. 이 6단계는 언어 학습자들의 의사소통 능력을 기술하기 위한 세분화된 척도 체계이다. A1, A2, B1, B2, C1, C2의 6개 등급[50]으로 나뉘어져 있다.
A1과 A2 단계는 기초적인 언어 사용(Basic User)의 단계를 의미하고, B1과 B2 단계는 자립적인 언어 사용(Independent User)의 단계를 뜻하며, C1과 C2 단계는 숙달된 언어 사용(Proficient User)의 단계를 의미한다. 즉, A1은 언어 숙달도의 가장 기초 단계이며, C2은 모국어 수준에 가까운 숙련 단계라 할 수 있다.

---

[50] A1(Breakthrough), A2(Waystage), B1(Threshold), B2(Vantage), C1(Effective Operational Proficiency), C2(Mastery)

중요한 것은, 이 척도가 어느 한 나라, 하나의 언어를 대상으로 한 것이 아니라 유럽의 모든 언어에 적용할 수 있도록 구안된 것이라는 점이다. 따라서, 이 6단계 척도를 기반으로 하는 교수요목과 평가는 서로 다른 국가, 서로 다른 언어의 경우라 할지라도 언어 성취도와 숙달도 수준을 객관적으로 비교하는 것이 가능하게 한다. 언어 숙달도 수준을 기술하기 위해서 'Can do(-할 수 있다)' 형식을 취하고 있다.

〈표 27〉 유럽공통참조기준 총괄 척도[51]

등급		내용
숙달된 언어 사용	C2	읽거나 듣는 것을 거의 모두 힘들이지 않고 이해할 수 있다. 문어와 구어로 된 다양한 자료에서 나온 정보를 요약할 수 있으며, 이때 그 근거와 설명을 조리 있게 재구성할 수 있다. 준비 없이도 아주 유창하고 정확하게 의사를 표현할 수 있고, 복합적인 사안을 다룰 때에도 비교적 섬세한 의미 차이를 구별하여 표현할 수 있다.
	C1	수준 높고 비교적 긴 텍스트의 폭넓고 다양한 주제를 이해하고 내포된 의미도 파악할 수 있다. 준비 없이도 유창하게 의사 표현할 수 있으며, 이때 확연히 드러나게 어구를 찾는 일이 별로 없다. 사회생활과 직업생활, 대안교육과 직업교육에서 언어를 효과적으로 유연하게 사용할 수 있다. 복합적인 사안에 대해 분명하고 체계적이며 상세하게 의사를 표현할 수 있으며, 이때 텍스트 연결을 위한 다양한 수단을 적절하게 사용할 수 있다.
자립적 언어 사용	B2	구체적이거나 추상적인 주제를 다루는 복합적인 텍스트의 주요 내용을 이해할 수 있다. 또한 자신의 전문 분야에서 전문 토론도 이해한다. 쌍방 간에 큰 노력 없이 원어민과 자연스러운 대화를 할 수 있을 만큼 준비 없이도 유창하게 의사소통을 할 수 있다. 폭 넓고 다양한 주제에 대해 분명하고 상세하게 의사 표현할 수 있고, 시사문제에 대한 입장을 설명하고 다양한 가능성들의 장단점을 제시할 수 있다.

---

[51] 『언어 학습, 교수, 평가를 위한 유럽공통참조기준』 33쪽.

	B1	명확한 표준어를 사용하며 업무, 학교, 여가 시간 등과 같이 익숙한 것들이 주제가 될 때, 요점을 이해할 수 있다. 해당 언어 사용 지역을 여행하면서 마주치는 대부분의 상황들을 극복할 수 있다. 익숙한 주제와 개인적인 관심 분야에 대해 간단하고 조리 있게 표현할 수 있다. 경험과 사건에 대해 보고할 수 있고, 꿈과 희망, 목표를 기술할 수 있으며, 계획과 견해에 대해 짤막하게 근거를 제시하거나 설명할 수 있다.
기초적 언어 사용	A2	아주 직접적으로 중요한 분야(예를 들어 신상, 가족, 물건 사기, 업무, 가까운 주변 지역에 관한 정보)와 관련된 문장과 자주 사용되는 표현들을 이해할 수 있다. 반복적이고 단순한 상황에서 일반적이고 익숙한 문제에 대해서 간단하고 직접적인 정보교환으로서의 의사소통을 할 수 있다. 간단한 수단으로 자신의 출신과 교육, 직접적인 주변지역, 직접적인 욕구와 관련된 것들을 기술할 수 있다.
	A1	구체적인 욕구 충족을 지향하는 익숙한 일상적 표현들과 아주 간단한 문장들을 이해하고 사용할 수 있다. 자신과 다른 사람을 소개할 수 있으며, 다른 사람들에게 신상에 관하여(예를 들어 어디에 사는지, 어떤 사람을 알고 있는지, 어떤 물건을 가지고 있는지) 묻고, 이런 종류의 질문에 답할 수 있다. 대화 상대자가 천천히 분명하게 말하고 도와 줄 준비가 되어 있으면, 간단한 방식으로 의사소통을 할 수 있다.

5. 한국어 교육과정

한국어 교육과정은 김중섭 외(2010)의 『국제 통용 한국어 교육 표준 모형』과 교과부(2012)의 『한국어 교육과정』을 살펴보기로 한다.[52]

---

[52] 본 연구가 진행되고 있던 중에 다문화 가정 자녀를 위한 <한국어 교육과정>이 2012년 7월 9일 교육부에 의해 고시되었다.

5.1. 국제 통용 한국어 교육 표준 모형

『국제 통용 한국어 교육 표준 모형』은 국제적으로 통용될 수 있는 한국어 교육과정의 표준으로 개발된 모형이다. 국내외 한국어 교육을 위한 교육과정, 교수요목, 교수방법, 교재, 평가 등을 위한 공통 기반 마련을 위한 '표준'의 성격을 갖는다. 교육의 대상자는 '일반 목적, 학문 목적, 취업 목적, 사회 적응'으로 구분하고 있으며,『국제 통용 한국어 교육 표준 모형』에서 밝히고 있는 교육과정 개발의 원리는 내용의 포괄성, 사용의 편리성, 자료의 유용성, 적용의 융통성 등이다.

등급은 초급 1-2급, 중급 3-4급, 고급 5-6급, 최상급 7급으로 설계하고 있다. 교육과정의 등급을 이러한 체계로 설정한 것은, 현재 한국어 교육의 준거라고 할 수 있는 '한국어능력시험(TOPIK)'의 6등급 체제를 유지하면서 한국어 학습의 목적과 한국어 학습 수요층의 변화 양상을 반영한 것이라 밝히고 있다. 즉, 한국어 학습의 목적이 한국 사회로의 정착, 학문 목적, 직업 목적, 취미 등 점차 다양해져가고 있고, 한국어 학습 수요층 또한 결혼 이민자, 외국인 근로자 등이 증가하고 있기 때문이라는 것이다.

특히, 기존에는 없던 최상급 7급을 새롭게 설정했는데, 이러한 최상급의 설정은 두 가지 측면에서 유용하다고 밝히고 있다. 첫째는 현재 한국어 학습자의 분포를 살펴보면, "초급 수준의 학습자군에 비해 중, 고급 수준의 학습자 비중이 커지고 있고, 아카데믹 토픽(Academic TOPIK)에 대한 요구가 증가하고 있다"는 점이다. 또한 기존의 6등급 체제가 유학 등의 학문 목적 학습을 위한 성격이 강해 전반적으로 등급에서 규정하는 숙달도 수준이 높은 경향이 있었다. 이에 최상급을 설정함으로써 전반적으로 등급 수준을 하향 조정할 수 있게 된 것이다. 이와 같은 하향 조정은 국내 학습자와 국외 학습자, 정규 과정 학습자와 비정규 과정 학습자 등의 다양한 학습자 변인의 요구를 충족시킬 수 있을 것이라는 기대를 낳고 있다.

표준 교육과정의 교육 시간 역시 교육 현장의 여건과 환경, 학습자 대상에 따라 탄력적으로 운용될 수 있도록 설계하고 있다. 즉, 최대 200시간과 최소 72시간[53]으로 설정해 융통성을 지향하고 있는 것이다. 교육 시간을 교육 여건이나 환경, 학습 대상, 학습 목적 등의 다양한 변인에 대한 고려 없이 하나의 준거로 고정시킨다면 표준 교육과정의 국외 적용, 사회통합 프로그램 적용 등의 특수한 교육 여건에서는 실효를 거두기 어렵게 되기 때문에 많은 고려 끝에 교육 시간을 탄력적 운용이 가능하도록 설계했다고 밝히고 있다.

이 점은 뒤에 4장에서 기술하게 될 다문화 배경 학생 대상 한국어 교육 현장의 요구 분석 결과를 고려할 때 시사하는 바가 크다. 현재 다문화 배경 학생 한국어 교육의 현장도 이처럼 획일적이지 않으며, 다양한 학습자 특성과 요구, 교육 목적과 학교의 상황에 따라 융통성 있는 '표준' 교육과정 모형이 필요하기 때문이다.

교육과정의 범주 설정은 국내외 7종의 문헌 자료의 등급 기술 범주를 분석해 기초 자료로 삼았음을 밝히고 있다. 아래 제시한 표는 이 7종의 범주 분석 결과를 제시한 것이다.

---

[53] 200시간을 기준으로 최대 200시간에서 최소 72시간까지 탄력적 설계가 가능하다. 제시하고 있는 모형은 200시간, 144시간, 100시간, 72시간 등으로 교육 기관의 여건에 따라 맞춤형 설계로 다양화할 수 있다. 또한 동일한 200시간, 144시간 모형이라 하더라도 학습 대상 즉, 학습 목적이 단순 취미를 위함인가, 한국 사회 적응을 위한 학습인가, 진학 목적 학습인가 등에 따라 변이형 설계가 가능하도록 구성하고 있다(김중섭 외, 2010:175).

〈표 28〉 7종 문헌 자료의 등급 기술 범주 구분[54]

구분	등급 기술 범주
유럽공통참조기준	어휘, 문법적 정확성, 구어-문어 산출, 구어-문어 수용, 구어-문어 상호 작용
국제한어교학통용대강	언어 지식(음운, 한자 어휘, 문법, 기능, 화제, 단락), 언어 기능(말하기, 듣기, 읽기, 쓰기), 전략, 문화의식(문화지식, 문화이해, 문화간이해, 국제화시야)
영어과 교육과정	언어 기능, 의사소통활동, 언어재료
ACTFL	등급별 평가, 내용만 기술
한국어능력시험	어휘-문법, 쓰기, 듣기, 읽기
한어수평고시	등급별 평가 내용만 기술(등급별로 어휘의 수 한정 제시함)
일본어능력시험	언어 지식(문자, 어휘, 문법), 독해, 청해

이러한 문헌 분석에 기반하여 『국제 통용 한국어 교육 표준 모형』에서 상정하고 있는 등급별 목표와 내용 기술을 위한 영역 항목은 다음과 같다.

〈표 29〉 표준 교육과정의 영역별 하위 요소[55]

영역	영역별 하위 요소	기술방법
주제	화제	세부적 기술
언어기술	말하기, 듣기, 읽기, 쓰기, 과제	추상적 기술
언어 지식	어휘, 문법, 발음, 텍스트	세부적 기술
문화	문화지식, 문화실행, 문화관점	추상적 기술

표준 교육과정 적용의 기준을 살펴보자. 『국제 통용 한국어 교육 표준 모형』은 교수-학습 환경을 국내의 경우, "대학 기관, 사회통합 프로그램 운영 기관, 다문화센터, 이주노동자센터, 사설 학원 등"에서 적용

---

54 김중섭 외(2010), 『국제 통용 한국어 교육 표준 모형』 139쪽.
55 김중섭 외(2010), 『국제 통용 한국어 교육 표준 모형』 139쪽.

가능하고, 국외의 경우 "세종학당, 한국교육원, 한국문화원, 한글학교, 대학 교양과정 일부 등"에 활용 가능하다고 밝히고 있다.

『국제 통용 한국어 교육 표준 모형』에서 상정하고 있는 교수-학습 대상은 크게 일반 목적 학습자, 사회통합 프로그램 학습자, 국외 학습자로 나눌 수 있다. 일반 목적 학습자는 국내에서 대학 혹은 대학원 진학을 목적으로 하는 학습자들을 말하며, 사회통합 프로그램 학습자는 결혼 이민자, 외국인 근로자, 국적 취득 희망자 등 국내에서 사회통합 프로그램에 참여하는 학습자들을 말한다. 국외 학습자의 경우는 국외의 경우 세종학당, 한국교육원, 한국 문화원, 한글학교, 대학 교양과정 일부 등에서 학습하는 학습자를 포함한다.

앞서 1장에서 살펴보았던 것처럼 현대적 의미의 한국어 교육의 역사가 시작된 이후로 한국어 교육 현장은 꾸준히 변화하고 발전해 왔다. 한국어 교육은 이제 '발전기'와 '도약기'를 지나 '안정적 성장기'에 진입해 있다. 국내외 한국어 교육 기관의 양적 증가는 물론, 한국어 학습자 유형과 요구가 매우 다양해지고 있다. 이러한 현장의 변화에 발맞춰 학계의 연구 성과도 풍성해지고 다양한 영역에서의 깊이 있는 논의들이 축적되고 있음을 알 수 있다. 『국제 통용 한국어 교육 표준 모형』도 그러한 발전된 논의의 결과물이다.

다만 본 연구의 관심이 초·중·고등학교의 다문화 배경 학습자와 그들을 대상으로 한 제2언어 교육으로서의 한국어(KSL) 교육의 문제에 초점이 맞추어져 있는 까닭에 『국제 통용 한국어 교육 표준 모형』은 본 연구의 주제에서 다소 벗어나 있는 편이다. 하지만, 한국어 교육 현장의 축적된 경험과 발전된 논의들의 집대성이라는 점에서 초·중·고등학생 학습자를 대상으로 한 한국어(KSL) 교육의 장면에 끌어와 적용해 볼 만한 내용들이 여전히 많이 있다.

5.2. 초·중·고등학교 한국어(KSL) 교육과정

지금까지, 미국의 ESL 교육과정, 일본의 JSL 교육과정, 유럽공통참조 기준 등을 살펴보았다. 또, 한국어 교육과 관련해서는 <국제 통용 한국어 교육과정 표준 모형>을 살펴보았다. 이 절에서는 초·중·고등학교에 재학 중인 다문화 가정 자녀를 대상으로 한 <한국어 교육과정>을 살펴볼 것이다. 해외 여러 나라의 제2언어 교육과정 분석과, 국내의 한국어 교육과정 분석을 통해 본 연구에서 마련하고자 하는 다문화 배경 학생을 대상으로 한 한국어 교육과정 설계 방안에 참조할 만한 시사점을 얻을 수 있을 것이기 때문이다.

(1) 한국어 교육과정의 개발 배경과 현황

앞서 1장에서도 언급하였고 4장의 앞 부분 현장 연구에서도 살펴보았듯, 2012년 3월 12일 『다문화 학생 교육 선진화 방안』 발표가 있은 후로 초·중·고등학교 내 다문화 배경 학생을 대상으로 하는 한국어 교육 관련 연구와 정책 수립은 매우 빠른 속도로 진행되고 있다.

우선, 2012년 7월 9일 <한국어 교육과정>이 고시되었고, 이후 이를 기반으로 다문화 가정 자녀를 위한 한국어 교재가 개발 중에 있으며, 이들의 한국어 능력을 진단하기 위한 평가 도구가 역시 개발 중에 있다. 이러한 연구는 모두 2012년 말, 2013년 초에 완료될 것이며,[56] 이는 우

---

[56] 본 연구가 종료된 이후 2013년 3월부터 한국어 교육과정이 학교 현장에 시행되기 시작하였고, 2013년 말에는 초·중·고등학교의 다문화 배경 학생을 위한 <표준 한국어> 교재와 <교사용 지도서>가, 2014년 말에는 표준한국어 익힘책이 개발 완료되었다. 또한 현장에서 한국어 교육을 담당하게 될 교사를 대상으로 한 직무연수가 진행되고 있으며, 다문화예비학교와 각종 시범학교 및 연구학교 등을 지정하여 예산을 배정하고 각종 정책이 시행되고 있다.

리의 공교육 체계 안에서 다문화 가정 자녀를 위한 한국어 교육이 시행될 제반 여건을 어느 정도는 갖추게 되었음을 의미한다. 실제로 2013년부터는 전국의 초·중·고등학교에 다문화 배경 학생을 위한 '한국어' 교과가 학교의 여건에 따라 선택되고 교육과정이 운영되기 시작하였다. 또한 이들의 한국어 교육을 담당할 교사를 대상으로 '다문화적 한국어 교수 역량 강화를 위한 한국어 교원 연수'가 시행되었고 이에 따라 학교 현장의 전문 인력이 투입되어 공교육 내의 한국어 교육 전문가로 활동할 수 있게 되었다.[57]

이와 같이 공교육 현장에 이처럼 체계적으로 다문화 가정 학생을 위한 한국어 교육을 위한 제반 체계가 자리 잡기 시작한 것은 실로 고무적인 일이 아닐 수 없다. 이들은 다른 한국어 교육 대상 집단에 비해 특히 우리 한국 사회의 미래를 짊어질 초석이기 때문이다.

(2) 한국어 교육과정의 대상과 목표

한국어 교육과정에서 대상으로 삼고 있는 학습자는 '중도 입국 학생, 외국인 가정 자녀 등과 같이 한국에서 태어나지 않았거나 한국어가 아닌 다른 언어를 모어로 하는 학생, 한국에서 태어나고 자랐지만 외국인 어머니의 제한된 한국어 수준으로 인해 한국어 능력이 현격하게 부족하여 학교 수업에 적응이 어려운 학생, 제3국 등을 통한 오랜 탈북 과정으로 인해 학교생활 적응에 어려움을 보이는 탈북 학생, 또는 오랜 해외 체류 후 귀국한 학생 중에 한국어 의사소통 능력의 부족으로 학교생활 적응이나 한국어로 이루어지는 수업 참여에 어려움을 겪는 학생'[58] 등

---

[57] 이상의 내용은 본 저서의 집필 시점을 기준으로 이전의 논문 내용을 일부 수정한 것이다.

[58] 교육과학기술부 고시 <한국어 교육과정>

이다.

이들의 한국어 능력을 일정 수준에 이르게 하기 위한 교육 행위가 '한국어 교육'이며, 한국어 교육과정은 다음과 같은 목표를 상정하고 있다.

가. 한국어에 대한 기초 지식을 이해하고 일상생활에 필요한 기본적 인 의사소통 능력을 함양한다.
나. 한국어로 이루어지는 학교 교실 수업 상황에 능동적인 학습자로 참여할 수 있는 학습 한국어 능력을 기른다.
다. 한국 사회와 문화에 적절하게 대응할 수 있는 상호문화이해 및 소통 능력을 기른다.
라. 한국어에 대한 흥미와 한국어 사용에 대한 자신감을 가지고, 한국 사회의 일원으로서 긍정적인 태도와 정체성을 함양한다.

이처럼 다문화 가정 학생에게 필요한 한국어 능력을 '기본적인 의사소통 능력'과 '학습 한국어 능력'으로 설정하고 있는 점은 한국어 교육과정의 새로운 시도라 할 수 있다. 이러한 개념을 설명하기 위해 한국어 교육과정에서는 '생활 한국어'와 '학습 한국어'라는 용어를 사용하고 있으며, 이는 교육과정 내용 체계의 근간을 이루고 있다. 이 점에 관해서는 다음 절에서 살펴보기로 하자.

(3) 한국어 교육과정의 내용 체계

한국어 교육과정의 내용 체계는 크게 '생활 한국어'와 '학습 한국어'의 두 개의 범주를 주축으로 하고 있다. 이 두 개의 범주는 언어 기능과 언어 재료로 구분하여 내용을 제시하고 있는데, 언어 기능은 듣기·말하기·읽기·쓰기로 공통되지만, 언어 재료는 생활 한국어와 학습 한국어가 각각 달리 차별화되도록 구성되어 있다.

즉, 생활 한국어의 언어 재료는 '주제, 의사소통 기능, 어휘, 문법, 발음, 텍스트 유형'으로 명시되어 있으나, '학습 한국어'의 언어 재료는 '국어·수학·사회·과학 주제별 핵심 어휘, 학습 의사소통 기능 및 전략'이라고 제시되어 있다. 다시 말해, 생활 한국어와 학습 한국어는 표출되는 형식은 '듣기·말하기·읽기·쓰기'라는 언어 기능의 측면에서는 공통되나 그 재료로 사용되는 재료는 각기 다르다는 것이다.

〈표 30〉 한국어 교육과정의 내용 체계

생활 한국어	학습 한국어
언어 기능 -듣기 -말하기 -읽기 -쓰기	**언어 기능** -듣기 -말하기 -읽기 -쓰기
언어 재료 - 주제 · 의사소통 기능 - 어휘 · 문법 · 발음 - 텍스트 유형	**언어 재료** - 국어 · 수학 · 사회 · 과학 주제별 핵심 어휘 - 학습 의사소통 기능 및 전략
문화 의식과 태도 - 문화 인식 · 이해 · 수용 - 긍정적 자아정체성 · 공동체 의식	

이처럼 '생활 한국어'와 '학습 한국어'의 개념을 한국어 교육과정에 도입한 것은 앞서 2장에서 살펴본 BICS와 CALP의 개념을 원용한 것으로 앞서 살펴본 미국의 ESL 교육과정이나 일본의 JSL 교육과정에도 도입된 개념으로 이주민 자녀를 대상으로 한 언어 교육과정의 개발 원리로 충분한 가치가 있으며, 한국어 교육과정에 이를 반영하고 있음은

바람직한 것으로 볼 수 있다.

다만, 한 가지 아쉬운 점은, 학습 한국어의 언어 재료에 '국어·수학·사회·과학 주제별 핵심 어휘, 학습 의사소통 기능 및 전략'이 제시되어 있는데, 여기에 각 교과 영역에 주로 사용되는 기본적인 표현과 활동에 대한 제시가 없다는 점이다. 국어, 수학, 사회, 과학 등 주요 내용교과의 수업 장면에 차별화를 가져오는 것은 다만 교과 내용과 관련한 핵심 어휘뿐 아니라, 교과 고유의 특성에 기인한 활동 유형의 차별화도 있기 때문이다.

(4) 한국어 교육과정의 범주와 위계 설정

한국어 교육과정은 기본적으로 '숙달도 중심'의 구성 원리를 기본으로 삼고 있다. 구성 범주는 크게 화제와 장면, 과제와 기능, 언어 단위, 어휘, 언어 조정 능력, 문화 적응 능력의 6개 범주로 구분하고 있다. 이 각각의 범주는 한국어 등급 1급부터 6급까지 진행되는 동안 점차 심화·확장되는 흐름을 취하고 있다. 즉, 화제와 장면은 '친숙하고 예측 가능한 일상생활 장면'으로부터 점차 '낯선 화제와 장면'으로 구성되며, 과제와 기능 역시 '일상생활에서의 의사소통 기능'으로부터 '교과 영역 학습에 필요한 기능과 전략'으로 심화되는 것이다.

'숙달도 중심'의 구성 원리를 취하고 있는 한국어 교육과정은 숙달도 수준을 단계별 '성취기준'으로 제시하고 있다. 초·중·고등학교 공히 6단계-초급 1·2단계, 중급 3·4단계, 고급 5·6단계-를 취하고 있으며, 초등학교, 중학교, 고등학교의 학교급별 성취기준을 별개로 제시하고 있다. 이는 미국의 ESL 교육과정에서의 성취기준 기술 방식과 어느 정도 맥이 통하는 부분이다. 또한 일면 유사해 보이는 성취기준을 학교급별로 나누어 제시한 것은 이들 학습자의 언어 숙달도 수준은 동일하더라도 인지적 발달 수준이 서로 다르다는 점 때문이다.

학습자의 인지적 발달 수준을 고려한 이러한 성취기준 제시는 긍정적인 측면으로 보이나, 국어과 교육과정과의 연계성 문제는 좀 더 논의가 필요한 부분이다. 초등학교의 경우는 큰 문제가 없을 수 있으나, 중·고등학교의 한국어 성취기준은 국어과 교육과정과의 연계성 확보에 어려움이 있다. 다문화 가정 학생이 가져야 할, 또래와 동등하게 학습할 수 있는 권리를 보장하는 측면에서 한국어 교육과정을 이해한다면, 한국어 교육과정의 최고 단계에서 도달해야 하는 수준은 동일 학년 수준의 한국어 능력으로 상정되어야 한다. 이는 자국어 교육과정의 성취기준과의 연계성이 확보되어야 한다는 의미이다. 하지만, 교육 현장의 상황을 고려할 때 이는 불가능하다는 인식이 일반적이고, 이에 따라 교과 학습에 필요한 '최소한의 한국어 능력'으로 기본적인 수준을 상정한 후 한국어 교육과정의 성취기준을 진술하고 있는 것이다. 게다가 한국어 교육과정이 이제 공교육의 현장에 적용된다 할 때는 '평가'의 측면도 고려해야 하기 때문에 성취기준의 위계 설정 문제는 단순하지 않다. 이 부분 앞으로 계속적인 논의가 있어야 할 것이다.

미국의 ESL 교육과정처럼 교수-학습을 통해 '성취'하여야 할 수준, 그리하여 '평가'의 기준이 되는 준거로서 교육과정을 구성하는 경우와, 일본의 JSL 교육과정처럼 다만 학교의 수업 현장에 적용하고 활용할 수 있는 교수-학습 방안이나 학습 활동의 단위로서의 의미로 교육과정을 구성하는 경우는 큰 차이가 있다. 현재로서 우리의 한국어 교육과정은 이 둘의 복합적인 성격을 갖고 있다고 볼 수 있다.

6. 미국, 일본, 한국 교육과정의 비교

지금까지 미국, 일본, 유럽, 한국의 사례를 살펴보았다. 본고는 초·중·고등학교의 학교 내 다문화 배경 학생 대상 한국어 교육에 관해 논의 중이다. 따라서 직접적인 관련이 있는 미국의 ESL 교육과정, 일본 JSL 교육과정, 한국의 KSL 교육과정을 중심으로 간략히 비교해 보기로 하자. 지금까지 논의한 각각의 특성을 비교하여 표로 제시하면 다음과 같다.

〈표 31〉 미국 ESL, 일본 JSL, 한국 KSL 교육과정의 비교

	미국 ESL	일본 JSL	한국 KSL
교육과정 개발 주체	각 주별로 ESL 교육과 정 개발 WIDA의 경우, 22개 주 컨소티엄 구성	민간단체에서 시작하 여 2001년 정부 개입 으로 개발	정부 주도하에 개발
교육과정 체계	학습 목표 중심 단계별 평가 준거의 역할	교수-학습 상황 및 수 업 진행 방식에 근거 해 제시	학교급별, 단계별 성 취기준의 등급화, 학 습 목표의 역할
언어 범주	일상 영어, 학습 영어	토픽형 교육과정, 교 과지향형 교육과정	생활 한국어, 학습 한 국어
어휘 제시	언어, 수학, 과학, 사회 각 과목 언어, 과목별 주제 범주와 어휘 제 시	체험, 탐구, 발신과 같 은 범주화된 어휘 단 계별 제시	생활 한국어의 기본 어휘 제시 국어, 사회, 수학, 과 학 교과의 핵심 주제 제시

미국은 교육과정을 각 주별로 독자적으로 개발하지만, CCSS에 근거해 핵심적인 지식과 내용 요소 및 평가 기준 등을 반영하도록 하고 있다. 자국어 교육과정과 ESL 교육과정이 매우 밀접하게 연계되어 있고, 기준이 구체적이고 상세하게 반복적으로 제시되어 있는 점도 특징이다.

본격적인 ESL 교육과정인 WIDA는 22개 주가 선택하고 있는 교육과정으로, 교과 학습과 언어 학습을 연계한 기준 제시를 통해 일상 언어와 학습 언어 능력 신장을 도모하고 있다. 교육과정의 체계가 학습 목표 중심이며, 교육과정에 명시된 기준은 단계별 평가 준거의 역할을 하고 있다. 특히, 언어, 수학, 과학, 사회 등 각 교과의 핵심 주제와 어휘 목록을 제시하고 있는 것이 주목할 만하다.

일본의 JSL 교육과정은 민간단체에서 시작하여 2001년 정부 개입에 의해 개발된 교육과정이다. 앞서 미국의 교육과정이 평가 준거의 역할을 하도록 구성되어 있다면, 일본의 JSL 교육과정은 교수·학습 상황 및 수업 진행 방식에 근거해 제시되어 있는 점이 다르다. 교육과정은 일상 생활 언어 중심인 '토픽형 교육과정'과 학습 언어 중심인 '교과지향형 교육과정'의 두 범주로 구성되어 있다. 체험, 탐구, 발표 등과 같은 학습 능력 측면의 어휘들을 범주화하여 단계별로 제시되어 있는 것이 특징이다.

한국의 KSL 교육과정은 학교급별, 단계별 성취기준을 초급 1,2단계, 중급 3,4단계, 고급 5,6단계로 나누어 등급화 하여 제시하고 있다. 이 성취기준은 결국 학습 목표의 역할을 하며, 각 등급별 성취기준은 생활 한국어와 학습 한국어가 고루 반영되도록 구성되어 있다. 또한 생활 한국어 어휘 목록과 국어, 사회, 수학, 과학 교과의 핵심 주제 목록을 제시하고 있는 것이 특징이다.

다문화 배경 학생 대상 한국어
교육 현황 및 요구 분석

이 장에서는 다문화 배경 학생 대상 한국어 교육 현황을 살펴보고 요구 분석을 실시할 것이다. 우선 1절에서는 이들을 위한 한국어 교육 프로그램이 어떻게 운영되고 있는지 알아본다. 다문화 배경 학생을 위한 한국어 교육 현장의 방문, 수업 참관, 설문 조사와 심층 면담 등을 통해 한국어 교육 현황을 고찰하고, 프로그램을 분석할 것이다. 2절에서는 다문화 배경 학생을 위한 한국어 교재 개발 현황을 짚어보고 그 중 몇 종의 교재를 선정해 다문화 배경 학생의 한국어 교육에 얼마나 적합하게 잘 구조화되어 있는지 교수-학습 내용과 구성 체제를 분석해 본다. 3절에서는 다문화 학생이 대개 일반 학교 일반 학급에서 통합교육을 받고 있다는 사실에 기초해 국어과 교육과정을 분석할 것이다. 마지막으로 4절에서는 설문 조사를 통한 요구 분석을 실시해 다문화 배경 학생 대상 한국어 교육과정 구성에 적용할 만한 시사점을 찾아낼 것이다.

1. 다문화 배경 학생 대상 한국어 교육 프로그램 분석

이 절에서는 다문화 배경 학생을 대상으로 하는 한국어 교육이 어떻게 이루어지고 있는지 교육 현황을 살펴보고, 한국어 교육 프로그램을 분석할 것이다. 먼저 1.1절에서는 다문화 예비학교, 글로벌 다문화 선도학교, 공립형 다문화 대안학교, 탈북 학생을 위한 공립학교 등을 방문해 참관한 내용을 중심으로 다문화 배경 학생 대상 한국어 교육의 현황을 짚어볼 것이다.[1] 1.2절에서는 학교 방문 일정에 관한 개요를 설명하고, 1.3절에서는 이들 학교에서 운영되고 있는 한국어 교육 프로그램을 살펴보고 분석하여 문제점이나 시사점을 도출해낼 것이다.

1.1. 다문화 배경 학생 대상 한국어 교육 현황

최근 다문화 배경 학생이 지속적으로 증가함에 따라 교육과학기술부에서는 2012년 3월 12일, 「다문화 학생 교육 선진화 방안」을 추진하겠다고 밝혔다. 모든 학생이 다양성을 이해하는 창의적인 글로벌 인재로 성장할 수 있도록 학교가 중심이 되어 다문화 친화적 교육 환경을 조성하겠다는 취지이며, 특히 중도 입국 자녀 등 다문화 학생의 개인별 특징이 다양화되고 있음을 고려하여 맞춤형 교육을 실시하기 위한 것이다.

「다문화 학생 교육 선진화 방안」의 주요 내용은 크게 6가지로 요약할 수 있는데, ① 다문화 학생 공교육 진입 지원을 위한 예비학교 및 다문화코디네이터 운영, ② 한국어(KSL) 교육과정 도입 및 기초학력 책임

---

[1] 이들 다문화 예비학교, 글로벌 다문화 선도학교, 공립형 다문화 대안학교, 탈북 학생 대상 공립 중·고등학교 등의 개념과 특성에 관해서는 뒤에서 자세히 다루기로 한다.

지도 강화, ③ 다문화 학생과 일반학생이 함께 배우는 이중 언어 교육 강화, ④ 다문화 학생 진로·진학 지도 강화, ⑤ 다문화 친화적 학교 환경 조성, ⑥ 일반학생과 학부모에 대한 지원 강화 등이 그것이다.

이에 따라 2011년 당시만 해도 서울의 다애다문화학교, 부산 아시아공동체학교, 광주 새날학교 등 3개교에 한했던 다문화 예비학교가 전국 26개 학교로 확대되어 2012년 4월부터 예산이 편성, 운영되고 있다. 또한 글로벌 다문화 선도학교 129개교를 새롭게 지정하여 집중지원형과 거점형으로 나누어 운영하고 있다. 또한 2012년 3월에는 최초로 공립형 다문화 대안학교인 서울다솜학교가 개교하기도 하였다.

〈표 32〉 다문화 예비학교 목록(2012.7.5.현재))

지 역	학교 수	학교명
서 울	3	지구촌학교(초), 다애다문화학교(중), 울온드림다문화학교(중·고)
부 산	1	아시아공동체학교(초,중,고)
대 구	1	신당초
인 천	2	당산초, 가좌고
광 주	1	새날학교(초,중)
대 전	2	동부다문화 교육센터, 서부다문화 교육센터
울 산	1	내황초
경 기	5	안산원일초, 시흥시화초, 부천신흥초, 수원권선초, 남양주장현초
강 원	1	원주 YMCA 고등학교
충 북	2	한벌초, 청명학생 교육원
충 남	2	차동초, 인주초
전 북	1	**초(공모중)
전 남	1	한울고
경 북	2	포항다문화 교육지원센터, 구미다문화 교육지원센터
경 남	1	자여초
제 주	1	제주다문화 교육센터
합계	26	

(출처: 교육과학기술부)

현재 운영되고 있는 시·도교육청별 다문화 예비학교는 위의 표와 같다. 또한 글로벌 다문화 선도학교 중 집중지원형 학교 목록은 다음과 같다.

〈표 33〉 글로벌 다문화 선도학교(집중지원형) 목록(2012.7.5.현재)

지역	학교 수	학교명
서 울	4	이태원초, 삼전초, 구의중, 선정중
대 구	1	대구북동초
인 천	2	인천화전초, 인천동암초
광 주	1	송원중
대 전	2	대전흥룡초, 대전정림중
울 산	1	야음초
경 기	4	안산원곡초, 미원초, 설악중, 봉일천고
강 원	1	사내초
충 북	3	내수초, 미원초, 옥천중
충 남	3	공주중동초, 미죽초, 천안부성중
전 북	1	성송초
전 남	2	학다리중앙초, 청계초
경 북	2	상대초, 입실초
경 남	2	대방초, 합천초
제 주	1	백록초
합계	30	

(출처: 교육과학기술부)

앞서도 언급한 것처럼 글로벌 다문화 선도학교는 이 외에도 거점형 학교가 99개교 더 지정 운영되고 있다.

1.2. 다문화 배경 학생 한국어 교육 현장 참관

연구자는 다문화 배경 학생 대상 한국어 교육 현황을 고찰하기 위해 다문화 예비학교, 글로벌 다문화 선도학교, 공립형 다문화 대안학교, 탈북 학생을 위한 공립 중·고등학교를 방문하였다. 다문화 배경 학생 대상 한국어 교육에 관한 논의를 위해서는 다문화 배경 학생 한국어 교육 현장의 최전선이라 할 수 있는 이들 학교의 전반적인 교육 현황과 한국어 교육 현황을 살펴볼 필요가 있기 때문이다.

다문화 예비학교 두 곳(부산 아시아공동체학교, 지구촌학교)을 방문하여 다문화 배경 학생 교육의 최전선이라 할 수 있는 현장의 상황을 파악할 수 있었다. 또한, 글로벌 다문화 선도학교 한 곳(이태원초등학교)을 방문하여 통합학급에서의 일반 교과 수업은 물론, 방과 후 수업으로 이루어지고 있는 한국어 수업 참관을 통해 일반 학교에서의 다문화 배경 학생 대상 한국어 교육 방안에 대해 생각해 볼 수 있었다. 또한, 올해 초 개교한 최초의 다문화 가정 청소년을 위한 공립 대안학교(서울다솜학교)와 탈북 학생 대상 중·고등학교 한 곳(한겨레학교)을 방문하여 다문화 배경 학생 중 특히 중도 입국 청소년과 탈북 청소년의 한국어 교육 및 교육 현황을 살펴보았다.

방문 일정과 내용은 아래와 같다.[2]

---

[2] 연구자는 2012년 교육과학기술부의 '한국어 교육과정 개발 연구' 프로젝트에 연구진으로 참여하며 다문화 배경 학습자 대상 한국어 교육과정 개발 연구를 수행하였고, 후속 연구로 '다문화적 한국어 교수 역량 강화를 위한 한국어(KSL) 교원 연수 프로그램 개발 연구'를 수행하였다. 또한 교재 개발과 관련하여 국립국어원의 '다문화 가정 자녀 대상 한국어 교재 개발 연구', '한국어(KSL) 교재 교사용 지도서 개발', 교육개발원의 '탈북 학생용 중학교 국어 교재 개발 연구' 등에 참여하였다. 이러한 일련의 연구 프로젝트에서 현장 연구의 일환으로 다문화 학생 대상 한국어 교육기관 참관 및 심층 취재 기회를 가졌으며, 당시 본고의 집필에 필요한 자료들을 수집해 두었음을 밝혀 둔다.

〈표 34〉 방문 개요

	학교	유형	날짜	시간	내용
1	서울 다솜학교	-고등학교 -공립형 다문화 대안학교	2012.5.19	08:20-15:30 (약 7시간)	▪ 교감, 교사 면담 ▪ 이중 언어 교사 면담 ▪ 인터뷰 녹음 ▪ 수업 참관 - 국어, 사회, 과학, KSL한국어 ▪ 수업 동영상 촬영 ▪ 설문 조사 ▪ 학생 면담
2	부산 아시아 공동체 학교	-초·중·고 등학교 -다문화 예비학교	2012.5.29	13:00-16:00 (약 3시간)	▪ 교장, 교사 면담 ▪ 인터뷰 녹음 ▪ 학교 안내 자료 청취 ▪ 교실 참관 ▪ 자체 개발 한국어교재 및 교수학 습 자료 검토 ▪ 설문 조사 ▪ 학생 면담
3	서울 이태원 초등학교	-초등학교 -글로벌 다문화 선도학교	2012.6.28	08:50-16:40 (약 8시간)	▪ 교장, 교감, 교사 면담 ▪ 이중 언어 교사 면담 ▪ 인터뷰 녹음 ▪ 정규 수업 참관 - 국어, 수학, 사회, 과학, 음악 등 ▪ 방과 후 수업 참관 - 한국어 초급·중급·고급반 ▪ 수업 동영상 촬영 ▪ 자체 개발 한국어교재 및 교수학 습 자료 검토 ▪ 설문 조사 ▪ 학생 면담
4	지구촌 학교	-초등학교 -다문화 예비학교	2012.9.7	08:30-11:30 (약 3시간)	▪ 교감, 교사 면담 ▪ 교실 참관 ▪ 자체 개발 한국어교재 및 교수학 습 자료 검토
5	한겨레 중·고등	-중·고등 학교	2012.9.27	09:00-16:00 (약 7시간)	▪ 교장, 교감, 교사 면담 ▪ 인터뷰 녹음

| 학교 | -탈북
학생
학교 | | | ▪ 국어 수업 참관(중1, 고3)
▪ 수업 동영상 촬영
▪ 자체 개발 한국어교재 및 교수학
  습 자료 검토
▪ 설문 조사
▪ 학생 면담 |

각 학교마다 교장, 교감을 비롯한 관련 교사들과의 심층 면담을 진행
하였으며, 담당 교사의 안내로 학교의 시설과 특색 사업 관련 현장 등을
견학하였다. 또한 하루 종일 한국어 수업을 비롯한 국어, 사회, 과학 등
여러 교과의 수업을 참관하고, 교사와 학생 대상 면담을 실시하였다.
당시 학교 안내, 심층 면담, 수업 참관 등은 녹취 및 동영상 촬영 후
전사 하였고, 각 학교 교사들에게서 회신 받은 설문 조사지도 분석 대상
자료에 포함하였다. 특히 서울다솜학교와 이태원초등학교에서는 이중
언어 교사들의 협동 수업을 참관하고 면담과 설문을 통해 그들의 입장
을 살펴볼 수 있었던 것이 기존 연구들과 차별되는 점이다. 각 학교의
교육 현황을 살펴보기로 하자.

1.3. 다문화 배경 학생 한국어 교육 프로그램 분석

이 절에서는 참관한 학교의 간략한 개관을 통해 각 학교의 특성을
살펴볼 것이다. 다문화 예비학교, 글로벌 다문화 선도학교, 공립형 다
문화 대안학교, 탈북 학생 대안학교 등 학교별 특성에 대한 이해 없이
는 각 학교에서 이루어지고 있는 한국어 교육 프로그램 운영상의 특수
성에 대한 분석도 불가능하기 때문이다. 또한 이들 네 학교 유형에서
실시되고 있는 한국어 교육 프로그램의 특성을 분석할 것이다. 이러한
분석과 논의 과정을 통해 본 연구의 목적인 다문화 배경 학생을 위한

한국어 교육과정 구성 방안을 위한 시사점을 도출해 낼 수 있을 것이기 때문이다.

앞서 방문 개요에서도 밝혔듯이, 본 연구에서 연구자가 관찰 대상으로 삼은 학교는 다문화 예비학교, 다문화 대안학교, 글로벌 다문화 선도학교 세 곳과 제도권 안에서 운영되고 있는 탈북 학생 대안학교 한 곳이다.

(1) 공립형 다문화 대안학교: 서울다솜학교

서울다솜학교는 다문화 가정 청소년을 위한 고등학교 학력 인정 대안학교로, 서울시 중구 홍인동 성동공업고등학교 내에 위치해 있다. 2012년 3월에 개교한 최초의 공립형 대안학교[3]이다. 이 학교에서는 다문화 가정 청소년들에게 자립 능력을 키워줄 수 있는 기술 교육을 병행하고 있어, 이 학생들이 사회에 안정적으로 정착하는데 도움을 줄 수 있을 것으로 기대하고 있다.[4]

학년별 2개 학급으로 학급당 20명씩 총 120명이 정원이지만 현재 재

---

[3] 장인실(2011)에서는 '공립형 다문화 대안학교'라는 용어를 처음 사용하고 있다. '공립형 다문화 대안학교'는 한국어가 부족하거나, 동 학년보다 학력이 부족하거나, 일반학교에 바로 적응하기에 어려움이 있는 중도 입국 자녀, 외국인 근로자 자녀 등 학령기 다문화 가정 학생을 위한, 일반학교에서의 적응을 위한 디딤돌 역할을 하는 학교를 말한다(장인실, 2011:7). '공립형'이라 함은, 한국의 대안학교는 대개 사립으로 운영되고 있음에 반해 이 학교는 공립의 형태임을 의미한다. 즉, "학교의 형태는 대안학교이지만 공립으로 국가와 시·도에서 지원하며, 인가된 대안학교로서 검정고시 없이 정규 교육과정을 이수하면 졸업이 가능하며, 일반학교로의 전학이 자유로운 학교"이다(장인실, 2011:10).

[4] 2012년 현재 서울다솜학교와 같은 다문화 고등학생의 조기 진로·직업 교육을 위한 다문화 직업교육 대안학교는 충북 제천에 135명 정원의 한 개 학교가 더 있으며, 교육과학기술부의 '다문화 학생 교육 선진화 방안'에 따르면, 2013년 인천에 210명 정원의 한 개 학교를 추가 설립할 계획이다. (본고 집필 이후 2013년 3월 인천한누리학교가 개교하였다.)

학생 수는 48명으로 정시모집 후 추가로 수시 학생을 모집하고 있다. 출신 국가별 학생 현황은 아래 표와 같다. 1학년 2개 반은 개교를 앞두고 학생 모집과 선발 절차를 거쳐 40명 정원을 채우고 있지만, 2, 3학년은 다른 일반 학교에 재학하다 전학 온 학생들로 2학년 5명, 3학년 3명이 전부인 상태다. 전체 재학생 48명 중 47명이 외국에서 태어난 학생이다. 이들은 부모의 결혼이나 근무처 이동 등의 사유로 한국에 입국한 중도 입국 청소년으로 한국어 의사소통 능력이 많이 부족한 상태라 전 교과에 걸쳐 교사의 한국어 교육이 필요한 상황이다.

〈표 35〉 서울다솜학교 학생 현황(2012.5.15 현재, 단위: 명)

다문화 학생수		국제결혼 가정							외국인 가정				
		일본	중국	조선족	필리핀	베트남	소계	비고	중국	조선족	몽골	소계	비고
고1	40		1	22	1	3	27	국내출신:	3	8	2	13	외국인
고2	5		2			2	4	1명		1		1	근로자:
고3	3	1	1				2	중도 입국:		1		1	5명 재외 동포:
계	48	1	4	22	1	5	33	32명	3	10	2	15	10명

(자료 제공: 서울다솜학교)

서울다솜학교에서는 특색 사업으로 KSL 수업과 방과 후 수준별 한국어 수업, 이중 언어 강사와의 협력 수업, 태권도 교육, 심리 치료 수업, 토요 한국 문화·예술 체험 활동 등을 운영하고 있다. 현재 이 학교에는 한 명의 KSL 교사와 9명의 이중 언어 강사가 배치되어 있다.[5] 이중 언

---

5 서울다솜학교 교원 현황 (단위: 명/ 자료제공: 서울다솜학교)

구분	교감	교장	교사										소계	시간강사				소계	계
			국어	영어	사회	과학	음악	미술	전자	정컴	관광	보건		수학	체육	KSL	이중언어		
인원	1	1	1	1	1	1	1	1	1	4	3	1	17	1	1	1	9	12	29

어 강사 현황은 다음 표와 같다. 이들은 모두 서울교육대학교의 이중 언어강사 양성 프로그램을 이수한 강사들이다.

〈표 36〉 이중 언어 강사 국적별 현황(단위: 명)

구분	중국	몽골	베트남	필리핀	계
강사 인원	5	2	1	1	9

(자료 제공: 서울다솜학교)

이들은 각 반에 배치되어 담임교사와 함께 조회와 종례 등 학급 입실 지도, 체험 학습 인솔 지도 등을 담당하고, 의사소통이 어려운 다문화 가정 학생을 대상으로 모국어와 연계한 협력 수업 및 한국어 지도, 다문화 가정 학생 및 학부모 상담을 지원 등을 담당하고 있다.

현재 이 학교에서 운영하고 있는 한국어 수업은 'KSL 한국어'라는 이름의 정규 수업과 방과 후 수업의 두 가지 형식으로 이루어지고 있다. KSL 한국어는 이 학교의 특색 사업 중 하나로 정규 교과목으로 운영되고 있는 수업이며, 방과 후 수업으로 이루어지고 있는 한국어 수업은 한국어 숙달도 수준이 낮은 학생들의 한국어 능력 신장을 위해 별도로 운영하고 있는 수업이다.

방과 후 수업은 학년이 아닌 한국어 능력 수준에 따른 수준별 학급 편성을 특징으로 하며, <한국어 기초반>, <한국어 초급1반>, <한국어 초급2반>으로 나누어 운영되고 있다. 주 4회 1시간씩 총 20시간을 한 기수로 운영하며, 1년 동안 총 4기, 즉 80시간의 방과 후 한국어 수업 시수가 확보되는 셈이다. 시수만으로 놓고 보면, 대학의 한국어 교육 기관이 일반적으로 한 개의 급을 마치는 데 주 5일간 매일 4시간씩 총 10주를 운영하여 200시간을 잡고 있어, 초급 수준에 해당하는 1,2급을 마치는데 총 400시간을 확보하고 있는 것에 비하면 양적으로 매우 부족한 시간이라 할 수 있다.

(2) 다문화 예비학교: 부산 아시아공동체학교

아시아공동체학교는 2006년 9월 15명의 학생으로 수업을 시작한 후, 이듬해 '디딤돌 과정'이라는 한국 적응 프로그램을 운영하기 시작하였고, 이어 '다문화 청소년 상담 지원 센터', '아시아공동체 국제 어린이 도서관' 등을 개관하며 다문화 아동과 청소년을 위한 교육을 실시하던 학교다. 현재 이 학교를 거친 후 한국의 공교육으로 편입된 이주 아동과 청소년은 100여 명에 이른다. 현재 아시아공동체학교의 학생 현황은 다음과 같다.

〈표 37〉 아시아공동체학교 학생 현황

국적	러시아	중국	베트남	필리핀	우즈베키스탄	일본	키르키스탄	미국	페루	요르단	몽골	파키스탄	새터민	한국	계
인원	13	10	4	2	2	2	1	1	1	1	1	1	1	15	55

(자료 제공: 아시아공동체학교)

아시아공동체학교는 2012년부터 '다문화 학생 교육 선진화 방안'에 따라 '다문화 예비학교'로 지정되어 위탁 교육기관의 형태로 기존 디딤돌과정을 다문화 예비학교 예산으로 운영하게 되었다. 즉, 아시아공동체학교에는 현재 정규반과 디딤돌반, 2개의 과정이 나뉘어 운영되고 있는데, 정규반은 일반 초·중·고등학교와 거의 동일하게 운영되고 있으나, 디딤돌반은 한국어 교육 및 한국 사회 문화 적응 교과를 중심으로 운영되고 있다는 점이 차이라 하겠다.

다문화 예비학교는 현재 3개의 디딤돌반으로 편성되어 있고, 각 반은 또 학생의 수준에 따라 2-3개로 분반 수업이 이루어지고 있다. 총 15명의 학생이 교사 1인당 2명 정도씩의 비율로 배정되어 수업을 받는다. 학생들의 국적은 중국, 러시아, 베트남, 페루, 케냐 등이며, 연령도 9-19세까지 다양해 초등학교 과정에 8명, 중·고등학교 과정에 7명이 재학 중이다. 빠르면 6개월, 보통은 6-8개월 정도의 기간을 디딤돌반에서 공부한 후 정규반으로 이동하는 식이다.

〈표 38〉 아시아공동체학교 다문화 예비학교의 교육과정

영역	프로그램	시간배분	일정
한국어 교육	기초생활한국어, 교과한국어(초급)	주30시간	2012.4 ~ 2013.2
	한국어(중급), 한국어능력검정반	과정별 주4시간	
상담 프로그램	개인상담 (입국 3개월 이내)	8회기	
	개인상담 (입국 3개월 이후)	12회기	
	집단상담 (입국 3개월 이후)	12회기	
	심리검사 (성격,진로)	각 1회	9~11월
한국 문화 체험활동	"세상 밖으로, 한국 속으로"	주 1회	9~11월
	생태체험활동	2박3일	6월
	청학동 예절학교	2박3일	9월
진로교육	다양한 직업군 탐색	현장교육	9~12월

(자료 제공: 아시아공동체학교)

아시아공동체학교의 디딤돌과정, 즉 다문화 예비학교의 교육과정은 위의 표와 같다. 다문화 예비학교의 교육 목적은 중도 입국 아동과 청소년의 안정된 한국 사회 정착을 위한 초기 적응 교육에 있다. 교육 목표는 한국어 능력 배양과 한국 사회에 대한 이해는 물론, 집단 상담과 개인 상담을 통한 심리적 안정감과 자아 정체감 형성에 두고 있다. 특히 중도 입국 청소년의 경우 마음의 상처를 치유하고 정서적 안정을 찾게 하는 데에 중점을 두고 교육과정을 운영한다.

그러면 한국어 교육은 어떻게 이루어지고 있는지 살펴보자. 아시아공동체학교에서 '디딤돌반'이라 하여 운영하고 있는 '다문화 예비학교' 학급의 시간표는 다음과 같다. 표에서 보는 바와 같이 하루 6시간의 정규 수업 중 3~4시간을 온전히 한국어 수업으로 채우고 있다. 방과 후 수업까지 합하면 하루 5~7시간을 한국어에 배정하고 있는 셈이다.

〈표 39〉 아시아공동체학교 다문화 예비학교 운영 시간표

		월	화	수	목	금	토
정규	1	한국어	세상 밖으로 한국 속으로	한국어	사회	한국어	매4주 토요일 도보여행
	2	한국어		한국어	사회	한국어	
	3	영어		미술	한국어	수학	
	4	한국어		영어	한국어	수학	
	5	책읽기 (모국어)	체육	한국어	책읽기 (모국어)	한국어	
	6	한국어 (쓰기)		한국어	한국어 (쓰기	한국어 (듣기)	
방과 후	1	한국어 (중급)	한국어 능력검정	한국어 (중급)	한국어 능력검정	한국어 (중급)	매4주 토요일 도보여행
	2						

(자료 제공: 아시아공동체학교)

한국어 수업은 주로 '학습 한국어' 중심으로 즉 사회, 과학, 수학 등의 주요 교과 학습을 위한 필수적인 개념어 위주로 이루어진다. 특히 초등학생의 경우 학습 결손을 만회할 기회가 많이 있지만 중·고등학생의 경우 교과 학습 결손이 큰 상태이므로 수학, 사회, 과학 등 내용교과의 주요 개념어와 핵심 어휘 학습에 치중한다. 이와 관련하여 부산 아시아공동체학교의 고등학교 교실 칠판 옆에 붙어 있던 수학 교과의 개념어 목록이 특히 눈에 들어왔다.

<표 40> 아시아공동체학교의 고등학교 수학 개념어 목록

날짜	어휘
5/29(화)	유리수 정수 자연수 벤다이어그램 분수 분모 분자 유한소수 무한소수 소수점
5/30(수)	거듭제곱 소인수 판별 기약분수 미지수 순환소수 순환마디 참값 측정값 어림수
5/31(목)	근사값 오차 오차의 한계 반올림 올림 분배법칙 단항식 계수 역수 혼합계산
6/1(금)	소괄호 중괄호 대괄호 다항식 이차식 전개 동류항 합 차 곱셈공식
6/4(월)	식의 값 식의 대입 등식 방정식 해(근) 교점 가감법 소거 대입법 비례식

매주 10개씩 수학 교과의 개념어 목록을 정해 놓고 외우는 과제가 상시 과제로 제시되어 있는 것이다. 어려운 수학 개념과 원리를 이해하고 여러 유형의 문제들을 풀어내기 위해 필요한 최소한의 어휘들이 정리되어 있었다. 이처럼 교과 학습에 필요한 기본 어휘의 개념 학습을 통해 학업 문식성 신장을 도모하고 있는 것이다.

아시아공동체학교에는 다문화 예비학교만이 아닌 초·중·고 일반학급도 운영하고 있다. 일반학급 중 고등학교 시간표는 아래 표와 같다.

<표 41> 아시아공동체학교 고등학교 정규 학급 시간표

	월	화	수	목	금	토
1	국어	영어	원어민영어	음악	사회	매월 2주 봉사활동 · 매월 4주 도보여행
2	영어	한문	원어민영어		국사(중학)	
3	영상/ 러시아어	미술	기술/가정	책읽기	수학	
4				도덕		
5	과학	국어	수학보충	한국어능력 검정	환경 (생태건축)	
6						
7	영상/ 스스로공부	체육	2·4주 공동체회의	프로젝트		
8						

(자료 제공: 아시아공동체학교)

정규 학급이라고는 해도 일반 학교와는 조금 다른 체계로 운영됨을 알 수 있다. 미술이나 도덕은 중학교나 타 학급과 공동 수업으로 이루어 지고 있었다. 국사는 고등학교지만 수준을 낮춰 중학교 국사 교과의 내 용으로 수업이 이루어지고 있었다. 국어 2시간 외에 '한국어능력검정' 수업이 2시간 편성되어 있는 것도 눈여겨볼 만하다.

(3) 글로벌 다문화 선도학교: 서울 이태원초등학교

앞의 두 학교와 마찬가지로 이태원초등학교에서도 교장, 교감, 교사 면담을 1시간 남짓 실시하였고, 이중 언어 교사와의 면담도 40분 정도 실시하였다. 학생 면담은 수업 전후로 실시하였다. 모든 인터뷰 내용은 녹음한 후 전사하여 분석하였다. 이태원초등학교에서는 오전 동안은 1 학년부터 6학년까지 전 학년에 걸쳐 국어, 수학, 사회, 과학, 음악 등의 정규 수업을 참관하였다. 오후 1시 30분부터는 방과 후 수업을 참관하 였는데, 한국어 초급, 중급, 고급반과 교과 보충 수업이 이루어지고 있 는 3개 반의 수업이었다. 역시 모든 수업은 동영상 촬영이나 녹음을 통 해 기록 분석하였다.

이태원초등학교는 앞의 두 학교와는 달리 일반 공립학교이면서, 2012 년 6월 글로벌 선도학교로 지정된 학교이다. 2011년 현재 다문화 배경 학생이 35명으로 그 비율이 전체 재학생의 8%에 육박하는 수준이다.

〈표 42〉 이태원초등학교 다문화 가정 실태(단위: 명)

	1학년	2학년	3학년	4학년	5학년	6학년	계
국제결혼 가정	1	7	6	3	3	4	24
외국인노동자	3	4	1	1	2	0	11
계	4	11	7	4	5	4	35

(자료 제공: 이태원초등학교)

지역적 특성상 출신국 분포도 매우 다양하다. 35명의 다문화 배경 학생은 16개국 출신 학생들로 그 구성은 다음과 같다.

〈표 43〉 다문화 가정 학부모 출신국별 현황(단위: 명)

출신국	일본	중국	필리핀	미국	중앙아시아	파키스탄	미국	독일	영국	러시아	스웨덴	나이지리아	말레이시아	아르헨티나	인도	베트남	계
인원	3	3	3	2	2	4	1	1	2	2	1	5	2	1	2	1	35

(자료 제공: 이태원초등학교)

이처럼 출신국을 기준으로 한 다문화 가정 학생은 35명에 이르지만, 이들 중 가정에서의 한국어 학습 경험이 없어 한국어 의사소통에 어려움이 있는 학생들은 19명 수준으로 파악되고 있다. 이들은 언어 능력 및 문화 이해의 결핍으로 인해 수업 참여나 학업 성취에 부족함을 보이고, 교사와의 의사소통, 교우 관계, 학교생활에도 어려움이 있다. 크고 작은 부정적 경험이 축적됨에 따라 학습 동기도 낮아지고, 점차 자신감 없는 소극적인 태도를 보이거나, 폭력적 언어와 행동을 드러내는 경우도 생겨나게 된다.

이태원초등학교의 경우 이러한 다문화 가정 학생을 대상으로 한 교육 프로그램이 크게 3개 영역으로 나누어 실행되고 있다. ① 한국어 능력 향상 프로그램, ② 학교생활 및 사회적응력 향상 프로그램, ③ 문화 체험 프로그램 등이 그것이다.

한국어 교육 프로그램을 살펴보면, 정규 수업 시간에는 도서관 연계 수업을 통해 독서를 통한 흥미 진작 및 읽기 능력 향상을 도모하고, 본격적인 한국어 수업은 방과 후에 이루어지고 있다. 초급, 중급, 고급 수준의 3개 반으로 나누어 운영하고 있는데, 아동의 인지적 정서적 특성을 고려하여 다양한 교구 활용, 게임과 노래, 소그룹 활동을 통해 학습자의 흥미 유발을 도모하고 있었다. 또한 고학년이거나 한국어 수준이 중상급 수준인 학생들은 부족한 교과 학습을 돕는 보충 수업 형식으로 수업이 이루어지고 있었다. 학교의 교사들이 직접 집필진으로 참여해 한국어 교재를 제작해 활용하고 있는 점도 눈에 띄었다. 정부 기관이나 교육청에서 보급되는 교재는 학생들의 상황과 수준에 적합하지 않아 활용도가 낮았고, 이처럼 자체 제작 교재나 시중의 한글 학습 교재를 구입해 활용하고 있었다.

학교생활 적응 및 문화 체험 활동도 다양한 방식으로 시도되고 있었다. 교사와의 상담 프로그램은 물론, 대학생 멘토 활동, 일반 가정 학생과 다문화 가정 학생의 자매결연 활동을 통해 다문화 가정 학생의 학교생활 적응을 돕고 있었다. 또한, 문화 체험을 위해 지하철과 버스 이용, 영화 관람, 서점 이용, 한옥 마을 방문, 서울 명소 방문, 한국 농촌 체험, 송편, 김밥, 샌드위치 등 요리 만들기, 도자기나 전통 탈 만들기 등의 프로그램을 운영하고 있었다.

(4) 탈북 학생 대안학교: 안성 한겨레중·고등학교

탈북 학생들은 제3국을 경유하는 등의 오랜 탈북 과정에서 심리적 상처를 입게 되고, 장기간의 학습 공백으로 인한 기초 학습 능력 부진, 남한 사회에서의 문화 충격 상태에 처해 있다는 특성을 지닌다. 또한 탈북 과정에서 제3국 체류 기간이 장기화됨에 따라 체류국의 언어에 더 익숙한 상태로 남한에 입국하게 되는 경우도 흔하다. 북한과 남한의 언어 차이로 인한 의사소통의 어려움은 물론이거니와, 이러한 탈북 과정에서 생겨난 특수한 상황으로 인해 한국 학교에서의 생활과 학업 활동에 어려움을 겪게 되는 것이다.

뿐만 아니라, 남한과 북한의 교육 체제, 교육 내용, 교수-학습 방식의 차이로 인한 학교 부적응 문제도 심각하다. 남북한 학제 차이[6]로 인한 학령과 학년의 불일치 문제, 수업 내용의 이해 문제 등이 그것이다. 또한, 남북한의 이질적인 언어와 표현 및 행동 양식으로 인한 소통의 어려움, 외국어 및 외래어에 대한 낮은 인지도, 남한 청소년 문화 적응의 어려움 등도 이들의 학교 적응에 어려움을 가져오는 요인으로 작용한다. 학교 경험 부족과 학습 결손은 향후 남한 사회 정착에 큰 장애로 작용하게 되며, 이들의 남한 사회 부적응과 소외는 나아가 사회 문제로 확대될 가능성이 크다. 따라서, 탈북 학생의 정서적·심리적 치유를 위한 프로그램 운영, 한국어 교육 및 교과 교육 프로그램 운영 등은 여러 가지 차원에서 매우 시급하고 중요한 문제라 하겠다.

탈북 후 남한에 입국한 이들은 초기 일정 기간 동안 '하나원(북한이탈정착지원사무소)'에 머물게 된다. 탈북 아동과 청소년들은 하나원에 머무는 이 3개월간 하나원 내의 '하나둘 학교'에서 최초로 남한의 교육을 받게 된다. 탈북 학생의 경우, 앞서 기술한 학습자 특성으로 인해 일반적인 남한 학교에서의 부적응과 일탈이 점차 증가하면서 중요한 사회 문제로 부각되고 있는 형편이다.

그동안 탈북 학생 교육은 주로 이들의 특수성을 반영한 교육 프로그램이 마련되어 있는 대안학교들에 의해 이루어져 왔다고 볼 수 있다.[7]

---

[6] 남북한 학제 비교(한겨레중·고등학교 2012학년도 학교 교육계획서)

남한	초등학교						중학교			고등학교			계
	1	2	3	4	5	6	1	2	3	1	2	3	12
북한	소학교				중학교								
	1	2	3	4	1	2	3	4	5	6			10

이처럼 남북한 학제 차이로 인해 실제 학령 차이가 2년 발생한다. 의무교육 기간도 차이가 있다. 북한에서는 유치원 '낮은 반'과 '높은 반'을 각각 1년씩 다닌 후에 소학교에 들어간다. 유치원 높은 반(1년), 소학교(4년), 중학교(6년) 총 11년 동안 무상의무교육을 실시하고 있다.

제도권 내에서 탈북 아동과 청소년 교육이 이루어지고 있는 대표적인 기관으로는 안성의 하나원 본원 근처에 위치한 삼죽초등학교와 한겨레 중·고등학교를 꼽을 수 있다. 삼죽초등학교는 일반 학교로 탈북 학생들이 3개월간 하나원에 머무는 동안 이들의 남한 사회 적응을 돕고 있다. 탈북 청소년 교육기관으로 제도권 내 학교로는 한겨레중·고등학교가 유일하다.

경기도 안성에 소재한 한겨레중·고등학교는 2006년 3월에 개교한, 제도권 내에 유일한 탈북 청소년 교육기관으로서 정부 지원 하에 운영되는 특성화학교[8]이자 자율학교로 학력 인정 학교이다. 한겨레중·고등학교는 탈북 청소년에게 필요한 심리 치유 및 정서 안정, 기초 학습 능력 신장 및 학력 증진에 중점을 두고 있다. 현재 학생 현황은 다음과 같다.

〈표 44〉 학생 현황(2012.9.20 현재/ 단위: 명)

	중학교				고등학교				총계
	1학년	2학년	3학년	계	1학년	2학년	3학년	계	
정원	20	20	40	80	40	40	40	120	200
현원	10	11	26	47	38	45	52	135	182

(자료 제공: 한겨레중·고등학교)

한겨레중·고등학교에서는 남북한 간의 상호이해와 문화 통합, 전통

---

[7] 셋넷학교(서울), 여명학교(서울), 한꿈학교(경기), 하늘꿈학교(충남), 한누리학교(서울) 등의 대안학교 이외에도 다리 공동체, 꿈사리공동체, 아힘나평화학교 등의 다양한 생활공동체들에서 새터민 아동과 청소년교육을 담당하고 있으며, 새터민 거주 밀집지역의 사회복지기관들이 방과 후 학교 형태로 새터민 교육을 지원하고 있다. 또한 이들 현장을 지원하는 단체로 국가 청소년 산하의 무지개 청소년센터, (사)남북문화통합교육원 등이 있다(양영자, 2008).

[8] 초·중등 교육법 제61조 동 시행령 제76조에 의한 특성화중학교, 특성화고등학교 이다(한겨레중·고등학교 2012학년도 학교 교육계획서).

문화 교육을 통한 민족 동질성 회복, 자연 친화적 생태 환경 교육, 공동체 생활을 통한 공동체 의식 함양, 특기적성 및 방과 후 활동 강화 등에 중점을 두고 있다. 특히 방과 후 국어 수업을 통해 남북한 언어 차이에서 오는 어려움을 극복하고 부족한 국어 능력을 신장시킬 수 있도록 하고 있다.

지금까지 서울다솜학교, 부산 아시아공동체학교, 서울 이태원초등학교, 안성 한겨레중·고등학교의 현장 방문 및 수업 참관을 토대로, 각 학교의 다문화 배경 학생 재학 현황 및 교육 현황을 살펴보고, 한국어 교육 프로그램을 분석해 보았다. 서울다솜학교는 중도 입국 고등학생을 위한 최초의 공립 다문화 대안학교이고, 부산 아시아공동체학교는 이주 아동과 청소년을 위한 다문화 예비학교이다. 이태원초등학교는 일반 공립 초등학교이지만 다문화 배경 학생 재학생 수가 많아 글로벌 다문화 선도학교로 지정된 학교이며, 방과 후에 특별학급이 운영되고 있다. 한겨레중·고등학교는 제도권 내에 유일한 탈북 청소년을 위한 학교이다. 본 절에서 자세히 다루지는 않았지만 또 다른 방문지였던 지구촌학교 역시 다문화 배경 학생만을 따로 교육하는 다문화 예비학교에 해당한다. 즉, 이태원초등학교를 제외한 나머지 학교들은 모두 다문화 배경 학생만을 대상으로 한 분리교육의 형태를 취하고 있다고 볼 수 있다.

이처럼 다문화 배경 학생만을 별도로 분리해 교육하는 문제와 관련해서는 논쟁이 있을 수 있다. 양영자(2008:172-175)에서도 분리교육과 통합교육의 문제는 다문화 교육과정에서 가장 항구적이고 첨예한 쟁점 중 하나라고 밝히며, 한국과 미국에서의 분리교육이 근본적으로 어떻게 다른지를 설명하고 있다. 즉, 미국의 경우 분리학교(segregation school)는 뿌리 깊은 인종 간 차별 의식에 기초한 것이다. 현대 다문화 교육을 촉발시킨 1960년대 흑인 인권 운동에서 학교의 인종 분리 철폐(school desegregation)를 요구한 것도 그런 까닭이다. 반면 한국에서의 분리교육은 언어·문화적으로 다른 외국 국적 출신자와 그 자녀, 중도 입국 학생, 새터민 등이 이 사회에서 겪게 되는 사회 심리적, 문화적 격차를 최소화하기 위한 소수자 적응교육의 성격을 띤다는 것이다.

연구자가 현장 방문 시 교사 면담에서 얻은 정보와 자료에 기초하더라도 중도 입국 학생이나 탈북 학생의 경우 통합학급에서보다 분리학급, 심지어 분리된 학교에서 더 활발하고 자유롭게 자기표현을 하고 수업에 적극적으로 참여하며 정서적으로 안정감을 느끼는 것으로 인식되었다. 실제로 수업 참관이나 인터뷰를 통해 받은 인상도 어느 정도는 일치하는 측면이 있었다. 하지만, 다문화 교육의 초기 단계에서는 이처럼 소수자 적응을 위한 분리교육이 강조될 수도 있으나 점차 단계적 전환을 거쳐 궁극적으로는 체계적인 통합교육이 정착되어야 할 필요가 있을 것이다.

2. 다문화 배경 학생용 한국어 교재 분석

이 장에서는 다문화 배경 학생용으로 개발된 한국어 교재의 현황을 살펴보고, 이들 중 몇 종의 교재9를 선정해 분석할 것이다. 2.1절에서는 다문화 배경 학생용 한국어 교재로 현재 개발되어 있는 교재를 조사해

---

9 교재는 광의로는 "교육과정에 동원되는 모든 입력물"을 뜻하며, "교과서류, 부교재류는 물론 학습자를 둘러싸고 있는 교사의 언어, 방송, 광고 등의 언어 내용 모두"를 가리킨다. 하지만 일반적으로 좁은 의미로 말할 때 교재란, "교육과정에 따라 교육 내용을 가시적으로 제시한 것"을 의미하며 주교재와 부교재가 있다. 주교재는 교과서 그 자체를 가리키고, 부교재나 보조교재는 "연습서, 참고서, 사전, 시청각 자료, 프로그램, 과제, 활동" 등을 가리킨다(민현식, 2001; 황인교, 2003:289-290).

목록을 작성하고, 2.2절에서는 분석 대상 교재의 선정과 분석 기준 설정 과정을 보일 것이며, 2.3절에서는 실제 교재 분석 결과를 제시할 것이다.

배두본(1999), 박경자 외(2002) 등에 의하면, 영어 교육 분야의 경우, 교재 분석 이론이 본격적으로 형성되기 시작한 것은 1970년대이다. 당시 엔 분석의 기준을 상세한 세부 항목으로 설정하고 각각의 분석 기준에 대해 숫자나 등급으로 평가하는 매우 객관적인 분석을 요구하였다고 한 다. 1980년대에는 상세한 세부 항목보다 한 단계 높은 수준의 상위 범주가 분석 기준에 도입되었으며, 숫자나 등급으로 표시하는 객관적 평가보다는 평가자의 주관적 평가를 요구하는 경향이 강해졌다고 한다. 1990년대에는 이전 시기보다 더 포괄적인 상위 범주 설정이 강조되어, 거시적 평가-미시 적 평가와 같은 교재 분석이 시도되었다는 것이다(배두본, 1999; 박경자 외, 2002:215-258). 분석 기준 설정에 관한 구체적 논의는 2.2절에서 진행 하기로 하자.

이해영(2001b:201-202)에서는 교재론과 관련된 기존의 논의가 크게 두 가지 방향에서 이루어졌다면서, 하나는 한국어 교재의 구성에 관한 논의로 주로 구성 원리를 제시하고 모형을 보이는 것이고, 또 다른 하나 는 기존의 교재를 분석함으로써 개발의 지침을 제시하는 것이라 밝히 고 있다. 전자는 주로 교재 개발 방안의 모색에 초점을 두는 경우라 교 재 분석이 대체로 문제점 지적에 그치는 경우가 많으며, 교재 개발 방향 제시를 위한 부분적 평가나 인상적 개괄 평가가 주를 이루고, 후자는 교재 개발의 지침 마련을 위한 전 단계로서 첫 번째 연구들에 비해 본격 적인 분석과 평가에 대한 논의가 진행된다는 것이다. 전자의 입장에서 이루어진 대표적 연구로 김정숙(1992)을 들면서, 의사소통 능력의 배양 을 위한 교육과정 설계와 교재의 내용과 단원 구성 방안을 제안하고 있으며, 이를 위해 기존의 한국어 교과서를 분석하고 있어 주목할 만하나, 교재에 대한 분석은 교육과정과 교과서 연구를 위한 전반적 평가로 시도되었다고 평가하고 있다.

한편, 황인교(2003)에서는 한국어 교재 연구가, 교재론 및 교재 개발 원리의 모색, 현 교재 분석, 구체적인 교재 개발 과정 연구의 세 가지 방향에서 이루어지고 있다면서, 첫째가 이론적인 연구라면 둘째와 셋째는 개발과 직결되는 작업이라고 구분하고 있다. 아울러 기존 교재 분석이 문법, 단원 구성 등 각기 필요한 부분을 중심으로 논의되거나 바람직한 교수·학습 원리 구현을 목표하고 있는 바, 교재 전체의 틀과 총체적인 양상 전체를 다루기 어려운 점이 있었다(황인교, 2003:288-289)고 비판한다.

본 연구에서 다문화 배경 학생용 한국어 교재를 분석하는 이유는 현재 이루어지고 있는 다문화 배경 학생 대상 한국어 교육을 비판적으로 분석하고, 다문화 배경 학생을 위한 한국어 교육과정 구성을 위한 기반을 마련하기 위함이다. 따라서, 앞의 이해영(2001b)의 논의에 따르자면 전자, 즉, 한국어 교육과정 연구를 위한 전반적 평가에 해당하며, 황인교(2003)의 논의에 의하면 총체적 관점에서의 교재 분석에 해당한다 하겠다.

2.1. 다문화 배경 학생용 한국어 교재 현황[10]

다문화 배경 학생 대상 한국어 교재는 최근 활발하게 발간되고 있고 앞으로도 그 수가 증가할 것으로 보인다. 여러 단체를 통해 공식적, 비공식적으로 자체 개발되고 있는 교재들이 많아 다문화 배경 학생 대상

---

[10] 본 연구가 완료된 시점인 2012년 말 이후로 다문화 배경 초·중·고등학생을 위한 『표준 한국어』가 학교급별로 각 2권씩 총 6권 국립국어원에 의해 개발되었으며 2013년에 수정 보완되어 새롭게 출판되었다.

한국어 교재를 정확히 통계내기는 어려운 상황이다.

다문화 배경 학생 대상 한국어 교육 현장에서 사용하고 있는 교재의 유형을 분류해 보면, ① 각 대학 어학원의 외국인 대상 한국어 교재, ② 정부의 각 부처 또는 각급 교육 기관에서 개발한 교재, ③ 교육 현장에서 자체 개발한 교재, ④ 한국의 일반 아동용 한글 교재 등 대략 4가지 정도로 나누어 볼 수 있다. 각각의 특징을 살펴보면 다음과 같다.

〈표 45〉 다문화 배경 학생 대상 한국어 교육에서의 교재 유형과 특징

유형	특징
① 대학 어학원 외국인 대상 한국어 교재	▪ 학문적 성과 및 최신 언어 교수이론 반영. ▪ 한국어 숙달도에 따라 수준별 구성. ▪ 담화 상황과 내용이 초·중·고등학생에게 부적절. ▪ 어휘와 표현이 초·중·고등학생과 무관.
② 정부부처, 교육당국 개발 교재	▪ 다문화 배경 학생들의 연령과 한국어 숙달도 수준 고려. ▪ 기초적인 한국어 능력 향상에는 어느 정도 효과적. ▪ 다른 교과와의 연계성 측면에는 한계. ▪ 일부 교재들은 국어과의 보충학습용 교재 성격을 띰.
③ 현장 자체 개발 교재	▪ 현장 교사들이 자체 개발. ▪ 당장의 활용 면에서는 효율적. ▪ 언어 교수 방법론 측면에서는 아쉬움이 있음. ▪ 모국어교육과의 차이를 드러내지 못함. ▪ 무학년 통합 교재, 학습자 발달 단계에 불일치하기도 함.
④ 일반 아동용 한글 교재	▪ 시중 출판사에서 개발한 교재. ▪ 교재의 외적 체제와 구성이 아동의 흥미 유발에 효과적. ▪ 기초 문식에 초점을 맞춰 초기 문식성 습득에는 효과적. ▪ 모국어 학습자용으로 다문화 학생용 언어교재로 부적절. ▪ 중도 입국 청소년에게는 정서적으로 부적절.

우선, 각 대학 어학원의 외국인 대상 한국어 교재의 경우, 오랜 기간 축적된 학문적 연구 결과와 최신 언어 교수이론이 반영되었다는 점, 한국어 숙달도에 따른 수준별 구성으로 학습자의 수준에 따라 적절히 선택할 수 있다는 장점이 있다. 그러나 성인 학습자를 대상으로 하고 있기

때문에 초·중·고등학교의 다문화 배경 학생들에게 적용하기에는 담화 상황과 내용이 적합하지 않은 부분이 있다. 또한 대개가 일반 목적 한국어 교육용 교재이므로 다문화 배경 학생들의 학교생활과 교과 학습에 당장 필요한 어휘와 문법, 표현 등이 누락되어 있다.

둘째, 정부의 각 부처 또는 각급 교육 기관에서 개발한 교재들이 있는데, 다문화 배경 학생들의 연령과 한국어 숙달도 수준을 고려하여 만들어졌기 때문에 비교적 활용 가치가 비교적 높은 편이다. 그러나 대부분의 교재가 아주 초급에 머물러 있거나 혹은 국어과 보충 학습용 교재의 성격을 띠고 있어 본격적인 언어 교육을 위한 교재라 보기 어렵고 언어 수업에 활용하기엔 비효율적인 경우들이 있다.

셋째, 교육현장에서 자체 개발된 교재로, 실제 다문화 배경 학생들을 담당하고 있는 교사들이 학생들의 상황과 수준을 고려하여 필요에 의해 개발한 교재이다. 개별 학교의 다문화 배경 학생의 특수한 상황이 비교적 잘 반영되어 있어 당장의 활용 면에서는 어느 정도 효율성을 띠고 있다. 하지만 오로지 현장 교사들의 경험에만 의존해 개발된 경우가 많아 언어 교수 방법론 측면에서 아쉬운 면이 있다. 이들 교재의 또 다른 특성으로 대부분 국어 교과서를 기본으로 형태와 내용을 구성하고 있다는 점이다. 따라서 외국어 교육이나 제2언어 교육에서 반드시 고려되어야 하는 모국어교육과의 차별성을 드러내지 못하고 있어 아쉬운 부분이 있다. 또한 학교급이나 학년, 연령 등이 고려되지 않아 내용 선정과 구성에 있어 학습자의 발달 단계와 교과 학습 내용과 수준을 반영하지 못한 경우가 많다.

마지막으로 시중 출판사에서 개발하여 시판되고 있는 아동용 한글 교재들이 있다. 일반 출판사에서 출간된 교재들이라 교재의 외적 체제와 구성이 아동의 흥미를 끌고 학습 동기를 유발하기에 효과적이다. 또한 한글 자모를 포함한 기초 문식성 교육에 초점을 둔 경우가 많아 학교 생활과 교과 학습에 필요한 초기 문식성 습득에는 효과적이다. 하지만, 모국어 학습자를 대상으로 하는 교재인 까닭에 다문화 가정 학생에게 는 맞지 않는 부분이 있으며, 중·고등학교 청소년 중도 입국 학생에게 는 정서적으로 어울리지 않는 부분이 있다.

그동안 개발된 교재들 중 정부의 교육 당국과 전국의 시·도교육청, 대학 기관에서 다문화 가정 학생용 한국어 교재로 개발된 것들을 중심 으로 정리해 보면 다음과 같다. 아래 표에 나타난 바와 같이 그동안 개 발되어 온 교재의 대상은 주로 초등학생이며, 그것도 대개 아동이나 초 등학교 저학년 학생을 대상으로 하고 있다.

〈표 46〉 다문화 학생 대상 한국어 교재 개발 현황(2012.5. 현재)[11]

교재명	대상	특징	발행기관	연도
우리는 하나 1,2,3	초등	다문화 가정 아동 대상 읽기 자료	교육부	2006
즐거운 학교, 함께 배우는 한국어	초등 저학년	한국 학교생활에 필요한 기본적 의 사소통 향상을 위한 교재	서울특별 시 교육청	2007
행복한 가정, 함께 배우는 한국어	초등 전학년	한 과의 언어 수준을 초,중,고급으로 나누고, 지도 방법은 저학년, 고학년 으로 이원화함. 초급은 단어 , 중급은 서술어 중심, 고급은 수식어 중심.	서울특별 시 교육청	2007
놀며 배우는	유치원	삽화 활용으로 학습 부담 최소화,	연세대학	2007

[11] 기존에 개발된 다문화 가정 자녀 대상 한국어 교재에 관한 현황 파악은 김연 희·김영주(2010), 최권진·채윤미(2010) 등에서도 이루어진 바 있다. 본 연구에 서 제시하고 있는 다문화 배경 학생 대상 한국어 교재 목록은 이와 같은 선행 연구들과 추가 조사 수집한 자료에 기반하여 새롭게 작성한 것이다.

또한, 본 연구가 완료된 시점인 2012년 말 이후 다문화 배경 초·중·고등학생 을 위한 『표준 한국어』가 학교급별로 각 2권씩 총 6권이 개발되었고 2013년 말 수정 보완되어 출판되었으나 시기적으로 본 연구의 대상이 될 수 없었음을 밝 혀 둔다.

한국말	초등 저학년	흥미 유발. 어휘, 문법을 스스로 이해할 수 있도록 그림과 상황 활용. 대화를 통해 한국어를 익히고 생동감 있는 표현을 습득할 수 있도록 함.	교 출판부	
한국의 언어와 문화 1	6-7세 아동	기본적인 언어와 사회생활에 대한 적응력 함양 목적. 미취학 아동과 어머니가 함께 배울 수 있게 함.	교육부· 경기도 교육청	2008
한국의 언어와 문화 2	초등 저학년	학교생활 적응력 함양 목적. 실제적 사용 고려. 한국 생활에 필요한 정보 이해 및 활용을 위해 구성함.	교육부· 경기도 교육청	2008
한국의 언어와 문화 3	초등 고학년	어머니, 아버지 나라와의 비교를 통해 한국 문화 요소를 점검하고 학습할 수 있도록 함. 비교문화적 관점.	교육부· 경기도 교육청	2008
학교가 좋아요 1	초등 1-2학년	한국어 능력과 학업 능력 신장 목적. 교과에 대한 지식과 기술 등을 통합적으로 학습할 수 있게 내용 선정.	서울대 중앙다문화 교육센터	2008
학교가 좋아요 2	초등 3-4학년	풍부한 읽기 자료 제공, 학습 한국어 어휘와 한국어 표현 능력에 초점을 맞춘 활동 제공.	서울대 중앙다문화 교육센터	2009
전래동화와 스토리텔링	5-10세 전후의 아동	문어에의 노출은 적으나 구어에는 노출된, 한국어를 제2언어로 접하는 아동, 일상생활 언어는 듣고 이해하며 간단하게 답을 할 수 있는 아동 대상. 이야기를 통한 읽기 교육, 어휘와 문형 교육을 위해 제작됨.	경희대 한국어학과 GK사업단	2009
Korean Language in Action	청소년	중,고등학생을 위한 한국어 교재. 학교생활 중 일어날 수 있는 상황을 중심으로 구성함. 한국어능력시험 1급에 해당하는 문법과 어휘를 중	도서출판 하우	2010

		심으로 내용을 구성함.		
다양이와 나라의 꾹꾹 다지는 국어 1-4	초등 학생	초등학교 3-4학년 수준의 기초 국어 지식과 생활 언어를 중심으로, 원활한 우리말 의사소통 능력을 갖추고, 다른 교과를 학습하는 데 필요한 기초 우리말 지식과 다양한 언어 사례들을 중심으로 구성한 교재.	한국 교육과정 평가원	2011
즐거운 학교 재미있는 한국어	초등 학생	초등학교에서 한국어를 배워야 하는 다문화 아동 학습자를 위한 본격적인 한국어 교재. 문화 간 이해에 대한 관점을 바탕으로 학교생활에서의 다양한 소재와 표현, 언어 기능들을 흥미롭게 구성함. 이중 언어교사들이 저자로 참여함.	서울특별 시교육청· 서울교육 대학교	2012
맞춤한국어 1-6	7,8세 아동	한글학교에서 한국어를 배우는 프랑스어권 어린이들을 위한 맞춤형 교재. 한글자모와 기초적인 낱말을 반복적으로 학습하여 자연스럽게 한글과 한국어에 친숙해질 수 있도록 구성함. 다양한 단계의 학생들을 대상으로 통합적이고 총체적 한국어 학습이 되도록 구성함.	교육과학 기술부	2012
이야기로 깨치는 한글 1-2	아동	구어는 또래와 비슷한 발달수준이나 책을 접한 경험의 부족으로 문어 발달 저하를 겪는 아동들을 대상으로 함. 균형적 접근법을 토대로 하여 단계별로 개발한 교재.	경기도 교육청	
초등 전래동화와 스토리텔링	초등 학생	의미와 의미 확장, 문형 활동이 많이 들어 있음.	경기도 교육청	
한국어 초급/중급/고급	다문화 가정자녀	학습자용과 교사용으로 나누어져 있는 회화 교재.	충청북도 교육청	
함께하는 한국어 행복한 우리	초등 학생	한글 자모 및 기초 문식력 학습을 위한 한국어 교재	부산광역 시교육청	

2.2. 분석 대상 선정 및 분석 기준 설정

본 절에서는 분석 대상 교재를 선정하고, 분석 기준을 설정할 것이다. 먼저 앞서 제시한 교재 현황 중 분석 대상 교재의 목록과 선정 이유를 밝히고, 이어 교재 분석의 기준 설정을 위한 이론적 근거와 과정을 보일 것이다. 그렇게 설정된 분석 기준에 근거하여 다음 절에서는 교재 분석을 실시하고 이를 통해 한국어 교육과정 구성을 위한 시사점을 찾아낼 것이다.

(1) 분석 대상 교재 선정

앞에서 살펴본 교재들 중 본 연구에서는 『학교가 좋아요』, 『즐거운 학교 재미있는 한국어』, 『다양이와 나라의 꾹꾹 다지는 국어』, 『Korean Language in Action』 등 4종의 교재를 분석하고자 한다. 이들을 분석 대상으로 삼은 까닭은 다음과 같다.

먼저, 서울대 중앙다문화교육센터의 『학교가 좋아요』는 학습 한국어 개념을 처음 도입하여 개발된 교재라는 점에서 주목할 만하다. 다문화 가정 자녀의 한국어 능력이 교과 학습에 영향을 끼친다는 전제하에 이들의 성공적인 학업 성취를 위해서는 학습 한국어 능력을 신장시키기 위한 방안이 모색되어야 하며, 이를 위한 본격적인 교재 개발을 표방하고 나온 교재이기 때문이다.

두 번째 분석 대상은 『즐거운 학교 재미있는 한국어』이다. 『즐거운 학교 재미있는 한국어』는 가장 최근에 개발된 교재이며, 학교와 교실을 담화 상황으로 설정하여 기본적인 의사소통 능력과 학습 능력 신장이라는 두 범주에 초점을 두고 있으며, 특히, 상호문화이해의 관점을 바탕으로 한 교재라는 점에서 주목할 만하다.

세 번째 분석 대상은 『다양이와 나라의 꾹꾹 다지는 국어』이다. 이 교재는 다문화 가정 자녀를 위한 국어 교과의 보충 교재임을 표방하고 나온 교재라는 점에서 앞의 교재들과 차별화된다.

마지막으로 『Korean Language in Action』을 분석할 것이다. 『Korean Language in Action』은 사실 국내 학습자를 대상으로 한 교재는 아니고 해외 교포를 대상으로 한 교재라 본 연구의 주제와 직접적인 관련이 없는 것처럼 보일 수도 있다. 하지만, 이 교재는 대상 학습자를 청소년으로 상정하고 있다는 점에서 다른 교재와 차별화되며, 이 점에 주목하여 분석 대상으로 삼았다. 최근 중도 입국 학생에 대한 논의가 이루어지기 시작하면서 청소년 학습자에 대한 관심이 증가하고 있으나 이들 연령층의 학습자를 대상으로 한 교재는 전무한 상태이다. 따라서 이들을 대상으로 한 교재가 대상 학습자의 특수한 인지·정의적 특성을 어떻게 반영하고 있는지 분석해 봄으로써 시사점을 찾아낼 수 있으리라 판단했기 때문이다.

〈표 47〉 분석 대상 교재

	교재명	발행기관	연도
가	학교가 좋아요 1	서울대중앙다문화 교육센터	2008
나	즐거운 학교 재미있는 한국어	서울시교육청·서울교대	2012
다	다양이와 나라의 꾹꾹 다지는 국어	한국교육과정평가원	2011
라	Korean Language in Action	도서출판 하우	2010

(2) 교재 분석의 기준

교재 분석과 평가를 위한 기준 설정의 문제와 관련하여 국내외 많은 논의들이 있어왔다. 배두본(1999), 박경자 외(2002) 등에서 소개하고 있는 Stevick(1972)와 Rivers(1981)의 기준을 먼저 살펴보기로 하자.

Stevick(1972)는 세 가지 특성(qualities)과 세 가지 차원(dimensions), 네 가지 요소(components)로 제시하고 있다. 이 중 특히 세 가지 차원은 언어적 차원, 사회적 차원, 주제적 차원을 뜻한다. 네 가지 요소는 교재에 반영된 언어 사용 기회, 의사소통하는 방법에 대한 예, 적합한 어휘 사용 및 인식 능력, 언어 구조나 의미 관계를 알 수 있는 내용으로 구성되어야 한다는 뜻이다(배두본, 1999:290-292; 박경자 외, 2002:222-224).

Rivers(1981)는 7개의 영역으로 나누어 교재 평가의 기준을 제시하고 있다. ① 지역적 상황에의 적합성, ② 교사와 학습자를 위한 적절성, ③ 언어와 관념적 내용, ④ 언어학적 범위와 조직, ⑤ 활동 유형, ⑥ 실용적 측면, ⑦ 흥미 요소 등이 그것이다. 첫 번째로 지역적 상황에의 적합성이라 하면 환경적 요인을 말하는 것으로, 학습자의 연령과 나이, 어학 코스의 길이와 집중도, 교재 내용과 교육 목적과의 관련성 등에 관한 내용을 포함한다. 두 번째로, 교사와 학습자 측면은 교수법, 보조 교수·학습 자료, 학생용 워크북, 학습자의 모어 포함 여부, 교사용 지도서 등의 내용을 포함한다. 세 번째로 언어와 내용 관련 요소에는 실제성(authenticity), 주제, 상황, 내용의 흥미와 가치 등이 포함되며, 네 번째 언어학적 요소에는 발음, 문법, 어휘, 연습, 읽기 자료 제공 등과 관련된 내용이 포함된다. 다섯 번째 활동 유형은 대화, 의사소통 연습, 학습자 중심 활동, 확장 활동 등의 요소를 포함한다. 삽화, 가격, 인쇄, 외적 형태 등이 실제적 요소에 속하고 마지막으로 학생과 교사에게 얼마나 흥미로운가의 여부가 마지막 평가 항목에 들어간다(배두본, 1999:293-295; 박경자 외, 2002:227-230).

배두본(1999)에서는 교재의 평가 기준으로 ① 언어적 기준, ② 정의적 기준, ③ 교수적 기준의 세 가지 기준을 들고 있다. 언어적 기준에는 사회적 수용성, 문체, 지역성, 시대성 등의 내용이 포함되고, 정의적 기준은 학습자의 흥미와 요구, 지적 발달에 교재의 내용이 적합한가를 말하며, 교수적 기준은 수업 활동을 전개하는 방식과 관련된 내용이다.

황인교(2003)에서는 교재 분석의 기준으로 ① 교수·학습 상황, ② 교재 외적인 구성, ③ 교재 내적인 구성의 세 항목을 들고 있다. 먼저, '교수·학습 상황'이란 교육 현장, 학습자, 교사의 측면을 말하며 , '교재 외적인 구성'은 모양 및 구입, 관련 구성물, 저자 또는 기관 정보 유무 등의 내용을 포함하는 것으로 보았다. 마지막 '교재 내적인 구성'에는 구성(전체, 단원), 학습 내용(주제, 문법, 어휘, 발음, 담화, 문화), 학습 활동(말하기, 듣기, 읽기, 쓰기), 학습 평가와 피드백 등의 내용이 포함되는 것으로 분석 기준을 제시하였다.

본고에서는 주로 내용적 측면에 초점을 두어 교재를 분석할 것이다. 또한, 본 절에서 실시하는 교재 분석은 본격적인 교재 개발을 위한 분석이라기보다 교육과정 구성을 위한 교재 분석이므로, 교육과정과 직결되는 교수요목을 기본으로 교재의 내용을 살필 것이다. 주제, 문법, 어휘, 발음, 담화, 문화 등 교재의 내용 구성 요소를 중심으로 살피되, 특히 '기본 문식성', '학업 문식성', '다문화 문식성'의 측면에서 각각 어떻게 구현되어 있는지를 살필 것이다.

본 연구에서 설정한 교재 분석의 기준은 다음과 같다.

〈표 48〉 다문화 배경 학생 대상 한국어 교재 분석 기준

	기준	내용
1	특징 및 단원 구성 체제	▪ 대상으로 삼고 있는 학습자는 누구인가? ▪ 전제로 삼고 있는 교수·학습 상황은 어떠한가? ▪ 교재의 전체적인 구성은 어떠한가? ▪ 단원 구성 체제는 어떠한가?
2	기본 문식성	▪ 기초 문식성 신장을 위한 내용이 있는가? ▪ 기본적인 의사소통 능력 향상에 도움이 되는가?

		▪ 말하기·듣기·읽기·쓰기 언어 기능을 모두 담고 있는가? ▪ 학습자의 일상생활과 관련된 실제적 담화와 과제로 구성 되어 있는가?
3	학업 문식성	▪ 교과 학습에 필요한 주제와 어휘를 담고 있는가? ▪ 학습 자료와 활동이 타 내용교과와 연계성이 있는가? ▪ 학습 능력 신장을 위한 다양한 텍스트와 장르 경험이 제 공되고 있는가? ▪ 교과 학습을 위한 사고 도구어 및 학습 전략에 대한 고려 가 되어 있는가?
4	다문화 문식성	▪ 문화 관련 내용을 담고 있는가? ▪ 상호문화이해의 관점을 반영하고 있는가? ▪ 학습자의 또래 문화에 대한 이해와 상호 작용 관련 내용 을 담고 있는가? ▪ 문화적으로 적응, 반응하는 실제 활동이 담겨 있는가?
5	인지·정의적 요소	▪ 학습자의 인지·정의적 발달 단계에 적절한가? ▪ 학습자의 학습 동기 유발에 도움이 되는가? ▪ 긍정적인 자아 정체감과 태도 형성에 도움이 되는가?

2.3. 교재 분석 결과

본 절에서는 앞서 마련한 교재 분석의 기준에 의거하여 『학교가 좋아
요』, 『즐거운 학교 재미있는 한국어』, 『다양이와 나라의 꾹꾹 다지는
국어』, 『Korean Language in Action』등 4종의 교재를 분석한 후 그 결과
와 시사점을 제시할 것이다.

(1) 『학교가 좋아요 1·2』

조수진·윤희원·진대연 외(2008:251-253)에서 밝히고 있는 교재 개발
방향을 살펴보면, 『학교가 좋아요』는 초등학교 국어 교과서 분석을 통
해 학교 교육에서의 부족한 부분을 보완하고 다문화 가정 자녀의 학업

성취도를 향상시키는 데 기여할 수 있게 하기 위해 개발된 교재다. 교재의 내용과 수준 역시 교재 사용자의 연령대에서 학습해야 할 내용과 그 내용을 학습하기 위해 전제가 되는 지식이 무엇인지에 초점을 두고 있다.

초급, 중급 각 한 권씩으로 구성되어 있으며, 초급 교재는 초등학교 1-2학년 학생을 대상으로 하고, 중급 교재는 이미 초급 교재를 학습한 3-4학년 학생을 대상으로 한다. 초급은 24개의 단원, 중급 교재는 8개의 대단원으로 구성되어 있다. 즉, 학기당 초급은 12개의 단원을, 중급은 4개의 단원을 학습할 수 있도록 구성된 것이다. 초급은 총 24개의 대단원으로 구성되고 각 대단원은 교과별 영역과 연계하여 선정된 주제 하에 3개의 소단원으로 구성되어 있다. 전반적인 구성 체제가 초등학교 읽기 교과서의 형식과 유사하다.

『학교가 좋아요』는 학습 한국어의 개념을 도입한 최초의 교재라는 점에서 의의를 찾을 수 있을 것이다. 수록된 읽기 자료와 읽기 후 활동이 초등학생의 학교생활에 반드시 필요한 올바른 정서와 태도의 함양을 위해 구성된 내용이라는 측면에서는 긍정적이다. 다문화 가정 학생의 학교생활 적응에 필수적인 부분이기 때문이다. 또한 과학이나 사회 등 내용교과와 연계한 풍부한 읽기 자료를 제공하고 있다는 측면에서도 긍정적이다. 다문화 배경 학생 대상 한국어 교육에 있어 단순히 언어 자체만을 가르치는 것이 아니라 타 교과와의 연계 학습을 통한 학습 능력 향상이라는 측면도 중요하기 때문이다.

이러한 장점에도 불구하고 이 교재는 본질적으로 한국어 교육을 위한 교재라기보다 국어 교과의 보충 교재 성격이 강한 것이 아쉬운 점이다. 교사용 지도서를 갖추고 있어 교사의 입장에서는 교수·학습 계획에 도움이 되기는 하나 지도서의 내용 역시 언어 교수를 위한 방법론이라고 하기엔 무리가 있고 역시 국어과의 교사용 지도서와 큰 차이가 없다. 또한『학교가 좋아요 1』은 초등학교 1-2학년 다문화 가정 학생을 대상으로 하는 교재임에도 불구하고 기초 문식성 관련 내용은 거의 없다. 한국에서 이미 영유아기를 거치며 한글 읽고 쓰기가 어느 정도 학습된 아동을 대상으로 한 교재라 가정하고 보더라도 읽기 제재나 학습 활동을 통해 학습자가 처리해야 하는 정보량이 과다해서 다문화 가정 학생의 한국어 교육 입문기의 교재로 보기에는 무리가 있다. 각 단원에 제시된 학습 목표를 보더라도 가치와 태도에 치중하고 있어 한국어 교재로서의 성격보다는 국어 교과서의 성격을 강하게 드러내고 있다.

다음은『학교가 좋아요 2』에서 제시하고 있는 학습 목표이다.

〈표 49〉『학교가 좋아요 2』교수요목

	단원명	주제	영역	학습목표
1	동물과 함께	동물	생활과학	▪ 동물이 사는 곳을 알고 설명할 수 있다. ▪ 동물들의 생김새와 특징을 안다. ▪ 동물의 특징이 잘 드러나게 표현할 수 있다.
2	나,너,우리	친구	사회도덕	▪ 친구의 입장을 생각하며 글을 읽을 수 있다. ▪ 친구와 화해하는 방법에 대해 말할 수 있다. ▪ 친구들과 사이좋게 지내려는 태도를 갖는다.
3	함께 읽는 가족 이야기	가족	국어사회	▪ 가족사진을 보면서 가족을 소개할 수 있다. ▪ 누나, 언니, 오빠, 형, 동생과 사이좋게 지낼 수 있다. ▪ 형제, 자매, 남매의 소중함을 안다.
4	하늘에 무지개가 떴어요	그림	예체능	▪ 자연 현상에 대해 관찰할 수 있다. ▪ 여러 가지 색에 대한 느낌을 말할 수 있다. ▪ 서로 다른 모습에 대해 이해하는 태도를 갖는다.
5	재미있게 놀아요	운동	예체능	▪ 운동의 좋은 점을 알 수 있다. ▪ 운동 규칙의 필요성을 이해할 수 있다. ▪ 다른 나라의 재미있는 놀이를 하여 볼 수 있다.

6	내가 오늘의 요리사예요	음식	생활 과학	▪ 주방에 있는 여러 물건의 이름을 안다. ▪ 요리도구를 사용할 때 주의해야 할 점을 안다. ▪ 도구를 이용하여 엄마와 함께 간단한 요리를 할 수 있다.
7	꿈과 희망을 주는 이야기	인물	국어 사회	▪ 다른 사람의 꿈을 소중하게 여긴다. ▪ 꿈을 이루기 위해 노력하는 자세를 배울 수 있다. ▪ 자신의 꿈에 대해 당당한 태도를 갖는다.
8	넓은 세상, 열린 마음	지리	사회 도덕	▪ 계절에 따라 생활이 달라지는 것을 안다. ▪ 지역마다 많이 나는 특산물이 다름을 안다. ▪ 여러 나라의 다양한 문화를 이해할 수 있다.

(2) 『즐거운 학교 재미있는 한국어』

『즐거운 학교 재미있는 한국어』는 서울시교육청의 지원을 받아 서울 교육대학교 다문화교육연구원에서 개발한 교재로, 이중 언어 강사들이 교재 개발에 참여하였다는 것이 다른 교재들과 차별화되는 점이다. 한 국어판은 물론, 일본어 번역판, 중국어 번역판까지 세 가지 종류로 개발 하여 일선 초등학교의 이중 언어 강사나 한국어 교육 담당 교사들이 학습자의 언어적 배경에 맞추어 활용할 수 있도록 하였다. 학교생활에 서 접할 수 있는 다양한 소재와 표현, 언어 기능들을 '과제 중심', '활동 중심', '의사소통 중심'의 교육 방법을 기초로 하여 실제 생활에 적용이 가능할 수 있도록 흥미롭게 구안하고 있다.

특히 문화 간 이해의 관점을 바탕으로 다문화 가정 학생이 낯선 나라 와 학교에 적응하고 정착하는데 도움이 되도록 돕고 있다는 점이 긍정 적이다. 예를 들어 11과는 '돼지고기를 못 먹어요'라는 제목의 단원으 로, '세상에는 많은 음식이 있습니다. 여러분은 무슨 음식을 좋아해요? 그리고 무슨 음식을 안 먹어요?'라고 도입부 질문을 열고 있다. 이어지는 본문의 대화 내용은 다음과 같다.

> A: 나는 돼지고기를 안 먹어.
> B: 왜 돼지고기를 안 먹어?
> A: 나는 무슬림이야. 그래서 돼지고기를 못 먹어.
> B: 정말? 소고기는 먹을 수 있어?
> A: 응, 소고기는 괜찮아.

그 뒤로 이어지는 문법 부분 예문은 다음과 같다.

> A: 왜 돼지고기를 안 먹어요?
> B: 저는 무슬림이에요. 그래서 못 먹어요.
>
> A: 왜 김치를 안 먹어요?
> B: 김치가 매워요. 그래서 못 먹어요.
>
> A: 왜 햄버거를 안 먹어요?
> B: 아토피에요._____.
>
> A: 왜 복숭아를 안 먹어요?
> B: _____. (알레르기가 있다)

즉, 무슬림이라 돼지고기를 못 먹는 친구가 있다면 그것이 특별한 것이 아니라는 점을 은연중에 부각시키고 있음을 알 수 있다. 요즘 초등학교 학생들 중 김치가 매워 못 먹는 아이, 아토피 때문에 햄버거를 못 먹는 아이, 혹은 특정 음식에 대한 알레르기 때문에 그것을 못 먹는 아이를 발견하는 일은 어렵지 않다. 그처럼 어떤 친구가 종교 때문에, 혹은 엄마나 아빠 나라의 문화 때문에 어떤 일에 제약을 받는다 해도 그것이 잘못되거나 별다른 일은 아니라는 점을 보여주는 것이다. 나와 똑같이 생긴 우리나라 친구들도 나와 다른 점이 있는 것처럼, 생김새가 나와 좀 다르고 행동이 조금 다르다 해도 그것이 특별히 이상한 일이 아니라는 것이다.

언어와 문화는 분리될 수 없는 관계이고 언어 교육과 문화 교육 역시 분리될 수 없다. 이처럼 초급에서부터 언어와 문화는 동시에 계획되고 가르쳐져야 하며, 다문화적 요소 역시 마찬가지 맥락에서 이해될 수 있다. 『즐거운 학교 재미있는 한국어』의 교수요목 구성은 다음과 같다.

<표 50>『즐거운 학교 재미있는 한국어』교수요목[12]

	단원명	주제·기능	문법	어휘	활동
1	안녕하세요?	자기소개의 글 읽기	▪ -입니다/입니까? ▪ 은/는	인사말	자기소개 카드 만들기, '세계의 아침인사' 노래
2	이것은 무엇이에요?	교실 물건 이름 묻고 답하기	▪ -이에요/예요 ▪ -이/가 아니에요 ▪ 이것/그것/저것	교실 물건	낱말 카드 만들기 빙고 게임하기
3	책을 펴세요.	교실 용어 말하기	▪ -(으)세요 ▪ -지 마세요 ▪ -을/를 ▪ -에서	교실 용어	마임 게임하기
4	보건실이 어디에 있어요?	장소의 위치를 묻고 답하기	▪ -에 ▪ 있어요/없어요 ▪ -(으)로	숫자 위치	물건의 위치 쓰기 중국의 숫자 문화 알아보기
5	우리가족은 다섯 명입니다.	가족 소개하기	▪ 수사/수관형사 ▪ 몇 개/명/살이에요? ▪ -와/과, -하고	가족	'곰 세 마리' 노래하기

---

[12] 교재에 제시된 교수요목을 기본으로 연구자가 각 단원별로 추가, 삭제를 거쳐 추출함.

6	이거 얼마예요?	문구점에서 물건 사기	▪ 얼마예요? ▪ 개/권/자루/장/켤레 ▪ -은/는, -도, -만	문구 용품 한국의 돈	시장 놀이하기
7	몇 시예요?	하루 일과 말하기, 일정 묻고 말하기	▪ 시간 ▪ -에 ▪ -부터-까지	시간 일주일 월	생활 계획표 만들기 주사위 게임
8	학교에 가요.	수업에 대해 묻고 답하기	▪ -아/어요 ▪ 반말	과목 학교 생활	과목 말하기 게임 변화하는 말 게임
9	지난 주말에 뭐 했어요?	주말에 한 일 묻고 답하기	▪ -았/었어요 ▪ 안 ▪ 그리고/그렇지만	일기 쓰는 법	그림일기 쓰기 먼저 쓰기 게임
10	생신 축하드려요.	높임말과 반말 사용하기	▪ -에게/에게서 ▪ -(으)시- ▪ -께 ▪ -께서	높임 표현, 낮춤 표현	생신 축하 카드 만들기
11	돼지고기를 못 먹어요.	못 먹는 음식과 그 이유 말하기	▪ -(으)ㄹ 수 있다/없다 ▪ ㅂ불규칙 ▪ 못 ▪ 그래서	음식 맛	친구의 좋아하는 음식, 여러 나라 음식 알아보기
12	여보세요?	친구 집에 전화해서 친구 찾기	▪ -지요? ▪ -아/어 주세요 ▪ 그러면	전화 용어	핸드폰 이모티콘 만들기
13	취미가 뭐예요?	취미에 관해 묻고 답하기	▪ -기 ▪ -고 있다	취미	취미 쓰기 메모리 카드 게임
14	어디가 아파요?	아픈 곳 말하기	▪ -지 않다 ▪ -기 전에,-(으)ㄴ 후에 ▪ -에 ▪ -아/어 보다	병원	'눈은 어디 있나?' 노래하기

15	비가 오면 어떻게 해요?	현장학습에 대해 묻고 답하기	• -아/어야 하다 • -(으)면 • -(으)ㄹ 거예요	동물	동물에 대한 글 쓰기, '나는 누구일까요?'게임
16	봄은 따뜻해서 좋아요.	날씨와 계절에 대해 말하기	• -아/어서 • -(으)ㄴ • -게	계절과 날씨	그림 완성하기 낱말 퍼즐하기
17	나의 꿈	미래의 꿈에 대해 묻고 답하기	• -고 싶다 • -니까	직업	미래의 꿈에 대한 글쓰기 미래 계획 세우기
18	설날에는 무엇을 할까요?	명절의 날짜와 풍습 묻고 말하기	• -ㄹ까요? • -고 • -그런데 • -ㅂ시다	명절, 명절놀이, 음식	소곤소곤 게임 여러 나라 명절과 기념일 조사하기

(3) 『다양이와 나라의 꾹꾹 다지는 국어 1-4』

『다양이와 나라의 꾹꾹 다지는 국어 1-4』는 초등학교 다문화 학생의 국어 능력을 향상시키는 데 도움을 주고자 개발된 교재이다. 한국어 의사소통 능력을 갖추고 다른 교과를 학습하는 데 필요한 기초 한국어 지식과 다양한 언어 사례들을 중심으로 구성하였다. 특히 초등학교 3-4학년 수준의 기초 국어 지식과 생활 언어를 중심으로 구성하였으며, 단원별로 학습 목표와 활동의 완결성을 가지고 있어 원하는 학습 내용을 필요할 때마다 선택하여 독자적으로 학습할 수 있도록 구성하였다. 특히 각 단원의 제목 옆에 국어과 교과서의 관련 단원과 쪽수를 제시해 내용을 보충하거나 연계할 수 있도록 하였다.

하지만 이 교재는 교재의 제목에서도 밝히고 있는 것처럼 다문화 가정 학생을 대상으로 하기는 하되, '한국어' 교재라기보다는 '국어' 보충 학습을 위한 교재에 가깝다. 국제결혼 가정 자녀 중 한국에서 태어나 자라 영·유아기를 한국에서 보내기는 했으나 어머니의 한국어 숙달도 부족으로 또래 한국 어린이에 비해 입력이 풍부하지 않았던 탓에 학교 입학 후 국어과 학습에 어려움을 겪는 경우에는 보충 교재로 유용해 보인다. 하지만, 기본적인 문식력이 부족한 학습자의 경우에는 국어 교 과서와 성격이 유사한 이 교재로는 한국어 기초 문식력 학습이 불가능 하다. 또한 교사의 입장에서도 다문화 배경 학생 대상 한국어 교육을 위한 교재로 사용하기에는 무리가 있다.[13]

(4) 『Korean Language in Action』

『Korean Language in Action』은 청소년들을 위한 초급 한국어 교재이 다. 대부분의 한국어 교재가 유·아동을 대상으로 하고 있는 것과 차별 되는 점이다. 주요 인물도 학습자와 비슷한 또래의 중·고등학생 여덟 명으로, 학교생활 중 일어날 수 있는 상황을 중심으로 내용이 구성되어 있고, 대화 상대자 또한 친구나 선생님으로 설정되어 있다. 초급 학습자 를 위한 교재로 한국어능력시험 1급에 해당하는 문법과 어휘를 중심으 로 내용을 구성되어 있다. 읽기나 문법 위주의 기존 교재들과는 달리 다양한 과제와 활동을 제공해 학습자의 흥미를 유발할 수 있도록 구성

---

[13] 언어 교육과 관련하여 교수·학습의 과정에서 교재가 하는 역할은 매우 다양하 다. Richards(2001:251)는 Cunningsworth(1995)의 논의를 인용하여, 교재는 시범 자료, 학습자의 연습 및 의사소통 상호 작용을 위한 제재, 문법, 어휘, 발음 등의 참고 자료, 수업활동 자료, 교수요목 등의 역할을 한다고 하였다. 이와 더불어 또 하나 중요한 교재의 역할로, 경험이 적은 숙련되지 못한 교사 입장에서 자신 감을 갖게 하는 정의적 역할까지 언급하고 있다. 다문화 배경 학생은 공교육 현장에 새롭게 등장한 학습자군이라 해도 과언이 아니다. 즉, 교육 현장에서 다 양한 배경과 특성을 가진 다문화 배경 학습자의 한국어 교육에 숙련된 교사는 매우 적은 상황이라는 것이다. 이러한 상황을 고려할 때 다문화 배경 학생을 대상으로 한 한국어 교재는 특히나 그 역할이 중요하다 하겠다.

한 점도 눈에 띈다.

전체 10개의 단원으로 구성되어 있고, 5개 단원마다 복습 단원을 넣어 한국어 실력 향상 정도를 측정할 수 있도록 구성하였다. 또한 한 단원을 마치는 데 소요되는 시간이 2시간 30분-3시간으로 계획되어 있으며 30분 가감이 가능하도록 유연하게 구성하였다. 이는 주로 주말에 2-3시간 정도씩 운영되는 한글학교의 실정을 잘 반영한 것이라 하겠다. 각 단원은 '도입(2쪽), 어휘(1쪽), 대화(1쪽), 문법(2쪽), 말하기(1쪽), 듣기 혹은 읽기(1쪽), 쓰기(2쪽)'로 구성되어 있다.

'도입' 부분은 그림과 도입 질문을 통해 단원의 주제와 관련된 이야기를 이끌어 내어 학생들이 단원 학습을 준비할 수 있도록 한 부분이다. '어휘' 부분에는 주제와 관련된 어휘 학습을 통해 어휘력을 강화시키기 위한 부분이고, '대화'는 단원의 주제와 어휘, 문법을 포함하면서 실생활에서 듣고 말해 볼 수 있는 대화로 구성되어 있다. 대화 부분에서 중요하게 다루어져야 하거나 관련 있는 문법을 하단에 추가 제공하여 연습할 수 있도록 장치해 두었다. '문법' 부분에는 단원마다 2쪽에 걸쳐 2개의 문법 항목을 제시하고 있으며, 간단한 말하기 활동으로 연결시켜 문법 연습이 가능하도록 돕고 있다. '말하기' 영역에는 다양한 짝 활동, 그룹 활동을 과제로 제시하고 있고, '듣기·읽기' 영역에는 학생들의 흥미를 유발할 만한 실제적인 내용으로 지문을 구성하여 전체 내용 및 세부 내용을 파악하는 활동을 유도하고 있다. 마지막으로 '쓰기' 영역에서는 그 단원에서 학습한 주제, 어휘, 문법, 표현 등을 활용하여 다양한 장르의 간단한 한 편의 글을 완성하도록 구성해 놓고 있다.

『Korean Language in Action』의 각 단원의 교수요목과 활동 유형을 살펴보면 다음과 같다.

<표 51> 『Korean Language in Action』의 교수요목

단원	주제·기능	어휘	문법	과제		
				말하기	듣기/읽기	쓰기
0	한글, 교실 용어, 인사					
1	홈페이지에 가족 소개하기	가족 친척	• -아/어요 • 은/는	반 친구들에 대해 조사하기	가족사진을 묘사하는 이야기 듣기	홈페이지에 가족 소개 글 쓰기
2	우리 학교 소개하기	숫자 시간	• 에 • -(으)ㄹ 거예요	학교생활 이야기하기	학교 소개하는 글 읽기	학교 소개하는 글 쓰기
3	나의 꿈 말하기	직업	• 을/를 • -고 싶다	장래희망 조사 결과 보고 이야기하기	나의 꿈 말하기 대회 발표 듣기	나의 꿈 말하기 대회 원고 쓰기
4	스포츠 신문 만들기	운동	• -에서 • -ㅂ니다/ -습니다	좋아하는 스포츠 조사하기	스포츠 신문 기사 읽기	스포츠 신문 기사 쓰기
5	한글 조사하기	국가 언어	• -(으)ㄹ 수 있다 • 못 • -았/었-	표 보고 이야기하기	뉴스 듣기	한글에 대해 조사하고 발표문 쓰기
	복습해 봅시다 (1과~5과)					
6	동아리 홍보하기	취미	• -(으)려고 • -아/어서	동아리 안내문 보고 이야기하기	동아리 모집 공고 읽기	동아리 모집 공고 쓰기
7	영화 포스터 만들기	감정 영화	• -고 있다 • -보다	영화 포스터 보고 이야기하기	영화 광고 듣기	영화 포스터 만들기
8	패션 잡지 만들기	옷 색깔	• -아/어 보세요 • -(으)ㄴ/는	옷차림에 대해 이야기하기	패션 잡지 기사 읽기	패션 잡지 기사 쓰기
9	맛있는 떡국 만들기	날짜 명절	• -(으)면 • -아/어 봤다	명절에 하는 일 이야기하기	명절에 대한 소개 듣기	떡국 만드는 방법 쓰기
10	물건 팔기	돈	• (으)로 • -아/어 주다	팔 물건에 대해 조사하기	물건 소개하는 전단지 읽기	물건 파는 전단지 만들기
	복습해 봅시다 (6과~10과)					

이상, 본 절에서는 현재까지 개발된 다문화 가정 학생 대상 한국어

교재 현황을 알아보고 그 중 몇 종의 교재 분석을 통해 다문화 학생의 기본적인 한국어 의사소통 능력 향상에는 일면 도움이 되기도 하나, 일부 교재는 국어 교과서의 보충 교재에 다름 아닌 경우도 있어, 다문화 배경 학생을 위한 한국어 교육 현장에서 실질적으로 사용되기에는 무리가 있음을 발견하였다.

　최근에는 다문화 배경 학생의 일상생활이 주로 학교를 배경으로 하고 있음에 착안하여 담화 상황이나 배경, 대화 상대자와 주제 등을 학교 생활과 관련해 구성하고 있는 교재들이 속속 개발되고 있다. 그러나 이들 교재도 체계적인 교육과정이 먼저 설계된 후 개발된 교재가 아니라 내용 체계나 한국어 숙달도 수준 결정면에서 교재들 간에 통일감이 없어 혼선을 빚고 있다. 또한 다문화 배경 학생의 한국어 교육은 다만 의사소통 능력 신장의 수준으로 그쳐서는 안 되고 교과 학습을 위한 학업 문식성 신장에도 같은 비중을 두어야 한다는 논의들이 계속적으로 이루어지고 있음에도 불구하고 아직 기존 교재들은 이 부분을 충족시키지 못하고 있다.

3. 다문화 시대 문식성 교육 관점에서의 국어과 교육과정 분석

　앞서, 다문화 배경 학생 대상 한국어 교육 현장 방문을 통해서도 확인한 바, 이들을 위한 교재가 충분치 않은 까닭에 초등학교 국어 교과서를 주교재로 사용하고 보조 교수 자료로 개별 학습지들을 활용하는 사례가 많이 있었다. 이러한 현상은 특히 중·고등학교에 재학 중인 다문화 배경 학생의 한국어 교육 상황에서 드러났는데, 이는, 중·고등학교의 국어 교과서에 비해 초등학교의 국어 교과서는 수준이 낮아 쉽고 기본적인 문식성 신장에 도움이 될 것이라는 단순한 전제에 근거한 것이었다.

그렇다면 실제로 우리의 국어과 교육과정은 다문화 배경 학습자의 한국어 교육을 위해 활용될 때 어느 정도 효용이 있을지, 기초 문식성, 기본 문식성, 학업 문식성, 다문화 문식성 등의 측면에 기여하는 바가 얼마나 있는가를 분석해 볼 필요가 있다. 초·중·고등학교 내 다문화 배경 학습자를 위한 한국어 교육은 궁극적으로는 국어교육으로 흡수 편입될 수 있을 정도의 성취 수준을 목표로 삼아야 한다. 따라서 다문화 배경 학생 대상 한국어 교육의 관점에서는, 국어과 교육과정을 분석해 보는 것은 궁극적인 지향점을 살펴본다는 측면에서 유의미한 작업이 될 수 있을 것이다.[14]

본 절에서는 이러한 배경에서 국어과 교육과정을 기초 문식성을 포함한 기본 문식성, 학업 문식성, 다문화 문식성의 측면에서 분석해 보기로 한다. 또한 다문화 사회 학교 내 언어 교육은 비단 다문화 배경 학생 대상 한국어 교육에서만 문제가 되는 것이 아니라 일반 주류 학습자들을 대상으로 한 자국어 교육에서도 새로운 관점과 접근을 시도해야 할 필요성이 있다. 이러한 전제하에 일반 학습자들을 위한 다문화 교육 측면은 어떻게 구성되어 있는지도 함께 살펴보기로 한다.

---

[14] 이경화·이향근(2010:288)에 의하면, 교육과정은 "다양한 구성원에 의해 이루어지는 상호 작용적인 수행"이므로 교육과정에 대해 그 사회의 구성원 및 교육 관련 전문가와 참여자들이 지니고 있는 공통된 인식은 매우 중요하다. 교육과정을 설계하고 수행하는 주체들이 지닌 교육목표에 대한 공통된 인식은 "학생들이 무엇을 알아야 하고, 무엇을 할 수 있는가에 대한 합의"를 의미한다. 이러한 합의는 교육과정의 설계에서부터 교수·학습 활동과 평가 등 일련의 과정에서의 일관성을 확보하는 기본 기제가 된다는 것이다.

3.1. 국어과 교육과정의 구성 체계와 목표

국어과 교육과정은 크게 '공통교육과정'과 '선택교육과정'으로 구성되어 있다. '공통교육과정'은 국민 공통 교육과정으로 초등학교, 중학교까지의 교육과정을 포함한다. '선택교육과정'은 고등학교 과정에 해당하며, 국어I, 국어II, 화법과 작문, 독서와 문법, 문학, 고전 과목을 포함한다.

본 연구에서는 국민 공통 교육과정에 해당하는 '공통교육과정' 부분만을 분석 대상으로 삼는다. '공통교육과정' 중 국어과 교육과정의 성취기준[15]을 진술하고 있는 '학년군[16]별 세부 내용' 부분만을 떼어 내어 구성 체계를 나타내면 다음 그림과 같다.

---

[15] '성취기준'이 우리나라 교육과정에 도입된 시기는 1996년이다. 학교 교육의 질 향상 및 대학 입시의 신뢰성 확보를 위해 절대평가의 필요성이 부각되면서 '성취기준'의 개념이 도입되었다(곽병선, 1996; 이경화·이향근 2010:289에서 재인용). 미국의 'standards'를 허경철 외(1996)에서 '성취기준'으로 번역 소개하면서 굳어진 용어이며, 박순경(1997)은 성취기준의 도입을 구체적으로 제안한 연구이다(이경화·이향근 2010:289-290).

[16] '학년군' 개념은 2009 개정 교육과정부터 도입된 개념이다. 초등학교는 '1-2학년군', '3-4학년군', '5-6학년군'으로 두 학년씩 묶어 성취기준을 제시하고 있다. 중학교를 예로 들자면, 2007 개정 교육과정 때만 해도 7학년, 8학년, 9학년으로 나누어 각 학년별로 듣기, 말하기, 읽기, 쓰기, 문법, 문학 각 영역의 성취기준과 내용 요소를 제시하였다. 이에 반해, 2009 개정 교육과정부터는 중학교 1-3학년을 하나로 묶어서 '학년군별' 성취기준을 제시하고 있다. 이와 같은 '학년군' 개념의 도입은 교육과정의 현장 적용에 있어 편성과 운영에 유연성을 부여한다는 측면에서는 긍정적이나 영역별 성취기준의 항목 수를 줄게 하거나 교육의 목표로 제시되는 성취기준의 진술 형식이 어느 정도는 포괄적이고 추상적일 수밖에 없게 하는 원인이 된다는 측면에서 부정적으로 평가되기도 한다.

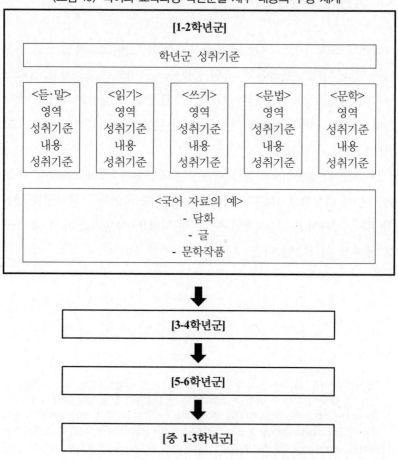

〈그림 19〉 국어과 교육과정 학년군별 세부 내용의 구성 체계[17]

즉, '학년군별 세부 내용'은 초등학교는 [1-2학년군], [3-4학년군], [5-6학년군]으로 두 개 학년씩 묶어서 제시되어 있으며, 중학교는 [중 1-3학년군]으로 전학년이 하나로 묶여 제시되고 있다. 각 학년군별 세부 내용에는 '학년군 성취기준'이 먼저 제시된 후, '듣기·말하기', '읽기',

---

[17] 2011 개정 국어과 교육과정(교육과학기술부 고시 제 2011-361호)을 기준으로 국어과 교육과정의 구성 체계를 연구자가 도식화함.

'쓰기', '문법', '문학' 등 6개 영역의 성취기준이 순서대로 제시되는데, 각 영역별로 '영역 성취기준'과 '내용 성취기준'이 차례대로 제시된다. 각 학년군의 마지막 부분에는 '국어 자료의 예'라는 제목 아래 각 학년군마다 활용 가능한 국어 자료 유형을 '담화', '글', '문학 작품'의 순으로 제시하고 있다. 각 학년군별, 영역별 성취기준의 세부 내용 및 예로 제시하고 있는 국어 자료 유형 목록 등에 관해서는 뒤에서 자세히 살펴보기로 하자.

그렇다면 국어과 교육과정[18]에서 설정하고 있는 국어교육의 목표는 어떠할까? 국어과 교육과정의 목표는 총괄적 목표인 전문과 세부 목표로 나누어 제시되어 있다. 세부 목표는 총괄 목표를 상세화한 것으로, '가'항은 지식, '나'항은 기능, '다'항은 태도와 관계된 목표 진술이다. 즉, '가'항에서는 학습자가 갖추어야 할 인지적 영역의 목표 내용을 제시하고 있으며, '나'항에서는 기능적인 영역의 성취 목표를 제시하고 있고, 마지막으로 '다'항에서는 정의적 영역에 중점을 두어 기술하고 있는 것이다.

교육과정에 드러난 국어과 교육의 목표는 창의적이고 능동적인 국어 사용 능력, 문화 창조 등에 중점을 두고 있다. 한국어 교육의 목표가 의사소통 능력과 기본적인 문화 이해 능력에 초점이 맞추어진다면, 국어교육의 목표는 국어와 문학에 대한 기본적인 지식은 물론 비판적, 창의적, 능동적으로 국어 생활을 영위하는 태도, 국어적 사고와 고등 정신 능력 향상에 초점이 놓여 있다 할 수 있다. 한국어 교육과 국어교육의 이러한 교육 목표 차이는 일차적으로 외국어 교육과 자국어 교육의 목표 차이라고 볼 수 있다.

이 점과 관련해 서혁(2007, 2008)에서는 영국의 자국어 교육과정의

---

[18] 2011 개정 국어과 교육과정(교육과학기술부 고시 제 2011-361호)

핵심 개념과 미국의 외국어 교육과정의 기준인 5C와의 비교를 통해 논의한 바 있다. 2007년 개정되어 2008년부터 적용 시행되고 있는 영국의 자국어 교육과정은 언어 능력(Competence), 창의성(Creativity), 문화 이해(Cultural Understanding), 비판적 이해(Critical Understanding)의 4C로 그 핵심 개념을 요약할 수 있으며 우리의 국어과 교육과정과 크게 다르지 않다는 것이다. 외국어 교육의 목표는 미국의 '21세기에 대비한 외국어 습득의 기준'[19]에 제시되어 있는, 5C, 즉, '의사소통(Communication), 문화(Cultures), 다른 학과목과의 연계(Connections), 비교(Comparison), 다문화 사회에의 참여(Communities)'를 비교해 볼 수 있다는 것이다.[20]

다시 말해, '의사소통, 문화' 등을 강조한다는 점에서는 자국어 교육과정이나 외국어 교육과정이나 유사한 모습이다. 하지만 외국어 교육과정에 비해 자국어 교육과정은 '창의성, 비판적 이해' 등과 같은 사고력과 고등정신 능력 부분을 강조하고 있다는 점에서 다르다.

3.2. 국어과 교육과정 성취기준의 성격

앞서 국어과 교육과정의 구성 체계와 목표를 살펴보았고, 이제 학년군별, 영역별, 세부 성취기준을 살펴보기로 하자.

성취기준은 학습자가 반드시 도달해야 할 어떤 추상적인 목표들을 구체적인 교수·학습 내용과 필요한 수행의 유형 등을 통해 일정 수준을 잘 드러내도록 조직화 해 놓은 진술 형태여야 한다. 그런데 우리의 국어과 교육과정 성취기준의 진술 형태는 포괄적이고 추상적이어서 교수·

---

[19] Standards for Foreign Language Learning: Preparing for the 21st Century

[20] 손호민(1999)은 5C를 '의사전달, 문화터득, 다른 학과목과의 연계, 비교, 다문화 사회에의 참여'로 번역 소개하고 있다(손호민, 1999; 윤희원·서혁, 2009:18-19).

학습에 필요한 구체적 수행 유형이나 평가 기준 등으로 삼기에는 무리가 있다. 게다가 2009 개정 교육과정부터 '학년군' 개념이 도입됨에 따라 성취기준의 항목 수도 줄어드는 결과를 가져왔다.

〈표 52〉 국어과 교육과정의 성취기준 항목 수 변화

2007 개정 국어과 교육과정 (7-9학년)				2011 개정 국어과 교육과정 (중학교 1-3학년군)		
영역	세부내용	개수		영역	세부내용	개수
듣기	성취기준	4		듣기·말하기	영역성취기준	1
	내용요소	15			내용성취기준	12
말하기	성취기준	4				
	내용요소	28				
읽기	성취기준	5	⇨	읽기	영역성취기준	1
	내용요소	20			내용성취기준	11
쓰기	성취기준	5		쓰기	영역성취기준	1
	내용요소	20			내용성취기준	10
문법	성취기준	5		문법	영역성취기준	1
	내용요소	16			내용성취기준	11
문학	성취기준	4		문학	영역성취기준	1
	내용요소	22			내용성취기준	10
합계	성취기준	**27**		합계	영역성취기준	**6**
	내용요소	**121**			내용성취기준	**60**

위의 표는 2007 개정 국어과 교육과정과 2011 개정 국어과 교육과정의 중학교 수준의 성취기준 항목 수를 비교한 것으로, 각 영역별 성취기준의 항목 수가 교육과정 개정에 따라 50% 정도로 축소되었음을 알 수 있다.

이경화·이향근(2010:287)에 의하면, 교육과정의 '성취기준'은 "학습자가 반드시 알아야 하는 교육 내용이 무엇인지 밝힘으로써 교수·학습과 교육 평가의 정합성(alignment)를 높이려는 의도에서 도입된 개념"이

다. 따라서 "학습자가 학습해야 하는 교과의 핵심 아이디어를 제시"해
야 하며, 성취기준의 진술 내용은 교수·학습 과정 및 평가의 장면까지
영향을 줄 수 있어야 한다. 이러한 역할을 수행하기 위해서는 국어과
교육과정의 성취기준 진술문이 지금보다 구체적이고 세분화될 필요가
있다.

이제, 국어과 교육과정의 학년군별 총괄 성취기준과 학년군별 영역
성취기준을 살펴보며 국어교육에서의 문식성은 어떻게 다루어지고 있
는지 고찰해보기로 하자.

(1) 성취기준의 심화와 확장

학년군별 총괄 성취기준은 각각 4개의 문장으로 기술되어 있다. 각
문장은 학년군간에 서로 대응 관계에 있으며 학년군이 올라갈수록 점
차 심화되거나 확장되는 형식을 취하고 있다. 학년군별 총괄 성취기준
을 간단히 요약하면 아래와 같다.

〈그림 20〉 학년군별 성취기준의 심화와 확장[21]

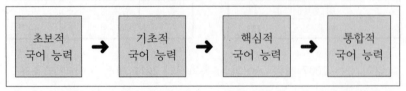

또한 국어 생활에 대한 관심은 '자기 주변 → 일상생활과 이웃 →
다양한 사회 현상 → 다양한 국어 문화의 세계'로 확장된다. 하지만 '다
양한 국어 문화의 세계'라는 의미가 불명확해 마지막 부분은 논리적
연계가 부드럽지 못하다.

---

[21] 2011 개정 국어과 교육과정의 학년군별 성취기준 내용을 도식화함.

학년군별 성취기준에서 읽기 영역 관련 내용을 추출하면 다음과 같다.

<그림 21> 학년군별 성취기준의 읽기 요소[22]

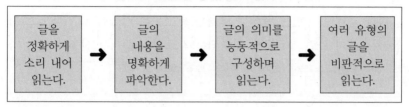

즉, 읽기는 '정확한 음독 → 명확한 내용 파악 → 능동적 의미 구성 → 비판적 읽기'의 순서로 성취기준이 심화 혹은 확장되어 있다. 하지만 읽기의 발달 과정이 정말 이러한지, 혹은 이러한 과정에 초점을 맞추어 교수·학습이 이루어져야 하는지에 관해서는 논의의 여지가 있다. 예를 들어 '비판적 읽기'가 한 예이다. 이 성취기준의 배열대로라면, 중학교 과정에 들어서야 비판적 읽기가 가능해진다는 의미인데, 비판적 읽기는 초등학교에서도 가능하며, 또 그래야 한다. 다만 초등학교 과정에서 비판적 읽기를 시도하게 한다면 주어지는 텍스트의 수준에서 차이를 주어야 할 것이다.

쓰기와 관련된 내용을 추출하면 위와 같다.

<그림 22> 학년군별 성취기준의 쓰기 요소[23]

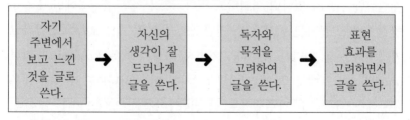

---

[22] 2011 개정 국어과 교육과정의 학년군별 성취기준 중 읽기 요소를 도식화함.
[23] 2011 개정 국어과 교육과정의 학년군별 성취기준 중 쓰기 요소를 도식화함.

여기서도 문제가 되는 것이 '독자와 목적을 고려하여 글을 쓴다'는 것이 이렇게 초등학교 5-6학년이 되어야 가능한 것일까, 혹은 5-6학년쯤 되어야만 다룰 수 있는 내용인가의 문제다. 글쓰기에 있어 독자와 목적을 고려하는 일은 글쓰기 교육의 초기부터 가능하다. 이때도 역시 문제는 쓰기 관련 자료로서 입력되는 자료의 수준이나 산출해 내야 하는 텍스트의 수준에 차이가 있을 뿐이다.

(2) 기초 문식성

국어과 교육과정의 총괄 성취기준만을 놓고 보았을 때 기초 문식성, 학업 문식성, 다문화 문식성과 관련한 내용은 찾아보기 힘들다. '일상생활과 학습에 필요한'이라는 표현이 기본 문식성과 학업 문식성의 의미를 포함하는 것처럼 보이기는 하나 구체적으로 표현하고 있지는 않다. 이 점은 뒤에 4장에서 미국의 자국어 교육과정의 성취기준과 비교하면 확연히 드러나게 된다. 우선 기본 문식성 관련 내용부터 고찰해 보기로 한다.

이경화(2006:139-141)에서는 교과 학습의 성패를 좌우할 수 있는 요소로 기초 문식성 학습을 들고 있으며, 특히 공식 교육이 처음 시작되는 입문기인 초등학교 저학년 시기의 기초 문식성 성취의 중요성에 대해 재인식할 필요가 있다고 역설하고 있다. 즉, 문자의 음성화에만 초점을 맞춰 단순히 글자를 읽고 쓰는 것만으로 기초 문식성 교육이 끝났다고 가정해서는 안 된다는 것이다. "기초 문식성은 해독(decoding)과 의미(meaning)를 토대로 한 개념"이므로 "자칫 어느 하나만으로 문자 습득 수준에 도달했다고 간주해서는 안 된다"(이경화, 2006:140)는 것이다. 따라서, 제대로 된 진정한 기초 문식성 교육을 위해서는 해독과 의미 어느 한 쪽에 치우친 내용이나 방법이 아니라 이 두 가지의 균형을 통한 접근 방안을 제시해야 한다(김윤주, 2012b).

기초 문식성은 초등학교 입학 초기에 특히 중점적으로 다루어져야 한다. 그렇다면 1-2학년 읽기와 쓰기 영역 성취기준에는 이 점이 어떻게 드러나 있는지 살펴보자. 아래의 표는 국어과 교육과정 1-2학년군 읽기와 쓰기 영역의 내용 성취기준에서 기초 문식성 관련 내용을 추출한 것이다.

⟨표 53⟩ 1-2학년군 읽기와 쓰기 영역 내용 성취기준 일부[24]

학년군	영역	내용 성취기준
1-2 학년군	읽기	(1) 글자의 짜임을 이해하여 글자를 읽고, 읽기에 관심을 가진다. (2) 낱말과 문장을 정확하게 소리 내어 읽는다. (3) 의미가 잘 드러나도록 글을 알맞게 띄어 읽는다.
	쓰기	(1) 글자를 익혀 글씨를 바르게 쓴다. (2) 자신의 생각을 문장으로 정확하게 표현한다.

초등학교 저학년에서의 기초 문식성 교육의 중요성에도 불구하고 교육과정의 성취기준에 제시되어 있는 내용은 그다지 많지 않은 편이다. 하지만, 2011 개정 국어과 교육과정 1-2학년군 성취기준을 보면, 읽기 영역, 쓰기 영역 모두 영역 성취기준은 하나씩이고, 각각에 해당하는 내용 성취기준은 읽기 영역이 6개, 쓰기 영역이 5개이다. 그 점을 감안하면 읽기 영역은 전체 성취기준 6개 중 3개, 쓰기 영역은 전체 5개 중 2개 항목이 각각 기초 문식성 관련 내용이므로 그 양적 비율만으로는 문제가 없어 보인다.

내용 진술은 어떠한가? 앞서 3장에서 살펴본 미국의 자국어 교육과정과 비교하면 우리의 교육과정 성취기준은 진술문의 내용과 형식이 추상적이고 간략하다. 우리의 경우 '문법' 영역의 성취기준이 따로 설정

---

[24] 2011 개정 국어과 교육과정(교육과학기술부 고시 제 2011-361호)에서 추출함.

되어, 문법 영역에서 기초 문식성 내용을 주로 다루고 있기 때문에 더욱 그러하다.

아래의 표는 국어과 교육과정 1-2학년군 문법 영역 성취기준이다.

〈표 54〉 1-2학년군 문법 영역 성취기준과 내용 성취기준[25]

우리 말글의 소중함을 알고 낱말과 문장을 올바르게 이해·표현하는 초보적 지식을 익히며 국어에 대한 관심과 호기심을 갖는다.

(1) 한글 낱자(자모)의 이름과 소릿값을 알고 정확하게 발음하고 쓴다.
(2) 다양한 고유어(토박이말)를 익히고 소중히 여기는 태도를 기른다.
(3) 낱말과 낱말의 의미 관계를 알고 활용한다.
(4) 문장의 기본 구조를 이해하고 문장 부호를 바르게 쓴다.

---

(3) 학업 문식성

국어 교과는 타 교과 학습에 필요한 기본적인 학습 능력을 함께 길러 주어야 한다. 읽기 영역을 예로 들어 보자. 교과 학습을 위해서는 수많은 자료들 중 필요한 자료를 찾아내서 목적에 맞게 읽고 내용을 요약하고 재구성하고 범주화하는 등 다양한 기능과 전략이 필요한데 그것을 위해서는 언어 능력, 전략적 언어 사용 능력 등이 필수적이다. 그리고 국어 교과는 이것을 담당해야만 한다. 학업 문식성 신장 측면에서 국어과의 교육과정 성취기준은 어떠한지 읽기와 쓰기 영역을 중심으로 살펴보기로 하자.

다음은 국어과 교육과정 읽기와 쓰기 영역 중 학업 문식성과 관련 있는 성취기준을 추출한 것이다.

---

[25] 2011 개정 국어과 교육과정(교육과학기술부 고시 제 2011-361호).

영역	학년군	내용 성취기준
읽기	중1-3	(2) 글이나 매체에 제시된 다양한 자료의 효과와 적절성을 평가하며 읽는다
쓰기	5-6	(6) 다양한 매체에서 조사한 내용을 바탕으로 쓰기 윤리를 지키며 글을 쓴다
	중1-3	(3) 관찰, 조사, 실험한 내용을 절차와 결과가 드러나게 보고하는 글을 쓴다

읽기 영역의 성취기준을 보면 학업 문식성과 관련한 내용이 특별히 부각되어 보이지 않는다. 중학교 1-3학년군의 항목 (2)번에 '글이나 매체에 제시된 다양한 자료의 효과와 적절성을 평가하며 읽는다' 정도가 학업 문식성과 관련된 부분으로 볼 가능성이 있기는 하나 표면적으로 타 교과와 연계성을 보인다거나 국어 교과의 도구 교과로서의 역할을 부각시키지는 않고 있다. 우리의 국어과와의 비교를 위해 잠시 미국 자국어 교육과정의 일면을 엿보기로 하자.

〈미국 자국어 교육과정 2학년 총괄 기준 일부〉[27]

> 학생은 수학, 과학, 역사, 사회 교과 교육과정의 성취기준을 반영한 자료들을 중심으로, 각 교과에서 배운 내용들과 관련해 중심 내용을 파악하고, 질문을 형성하고, 예측하기 활동을 하게 될 것이다.

이것은 미국 버지니아 주 자국어 교육과정의 2학년 총괄 기준 중 항목 하나를 가져온 것이다. 이처럼 미국의 교육과정에서는 구체적으로 자국어 교과의 읽기 자료로 타 교과의 내용을 담은 자료를 적극 활용하

---

[26] 2011 개정 국어과 교육과정(교육과학기술부 고시 제 2011-361호)에서 추출함.

[27] Virginia Department of Education(2002), *English Standards of Learning for Virginia Public School*, Commonwealth of Virginia Department of Education Richmond, Virginia.

도록 전면적으로 권장하고 있다. 즉, 자국어 교육에 있어 타 교과 학습을 위한 도구 교과로서의 기능을 강조하고 있으며, 타 교과와 연계한 학습 활동을 통해 학업 문식성 신장을 도모하고 있다는 것이다. 이 점은 주류 학습자의 입장에서도 유용하나, 그들과 같은 교실에서 함께 수업에 참여하는 다문화 가정 학생 입장에서는 문식성 향상 측면에서 ESL 수업에서만이 아닌 정규 수업에서도 지속적인 학습과 연습이 가능하다는 점에서 의미가 있다 하겠다.

한편 쓰기 영역에서는 5-6학년군의 (6)번 '다양한 매체에서 조사한 내용을 바탕으로 쓰기 윤리를 지키며 글을 쓴다'와 중학교 1-3학년군의 (3)번 '관찰, 조사, 실험한 내용을 절차와 결과가 드러나게 보고하는 글을 쓴다'의 두 개의 성취기준에서 학업 문식성 관련 가능성을 찾아볼 수 있다.

(4) 다문화 문식성

국어과 교육과정의 듣기·말하기, 읽기, 쓰기, 문법 영역 성취기준에는 다문화 문식성 관련 내용이 표면적으로는 특별히 드러나 있지 않았다. 앞서 1장과 2장에서도 자세히 살펴보았듯이 다문화 문식성 교육은 다문화적 문학 제재를 활용할 때 효과가 크다는 것이 이미 여러 논저를 통해 증명되어진 바 있다(박윤경, 2006; 박영민·최숙기, 2006; 최숙기, 2007; 권순희 외, 2008; 조수진 외, 2008; 김영주, 2008등). 그렇다면 국어과 교육과정에서 '듣기·말하기, 읽기, 쓰기, 문법' 영역이 아닌 '문학' 영역의 성취기준은 다문화 문식성 측면에서 어떠한지 살펴보자.

<표 56> 문학 영역 성취기준[28]

학년군	영역 성취기준	내용 성취기준
중 1-3	문학의 다양한 특성에 대한 이해를 바탕으로, 다양한 관점과 방법으로 작품을 해석하고 평가하며 자신의 일상적인 삶을 작품으로 표현한다.	(6) 사회·문화·역사적 상황을 바탕으로 작품의 의미를 파악한다.

　교육과정의 성취기준만을 놓고 보면 초등학교에서는 다문화 문식성을 전면에 부각시키고 있는 내용은 찾아보기 어렵다. 다만 위의 표에서 볼 수 있듯 중학교 1-3학년군에 가서야 영역 성취기준이 '문학의 다양한 특성에 대한 이해를 바탕으로, 다양한 관점과 방법으로 작품을 해석하고 평가하며 자신의 일상적인 삶을 작품으로 표현한다'라고 되어 있어, 다양한 관점의 필요성에 관해 언급하고 있을 뿐이다. 내용 성취기준을 보더라도, 중학교 1-3학년군의 (6)번 항목에 '사회·문화·역사적 상황을 바탕으로 작품의 의미를 파악한다'는 내용에 다문화적 가치가 간접적으로 반영되어 있을 뿐이다.

　국어과 교육과정에 제시되어 있는 '수업 자료의 예'는 어떠한가?

<표 57> 국어 자료의 예- 문학 작품[29]

학년군	국어 자료의 예 (문학 작품)
5-6	▪ 다양한 가치와 문화에 대한 성찰을 담고 있는 작품
중1-3	▪ 보편적인 정서와 다양한 경험이 잘 드러난 한국·외국 작품 ▪ 사회·문화·역사적 상황이 잘 드러난 작품

　표에서 볼 수 있는 바와 같이 5-6학년군에서 '다양한 가치와 문화에 대한 성찰을 담고 있는 작품'이 처음 등장하고, 중학교 1-3학년군에 이

---

28 2011 개정 국어과 교육과정(교육과학기술부 고시 제 2011-361호)에서 발췌함.
29 2011 개정 국어과 교육과정(교육과학기술부 고시 제 2011-361호).

르러서 '보편적인 정서와 다양한 경험이 잘 드러난 한국·외국 작품'과 '사회·문화·역사적 상황이 잘 드러난 작품'이 예로 제시된 정도다.

국어교육에서 교수·학습 활동이 언어 지식이나 기능에 초점을 두고 있고, 교수 목표도 고차원적 사고력이나 고등정신 능력 향상에 두고 있다 해도 이를 위해 다루게 되는 제재의 주제나 내용이 다문화적 요소를 갖추고 있다면 그것이 자연스럽게 수업 중에 투영될 수 있고 학생들에게도 은연중에 영향을 미칠 수 있다.

최숙기(2007:309-310)에서는 Diamond & Moore(1995)의 논의를 인용하여, '다문화 문학(multicultural literature)'이란 "삶의 유형과 경험 그리고 방언, 전통, 유산, 언어, 역사적 관점에 대한 조명을 통해 구체적인 문화에 초점을 둔 문학작품"이라 정의하고, 다문화 교육에 있어 다문화 내용 텍스트 제재의 효용성에 관해 2가지 관점에서 기술하고 있다.

하나는, 다양한 언어적·문화적 기반을 가진 학생들의 학습 능력을 신장시키기 위해 그들의 문화적 배경지식을 충분히 포괄하고 있는 교육 자료를 활용함으로써 학습 효과를 신장시킬 수 있다는 점, 다른 하나는 다문화 문학을 통해 다른 문화와 그 문화를 기반으로 한 대상에 대한 이해를 증진시킬 수 있다는 점이다. 즉, 다문화 문학은 소수자를 위한 다문화 교육에도 다수자를 위한 다문화 교육에도 모두 유용하게 활용될 수 있다는 것이다.

4. 다문화 배경 학생 대상 한국어 교육 요구 분석

이 절에서는 다문화 배경 학생 대상 한국어 교육과정 구성을 위한 요구 분석 결과를 제시하고 이를 통해 논의점과 시사점을 도출할 것이다.

요구 분석(Needs Analysis)[30]이란, "특정 학습자 집단의 요구에 부응하는 교육과정 개발을 위하여 기초 자료로 사용할 정보를 수집하는 제반 활동"(박경자 외, 2002:33)을 말한다. 1960년대 이후 특수 목적 영어 학습자가 증가하면서 이들을 대상으로 한 영어 교육 분야에 요구 분석이 처음 도입되었고, 이후 1980년대 들어서는 세계 여러 지역의 특수 목적 영어 교육 분야와 직무 교육을 위한 프로그램의 개발에 이용되게 되었다(Richards, 2001:51).

요구 분석을 위해 활용되는 도구로 Brown(1989)은 기존의 정보, 평가, 관찰, 면접, 회의, 설문지 등을 제시하였고(박경자 외, 2002:39), Richards (2001:51-89)에서는 설문 조사, 인터뷰, 간담회, 관찰, 학습자의 언어 표본, 과제 분석, 사례 연구, 정보 분석 등을 제시하였다.

본 연구에서의 요구 분석은 설문 조사와 인터뷰, 수업 참관 등을 통해 이루어졌다. 본 절에서는 이 중 특히 설문 조사를 중심으로 한 요구 분석 결과에 관해 논의할 것이다. 4.1절에서는 설문 조사 방법을 보이고, 4.2절에서는 설문 조사의 응답 결과 분석을 통해 논의를 진행할 것이다.

---

[30] 언어 교수-학습과 관련된 요구 분석(Needs Analysis)에 대한 정의는 매우 다양하다. Richards, Platt & Weber(1985)에 의하면, 요구 분석은 '학습자나 학습자 집단이 한 언어를 필요로 하도록 하는 요구들을 결정하고 그 요구들을 우선순위에 따라 순서를 정하는 과정'으로 주관적 정보와 객관적 정보를 모두 이용한다. Stufflebeam, McCormick, Brinkerhoff & Nelson(1985)에 의하면, '정당하고 인정할 수 있는 목적의 실행에 필요하거나 유용한 내용들을 결정하는 과정'이다. Pratt(1980)에 의하면, 요구 분석이란 '요구를 확인하고 정당화한 다음 요구들간의 우선순위를 설정하기 위한 일련의 절차'이다(박경자 외, 2002:32-33에서 재인용).

또한 4.3절에서는 서술형 문항의 응답과 인터뷰 결과를 정리하고 이러한 결과들이 보여주는 한국어 교육과정 구성을 위한 시사점이 무엇인지 논하고자 한다.

4.1. 설문 조사 방법과 표본 구성

요구 분석의 방법으로 사용 가능한 도구 중 설문지 방식은 교육 현장의 요구에 대한 많은 정보를 수집하는 데 있어서 다른 방법보다 특히 효과적이다. 설문지 유형에는 보통 인적 사항 조사, 의견 조사, 자아 평가, 판단 평가 등과 같은 내용이 포함되는 것이 일반적이다(박경자 외, 2002: 42-43).

본 연구에서도 다문화 배경 학생 대상 한국어 교육 현황을 파악하고, 다문화 배경 학생을 위한 한국어 교육과정 개발과 운영을 위한 현장의 요구를 파악하기 위해 설문 조사를 실시하였다.[31] 설문 조사는 2012년 5월부터 8월에 걸쳐 진행되었으며, 좀 더 많은 응답자 수 확보를 위해 10월 중 한 차례 더 실시하였다.

설문 조사는 일반 초·중·고등학교는 물론 다문화 예비학교, 다문화

---

[31] 본 연구에 사용한 설문 조사지는 원진숙 외(2011, 2012)의 설문지 문항을 기반으로 본고의 목적에 맞도록 새롭게 제작하거나, 기존의 문항을 수정, 재구성하여 만들었다. 설문 문항은 응답자의 인적 사항 파악을 위한 질문 10개와, 다문화 배경 학생 대상 한국어 교육 현황 파악 및 요구 파악을 위한 문항 본격적인 질문 문항 24개로 구성되어 있다. 이 24개 문항 중 하나는 주관식 문항이고 나머지 23개는 크게, (1) 한국어 교육과정 운영 현황, (2) 한국어 교재 사용 현황, (3) 다문화 배경 학생의 한국어 학습 현황, (4) 다문화 배경 학생의 교과 학습 현황, (5) 한국어 교육과정 개발 방향, (6) 한국어 교육과정 범주와 위계 설정 방안, (7) 한국어 교육과정의 내용 구성 방안, (8) 한국어 교육과정 운영 방안 등으로 나누어볼 수 있다. (부록 참조)

대안학교, 글로벌 다문화 선도학교, 다문화 교육 거점학교의 관련 교사[32]를 대상으로 실시하였다. 질문지의 전달과 회수는 직접적인 면 대 면 상황에서 이루어지기도 하였고, 지역적 제약은 이메일 서신 교환, 전화 통화 등을 통해 극복하였으며, 설문 조사의 목적과 의의에 관한 충분한 이해가 이루어지게 하기 위해 설문 의뢰와 회수 과정에서 서면으로, 전화로, 면 대 면으로 최대한 배경 설명을 하였다.

〈표 58〉 설문지 회수율

설문 대상 학교	의뢰건수(명)	응답건수(명)	회수율(%)
일반 초·중·고등학교	52	45	86.5
다문화예비·대안학교	30	16	53.3
글로벌 다문화 선도학교	30	22	73.3
다문화 교육거점학교	99	39	39.4
탈북 학생 대안학교	11	10	90.9
합계	222	132	59.5

위에서 보는 바와 같이 일반 초·중·고등학교 52명을 포함해 총 222명에게 설문을 의뢰하여 그 중 59.5%에 해당하는 132명으로부터 설문 응답지를 회수할 수 있었다. 분석 대상이 된 설문지의 응답자 132명의 구성은 다음 <표 59>, <표 60>과 같다.

---

[32] 교육과정 개발 시 교수의 주체인 교사뿐 아니라 교육 대상이자 학습의 주체인 학습자의 요구 분석 또한 필요하나 본고에서 대상으로 삼고 있는 다문화 배경 학생의 경우 설문 응답에 필요한 최소한의 언어 능력이 갖추어지지 않은 경우가 대다수인 상황이라 이들에게 적합한 질문지의 구성에 어려움이 있었다. 그러한 이유로 본 연구에서는 다문화 배경 학생의 한국어 교육이나 교과 교육을 경험한 교사들을 대상으로 설문 조사를 실시할 수밖에 없었으나, 앞서 기술한 학교 현장 방문이나 수업 참관, 간단한 인터뷰 등을 통해 학습자의 현황 파악이 이루어졌으며, 이 점이 본 연구의 곳곳에 반영되었다. 본격적인 학습자 요구 조사는 후속 연구로 남겨두기로 한다.

변수	구분	빈도(명)	비율(%)
학교급	초등학교	85	64.4
	중학교	23	17.4
	고등학교	22	16.7
	기타	2	1.5
학교유형	일반 초·중·고등학교	43	32.6
	다문화예비·대안학교	16	12.1
	글로벌 다문화 선도학교	22	16.7
	다문화 교육거점학교	39	29.6
	탈북 학생 대안학교	10	7.6
	기타	2	1.5
지역	서울특별시	62	47.0
	인천광역시	9	6.8
	대전광역시	3	2.3
	광주광역시	6	4.5
	대구광역시	0	0
	부산광역시	1	0.8
	울산광역시	2	1.5
	경기도	30	22.7
	충청도	1	0.8
	강원도	4	3.0
	전라도	3	2.3
	경상도	9	6.8
	제주도	2	1.5
다문화 배경 학생 재학 여부	있다	124	93.9
	없다	8	6.1
다문화 배경 학생 재학생 수	50명 이상	12	9.1
	40-49명	12	9.1
	30-39명	16	12.1
	20-29명	13	9.8
	10-19명	35	26.5
	1-9명	36	27.3
	0명	8	6.1
전체		132	100

전체 132명은 학교급별로 구분하면 초등학교 교사가 85명(64.4%), 중학교 교사가 23명(17.4%), 고등학교 교사가 22명(16.7%), 다문화 교육센터 교사가 2명(1.5%)이었다. 또한, 다문화 예비학교, 글로벌 다문화 선도학교, 다문화 교육 거점학교 등 다문화 배경 학생 대상 한국어 교육이나 다문화 교육이 집중적으로 이루어지고 있는 학교가 전체의 67.4%에 이르며 일반 초·중·고등학교가 32.6%에 해당한다.

앞서 살펴본 바와 같이 현재 초등학교에 재학 중인 다문화 배경 학생이 전체의 74.1%를 차지한다. 또한 앞서 3.2.1절에서 제시한 바 다문화 예비학교, 글로벌 다문화 선도학교, 다문화 교육 거점학교 등으로 선정된 학교들이 초등학교에 편중되어 있는 현실을 감안할 때 이러한 표본 구성은 본 연구의 기초 조사와 요구 분석을 위한 정당성을 획득하기에 타당한 표본으로 판단된다.

또한, 전체 132명 중 101명(76.5%)이 서울, 경기, 인천 지역의 학교 소속 교사들이었다. 설문에 응답한 교사가 소속된 학교 중 124명(93.9%)의 학교에 현재 다문화 배경 학생이 재학 중인 것으로 파악되었고, 그 중 절반 이상인 71명(53.8%)의 학교에는 20명 미만의 학생이 재학 중이었지만, 40명 이상이 재학 중인 학교의 교사도 24명(18.2%)으로 전체의 20%에 육박하는 수준이었다.

아래 <표 60>에 나타난 바와 같이 전체 응답자 132명 중 여성이 105명(79.5%), 남성이 27명(20.5%)를 차지하고 있었다. 이는 현재 초·중·고등학교 교사의 성비를 고려할 때 어느 정도 납득 가능한 결과로 보인다.

〈표 60〉 표본 구성 - 응답자 정보

변수	구분	빈도(명)	비율(%)
성별	남	27	20.5
	여	105	79.5

연령	20대	25	18.9
	30대	46	34.8
	40대	43	32.6
	50대	18	13.6
	60대	0	0
교직경력	1-5년	38	28.8
	6-10년	27	20.5
	11-15년	24	18.2
	16-20년	21	15.9
	21-25년	8	6.1
	26-30년	9	6.8
	31년 이상	5	3.8
담당교과	국어	21	15.9
	수학	3	2.3
	사회	5	3.8
	과학	2	1.5
	영어	3	2.3
	기타교과	16	12.1
	전과목	82	62.1
다문화 배경 학생 담임을 하거나 가르쳐 본 경험	있다	116	87.9
	없다	16	12.1
전체		132	100

연령층의 구성을 보면 50-60대가 18명(13.6%)에 그치고 교육 경력 10
년 이하인 교사가 65명(49.3%)으로 절반에 이른다. 이러한 결과는 두
가지 측면에서 해석될 수 있다. 우선, 본 설문 조사지의 전달과 회수가
상당 부분 이메일을 통해 이루어졌기 때문에 지면에 직접 표시하고 회
수하는 설문 조사 방법에 익숙한 교사들의 참여가 저조할 수밖에 없었
을 것이다. 또 다른 측면은, 현재 교육 현장에서 다문화 배경 학생 교육
관련 업무가 상대적으로 젊은 연령층에게 맡겨져 있기 때문에 교육 경

력 20년 이상 교사들의 참여가 저조할 수밖에 없었던 것으로 해석된다.

담당 교과는 초등학교 교사는 특성상 전과목을 담당하고 있지만, 중·고등학교 교사의 경우 국어과 담당 교사가 가장 많은 응답을 해 주었으며 뒤에 세부 분석에서도 나오게 되지만 현장에서의 다문화 배경 학생 대상 한국어 교육은 상당 부분 국어과 교사에 의해 이루어지고 있음을 알 수 있다. 응답자의 87.9%에 해당하는 116명이 다문화 배경 학생의 한국어 교육 및 교과 교육, 혹은 담임 경험이 있는 것으로 나타났다.

4.2. 설문 조사 내용과 결과 분석

설문 조사지는 전부 34문항으로 구성되었고 이 중 응답자의 학교 정보와 인적 사항에 관한 내용을 제외한 24문항이 다문화 배경 학생 대상 한국어 교육 관련 내용이었다.[33] 질문의 내용에 따라 복수 답변을 허용한 경우가 있었고, 부분적으로 응답자가 응답을 안 한 경우가 있어 전체 응답자 수는 문항에 따라 많게는 142명에서 적게는 76명까지 분포한다. 또한 한국어 교육과정에서 다루어야 할 주제, 기능, 텍스트 유형을 고르는 문항은 각각 5개씩 선택하도록 하였기 때문에 전체 빈도수가 각각 625건에 이른다.

질문 내용과 결과는 그 성격과 논의의 흐름에 따라 (1) 한국어 교육과정 운영 현황, (2) 한국어 교재 사용 현황, (3) 다문화 배경 학생의 한국어 학습 현황, (4) 다문화 배경 학생의 교과 학습 현황, (5) 한국어 교육과정 목표 설정 및 개발 방향, (6) 한국어 교육과정 범주와 위계 설정

---

[33] 부록의 설문지 참조.

방안, (7) 한국어 교육과정의 내용 구성 방안, (8) 한국어 교육과정 운영 방안 등 크게 8개의 범주로 나누어 살펴볼 수 있다.

먼저, (1)-(4)는 다문화 배경 학생을 위한 한국어 교육이 어떻게 이루어지고 있는지 현황 파악에 관한 질문들이다. 각 학교의 한국어 교육과정 운영 현황, 한국어 교재 사용 현황, 다문화 배경 학생의 한국어 학습 및 교과 학습 현황 등의 내용이 그것이다. 이를 통해 다문화 배경 학생 대상 한국어 교육과정 구성에 어떠한 내용들이 고려되어야 하는가에 관해 생각해 볼 수 있을 것이다.

다음으로 (5)-(7)은 본격적인 다문화 배경 학생 대상 한국어 교육과정 설계를 위해 필요한 구체적인 사항들에 대해 알아보기 위한 내용이다. 한국어 교육과정의 목표 설정은 어떠해야 하는지, 범주와 위계 설정은 어떻게 하는 것이 좋을지, 다문화 배경 학생 대상 한국어 교육과정에서 다루어야 할 주제와 기능, 텍스트 유형 등은 구체적으로 어떤 내용들로 이루어져야 하는지 등에 관한 질문들로 구성되어 있다.

마지막으로, 한국어 교육과정의 설계에 관한 논의가 끝난 후에는, (8)에서 한국어 교육과정의 운영 시 고려되어야 할 수업 형태, 수업 시수 등에 관해 알아볼 것이다. 다문화 배경 학생의 한국어 교육이 초·중·고등학교에서 이루어지고 있기 때문에 한국어 교육이 아무리 시급하고 중요하다 해도 초·중·고등학교 교육과정 전반에 대한 고려 없이 실시될 수 없기 때문이다.

(1) 한국어 교육과정 운영 현황

먼저, 다문화 배경 학생을 위한 한국어 교육과정 운영 현황을 파악하기 위해 4개의 질문을 하였다. ① 한국어 교육과정이 마련되어 있는지,

② 한국어 수업은 어떤 방식으로 운영되는지, ③ 주당 어느 정도의 시수로, ④ 누구에 의해 이루어지는지가 질문의 내용이었다. 그 결과는 다음과 같다.

〈표 61〉 다문화 배경 학생을 위한 한국어 교육과정 운영 여부

귀교에는 다문화 배경 학생을 위한 한국어 교육과정이 마련되어 있습니까?	응답	
	빈도(명)	비율(%)
예	58	43.9
아니오	74	56.1
합계	132	100

다문화 배경 학생을 위한 한국어 교육과정이 마련되어 있는지를 묻는 질문에 56.1%에 해당하는 74명이 '아니오'라 응답하였으며, 그보다 낮은 43.9%에 해당하는 58명이 '예'라 응답하였다. 응답자의 절반 이상이 한국어 교육과정이 마련되어 있지 않다고 응답한 것이다.

그런데 특이한 것은, 뒤에 이어지는 '주당 어느 정도의 수업 시수로 한국어 수업이 운영되고 있습니까?'라는 또 다른 질문에는 76명이 응답을 하였다. 즉, 실제로 한국어 수업이 이루어지고 있는 학교의 교사 중 18명이 한국어 교육과정이 마련되어 있지 않다고 '아니오'에 응답을 한 것이다. 이러한 불일치는 '교육과정'에 대한 교사들의 인식의 차이에서 온 것으로 보인다.

교육과정(curriculm)이란 여러 가지 개념으로 사용되지만 일반적으로 "학교의 지도하에 학생이 겪는 모든 경험에 관한 계획이나 프로그램"(Oliva, 1982; 배두본, 1999:104에서 재인용)이라고 말할 수 있다. 다시 말하면, 교육과정이란 "학교에서 학생들이 교과를 통하여 특정한 지식, 기능, 가치를 배우도록 의도되고, 교사들이 실천할 수 있도록 조직화된 일련의 계획적인 일"(Cuban, 1992; 배두본, 1999:104에서 재인용)을 지칭

한다.

김정숙(1992:1,24)에 의하면 커리큘럼은 "학교에서 교육을 위하여 행하는 모든 활동을 말하는 것으로 교육 목표, 내용, 방법, 교사의 역할, 교재 사용법, 평가 방법 등을 포괄하고 교육 내용과 방법을 결정해 주는 가장 기본적인 요소"로 규정된다. 비슷한 맥락에서 Richards(2001:2)에서는, 언어 교육과정 개발을 언어 프로그램을 설계하고, 수정하고, 실행하고, 평가하는 일련의 과정으로 설명하고 있다. 즉, 학생들이 학교에서 어떤 지식, 기술, 가치들을 학습해야 하는지, 의도된 학습 결과를 얻기 위해 학생들에게 어떤 경험들을 제공해야 하는지, 학교나 교육 시스템 내에서 교수-학습은 어떻게 계획, 측정, 평가되어야 하는지 등에 관한 모든 결정을 포괄하는 개념으로 보는 것이다.

이러한 관점에 근거하게 되면, 교육과정은 다만 문서로 작성된 일정한 규준이라기보다 실제 교육의 전반적 상황에서 구현되는 포괄적 행위와 과정의 총체로 이해할 수 있다. 하지만, 설문 응답자의 일부는 한국어 교육과정을 정형화된 문서[34]로서의 교육과정으로 이해하여 그것이 마련되어 있지 않다고 응답하였으며, 일부는 이러한 일련의 포괄적 교육 행위로 교육과정을 이해하여 한국어 교육과정이 마련되어 있다고 응답하였던 것이다.

다음으로 다문화 배경 학생을 위한 한국어 수업이 어떠한 방식으로 이루어지고 있는지를 물었다.

복수 답변을 허용한 이 질문에 대해 가장 높은 응답률을 보인 답변은 '방과 후 수업 형태로 운영'한다는 답변으로 50명(39.1%)이 응답하였다.

---

[34] 배두본(1992:104)에서는 일반적으로 교육과정이란 학생들이 학습해야 할 내용 항목들에 대한 사전 결정을 말하므로, 교과에 적용할 수 있는 총괄된 교육-문화적 철학에 근거하여 일반적인 목표를 광범위하게 기술한 문서를 지칭한다고 기술하고 있다.

그 외 '주요 교과 시간에만 분리해서 교육'한다는 응답이 29명(22.7%), '방학 집중 프로그램으로 운영'한다는 응답이 23명(18.0%), '특별학급으로 운영'한다는 응답이 18명(14.1%)으로 뒤를 이었다.

〈표 62〉 다문화 배경 학생을 위한 한국어 수업 운영 방식

한국어 수업은 어떤 방식으로 운영되고 있습니까?	응답	
	빈도(명)	비율(%)
방과 후 수업 형태로 운영	50	39.1
주요 교과 시간에만 분리해서 교육	29	22.7
특별학급으로 운영	18	14.1
주말 특별학급으로 운영	5	3.9
방학 집중 프로그램으로 운영	23	18.0
기타	3	2.3
합계	128	100

앞서 3.2절에서도 밝힌 바와 같이 연구자가 방문하였던 5개의 학교에서도 모두 다문화 배경 학생을 위한 한국어 수업이 기본적으로는 방과 후 수업의 형식으로 이루어지고 있었다. 다문화 배경 학생을 위한 한국어 수업은 주로 방과 후 수업 형태로 운영됨을 알 수 있다.

그렇다면 다문화 배경 학생을 위한 한국어 수업은 주당 어느 정도의 시수로 운영이 되고 있을까?

'주당 4시간 이하'에 답한 응답자가 23명(30.3%)으로 가장 높았고, '주당 5시간-9시간'에 답한 응답자가 21명(27.6%)으로 바로 뒤를 이었다. 이 두 응답을 합하면 57.9%에 이르는 높은 응답률을 보인다. 즉, 다문화 배경 학생을 위한 한국어 수업은 주당 10시간 미만으로 이루어지고 있는 곳이 대부분이고, 학교 상황에 따라 일부는 4시간 이하의 시수를, 일부는 5시간 이상의 시수를 한국어 수업에 할애하고 있는 것이다.

〈표 63〉 주당 한국어 수업 시수

주당 어느 정도의 수업 시수로 한국어 수업이 운영되고 있습니까?	응답	
	빈도(명)	비율(%)
주당 4시간 이하	23	30.3
주당 5시간 - 9시간	21	27.6
주당 10시간 - 14시간	7	9.2
주당 15시간 - 19시간	10	13.2
주당 20시간 이상	8	10.5
기타	7	9.2
합계	76	100

연구자가 방문한 학교 중 다문화 예비학교에 해당하는 부산 아시아 공동체학교의 경우도 정규 수업과 방과 후 수업을 합해 하루에 5-7시간을 한국어 수업에 할애하고 있었다. 이렇게 6개월 정도 집중적으로 한국어 수업을 받게 한 후 일정 수준이 되면 일반 학급으로 편입시키는 것이다. 하지만 대개의 학교는 일주일에 3-4시간 정도의 방과 후 수업으로 한국어 수업을 시행하는 경우가 많았다.

한편, 한국어 수업 시수가 10시간 이상이라 답변한 응답자도 25명으로 32.9%에 달했고, 심지어 주당 20시간 이상이라는 응답도 8명으로 10.5%에 이르는 것을 볼 수 있다.

다음으로, 다문화 배경 학생의 한국어 교육은 누가 담당하고 있는지 살펴보자.

〈표 64〉 한국어 수업 담당자

한국어 수업은 누가 담당하고 있습니까?	응답	
	빈도(명)	비율(%)
담임교사	26	20.2
국어과 교사	24	18.6
한국어 강사	29	22.5

다문화 담당 교사	16	12.4
방과 후 학교 강사	19	14.7
기타	15	11.6
합계	129	100

'한국어 수업은 누가 담당하고 있습니까?'라는 질문에는 '한국어 강사'가 29명(22.5%)으로 가장 높은 응답률을 보였고, '담임교사'가 26명(20.2%), '국어과 교사'가 24명(18.6%)으로 그 뒤를 이었다. 복수 응답을 허용한 질문이므로 이들이 상황에 따라 함께 한국어 교육을 담당하고 있음을 알 수 있다. 또 초등학교는 교과 담당 교사가 따로 없으므로 주로 담임교사가 한국어 교육을 담당하고 있고, 중·고등학교의 경우 국어과 교사가 주로 한국어 교육을 담당하고 있음을 알 수 있다.

그 뒤로 '방과 후 학교 강사'가 19명(14.7%), '다문화 담당 교사'가 16명(12.4%)으로 비슷한 응답률을 보였다. 한편, '기타'에 응답한 숫자가 15명(11.6%)이었는데, 그 중 8명(6.2%)이 '이중 언어 강사'라고 밝히고 있었으며, '중등 국어 교사 자격증을 소지한 다문화 코디네이터', '탈북학생 전담 코디네이터', '대학생 봉사' 등의 응답도 각각 1명씩 있었다.

'한국어 강사'의 응답이 가장 높기는 하였으나, 본 설문 조사의 대상 학교가 다문화 예비학교, 대안학교, 글로벌 다문화 선도학교 등 한국어 강사가 정책적으로 배치되어 있는 곳이므로 이런 높은 응답이 가능하였던 것이고, 일반 학교의 경우는 대개 담임교사나 국어과 교사에 의해 한국어 교육이 이루어지고 있음을 짐작할 수 있다. 결국, 다문화 배경 학생을 위한 한국어 교육은 전문 인력이 필요한 분야임에도 불구하고 교육 현장에서는 인력 수급이 제대로 이루어지지 않고 있음을 알 수 있다.

(2) 한국어 교재 사용 현황

다음은 한국어 교재 사용 현황에 대한 질문이다. ① 다문화 배경 학생을 위한 한국어 교육에 주로 사용하는 교재는 무엇인지, ② 사용하고 있는 교재의 장점은 무엇인지, ③ 단점은 무엇인지를 묻는 질문으로 구성되었다.

먼저, 교육 현장에서 주로 사용되는 교재는 무엇인지 살펴보자.

〈표 65〉 한국어 교재 사용 현황

다문화 배경 학생을 위한 한국어 교육에 주로 사용하는 교재는 무엇인가요?	응답	
	빈도(명)	비율(%)
정부나 중앙기관에서 개발·보급한 교재	7	5.0
각 시도교육청 자체 개발 교재	18	12.9
시중에 판매되고 있는 일반 한글학습 교재	50	36.0
교사가 직접 제작한 학습지	42	30.2
기타	22	15.8
합계	139	100

설문 조사 결과, 다문화 배경 학생의 한국어 교육을 위해 가장 많이 사용되고 있는 교재는 '시중에 판매되고 있는 일반 한글학습 교재'인 것으로 나타났다. 50명(36%)이 응답하였으며, 그 뒤로 '교사가 직접 제작한 학습지'가 42명(30.2%)으로 높은 응답률을 보였다. 반면 '각 시도교육청 자체 개발 교재'는 18명(12.9%), '정부나 중앙기관에서 개발·보급한 교재'는 7명(5.0%)으로 낮은 응답률을 보여 현장에서 활용도가 낮음을 알 수 있다.

'기타'에 응답한 숫자도 22명(15.8%)으로 비교적 높은 편이다. 세부 내용을 살펴보면, '인터넷 사이트에 탑재되어 있는 다양한 학습지를 활용한다'는 응답이 5명(3.6%)으로 가장 높았다. 그 외에 '학교에서 자체 개발한 교재', '시판되는 초등 저학년용 논술 교재', '한국교육과정평가원의 기초 학습 도움 자료', '한국교육과정평가원에서 개발된 <꾹꾹 다지는 국어>' 등의 응답이 있었으며, '국어 교과서를 사용한다'는 응답도 3명(2.2%)이나 되었다. 심지어 아동이나 청소년 학습자임에도 불구하고 '대학교 언어 교육원의 한국어 교재나 성인용 시판 한국어 교재를 그냥 사용한다'는 응답이 3명(2.2%), '여성 결혼 이민자를 대상으로 한 한국어 교재를 활용한다'는 응답이 역시 3명(2.2%)으로 나타났다.

결국, 다문화 배경 학생의 수준과 상황에 적합한 한국어 교재가 마땅치 않은 현실에서 국어과 보충 교재의 성격을 띠는 교재들을 활용하거나, 인터넷 등의 도움을 받아 교사가 학습지를 자체 제작하여 활용하거나, 시판 유·아동용 한글학습 교재, 혹은 성인용 한국어 교재를 임시방편으로 사용하고 있는 것이다.

다음으로 현재 사용하고 있는 교재의 장·단점을 묻는 질문을 하였다.

〈표 66〉 사용하고 있는 교재의 장점

귀교에서 사용하고 있는 교재의 장점은 무엇입니까?	응답	
	빈도(명)	비율(%)
학생의 한국어 능력 수준에 맞게 구성되어 있다.	36	36.7
기본적인 의사소통 능력 향상에 도움이 되도록 구성되어 있다.	30	30.6
타 교과 학습에 도움이 되는 내용으로 구성되어 있다.	4	4.1
한국어 학습에 대한 흥미를 유발하도록 구성되어 있다.	20	20.4
기타	8	8.2
합계	98	100

교재의 장점으로는 '학생의 한국어 능력 수준에 맞게 구성되어 있다'가 36명(36.7%), '기본적인 의사소통 능력 향상에 도움이 되도록 구성되어 있다'가 30명(30.6%)으로 높은 응답률을 보였으며, '타 교과 학습에 도움이 되는 내용으로 구성되어 있다'가 4명(4.1%)으로 가장 낮은 응답

률을 보였다. 이 점은 뒤에 이어지는 교재의 단점으로 바로 지적되고 있었다.

〈표 67〉 사용하고 있는 교재의 단점

귀교에서 사용하고 있는 교재의 단점은 무엇입니까?	응답	
	빈도(명)	비율(%)
본문의 내용이 학습자의 상황에 맞지 않는다.	12	13.8
타 교과와의 연계성이 적어 교과 학습에 도움이 되지 않는다.	35	40.2
교재에 담긴 어휘의 수준과 양이 적당하지 않다.	9	10.3
교재에 담긴 문법의 수준과 양이 적당하지 않다.	12	13.8
기타	19	21.8
합계	87	100

현재 사용하고 있는 한국어 교재의 단점으로는 '타 교과와의 연계성이 적어 교과 학습에 도움이 되지 않는다'가 35명(40.2%)으로 가장 높은 응답률을 보였다. 뒤에 이어지는 다문화 배경 학습자의 한국어 및 교과 학습 관련 질문에서도 나타나지만, 다문화 배경 학습자의 한국어 교육은 다만 기본적인 의사소통 능력 신장에 머물러서는 안 된다. 이들이 학교의 교육 시스템 안에서 성공적으로 안착하기 위해서는 교과 학습에 필요한 한국어 능력의 신장도 함께 고려되어야 한다. 교재의 단점으로 가장 높은 응답률을 보인 '타 교과와의 연계성이 적어 교과 학습에 도움이 되지 않는다'는 응답은 교육 현장의 이러한 요구가 반영된 것으로 해석할 수 있다.

특이할 만한 것은 기타 응답이 19명(21.8%)으로 그 뒤를 잇고 있다는 점이다. 기타 응답의 세부 내용으로는 '체계적인 교육과정이 뒷받침되어 있지 않다', '듣기, 말하기, 읽기, 쓰기가 고루 들어가 있지 않다', '다양한 학습자의 수준에 적합하지 않다', '학습 자료 제작에 어려움이 있다', '술, 담배, 집 구하기 등 적절치 못한 주제가 많다' 등이 있었다.

즉, 교육 현장에서는 체계적인 한국어 교육과정에 기반한 교재, 다문화 배경 학생의 상황과 수준에 적합하게 구안된 교재, 언어 기능 통합적인 교재, 교수-학습 자료의 개발과 활용에 적절한 교재, 그리고 기본적인 의사소통 능력은 물론 타 교과 학습에 필요한 한국어 능력 신장에도 도움이 되는 교재에 대한 요구가 높다는 것으로 해석할 수 있다.

(3) 다문화 배경 학생의 한국어 학습 현황

다문화 배경 학생의 한국어 능력 향상에 소요되는 시간을 알아보기 위해 3개의 질문을 하였다. ① 한글 자모를 익히는데 필요한 시간, ② 기본적인 의사소통 능력을 갖추는데 필요한 시간, 마지막으로 ③ 교과 수업 시간에 이해가 가능하기까지 필요한 시간이다.

〈표 68〉 다문화 배경 학생이 한글 자모를 익히는데 필요한 시간

다문화 배경 학생들이 한글 자모를 익히는데 최소한 어느 정도의 시간이 필요하다고 보시나요?	응답	
	빈도(명)	비율(%)
1주	6	5.4
2주-3주	34	30.4
한 달 내외	36	32.1
3개월 내외	24	21.4
6개월 내외	8	7.1
기타	4	3.6
합계	112	100

먼저, '다문화 배경 학생들이 한글 자모를 익히는데 필요한 최소한의 시간'에 관한 응답 결과이다. '다문화 배경 학생들이 한글 자모를 익히는데 최소한 어느 정도의 시간이 필요하다고 보시나요?'라는 질문에는 '한 달 내외'가 36명(32.1%)으로 가장 많은 응답률을 보였고, '2주-3주'가 34

명(30.4%)으로 근소한 차이를 보이며 그 뒤를 이었다. 이 둘을 합하면 70명(62.5%)으로 한글 자모를 익히는 데 걸리는 시간은 길어야 한 달 정도의 시간이 소요된다고 보는 교사가 대다수임을 알 수 있었다. '3개월 내외'가 24명(21.4%)으로 세 번째로 높은 응답을 보였으며, '1주'는 6명(5.4%), '6개월 내외'는 8명(7.1%)으로 매우 낮은 응답률을 보이고 있었다. 기타 응답으로는 '주당 수업 시간과 학년에 따라 다르다'는 내용이 있었다.

다음으로 '다문화 배경 학생들이 기본적인 의사소통 능력을 갖추는데 필요한 시간'에 관한 응답 결과는 다음과 같다.

〈표 69〉 기본적인 의사소통 능력을 갖추는데 필요한 시간

다문화 배경 학생들이 기본적인 의사소통 능력을 갖추는데 최소한 어느 정도의 시간이 필요하다고 보시나요?	응답	
	빈도(명)	비율(%)
3개월	21	18.8
6개월	42	37.5
1년	29	25.9
1년 반	2	1.8
2년	9	8.0
기타	9	8.0
합계	112	100

다문화 배경 학생들이 기본적인 의사소통 능력을 갖추는데 필요한 최소한의 시간을 묻는 질문에 '6개월'이라 답한 응답자가 42명(37.5%)으로 가장 많았고, '1년'이라 답한 응답자가 29명(25.9%)으로 그 뒤를 이었다. '3개월'이라 답한 응답자도 21명(18.8%)으로 비교적 높은 비율을 나타냈다. 결국, 교육 현장에서 느끼기에 다문화 배경 학습자들이 기본적인 의사소통 능력을 갖추는 데는 길어야 1년을 넘기지 않는다는 생각이 지배적인 것으로 파악된다.

반면, 교과 수업을 이해하는데 걸리는 시간에 대해서는 좀 더 긴 시간

이 소요된다고 판단하는 교사들이 많은 것으로 나타났다.

〈표 70〉 다문화 배경 학생들이 교과 수업 이해에 필요한 시간

다문화 배경 학생들이 교과 수업을 이해하는 데까지 최소한 얼마 정도의 시간이 필요하다고 보시나요?	응답	
	빈도(명)	비율(%)
3개월	3	2.7
6개월	16	14.4
1년	42	37.8
2년	21	18.9
3년	18	16.2
기타	11	9.9
합계	111	100

다문화 배경 학생들이 교과 수업을 이해하는 데 걸리는 시간에 대해 가장 높은 응답률을 보인 것은 '1년'으로 응답자 수가 42명(37.8%)에 달했다. 좀 더 길게 '2년'이라 답한 응답자 수는 21명(18.9%), 더 길게 '3년'이라 답한 응답자 수는 18명(16.2%)으로 나란히 2위와 3위의 순위를 차지하였다.

즉, 다문화 배경 학생이 학교의 교과 수업 시간에 이해하고 적응하는 데에 걸리는 시간에 대해 37.8%의 교사들은 최소한 1년의 시간이 소요된다고 보고 있지만, 그와 거의 비슷한 비율인 35.1%의 교사들은 적어도 '2-3년'은 지나야 교과 수업 이해가 가능하다고 보고 있다는 것이다.

기타 응답의 내용들로, '본국에서 교육을 받았다는 전제하에 1년 이상', '학생의 소양, 의사소통 능력 및 가정환경에 따라 다름', '가정의 지원과 학년에 따라 차이가 큼' 등의 응답이 있었다. 심지어 '3년 이상'으로 잡고 있는 교사들도 있었으며, '한국에서 태어난 국제결혼 가정 자녀의 경우 말하고 듣는 데 별 어려움이 없으나 교과 수업 이해 능력은 개인별로 천차만별임'이라고 답한 응답도 있었다.

이는 결국 다문화 배경 학생의 한국어 교육에 있어 기본적인 의사소통 능력 신장은 크게 문제가 되지 않을 수도 있으나, 교과 학습과 관련한 한국어 능력 신장 방안에 대해 많은 고민과 연구가 있어야 함을 보여주는 것이라 하겠다.

(4) 다문화 배경 학생의 교과 학습과 지도 현황

다문화 배경 학생의 교과 학습 현황 파악을 위한 질문은 4개로 구성되었다. ① 다문화 배경 학생이 특히 어려워하는 교과가 무엇인지, ② 특정 교과를 어려워하는 이유는 무엇인지, ③ 교과 학습을 돕기 위해 어떤 방법을 취하고 있는지, ④ 교수-학습 자료는 어떻게 준비하고 있는지 등이 그것이다.

먼저 다문화 배경 학생은 특히 어떤 교과의 학습에 어려움을 겪고 있는지 살펴보기로 하자.

〈표 71〉 다문화 배경 학생들이 특히 어려워하는 교과

다문화 배경 학생들이 특히 어려워하는 교과는 무엇입니까?	응답	
	빈도(명)	비율(%)
국어	45	32.4
수학	9	6.5
사회	62	44.6
과학	14	10.1
기타	9	6.5
합계	139	100

이 질문의 응답에는 '사회'와 '국어'가 높은 응답률을 보였다. '사회'라고 답한 응답자는 62명(44.6%), '국어'라 답한 응답자는 45명(32.4%)으로, 두 교과를 합하면 77.0%나 되었다. 즉 설문 결과에 의하면, 다문

화 배경 학생들은 다른 교과보다 국어와 사회 교과의 학습에 어려움을 겪고 있고, 특히 사회 교과를 어려워한다는 것이다.

그렇다면 이러한 특정 교과를 어려워하는 이유는 무엇일까?

〈표 72〉 다문화 배경 학생들이 특정 교과를 어려워하는 이유

다문화 배경 학생들이 특정 교과를 어려워하는 이유는 무엇입니까?	응답	
	빈도(명)	비율(%)
교과 학습에 필요한 주요 개념어를 몰라서	75	57.3
교과 학습에 필요한 사고 도구어를 몰라서	9	6.9
교과 내용에 대한 기초 지식이나 배경지식이 부족해서	44	33.6
기타	3	2.3
합계	131	100

특정 교과를 어려워하는 이유를 묻는 질문에는 압도적으로 많은 응답자가 '교과 학습에 필요한 주요 개념어를 몰라서'라고 답했는데, 응답자 수는 75명(57.3%)에 달했다. 이어 '교과 내용에 대한 기초 지식이나 배경지식이 부족해서'라고 답한 응답자도 44명(33.6%)으로 높은 응답률을 보였다.

이는 다문화 배경 학생을 대상으로 하는 한국어 교육과정 구성에 있어 타 교과 학습에 필요한 주요 개념어를 반영해야 하며, 이를 교육할 방안에 대한 모색이 필요함을 시사하는 것으로 해석할 수 있다. 또한, 일반 학습자들에게는 이미 구축되어 있으나 다문화 배경 학습자 입장에서는 생소한, 교과 학습에 필요한 최소한의 기초 지식이나 배경지식의 내용과 체계에 관해 교과 담당 교사는 물론 학계의 연구자 등 교과 내용 관련 전문가들의 논의가 있어야 할 것이다. 그 다음으로 이것을 교육과정과 실제 수업에 구현할 방안에 관한 논의도 이루어져야 할 것이다.

그렇다면, 실제 교육 현장에서는 다문화 배경 학생의 교과 학습이 어떻게 이루어지고 있을까?

<표 73> 다문화 배경 학생을 위한 주요 교과 교수-학습 현황

다문화 배경 학생을 위한 교과 학습은 어떻게 하고 계십니까?	응답	
	빈도(명)	비율(%)
다문화 배경 학생을 특별히 따로 가르치지는 못하고 있다.	50	37.3
주요 교과의 핵심 내용을 정리한 학습지를 만들어 배부한다.	22	16.4
수업 시간에 사전을 사용하게 한다.	10	7.5
도움을 줄만한 친구를 짝 지어 준다.	35	26.1
기타	17	12.7
합계	134	100

다문화 배경 학생을 위한 교과 학습을 어떻게 하고 있는지에 관한 질문에는 50명(37.3%)이 '다문화 배경 학생을 특별히 따로 가르치지는 못하고 있다'고 응답하였다. 이어 35명(26.1%)이 '도움을 줄만한 친구를 짝 지어 준다'고 응답하였으며, 그 뒤로 22명(16.4%)이 '주요 교과의 핵심 내용을 정리한 학습지를 만들어 배부한다'고 응답하였다. '수업 시간에 사전을 사용하게 한다'는 응답은 10명(7.5%)으로 4위를 차지했다.

결국, 다문화 배경 학생의 교과 학습을 돕기 위해 수업 보조 자료를 만들어 배부하는 경우는 22명(16.4%)에 그치고 있고, 실제적으로는 사전이나 친구의 도움에 의존하게 하는 소극적 방법을 취하거나, 그나마도 특별한 방법을 취하지 못하고 있는 경우가 95명(70.9%)에 이르는 것이다. 이는 대개 학생 수가 30-40명에 이르는 학급에서 다문화 배경 학생을 위한 특별한 방안을 마련하기가 쉽지 않은 현실을 반영하는 것이기도 하다.

기타 응답으로는 '이중 언어 강사의 통역 지원을 받는다', '한국어 강사의 도움을 받는다', '방과 후 전담강사 배치', '방과 후 시간에 국어와 수학 과목 보충 지도’, ‘방과 후 교과 부진아 지도와 병행’, ‘인터넷 학습 자료 활용’, ‘인터넷 사전 검색’, ‘다문화지원센터 대학생 멘토링 프로그램 활용’ 등의 내용이 있었다.

이와 관련하여 다문화 배경 학생의 교과 학습을 돕기 위한 교수-학습 자료의 개발 현황은 어떠한지 알아보았다.

〈표 74〉 다문화 배경 학생을 위한 교수-학습 자료 개발 현황

다문화 배경 학생을 위한 교수-학습 자료 개발과 활용은 어떻게 하고 계십니까?	응답	
	빈도(명)	비율(%)
교사가 직접 만들어 사용한다.	46	32.4
일반 참고서나 문제집을 활용해 만들어 사용한다.	36	25.4
관련 웹 사이트의 자료를 다운 받아 사용한다.	53	37.3
기타	7	4.9
합계	142	100

이 질문에 가장 높은 응답을 보인 것은 ‘관련 웹 사이트의 자료를 다운 받아 사용한다’로 53명(37.3%)이 응답하였다. 그 뒤로 ‘교사가 직접 만들어 사용한다’가 46명(32.4%), ‘일반 참고서나 문제집을 활용해 만들어 사용한다’가 36명(25.4%)으로 이었다.

이는 다문화 배경 학생을 위한 교수-학습 자료 개발과 관련하여 앞으로는 웹 사이트 상의 다양한 컨텐츠 구축과 활용 방안도 적극 모색되어야 함을 보여주는 내용이라 하겠다.

(5) 한국어 교육과정 개발의 목표 설정

지금까지 다문화 배경 학생을 위한 한국어 교육이 어떻게 이루어지고 있는지 현황 파악을 위해 각 학교의 한국어 교육과정 운영 현황, 한

국어 교재 사용 현황, 다문화 배경 학생의 한국어 학습 및 교과 학습 현황 등에 관해 알아보았다. 이제 본격적으로 다문화 배경 학생 대상 한국어 교육과정 설계를 위해 필요한 구체적인 사항들에 대해 알아보기로 하자.

먼저, 한국어 교육과정의 목표 및 방향 설정과 관련한 내용이다. '다문화 배경 학생을 위한 한국어 교육과정 개발 시 무엇에 초점을 두어야 합니까?'라는 질문의 응답은 5개의 항목에 대해 중요하다 생각하는 순서대로 번호를 매기도록 하였다.

〈표 75〉 다문화 배경 학생 대상 한국어 교육과정 개발 시 중점 사항

내용	1순위		2순위		1+2순위	
	명	%	명	%	명	%
기본적인 의사소통 능력 신장에 초점을 두어야 한다.	111	86.7	6	4.7	117	45.7
교과 학습 능력 신장에 초점을 두어야 한다.	4	3.1	42	32.8	46	18.0
학교 문화와 또래 문화 이해에 초점을 두어야 한다.	2	1.6	34	26.6	36	14.1
한국의 문화에 대한 이해에 초점을 두어야 한다.	6	4.7	20	15.6	26	10.2
상호문화이해를 통한 정체성 함양에 초점을 두어야 한다.	5	3.9	26	20.3	31	12.1
합계	128	100	128	100	256	100

응답 결과를 보면, 다문화 배경 학생 대상 한국어 교육과정 구성 시 가장 중점을 둘 사항으로 '기본적인 의사소통 능력 신장에 초점을 두어야 한다'는 항목을 1순위에 선택한 응답자가 무려 111명으로 86.7%에 달했다. 다문화 배경 학생 대상 한국어 교육과정의 목표는 본질적으로 학생들의 기본적 의사소통 능력 신장에 두어야 함에 대체적으로 합의

를 이룬 것으로 보인다. 다음으로 2순위에 가장 많이 선택된 항목은 '교과 학습 능력 신장에 초점을 두어야 한다'는 항목이었다.

1순위, 2순위를 통틀어 많은 빈도수를 보인 항목을 순서대로 나열해 보면, '기본적인 의사소통 능력 신장에 초점을 두어야 한다'가 117명 (45.7%), '교과 학습 능력 신장에 초점을 두어야 한다'가 46명(18.0%), '학교 문화와 또래 문화 이해에 초점을 두어야 한다'가 36명(14.1%), '상호문화이해를 통한 정체성 함양에 초점을 두어야 한다'가 31명(12.1%), '한국의 문화에 대한 이해에 초점을 두어야 한다'가 26명(10.2%)의 순으로 나타났다.

즉, 다문화 배경 학생을 위한 한국어 교육과정을 설계할 때 가장 일차적인 목표는 기본적인 의사소통 능력 신장에 두어야 하며, 둘째, 교과 학습 능력 신장, 셋째, 학교 문화와 또래 문화에 대한 이해, 넷째, 상호문화이해를 통한 정체성 함양, 마지막으로 한국 문화에 대한 이해에 중점을 두어야 한다는 것이다.

(6) 한국어 교육과정 범주와 위계 설정

다음은 다문화 배경 학생 대상 한국어 교육과정의 범주와 위계 설정 관련 질문들이다. 질문은 3개로 구성되었다. 다문화 배경 학생 대상 한국어 교육과정 개발 시 ① 영역 구분은 어떻게 해야 하는지, ② 단계 구분 방법은 어떠해야 하는지, ③ 몇 개의 등급으로 나누어야 하는지 등이 그것이다.

먼저 다문화 배경 학생을 위한 한국어 교육과정 설계에 있어 영역 구분의 문제를 어떻게 해결할 것인가에 관해 물었다. "한국어 교육과정 개발 시 영역 구분은 어떻게 해야 한다고 생각하십니까?"라는 질문에 대한 응답은 다음과 같다.

한국어 교육과정 개발 시 영역 구분은 어떻게 해야 한다고 생각하십니까?	응답	
	빈도(명)	비율(%)
표현, 이해	7	5.4
구두언어, 문자언어	3	2.3
언어 기능, 언어 지식, 문화	15	11.5
말하기, 듣기, 읽기, 쓰기	12	9.2
말하기, 듣기, 읽기, 쓰기, 문법, 어휘	27	20.8
말하기, 듣기, 읽기, 쓰기, 문화, 태도	19	14.6
말하기, 듣기, 읽기, 쓰기, 문법, 어휘, 문화, 태도	45	34.6
기타	2	1.5
합계	130	100

　다문화 배경 학생 대상 한국어 교육과정 개발 시 영역 구분과 관련해 가장 높은 빈도를 나타낸 것은 '말하기, 듣기, 읽기, 쓰기, 문법, 어휘, 문화, 태도'로 45명(34.6%)이 선택하였으며, 그 다음으로 27명(20.8%)이 '말하기, 듣기, 읽기, 쓰기, 문법, 어휘'를 선택하였다. 그 뒤로 '말하기, 듣기, 읽기, 쓰기, 문화, 태도'를 선택한 응답자가 19명(14.6%), '언어 기능, 언어 지식, 문화'를 선택한 응답자가 15명(11.5%)으로 나타났다.

　즉, 다문화 배경 학생을 위한 한국어 교육과정 구성에 있어서 기본적으로 '말하기, 듣기, 읽기, 쓰기' 영역을 설정할 필요가 있다는 점에 관해서는 많은 이들이 의견을 같이 하고 있었다. 하지만 '말하기, 듣기, 읽기, 쓰기'만으로 영역을 구성해야 한다는 의견은 9.2%에 그쳤다. 반면, 이러한 언어 기능뿐 아니라 '문법'과 '어휘'를 함께 설정해야 한다(20.8%)거나, '문화'와 '태도'를 포함해야 한다(14.6%)는 응답이 많았고, 특히 '문법, 어휘, 문화, 태도'를 모두 다 내용 영역으로 설정하여 한국어 교육과정을 구성해야 한다(34.6%)는 의견이 매우 높게 나타난 것이다.

　결론적으로, 다문화 배경 학생을 위한 한국어 교육과정 구성 시 '말하기, 듣기, 읽기, 쓰기'의 언어 기능은 물론, '문법, 어휘, 문화, 태도'가 포함되어야 함을 알 수 있다.

다음으로 다문화 배경 학생 대상 한국어 교육과정의 위계 설정을 위한 질문을 하였다.

<표 77> 한국어 교육과정의 단계 구분 방법

한국어 교육과정 개발 시 단계 구분은 어떻게 해야 한다고 생각하십니까?	응답	
	빈도(명)	비율(%)
학년별로 한국어 성취기준을 정해 단계 구분을 한다.	16	12.5
2-3개 학년씩 묶은 후 한국어 성취기준에 따른 단계 구분을 한다.	45	35.2
학년과 무관하게 한국어 수준만을 고려해 단계 구분을 한다.	45	35.2
초등학교, 중학교, 고등학교를 따로 나눈 후 단계 구분을 한다.	19	14.8
기타	3	2.3
합계	128	100

다문화 배경 학생 대상 한국어 교육과정의 단계를 구분하는 방법에 관해서는 '2-3개 학년씩 묶은 후 한국어 성취기준에 따른 단계 구분을 한다'와 '학년과 무관하게 한국어 수준만을 고려해 단계 구분을 한다'를 선택한 응답자 수가 동일하게 각각 45명(35.2%)으로 나타났다. 이 둘을 합하면 무려 90명으로 70.4%에 이른다. 반면 '초등학교, 중학교, 고등학교를 따로 나눈 후 단계 구분을 한다'고 답한 응답자는 19명(14.8%), '학년별로 한국어 성취기준을 정해 단계 구분을 한다'고 답한 응답자는 16명(12.5%)에 그치고 있다.

즉, 한국어 교육과정의 단계 구분은 학교급이나 학년을 기준으로 하기보다는 한국어 수준을 최우선 기준으로 하는 단계 구분이 더 바람직하다 여기는 것으로 나타났다.

그렇다면 다문화 배경 학생 대상 한국어 교육과정의 등급 구분은 어떻게 하는 것이 바람직하다 여기는지 알아보기로 하자. 이를 위해 '한국어 교육과정 개발 시 단계 설정은 몇 개로 해야 한다고 생각하십니까?'

라는 질문을 던졌다.

38명(30.9%)이 '3개 등급으로 나눈다'에 응답하였고, 그 뒤로 '4개 등급'과 '6개 등급'을 선택한 응답자가 각각 34명(27.6%), 31명(25.2%)에 달했다.

〈표 78〉 한국어 교육과정의 등급 구분

한국어 교육과정 개발 시 단계 설정은 몇 개로 해야 한다고 생각하십니까?	응답	
	빈도(명)	비율(%)
3개 등급으로 나눈다.	38	30.9
4개 등급으로 나눈다.	34	27.6
5개 등급으로 나눈다.	20	16.3
6개 등급으로 나눈다.	31	25.2
기타	0	0
합계	123	100

이상, 다문화 배경 학생 대상 한국어 교육과정의 범주와 위계 설정 문제와 관련한 이상의 결과를 종합할 때, 한국어 교육과정의 내용 구성 체계를 위한 범주 영역은 '말하기, 듣기, 읽기, 쓰기, 문법, 어휘, 문화, 태도'로 설정되어야 하고, 위계 설정의 기준은 학교급이나 학년이 아닌 한국어 숙달도 수준을 기준으로 삼아야 하며, 등급은 3등급 체계를 선호하되, 이와 거의 비슷한 수준으로 4등급이나 6등급을 선호하는 의견도 있음을 알 수 있다.

(7) 한국어 교육과정의 내용 구성

앞서 한국어 교육과정의 목표, 내용체계 구성, 범주와 위계 설정의 문제까지 설문 조사를 통한 요구 분석을 실시하였다. 그렇다면 이제 구체적인 내용 구성 요소로 주제, 기능, 텍스트 유형은 어떤 것들을 다루어야 한다고 생각하는지 살펴보자.

우선 다문화 배경 학생 대상 한국어 교육과정에서 반드시 다루어야 하는 주제에 관한 질문에 65개의 주제 목록을 예로 제시한 후 응답자마다 5개씩 선택하도록 하였다. 다음은 상위 15개 주제 목록이다.

〈표 79〉 다문화 배경 학생 대상 한국어 교육과정의 주제

다문화 배경 학생을 위한 한국어 교육과정에서 반드시 다루어야 하는 주제는 무엇입니까?	응답	
	빈도(명)	비율(%)
학교생활	76	12.2
가족	61	9.8
감정	47	7.5
예절	40	6.4
친구 관계	35	5.6
문화	33	5.3
시간·날짜	29	4.6
자기소개	29	4.6
진로·직업	28	4.5
계절·날씨	20	3.2
규칙	13	2.1
존칭	12	1.9
역사	11	1.8
위치·장소	11	1.8
교육	10	1.6
↓	↓	↓
전체	625	100

총 125명의 응답자로부터 625개의 답변을 얻을 수 있었다. 응답 결과를 엑셀 파일로 정리해 추출한 결과 가장 높은 빈도수를 보인 주제는 '학교생활'로, 76명(12.2%)의 응답자가 선택하였다. '가족'이 61명(9.8%), '감정'이 47명(7.5%), '예절'이 40명(6.4%), '친구 관계'가 35명

(5.6%), '문화'가 33명(5.3%)으로 그 뒤를 이었다.

'학교생활'이 가장 높은 응답률을 보인 것은 다문화 배경 학생의 일상생활이 주로 학교를 배경으로 이루어지고 있음이 반영된 결과라 하겠다. 또 다른 높은 빈도수를 보인 '친구 관계' 역시 같은 맥락에서 이해된다. 표에서 볼 수 있듯 28명(4.5%)이 선택한 '진로·직업'도 높은 응답률을 보인 주제 중 하나였다. 특히 고등학교에서의 빈도수가 많았는데, 이는 곧 학교를 졸업하고 대학 진학이나 취업 중 진로를 결정해야 하는 다문화 배경 학생의 상황이 반영된 것으로 파악된다.

'예절'과 '문화' 항목이 높은 비율로 나타난 것은, 다문화 배경 학생이 한국 사회와 학교에 적응해 가는 과정에 한국 문화와 예절에 맞는 적절한 행동 양식을 학습해 가야 할 필요가 있음을 보여주는 대목이라 하겠다. 현장의 교사들은 다문화 배경 학생이 '학교생활'이나 '친구 관계'에 잘 적응해 나가는 것이 기본적으로 중요하며, 이를 위해 한국 사회에서 용인되는 '예절'에 대한 이해와 적응이 필요하다 보고 있는 것이다.

아울러 47명(7.5%)의 선택으로 3위를 차지한 '감정' 역시 눈여겨 볼 필요가 있다. 이는 뒤에 이어질 기능 목록에서 살펴보게 되겠지만 한국어 교육과정에서 다루어야 하는 기능으로 '감정 표현하기'가 압도적으로 많은 선택을 받은 것과 연결지어 생각해 볼 수 있기 때문이다. 이에 관해서는 잠시 후 '기능'에서 함께 논하기로 하자.

그 밖에 '시간·날짜' 29명(4.6%), '자기소개' 29명(44.6%), '진로·직업' 28명(4.5%), '계절·날씨' 20명(3.2%)으로 그 뒤를 잇고 있다. 또한 '규칙' 13명(2.1%), '존칭' 12명(1.9%), '역사' 11명(1.8%), '위치·장소' 11명(1.8%), '교육' 10명(1.6%) 등이 그 뒤를 이었다.

다음은, 다문화 배경 학생을 위한 한국어 교육과정에서 반드시 다루어야 하는 기능이 무엇인지에 관한 질문의 응답이다. 상위 응답률을 보인 15개의 목록만 제시하면 다음과 같다.

〈표 80〉 다문화 배경 학생 대상 한국어 교육과정의 기능

다문화 배경 학생을 위한 한국어 교육과정에서 반드시 다루어야 하는 기능은 무엇입니까?	응답	
	빈도(명)	비율(%)
감정 표현하기	109	17.4
의견 표현하기	61	9.8
이유와 까닭 말하기	45	7.2
설명하기	39	6.2
인사하기	34	5.4
기관·시설(병원,우체국,은행 등) 이용하기	31	5.0
정보 주고받기	31	5.0
부탁하기	29	4.6
소개하기	26	4.2
아픈 증상 말하기	25	4.0
물건사기	24	3.8
칭찬하기	19	3.0
요청하기	14	2.2
거절하기	13	2.1
대답하기	13	2.1
길묻기	12	1.9
↓	↓	↓
합계	625	100

선택 가능한 보기로는 총 40개의 기능 목록이 제시되었으며 역시 5개씩 선택하게 하였다. 이렇게 총 124명으로부터 625개의 응답을 받아내었다.

표에서도 볼 수 있듯, 압도적으로 많은 응답을 받은 기능은 '감정 표현하기'로 109명(17.4%)이 선택하였다. 앞서 '주제' 목록에서도 '감정'이 47명(7.5%)의 선택으로 3위를 차지하고 있었다. 다문화 배경 학생은

기본적인 의사소통이 불가능한 상태에서 학교생활에 적응해야 하고, 교사와 또래 친구들과 교류해야 한다. 한국어로 이루어지는 교과 학습에 참여해야 하는 어려움은 차치하고라도 학교라는 공간에서 이루어지는 여러 상황에 참여해야 하는 것이다. 더구나 초·중·고등학교의 다문화 배경 학생들은 인지적·정서적으로 성인과는 다른 발달 단계에 놓여 있다. 이런 복합적인 상황에서 '감정 표현'은 학생 자신에게는 물론 이들과 더불어 생활해야 하는 교사나 동료의 입장에서도 매우 중요한 주제이자 기능일 수밖에 없다.

'감정 표현하기'에 이어 '의견 표현하기'가 61명(9.8%), '이유와 까닭 말하기'가 45명(7.2%)으로 뒤를 잇고 있다. 이 역시 같은 맥락에서 이해할 수 있을 것이다. 그 밖에 '설명하기'가 39명(6.2%), '인사하기'가 34명(5.4%)으로 상위 응답률을 보이고 있다.

다음으로, 다문화 배경 학생을 위한 한국어 교육과정에서 다루어야 할 텍스트 유형에 관한 응답을 살펴보자. 40개의 텍스트 유형 목록을 선택 가능한 보기로 제시하였다. 이 문항 역시 5개씩 자유롭게 선택하도록 하였으며, 125명의 응답자로부터 625개의 텍스트 유형을 받아내었다. 이 역시 빈도수 순서대로 상위 목록만 정리하여 분석하였다.

먼저 앞의 주제 목록이나 기능 목록과 이 텍스트 유형 목록이 차이가 나는 점은, 앞서 두 영역의 응답 결과는 상위 순위를 차지한 목록이 명확했던 것에 반해 텍스트 유형은 그렇지 않다는 것이다. 즉, 주제의 경우는 '학교생활'이, 기능의 경우는 '감정 표현하기'가 각각 다른 항목에 비해 압도적인 응답률을 보이고 있었다. 그런데 텍스트 유형 선택에 있어서는 각 항목 간에 이런 압도적인 차이가 벌어지지 않는다는 점이다.

〈표 81〉 다문화 배경 학생 대상 한국어 교육과정의 텍스트 유형

다문화 배경 학생을 위한 한국어 교육과정에서 반드시 다루어야 하는 텍스트의 종류는 무엇입니까?	응답	
	빈도(명)	비율(%)
자기소개서	48	7.7
생활문	43	6.9
일기	41	6.6
대화문	37	5.9
설명문	34	5.4
동화	30	4.8
안내문	28	4.5
뉴스	28	4.5
노래	23	3.7
토의·토론	22	3.5
편지	21	3.4
감상문	20	3.2
신문기사	19	3.0
이메일	19	3.0
그림책	18	2.9
↓	↓	↓
합계	595	100

가장 높은 응답률을 보인 '자기소개서'는 48명(7.9%)이었고, 그 뒤로 '생활문'이 43명(6.9%), '일기'가 41명(6.6%), '대화문'이 37명(5.9%), '설명문'이 34명(5.4%) 등으로 근소한 차이를 보이며 상위 순위를 차지하고 있다. 표에는 드러나지 않는 15위 아래의 목록도 '광고' 17명(2.7%), '독후감' 15명(2.4%), '문자메시지' 14명(2.2%), '요약하는 글' 14명(2.2%), '간판' 13명(2.1%) 등으로 근소한 차이를 보이며 뒤를 잇고 있다.

결국 다문화 배경 학생을 위한 한국어 교육에 있어서 다양한 장르의 텍스트를 접하는 것은 매우 중요하며, 따라서 한국어 교육과정 구성

시에도 이들 텍스트 유형을 다양하게 고루 다룰 필요가 있음을 알 수 있다.

(8) 한국어 교육과정 운영 방안

현장의 교사들은 다문화 배경 학생을 위한 한국어 교육과정 개발 및 운영과 관련하여 어떤 생각을 갖고 있는지 알아보기로 하자. ① 한국어 수업 운영 방식, ② 한국어 수업 시수와 관련해 어떤 형식과 수준으로 운영하는 것이 적당하다 여기는지에 관한 질문이었다.

먼저, 한국어 수업은 어떤 방식으로 운영되어야 하는지에 관한 질문이다.

<표 82> 한국어 수업 운영 방안

한국어 수업은 어떤 방식으로 운영되어야 한다고 생각하십니까?	응답	
	빈도(명)	비율(%)
방과 후 수업 형태로 운영	53	40.5
교과 시간에만 분리해서 교육	24	18.3
특별학급으로 운영	27	20.6
주말 특별학급으로 운영	6	4.6
방학 집중 프로그램으로 운영	13	9.9
기타	8	6.1
합계	131	100

이 질문에는 절반에 가까운 53명(40.5%)이 '방과 후 수업 형태로 운영'해야 한다고 답하였다. 그 다음으로 27명(20.6%)이 '특별학급으로 운영'해야 한다고 답하였으며, 24명(18.3%)이 '주요 교과 시간에만 분리해서 교육'해야 한다고 응답하였다.

앞서 다문화 배경 학생 대상 한국어 교육 현황 파악을 위해 했던 질문에서는 방과 후 수업 형태로 이루어지고 있다는 응답이 50명(39.1%)으로 가장 많았고, 주요 교과시간에만 분리해서 교육한다는 응답이 29명(22.7%)으로 두 번째 응답률을 보였었다. 즉, 이 두 항목의 응답 결과는 앞서 알아보았던 현황 파악에서의 응답 결과나, 지금 운영 방안 관련 응답 결과와 비교할 때 큰 차이가 없다.

반면, 특별학급으로 운영한다는 항목은 앞서 현황 파악 시에는 18명(14.1%)에 그쳤던 것이 27명(20.6%)로 높아졌다는 점이 눈에 띄는 차이다. 즉, 현실적으로는 다문화 배경 학생을 위한 특별학급 운영이 활발하지 않지만, 현장에서는 이러한 특별학급 운영의 필요성을 크게 느끼고 있는 것으로 해석할 수 있다.

'기타'를 선택한 응답자가 8명(6.1%)이었는데, '한국어 수준에 맞는 수준별 수업 운영', '국어와 같은 특정 과목은 다문화 학생 모아 집중교육, 나머지는 교과 시간, 방과 후로 나누어 학생 상황에 맞게 운영', '집중교육 프로그램을 통해 어느 정도 한국 문화와 한국어를 습득한 이후에 정규과정에 편입', '중도 입국 학생은 6개월 정도 한국어 몰입교육 필요' 등을 세부 내용으로 제시하고 있었다.

한편, 주목할 점으로, '다문화 배경 학생을 분리시키려고 하기보다 통합교실 상황에서 이루어져야 한다'는 지적도 있었다. 당장의 교육적 효과나 초기 적응 시의 정서적 안정감의 문제에만 초점을 두게 되면 이들을 분리해서 교육하는 것이 일면 타당하게 이해될 수도 있으나, 궁극적으로는 한국 사회에 편입되어 일반 학생들과 함께 어우러져 살아가야 할 사회 구성원을 육성한다 할 때 결국 통합 교실 상황에의 적응은 필연적이고 이에 대한 대책이 마련되어야 할 것이다.

다음은 한국어 교육에 필요한 수업 시수에 관한 질문이다.

<표 83> 한국어 교육에 적당한 수업 시수

주당 어느 정도의 수업 시수로 한국어 수업이 운영되어야 한다고 생각하십니까?	응답	
	빈도(명)	비율(%)
주당 4시간 이하	17	13.8
주당 5시간 - 9시간	64	52.0
주당 10시간 - 14시간	30	24.4
주당 15시간 - 19시간	6	4.9
주당 20시간 이상	5	4.1
기타	1	0.8
합계	123	100

　　주당 어느 정도의 수업 시수로 한국어 수업이 운영되어야 한다고 생각하는가에 관한 질문에는 절반이 넘는 64명(52.0%)의 응답자가 '주당 5시간-9시간'을 선택하였다. 뒤를 이은 응답은 '주당 10시간-14시간'으로 25.2%에 해당하는 30명이 선택하였다. 이 둘을 합하면 94명으로 자그마치 76.4%에 해당한다. 이 역시 앞서 한국어 교육 현황 파악을 위한 질문에서의 결과와 차이를 보이고 있다. 즉, 현재 학교 현장에서는 주로 '주당 4시간 이하'(30.3%)나 '주당 5시간-9시간'(27.6%) 수준으로 한국어 수업이 운영되고 있고, '주당 10시간-14시간'은 9.2%에 그쳤던 것과 대조된다.

　　즉, 실제 교육 현장에서는 현재 이루어지고 있는 한국어 수업 시수보다 훨씬 많은 양의 시수가 확보되어야 한다고 생각하는 교사들이 많았으며, 적어도 10시간 내외의 수준으로 한국어 수업 시수가 확보되어야 한다고 보는 교사가 76.4%에 이르고 있는 것이다.

　　지금까지 다문화 배경 학생 대상 한국어 교육과정 구성을 위한 요구 분석의 하나로 실시한 설문 조사의 결과를 분석하였다. 질문 내용의 성격에 따라 (1) 한국어 교육과정 운영 현황, (2) 한국어 교재 사용 현황, (3) 다문화 배경 학생의 한국어 학습 현황, (4) 다문화 배경 학생의 교과 학습 현황, (5) 한국어 교육과정 개발 방향, (6) 한국어 교육과정 범주와 위계 설정 방안, (7) 한국어 교육과정의 내용 구성 방안, (8) 한국어 교육과정 운영 방안 등 크게 8개의 범주로 나누어 분석하였으며 이를 통해 한국어 교육과정 구성을 위한 시사점을 도출해 낼 수 있었다.

다음 절에서는 서술형 질문의 응답 및 인터뷰 내용에 대한 분석을 바탕으로 다문화 배경 학생 대상 한국어 교육과정 구성에 필요한 요소들에 대해 논의하기로 하자.

4.3. 서술형 응답 및 면담 결과 분석

설문 조사지의 서술형 질문에 대한 응답 및 인터뷰를 통한 요구 분석 결과, 내용을 크게 9가지 정도로 분류해 볼 수 있었다.

(1) 교육과정 개발의 필요성, (2) 교재 개발 및 보급의 필요성, (3) 교사 확보 및 연수의 필요성, (4) 교과 학습에 요구되는 한국어 교육 필요성, (5) 문화교육의 필요성, (6) 학습 동기 유발 및 학습 의욕 고취 방안 모색, (7) 수준별 소그룹 지도의 필요성, (8) 국어교육과 한국어 교육의 차이 인식 필요성 (9) 기타 의견 등이 그것이다.

(1) 교육과정 개발의 필요성

교육과정의 개발, 교재의 개발과 보급의 필요성에 대한 요구 사항이 가장 많았다. 다음은 심층 면담과 설문 조사를 통해 수집한 응답 중 교육과정 및 교재 개발과 관련된 응답 내용만 모아 놓은 것이다.

- 한국어 교육과정을 만들기 전에 사전 준비 작업이 철저히 이루어져야 한다. 한국어 교육과정의 대상도 학생들의 배경에 따라 분류화되어야 하며, 한국어 교육과정의 단계를 나눌 때도 이를 고려해야 할 것이다. 한국어 교육과정의 목표와 달성하고자 하는 성취기준을 우리나라 다문화 교육이 나아가야 할 방향에 비추어 신중히 설정해야 할 것이다. 또한 한국어 교육과정의 내용이 자칫 잘못하면 다문화 배경 학생들에게 한국어를 하지 못하면 한국 사회에 들어올 수 없다, 한국에서 살려면 한국어를 잘해야 한다는 부담감을 주거나, 이들을 한국 사회에 동화시키려고 하는 내용으로 빠질까 하는 우려도 된다.
- 너무나 다양한 배경 요인을 가진 학생에게 꼭 한국어 교육을 일률적인 교육과정으로 제시하기보다 중도 입국 자녀를 위한 단기간의 한국어 습득 교육과정과 한국에서 자란 다문화 가정 학생을 위한 주당 1-2회 형식의 정교한 한국어 사용과 능숙한 한국어 사용을 위한 교육과정으로 구분지어 개발되면 좋겠음.
- 한국어 의사소통 능력이 매우 부족한 중도 입국 학생들에게는 한국어로 의사소통하고 일상생활이 가능할 정도의 한국어 능력을 우선 갖출 수 있게 하는 예비학교 운영이 필요함.
- 다문화 배경 학생을 위한 한국어 집중학교를 선정하여 다문화 학생들을 위한 특별프로그램을 지속적으로 지원하는 체제가 필요하다고 본다.
- 다문화 가정, 외국인 근로자 가정 대상으로 한국어 또는 국어 교육과정 개발 및 운영을 매우 적극적으로 연구해 주시길 바랍니다.
- 표준화된 교육과정 개발 시 한국어 기능, 문법, 어휘 반드시 포함.

　다문화 배경 학생을 위한 한국어 교육과정을 개발하기에 앞서 철저한 사전 준비 작업이 필요하며, 목표 수립, 성취기준 설정에 있어서도 우리나라 다문화 교육이 나아갈 바를 고려해 신중히 설정해야 한다는 응답은 매우 주목할 만한 응답이었다. 또한 시급한 한국어 교육을 위해 마련한 교육과정이 자칫 동화주의로 치우칠 가능성이 있으며, 이에 대해 다문화 배경 학습자들이 부정적인 인식을 하게 될 가능성에 대한 우려도 앞서 2장에서 살펴본 다문화 교육의 역사적 변화 과정, 본질과 목표, 방법 등에 관한 내용과 관련해 생각해 볼만한 내용이다.

학습자의 이질성에 관해 지적한 응답도 상당수 있었다. 다양한 배경의 학습자들을 모두 하나로 묶어 '다문화 가정 학생'이라고 명명한 뒤 교육과정을 개발하고 교육을 행하는 것이 아니라 학습자군에 따른 특성을 반영해 필요한 유형의 교육과정을 마련하고 실시하자는 제안은 앞으로 우리가 지향해야 할 바라 생각한다. 지속적이고 체계적인 맞춤형 교육과정의 필요성에 대해 강조하는 교사들이 많이 있었다.

(2) 교재 개발 및 보급의 필요성

교사들은 하나같이 한국어 교재의 필요성에 대해 입을 모았다.

- 학생들을 가르치면서 교재의 필요성을 많이 느끼고 있습니다. 시중에 나와 있는 책들은 성인 대상, 이주민 주부 대상으로 나와 있습니다. 초·중·고 학교생활을 내용으로 하는 한국어 교육 교재가 있었으면 합니다. 이중 언어로 되어 있다면 더 좋을 것 같습니다.
- 학생들에게 필요한 교재는 당장 교과 수업 시간에 쓰일 수 있는 한국어 능력 배양 목적의 교재입니다. 문체도 어찌 보면 '-습니다' 체가 더 급할 수도 있어요.
- 학교에서 교과서로 사용할 만한 공식적인 교재가 없어서 시중에 나와 있는 교재를 한국어 교사가 편집해서 사용할 수밖에 없어서 교사의 부담이 가중됨.
- 중국, 일본, 영어로 된 한국어 교재는 많지만 그 외 언어로 된 한국

어 교재는 거의 없다. 한국어로서만 알기엔 중도 입국 학생에겐 너무 어렵고 이것을 가르치는 교사도 힘들다.

- 다양한 국가의 언어별로 가장 기초적인 수준(1,2단계)의 교재가 있었으면 좋겠어요. 3단계부터는 한국어로 수업을 할 수 있는데, 1,2단계일 때는 한국어로만 수업하는 것이 정말 어렵습니다. (1,2단계: 한국어 학습 1개월~6개월 정도의 수준)
- 교재가 가장 급함. 시중의 교재는 성인 대상, 의사소통 목적.
- 처음은 의사소통 능력, 두 번째는 수준별 이해 능력 교재, 세 번째는 현실에 적응하면서 다문화 사회를 포용하는 내용으로 한국어 교육 교재가 편찬되었으면 좋겠습니다.
- 교재 개발 시, 개념, 기능, 문법, 담화 유형 등이 반드시 반영되어야 함.
- 다문화 가정 학생들은 언어적·문화적 배경이 여타 학생들과 상이한 만큼 그들만을 위한 교재(한국어뿐 아니라 다른 필수과목도)가 꼭 필요함.

시중에 나와 있는 한국어 교재는 대부분 성인 대상 교재이며 의사소통 능력 신장에 중점을 둔 일반 목적 교재라 학습자의 상황에 맞지 않는다는 것이다. 특히 학교생활을 배경으로 한 교재의 필요성을 역설하였다. 주제나 기능, 어휘, 담화 상황 등도 학교생활 및 교과 수업 시간을 배경으로 당장 필요한 내용을 중심으로 개발되기를 원하였다. 문체도 초급에서 주로 '-해요' 체로 시작하는데 반해 다문화 학생 대상 한국어 교육에서는 어쩌면 '-습니다' 체를 먼저 가르쳐야 할지 모르겠다는 응답이 있었는데, 이는 학교 수업에서의 공식적인 말하기 상황을 염두에 둔 요구라 하겠다.

학습자의 수준에 맞는 등급별 교재, 그리고 특히 1·2급처럼 한국어가 전혀 되지 않는 학생들을 대상으로 한 교재는 이중 언어 지원 장치의 필요성을 호소하는 응답이 많았다. 이중 언어 지원의 필요성 부분은 대학기관의 일반 목적 학습자를 대상으로 한 요구 조사 결과와 다소 다른 점이다. 초·중·고등학교의 학생들은 한국어만을 집중적으로 학습하는 경우보다는, 대개 다른 교과 수업과 병행해 한국어 수업이 이루어지는 경우가 많으므로 상대적으로 한국어 수업에 확보된 시간이 적은 편이다. 게다가 동급 학년 학생들과 비교해 학습 결손이 누적되고 있는 상황에서 한국어를 빨리 학습해 교과 학습을 따라가게 하는 것이 시급한 문제이다. 따라서 수학, 사회, 과학 등의 교과에서는 개념어들에 대한 이해가 필수적이고, 이때 이중 언어로 학습이 이루어지면 시간을 단축할 수 있다는 생각에 이런 요구가 있는 것으로 해석된다. 교재 내 이중 언어 지원의 필요성에 관해서는 중도 입국 자녀를 담당하고 있는 교사들에게서 그 요구가 더 강한 것으로 드러났다.

(3) 교사 확보 및 연수의 필요성

안정적인 교사 확보와 연수의 필요성에 대한 목소리도 높았다. 부산아시아공동체학교는 뜻있는 소수의 교사들과 후원자들에 의해 교육이 이루어져 온 학교다. 인력과 재정이 부족한 것은 짐작 가능하다. 대개의 다문화학교가 이런 형태로 운영되고 있기 때문에 이들의 교육 환경은 매우 열악하다. 교사와 재정 확보가 가장 큰 문제인 셈이다.

서울다솜학교는 사정이 조금 다르다. 서울다솜학교는 공립학교이기 때문에 재직하고 있는 교사들도 모두 사범대학을 졸업하고 중등 교사 자격증을 취득한 후 중등 교원 임용 절차를 통해 선발·임용된 교사들이다. 하지만 이 학교에서 KSL 한국어를 가르치고 있는 교사는 학교가 선발한 계약직 시간 강사다. 강사 개인의 근무 여건이 다른 교사에 비해 상대적으로 열악한 점도 문제지만, 학교 측에서도 학생들의 한국어 학습이 시급한 상황에서 교육청으로부터 교사 발령을 받는 것이 아니라 자체적으로 공고를 내고 선발을 하며 교사를 충당해야 한다는 점이 부담으로 작용하고 있는 실정이다. 학생들이나 학부모의 입장에서도 장기적인 교육 계획과 교사 배치 계획이 이루어지지 않은 상황에서 '특색 사업'의 명목 하에 진행되고 있는 한국어 수업이 불안하기는 마찬가지다.

- 다문화 배경 학생 한국어 교육에 관한 교사 연수가 더욱 활발해지고, 많은 교사들에게 홍보가 필요할 것 같습니다.
- 다문화 학생 교육을 위한 전문적인 한국어 교육의 연수의 필요성. 한국어 교육을 담당할 전문 인력 필요성.
- 모든 과목 교사들이 한국어 교육(KSL)에 관심을 가지고 기법을 적용하여 수업에 임해야 다문화 학생들에게 고등학교 수준의 교육과정이 충실하게 적용된다고 본다.
- 다문화 학생을 가르칠 교사의 자질로는 공감적 능력이 한국어 가르치는 능력보다 더 중요하다.
- 한국어를 흥미롭게 배울 수 있도록 하는 교수·학습 방법 및 교재 활용 방안에 대한 많은 연구와 연수가 필요하다고 본다.
- 예비학급의 경우 한국어 강사가 선발되어 지도하게 되는 경우가 많은데 이 경우 초등학생 수준에 맞는 교수·학습 활동 구안 및 자료 제공, 전반적인 생활지도에 어려움이 있어 학급 운영에 많은 부분 전문성이 부족한 경향이 있다. 일반 학교 교사를 대상으로 한 한국어(KSL) 교육 연수를 강화하여 기존의 학교 선생님들 중에 전문성 있는 한국어(KSL) 교사를 양성하고 이 분들이 추후에 현재의 예비학교 형태의 학급을 맡을 수 있도록 지원해야 한다.
- 현재 KSL시간강사 계약직으로 근무하는 KSL 교사를 임용고사를 통해 선발해 안정적 수급이 이루어져야 합니다.
- 기존 교사에 한국어 연수를 통한 교사 확보 필요.

'다문화 학생을 가르칠 교사의 자질로 공감적 능력이 한국어 가르치는 능력보다 더 중요하다'는 지적은 눈여겨 볼만한 지적이다. 부산의 아시아공동체학교에서 몇 년째 학생들을 가르치고 있는 교사와의 인터뷰에서 나왔던 응답 중 '가장 잘 가르치는 교사와 가장 학습이 빠른 학생이 만나 이루어진 한국어 수업과 보통의 교사와 평균 수준의 학습자가 만나 이루어낸 한국어 수업의 결과가 초기에는 큰 차이를 보이는 듯하지만 6개월 지나고 1년이 지나면 사실 큰 차이가 없는 경우가 많다'는 진술이 있었다. 다문화 학생들은 어른들보다 언어 학습이 빠른 편이라 대개의 경우 일상적 의사소통은 6개월 정도면 가능해 일반 수업에 투입되어도 동료들에게 도움을 받아 수업이 어느 정도는 가능해진다. 중요한 것은 이들의 한국어 교육을 위한 기술적 방법의 측면이 아니라 정서적 공감의 형성이 오히려 중요하다는 것이다.

중도 입국 아동이나 청소년들은 저마다 마음에 이미 상처를 안고 한국에 입국한 경우가 많다. 본국에서 이미 가정이 붕괴된 상태로 버림받았다는 느낌을 깊이 갖고 있던 경우가 많고, 그나마 본인이 원해서라기보다 어머니의 행복을 위해 한국에 들어오게 된 경우가 대다수이기 때문이다. 이들이 한국의 학교와 사회에 적응해 학업을 계속해 나가기 위해서는 나이 어린 아동은 아동대로, 청소년은 청소년대로 발달 단계에 맞는 정서적·심리적 치유가 우선시 되어야 한다. 이를 위해 전문 상담 교사가 배치되고 심리 상담 프로그램이 운영되어야 하는 것은 물론, 전 교사에 대한 연수와 교육을 통해 이들에 대한 이해와 방안 마련을 도모해야 한다. 학생들은 자신에게 마음을 열고 있는 교사와 동료를 통해 한국이라는 새로운 세상을 접하고, 한국의 학교와 사회에 적응하게 되며 비로소 상호 이해와 소통이 시작될 수 있다. 언어와 문화 학습은 그 가운데 자연스럽게 이루어질 수 있다.

'한국어 교사뿐 아니라 모든 교사가 한국어 교육에 관심을 갖고 기법을 적용하여 수업에 임해야 다문화 학생들에게 고등학교 수준의 교육과정이 충실하게 이루어질 수 있다'는 응답 또한 눈여겨 볼 대목이다. 이는 서울다솜학교에서 나온 응답으로, 이 학교가 중도 입국 청소년을 대상으로 우리나라의 국가 수준 교육과정을 적용해 운영되고 있는 학교라는 점을 전제로 이해할 필요가 있다. 사실 다문화 배경 학생 대상 한국어 교육에 관한 연구는 길지 않은 기간에 꽤 많이 축적되어 이제는 어느 정도 연구 성과가 보이는 부분도 있다. 그럼에도 불구하고 대부분의 연구가 '다문화 가정 자녀'라는 이름하에 진행되었고, 그 대상은 대개 유·아동이거나 초등학교 저학년 학생인 경우가 많았다. 앞서 살펴본 바와 같이 다문화 가정의 자녀가 취학 연령에 이르고 취학 아동의 수가 증가함에 따라 학교 현장에서의 여러 가지 문제점들이 부각되면서 이루어진 연구들이기 때문이다. 최근 중도 입국 자녀들이 증가하고 이들이 한국의 중·고등학교에 들어오기 시작하면서 청소년 학습자들을 대상으로 한 한국어 교육 문제가 부각되기는 하나 아직 연구 성과가 많지는 않은 형편이다.

서울다솜학교의 경우 전교생이 중도 입국 청소년으로 이루어져 있기 때문에 학생들의 정서적 안정감이나 만족감은 다른 일반 학교에 비해 매우 크다. 한국어 수업도 아직은 학생 수가 적기 때문에 개인별 맞춤형 수업이 어느 정도는 가능하다. 하지만 내용교과의 교수-학습에 있어서의 어려움은 교사 입장에서도 학생 입장에서도 매우 큰 상태라 할 수 있다. 사회나 과학의 경우 한국 학생의 입장에서도 생소하고 어려운 학습 개념어들을 중도 입국 학생들이 학습하기에는 어려움이 많고 교사의 입장에서도 매 개념어들마다 부연 설명을 해야 하니, 수업에서 다룰 수 있는 절대량이 전체 교육과정 상의 계획에 비해 턱없이 부족한 것이

다. 따라서 이들의 한국어 문제는 다만 한국어 담당 교사만의 문제가
아니라 모든 교과 교사들에게도 해당되는 문제이며 다 같이 해결해 가
야 할 과제라는 지적이다. '기법을 적용하여'라는 부분도 그동안 만나온
일반 가정 학생과는 다른, 다문화 가정 자녀들의 학습자 특성에 따른
효과적인 교수-학습 방안을 모색해야 한다는 의미로 이해된다.

(4) 교과 학습에 요구되는 한국어 교육의 필요성

다음은 다문화 배경 학생들의 학업 문식성 교육 문제와 관련된 응답
들이다.

- 중도 입국 학생들은 보통 언어 수준 때문에 자기 나이보다 낮은
  학년에 배정되곤 합니다. 그런 이유로 수학이나 과학 같은 교과 내
  용은 이미 알고 있는 경우가 많아요. 다만 표현을 못해서 모르고
  있는 것처럼 보이는 것이기 때문에 이런 경우 사용할 수 있는 주요
  용어집이나 지시문 용례집이 있었으면 좋겠습니다.
- 다문화 학생들 대부분이 교과 성적이 떨어집니다. 특히 국어와 사
  회 과목에 어려움을 느끼며 그 이유는 가정에서의 다양한 경험 부
  족과 누적된 학습 부진, 용어 뜻의 어려움, 학습 도우미 부재 등인
  것 같습니다.
- 학년별, 교과별로 당장 필요한 어휘를 익힐 수 있게 했으면 좋겠습
  니다.
- 학생들에게 필요한 교재는 당장 교과 수업 시간에 쓰일 수 있는
  학습 한국어 능력 배양 목적의 교재입니다.
- 독서능력이 떨어지고 어휘력과 배경지식이 약해 기초학습이 필요함.
- 한국어 의사소통 능력이 매우 부족한 중도 입국 학생들에게 일률적
  으로 한국의 고등학교 과정에 해당하는 일반 과목 수업을 듣게 하

는 것은 바람직하지 않다.

- 탈북 학생만 해도 중학생이 알고 있는 기본적인 어휘나 문법 등에서 많은 문제를 보이고 있습니다. 기본적인 어휘가 부족하기 때문에 다른 교과 시간에도 따라가지 못하고 교우 관계나 학교생활에서 자신감을 잃고 힘들어하는 경우가 많습니다.

다문화 배경 학생이라 해서 모두 학업 성취도가 낮고, 학교에 적응하지 못하고, 학습 동기가 낮은 것은 아니다. 이들 중에도 뛰어난 학생들이 많이 있다. 다만 한국어로 자신이 알고 있는 것을 표현할 수 없음으로 인해 교사나 동료 학습자와의 교류가 어려운 것이다. 따라서 중도 입국 학생이라면 이들이 이미 본국에서 배워 갖추고 있을 수 있는 배경지식을 최대한 끌어내주려는 도움이 제공되어야 할 것이며, 앞으로의 새로운 지식 입력과 교과 활동을 위해 교과별 필수 핵심 어휘에 대한 학습이 이루어질 수 있도록 해야 한다.

(5) 상호문화교육의 필요성

문화 교육과 관련해서는 학습자를 대상으로 한 한국 문화 교육의 필요성에 대한 지적도 있었으나, 다문화 학생들의 모국의 문화와 역사에 대한 교사 대상 교육도 필요하다는 지적에 주목해 볼 필요가 있다.

- 다문화 가정 자녀만을 대상으로 프로그램을 진행하는 것이 많이 있는데 그런 식으로 분리하여 교육하게 되면 더 큰 부작용이 일어나리라 생각됩니다. 다문화 가정 아동과 일반 가정 아동이 함께 참여하는 프로그램을 진행하는 것이 훨씬 더 바람직하지 않나 하는 생각이 듭니다.
- 한국어를 잘한다 해도 말만 잘하지 문화에 대해서는 모르기 때문에

교육과정에 다양한 문화 영역은 꼭 필요한 것 같습니다.
- 교과 학습이 먼저가 아니라 한국 사회에 대한 올바른 이해와 좋은 문화 습득을 먼저 가르쳐야 할 것입니다.
- 언어 자체보다는 문화적·사회적 상황에서 발생하는 문제로 불편한 경우가 더 많다.
- 한국 문화와 관련된 내용이 교육과정에 반드시 포함되어야 함.
- 다문화 가정 학생들의 정체성 교육에 도움을 줄 수 있는 기관을 발굴하여 일선 학교에 안내해 주기 바람.

언어 교육에 있어서의 문화 교육의 중요성과 가치에 대해선 많은 연구를 통해 밝혀져 왔다. 일선에서의 한국어 수업에 대개 문화 체험 프로그램이 편성되는 것은 물론이고, 간혹 단발성 전통문화 체험 활동을 문화 교육 내지는 한국어 교육이라 오해하는 경우도 있다. 다문화 학생이 한국의 학교와 사회에 적응해 나가려면 한국의 문화를 알아야 한다는 단순한 공식은 어찌 보면 동화주의에 기반한 문화 교육의 관점일 것이다.

하지만 국제결혼 가정의 자녀와 중도 입국 자녀들이 학교에 들어오면서 현장에서 교육을 담당하는 교사들의 입장에서도 기존에는 상상하지 못했던 전혀 새로운 경험의 장이 시작된 셈이다. 교사의 입장에서는 한국어를 전혀 알아듣지 못하는 학생이 교실에 앉아 있고, 이들과 의사소통은 물론 정서적으로 공감대를 형성해야 한다는 것이 어쩌면 도전적인 일일 수도 있다. 수업 분위기를 위해 그동안 별 뜻 없이 할 수 있던 농담이 어떤 나라의 문화에서는 받아들여지기 힘든 내용일 수도 있는 것이다. 게다가 이들의 국적이 좀 다양한가? 교사도 이제는 다양한 나라의 역사와 사회와 문화에 새로운 시각과 지식을 가져야 하는 시대가 되어버린 것이다. 교사뿐 아니라 다문화 학생과 하루의 대부분을 함께 생활해야 하고 앞으로 사회에서 그들과 함께 협동하고 경쟁하며 살아가야 할 일반 가정의 학생들에게도 이는 똑같이 적용된다. 한국어 교육이 다문화 학생을 대상으로 한다면, 다문화 교육은 교사는 물론 일반 학생들에게도 똑같이 이루어져야 하는 부분이다.

(6) 학습 동기 유발 및 학습 의욕 고취 방안 모색의 필요성

학생들 스스로 학습 의욕이 없는 경우가 많다는 지적도 있었다. 또, 이들의 부족한 학습 동기 유발 및 학습 의욕 고취를 위해 새로운 교수·학습 방법이 개발되고 적용되어야 한다는 지적도 있었다.

- 우리나라 학생들도 이해하기 힘든 교과 내용을 한국어가 서툰 다문화 아이들이 이해한다는 것은 참 어려운 일인 것 같다. 될 수 있으면 실습을 많이 하려고 하지만 실습 내용도 한국어 설명이 들어가야 하고 그것을 이해하지 못하면 수업에 따라오기 힘들어 한다. 학교의 특성상 대안학교 특성을 살려 강의식 수업보다는 노작 교육이나 다양한 체험 활동 교육과정을 통해 언어와 활동이 병행되는 수업이 더 많이 필요하다고 본다. 특히 중국 출신 학생들이 많아서 한국어로 얘기하지 않아도 의사소통이 가능하니 필사적으로 한국어 공부를 하려고 하지 않는다. 학생들의 학습 의욕을 고취시키는 데 일차적인 목표를 둬야 할 것 같다.
- 학습력이 떨어지니 행동 면에서도 스스로 위축되어 학교생활도 소극적인 경우가 많습니다.
- 교육과정의 효과적 운영을 위해 강의식 이외의 교수·학습법 개발해야 함.
- 현재 한국어 교육 시 문제점: 의지가 부족한 경우 강제할 수 없음

초등학생처럼 어린 아동의 경우 또래들과 어울리며 자연스럽게 한국의 학교생활에 적응이 가능하고 교과 학습 결손이 아직은 크지 않고 어느 정도 따라가는 것이 가능하다. 하지만 중도 입국 청소년처럼 중·고등학교 학생의 경우 동료들에 비해 한국 학교에서의 학습 결손이 큰 상태인데다 한국어마저 서툰 상황이라 수업 내용을 알아들을 수 없으니 학습에 흥미를 갖기 어려울 수밖에 없다. 교사는 가르쳐야 할 절대적인 양의 내용들이 있고, 모든 학생에게 맞게 수업 내용을 구성하기 어려운데다 처음 맞아보는 학습자들의 특성에 적응하기도 어려운 상태다. 의사소통도 어려운 학습자들에게 어려운 교과 내용을 가르치려면 지금까지와는 전혀 다른 교수·학습 개발 방안이 절실한 것이다.

(7) 수준별 소그룹 지도의 필요성

효과적인 수업을 위해 수준별 소그룹 지도에 대한 요구도 많이 있었는데 그 내용은 다음과 같다.

- 다문화 가정 자녀의 한국어 능력은 개개인마다 모두 다릅니다. 따라서 같은 학년에 편성되어 있더라도 각기 다른 수준을 고려한 수업이 이루어지도록 하는 것이 한국어 교육을 하시는 선생님들께서 치열하게 고민해야 할 과제라고 생각합니다.
- 한국어 능력 차이가 너무 많이 나기 때문에 소규모의 수준별 학습을 하면 좀 더 효율적인 학습이 될 수 있을 것 같습니다.
- 수준이 개별적으로 다르기 때문에 한 반에서 가르치기 어려운 점이 있다. 수준을 최대한 쪼개서 수준별 교재 및 자료를 활용해 단계적으로 아이들이 학습할 수 있도록 해야 할 것이다.
- 고등학교 이상의 연령대의 다문화 배경 학생들을 지도할 경우에는 연역적인 방법을 많이 사용하는 수업이 효과적이기 때문에 가능하다

면 한국어 수준이 비슷한 학생들을 모아서 수업을 하는 것이 초급, 중급, 고급 모든 수준의 학생들에게 효과적일 거라고 생각합니다.

- 학생들 숙달도나 한국어 습득 시간이 개인별로 차이가 큽니다. 학급당 인원 10명 내외로 해야 효과적입니다.
- 언어 소통이 어려운 학생들의 한국어 전공 수업은 이중 언어 강사의 지원만으로는 학습 목표를 달성하기 어려운 실정이다. 20명의 숫자는 일반 한국 학생과 비교할 때 100명을 함께 지도하는 것과 비교할 수 있다. 실질적인 직업 교육이 이루어지려면 교사와 학생의 비율이 1:5 내지 1:10 정도로 되어야 실무 능력의 향상을 가져올 수 있을 것이다.
- 수준별로 진도 나가는 것이 안 된다. 한국어가 많이 뒤처지는 학생에 대한 해결 방안이 없는 것이 문제다.
- 교육과정 운영 시 학습자의 한국어 능력 수준, 학생들의 구체적인 사항에 맞는 운영 필요.

학습자 중심 수업이 되려면 수준별 수업이 되어야 함은 자명하다. 언어 수업의 경우는 더 그렇다. 특히 중도 입국 학생들의 경우는 내용교과의 개념어, 또 내용교과의 학습에 필요한 학습 도구어 등 인지·학업 문식성이 필수적인데, 이를 위해서는 반드시 수준별 수업과 소규모 수업이 이루어져야 한다는 것이다.

(8) 국어교육과 한국어 교육의 차이점 인식 필요

국어교육과 한국어 교육의 차이가 뭐라고 생각하는가에 관한 질문에 대부분의 응답자가 한국어 교육은 주로 의사소통 능력 신장을 위한 교육이고, 국어교육은 문학 작품의 향유 및 창작, 사고력 신장 등을 위한 교육이라 대답했다. 일반적으로 국어교육은 '문학, 학문, 사고력' 등을 그 내용으로 하고, 한국어 교육은 '의사소통, 독해, 맞춤법, 문법' 등을 내용으로 한다고 인식하고 있었다.

- 한국어 교육은 언어로서의 한국어, 즉 의사소통 능력 향상이 주요 목표이고, 국어교육은 국어(문학, 비문학) 작품의 향유가 목적.
- 한국어 교육은 의사소통(구어, 문어) 위주의 교육이어야 한다. 국어 교육은 문학 위주의 교육이어야 한다.
- 다문화 가정 학생들을 위한 한국어 교육은 사회 적응을 위한 교육 이고, 일반적인 국어교육은 학문 교육이라고 생각합니다.
- 다문화 학생을 위한 한국어 교육은 기본 의사소통, 안내문 독해, 일반적 국어교육은 국어를 통한 문학 작품 창작 및 사고력 신장.
- 한국어 교육과 일반적인 국어교육의 큰 차이점은 문법, 맞춤법.

(9) 기타 의견

그밖에 앞의 일곱 가지 항목에 넣기는 어렵지만 생각해 볼만한 지적 들도 더 있었는데 그 내용은 다음과 같다.

- 먼저 가정에서부터 의사소통의 벽이 허물어질 수 있도록 외부기관 (학교, 센터 등)에서 배운(학습한) 내용을 가정에서 실습할 수 있도 록 행동(실천) 과제를 내 주심은 어떨까요?
- 학교 이외의 생활공간에서도 한국어를 사용할 수 있는 환경 조성
- 타지에 와서 어렵게 생활하고 공부하는 학생이기 때문에 따뜻한 시선이 많이 필요합니다.
- 방과 후 학교 운영비 부족, 방과 후 학교 운영 지원비 필요

우선, 가정·사회와 연계한 교육의 필요성에 대한 지적이다. 다문화

학생은 가정 내에서의 의사소통에도 어려움이 있다. 부모 중 한쪽이 한국어가 서툰 경우는 물론이고, 모어에 비해 한국어가 우위에 있는 언어 환경인 경우 가정 내에서도 주 언어가 한국어가 되면서 의사소통의 어려운 경우 등이 있을 수 있다. 가정에서도 학교에서의 교수·학습 내용과 상황을 알게 된다면 가족 구성원은 서로 조력자가 되고 가정은 또하나의 학습의 장이 될 수 있을 것이다. 이를 위해서는 학교와 가정의 긴밀한 소통이 이루어질 수 있도록 다각도의 장치가 마련되어야 한다.

다음으로, 이들에 대한 따뜻한 시선이 필요하며, 학교 이외의 생활환경에서도 한국어를 사용할 수 있는 환경 조성이 되어야 한다는 지적도 생각해 볼 필요가 있다. 이는 소위 주류 사회에 대한 다문화 교육의 필요성과 연결해 생각해 볼만한 지적이다. 다문화 학생의 한국어 교육과 사회 적응이 다만 학생 자신과 가정의 문제로 국한되어서는 안 된다는 것이다. 앞서 여러 차례 언급한 바와 같이 소위 '다문화 교육'이라는 이름하에 행해지는 대다수의 프로그램들이 다문화 학생이나 가정을 대상으로 한 한국 문화 이해 교육, 혹은 그네들 나라의 문화를 소개하는 교육 수준에 머물고 있다. 이는 다문화 교육에 대한 그릇된 인식에서 출발한 매우 저차원적인 현상이다. 다문화 교육은 다문화 시대, 다문화 사회를 살아갈 구성원 모두를 대상으로 해야 하며, 어쩌면 주류 사회를 대상으로 한 교육에 더 힘써 사회 전반적인 인식과 소양의 수준을 높여야 하는 것이 더 시급하고 중대한 일이다.

마지막으로, 재정 지원의 필요성에 대한 지적도 있었다. 일반 학교에서는 방과 후 수업을 통해 한국어 보충 수업이 이루어지는 경우가 많은데 학생 수가 적은 까닭에 체계적이고 지속적인 한국어 수업이 이루어지기 위해서는 방과 후 수업 운영 지원비 등을 통한 재정 확보가 급선무라는 것이다. 그나마 이것은 공립학교의 상황이고, 기부와 후원으로 이루어지는 대안학교의 경우엔 재정 상황이 더 열악하고 교사의 수요도 훨씬 크다. 이에 대해서는 사회 전반에 걸쳐 문제의식을 공유하고 대책을 마련해야 할 것이다.

05

다문화 배경 학생 대상 한국어
교육과정 구성 방안

지금까지 다문화 배경 학생 대상 한국어 교육과정 구성 방안 마련을 위해 관련 선행 연구 고찰을 통한 이론적 토대 마련, 국내외 사례 분석, 교육 현황 파악 및 요구 분석을 실시하였다. 2장에서는 다문화 교육, 다문화 사회에서의 언어 교육, 다문화 배경 학생의 언어 능력 및 언어 교육 접근법 등 관련 이론을 탐색하였다. 3장에서는 우리보다 먼저 다문화 사회로 진입해 언어 교육에 관한 논의가 진행되고 연구 성과가 축적되어 있는 해외 여러 나라의 제2언어 교육과정을 고찰하였다. 미국, 일본, 유럽, 한국 등 국내외 제2언어 교육과정의 비교 분석을 통해 다문화 배경 학생 대상 한국어 교육과정의 구성 방안에 참고하고 반영할 만한 시사점을 도출할 수 있었다. 4장에서는 다문화 배경 학생 대상 한국어 교육 현황 고찰을 위해 초·중·고등학교 현장의 다양한 한국어 교육 프로그램을 분석하였고, 현재 사용되고 있는 주요 한국어 교재를 분석하였다. 아울러 다문화 배경 학생 대상 한국어 교육과정 설계를 위한 교육 현장의 요구 분석을 실시하였다.

이제 5장에서는 지금까지의 논의를 바탕으로 다문화 배경 학습자 대상 한국어 교육을 위한 교육과정 설계 및 운용 방안, 교재 개발 방안을 제안하고자 한다. 먼저 1절에서는 다문화 배경 학생을 위한 한국어 교육과정 설계의 기초가 될 구성 원리를 마련할 것이다. 또한 한국어 교육과정의 대상인 다문화 배경 한국어 학습자의 개념에 대해 정의하고, 한국어 교육과정의 목표를 설정할 것이다. 2절에서는 앞에서 제시한 목표에 따른 한국어 교육과정의 내용을 구성해 볼 것이다. 본 연구가 다문화 시대 문식성 교육에 초점을 맞추고 있는 바, 한국어 교육과정의 내용으로서의 문식성의 개념과 범주를 설정할 것이다. 이어 이러한 문식성의 개념에 따른 세부 내용 구성 요소를 설정하게 될 것이다. 3절에서는 이렇게 설계한 한국어 교육과정의 운영 방안에 관해 논의하게 된다. 다문화 배경 학생 대상 한국어 교육의 상황이 매우 다양함에 착안해 몇 가지 대표적인 유형을 구상하고 각각의 운영 방안에 관해 제안할 것이다.

1. 한국어 교육과정 설계의 기초와 원리

'교육과정(curriculum)'에 대한 정의는 관점에 따라 매우 다양하게 규정될 수 있다. 앞서 4장에서도 언급한 바 있듯, 김정숙(1992:1,24)에서는 교육과정의 개념 규정 문제와 관련하여, 커리큘럼을 "학교에서 교육을 위하여 행하는 모든 활동을 말하는 것으로 교육 목표, 내용, 방법, 교사의 역할, 교재 사용법, 평가 방법 등을 포괄하는 내용"으로 정의하고 있다. 아울러 이러한 '커리큘럼(curriculum)'이 "국가적인 차원이나 학교 차원에서 언어 교육을 위하여 행하는 전체 교육과정"이라면, "커리큘럼을 각 단계에서의 제한된 학습 목표들로 바꿔 상세히 기술한 것"이

'실러브스(syllabus)'라고 구분하고 있다. 즉, 커리큘럼이 포괄적인 개념의 교육과정을 의미한다면, 실러브스는 특별한 학습자 그룹을 위하여 준비된 교육 내용과 순서의 개요를 나타내는(Nunan, 1988; Dubin & Olshtain, 1986; 김정숙, 1992:1에서 재인용) 의미라는 것이다.[1]

Nunan(1988:3)은 언어 교육 분야에서 체계적인 교육과정의 개발이 은연중에 간과되어 온 경향이 있다면서, 언어 교육 프로그램에 대한 계획, 수행, 평가의 과정에 있어서 교육과정 개발의 원리를 체계적으로 적용한 예가 그간 드물었던 것이 사실이라고 지적하고 있다. 특히 언어 교육과정에 관한 논의들이 교육과정(curriculum) 전체 중 일부분에만 초점을 맞추어온 경향이 있는데, 어떤 이는 교수요목 설계(syllabus design)에, 어떤 이는 교수 방법론(methodology)에, 또 어떤 이들은 진단(assessment) 및 평가(evaluation)에 초점을 맞추어 왔다는 것이다. 아울러 Nunan(1988)에서는 Breen & Candlin(1980), Richards(1984), Nunan(1985) 등을 예로 들면서 언어 교육과정 설계에 대한 단편적이고 지엽적인 접근법은 점차 비판받고 있으며, 좀 더 포괄적 접근을 요구하는 목소리가 커지고 있다고 밝히고 있다.

한 예로 Candlin(1984)은 교육과정이란 "언어 학습, 학습 목적과 경험, 평가, 교사와 학생 사이의 역할 관계 등에 관한 일반적인 진술"(Nunan, 1988:3)이라고 정의하고 있는데, 이에 따르면 교육과정은 결국 학습할 내용들과 그러한 항목들이 어떻게 수업에서 쓰여지는가에 관한 제안까지 모두 포함하는 개념이다. 비슷한 맥락에서 교육과정을, "학교의 지도하에 학생이 겪는 모든 경험에 관한 계획이나 프로그램"[2](Oliva, 1982;

---

[1] 이러한 논의를 근거로 커리큘럼(curriculum)은 흔히 '교육과정'으로, 실러브스(syllabus)는 '교수요목'으로 번역되어 사용되곤 한다. 하지만, 김정숙(1992:1)에서도 밝히고 있듯, 영국에서는 이 둘이 구별되어 사용되는데 반해 미국에서는 이 둘이 동일한 의미로 사용되기도 한다. 우리나라에서도 논자에 따라, 맥락에 따라 혼용되는 경우가 있지만, 본고에서는 이 둘을 구분하여 사용하기로 한다.

배두본, 1999:104에서 재인용)이라고 정의하기도 하고, "학교에서 학생들이 교과를 통하여 특정한 지식, 기능, 가치를 배우도록 의도되고, 교사들이 실천할 수 있도록 조직화된 일련의 계획적인 일"(Cuban, 1992; 배두본, 1999:104에서 재인용)로 정의하기도 한다.

이와 같이 교육과정을 포괄적인 개념으로 보고 있는 또 다른 논의로, 앞서 4장에서 언급하였던 Richards(2001)를 다시 살펴보기로 하자. Richards(2001:2)에서는, 언어 교육과정 개발을 언어 프로그램을 설계하고, 수정하고, 실행하고, 평가하는 일련의 과정으로 설명하고 있다. 즉, 학생들이 학교에서 어떤 지식, 기술, 가치들을 학습해야 하는지, 의도된 학습 결과를 얻기 위해 학생들에게 어떤 경험들을 제공해야 하는지, 학교나 교육 시스템 내에서 교수-학습은 어떻게 계획, 측정, 평가되어야 하는지 등에 관한 모든 결정을 포괄하는 개념으로 보는 것이다. 이러한 관점에 근거하게 되면, 교육과정은 다만 문서로 작성된 일정한 규준이라기보다 실제 교육의 전반적 상황에서 구현되는 포괄적 행위와 과정의 총체로 이해할 수 있다.[3]

본 연구에서는 이상의 논의를 종합해, '교육과정(curriculum)'을 학교나 기관 등 교육 시스템 내에서 교육을 위하여 행하는 일련의 모든 활동을 포괄하는 개념으로 본다. 따라서 교육 목표, 내용, 방법, 평가는 물론, 교수-학습 상황과 방법, 교사와 학생의 역할 등 교육이 계획되고 시행되는 과정에 작용하는 요소의 총체를 의미한다. 이러한 개념 규정에 의하

---

[2] 'a plan or program for all experience which the learner encounters under the direction of the school'(Oliva, 1982; 배두본, 1999:104에서 재인용).

[3] 교육과정에 대한 포괄적인 인식에도 불구하고, 일반적으로 교육과정이란 학생들이 학습해야 할 내용 항목들에 대한 사전 결정을 말하기 때문에, 정규 학교를 포함한 제도권 교육 안에서는, "교과에 적용할 수 있는 총괄된 교육-문화적 철학에 근거하여 일반적인 목표를 광범위하게 기술한 문서(배두본, 1999:104)", 그 자체를 지칭하는 경우가 많이 있다. 하지만 본고는 포괄적인 관점에서의 한국어 교육과정에 대한 연구이다.

면, "교육을 통해 수행되고 달성되어야 하는 일정한 규준들을 명시화한 문서"라는 소극적 의미를 벗어나게 된다.

1.1. 한국어 교육과정의 대상

다문화 배경 학생 대상 한국어 교육과정을 설계할 때 대상으로 설정해야 하는 학습자 그룹에는 어떤 유형들이 있을까? 이와 관련한 선행 연구의 논의들은 앞서 1장에서 자세히 살펴보았다. 1장 1절에서 다문화 배경 학생의 개념 정의와 학습자 범주 구분의 변화 양상을 파악하기 위해 서혁(2007a), 조영달(2008), 권순희(2009a), 교육과학기술부(2012) 등에서의 논의를 살펴보았다.

서혁(2007a)과 조영달(2008)에서는 '국제결혼 가정 자녀, 외국인 근로자 가정 자녀, 새터민 가정 자녀'의 세 유형을 '다문화 가정 자녀'의 범주에 포함시켜 논의하고 있었고, 권순희(2009a)에서는 여기에 '재외 동포 및 장기 외국 체류 귀국 가정'의 자녀를 다문화 가정 자녀에 포함시켜야 한다고 주장하고 있었다. 국가 간 경제 여건 변화로 인해 브라질로 이민 갔다 다시 본국으로 귀국하는 일본의 사례를 예로 들고 있다. 최근에는 여기에 더해 '중도 입국 학생'에 대한 논의가 확대되고 있는데, 교육과학기술부(2012)에도 이러한 사회적 변화가 반영되어 '중도 입국 학생'을 학교 내 한국어 교육 대상자로 부각시키고 있다.

해외 사례를 통해서도 학교 내 언어 학습자의 개념과 범주 규정 문제를 고찰하였다. 3장 1절과 2절에서는 미국의 사례를, 3절에서는 일본의 사례를, 4절에서는 유럽의 사례를 살펴보았다. 각 나라마다 역사적, 사회적, 문화적, 경제적 상황에 따라 새롭게 등장하는 언어·문화적 소수자 그룹이 존재해 왔으며, 이들의 유형이나 특성은 나라마다 시대마다 매우 다양한 양상을 보여 왔음을 확인할 수 있었다. 이로 인해 발생하는 사회적 현상과 문제에 대한 인식도, 이들을 대상으로 한 학교 내 언어 교육의 문제에 대한 논의도 역시 나라마다 시대마다 다른 양상을 띠며 변화해 왔음을 확인할 수 있었다. 한국의 경우 다문화적 상황이 미국, 일본, 유럽과 다르고, 남북 분단이라는 특수한 상황까지 중첩된 상황이므로 우리 사회의 언어·문화적 소수자 그룹이 가지고 있는 '다문화 배경'은 앞선 여러 나라의 그것과 다를 수밖에 없다.

이와 같은 여러 논의에 의거하여 본고에서는 '다문화 배경 학생'과 '한국어 학습자'의 개념을 다음과 같이 범주화하였다.

〈그림 23〉 다문화 배경 학생과 한국어(KSL) 학습자

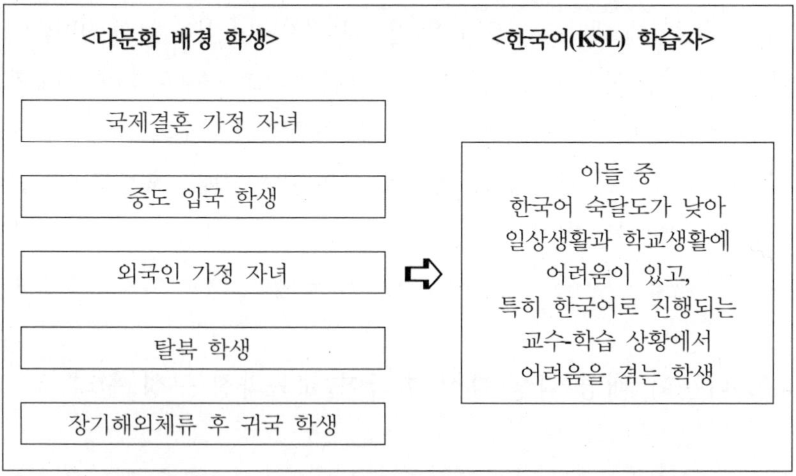

<다문화 배경 학생>	<한국어(KSL) 학습자>
국제결혼 가정 자녀	
중도 입국 학생	이들 중 한국어 숙달도가 낮아 일상생활과 학교생활에 어려움이 있고, 특히 한국어로 진행되는 교수·학습 상황에서 어려움을 겪는 학생
외국인 가정 자녀	
탈북 학생	
장기해외체류 후 귀국 학생	

그림에서와 같이 '다문화 배경 학생'에는 초·중·고등학교에 재학 중인 '① 국제결혼 가정 자녀, ② 중도 입국 학생, ③ 외국인 가정 자녀, ④ 탈북 학생, ⑤ 장기 해외 체류 후 귀국 자녀' 등의 학생들이 포함되며,

이들 중 '한국어 숙달도가 낮아 일상생활과 학교생활에 어려움이 있고, 특히 한국어로 진행되는 교수-학습 상황에서 어려움을 겪는 학생'을 '다문화 배경 한국어 학습자'로 정의하였다. 이들 각각의 학습자 현황과 특성에 관해서는 1장과 4장에서 자세히 살펴보았다.

우리 사회에서 초·중·고등학교의 학교 내 언어적, 문화적 소수자로서 '다문화 배경 학생'이라는 하나의 범주에 묶일 가능성이 있는 학습자 유형은 이처럼 매우 다양하다. 이들이 경험하고 속해 있는 다문화적 상황이 이질적인 만큼, 한국어 숙달도 수준이나 한국어 교육에 대한 요구도 유형별로 차이가 크다.

초·중·고등학교의 다문화 배경 학생을 대상으로 하는 한국어 교육과정 설계는 이러한 이질적인 학습자 특성에 대한 심도 깊은 이해와 면밀한 조사와 분석에서 출발되어야 하며, 학습자군에 따른 차별화된 한국어 교육 방안에 대한 논의도 교육 현장과 밀착되어 깊이 있게 진행되어야 할 것이다. 이에 관해서는 연구자 자신도 후속 연구로 계속 진행할 예정이다. 본 연구는 이러한 장기적이고 체계적인 연구의 출발점이 될 것이며, 따라서 본 연구에서 대상으로 삼는 다문화 배경 학생도 이들을 포괄하는 의미를 가진다.

1.2. 다문화 배경 학생 대상 한국어 교육과정 구성 원리

본 절에서는 다문화 배경 학습자 대상 한국어 교육과정 구안 시 철학적·이론적·실제적 기반으로 삼아야 할 구성 원리에 대해 생각해 보기로 하자.

(1) 다문화 배경 학생 대상 한국어 교육과정의 철학적 원리

다문화 배경 학습자를 대상으로 한 한국어 교육은 다만 언어 교육으로 그치는 것이 아니다. 그에 앞서 한국 사회의 다문화적 상황에 대한 인식, 그 안에서의 언어 교육의 문제, 또 무엇보다 학교라는 제도와 견고한 시스템 안에서 다양한 배경의 학습자를 수용하는 문제 등 무수히 많은 문제들이 얽혀 있다.

앞서 2장에서 살펴본 바와 같이, 우리나라에서는 다문화적 상황에 대한 인식과 다문화 교육 및 언어 교육에 대한 논의가 비교적 최근에 대두된 것인데 반해 서구 사회에서는 그 역사가 오래되었다. 2장 1절에서는 미국, 영국, 프랑스, 호주, 뉴질랜드 등의 사례를 분석한 여러 논의들을 살펴보았다. 미국의 경우만 해도 다문화적 상황과 갈등을 해결하려는 논의들이, 동화주의(assimilation), 용광로(melting pot) 이론, 샐러드 볼 (salad bowl) 이론 등 다양한 모습으로 진행되어 왔다. 해외 여러 나라의 사례를 볼 때, 다문화적 상황에 대한 인식과 교육의 문제에 관한 논의의 흐름은 문화적 차이를 녹여 없애 동화시킨다거나 문화적 다원주의를 단순이 용인한다거나 하는 주류적 입장에서의 소극적 관점이 아닌, 서로간의 문화적 다양성을 인정하고 존중하는 조합적 다문화주의, 상호문화주의를 지향하는 경향을 보이고 있다.

다문화 배경 학생을 위한 한국어 교육은 다문화 시대 학교 내 언어 교육의 장이라는 커다란 맥락 안에서 이해되어야 하고, 다각도의 논의가 진행되어야 한다. 그들에게 결핍된 무언가를 채워 넣는다거나, 주류의 입장에서 우리와 같게 만들기 위한 교육이 아니라, 다만, 인종적·민족적, 언어적·문화적으로 다양한 배경을 가진 학생들이 학교라는 공간에서 학업 성취를 경험하는 평등한 기회를 가질 수 있도록 기반을 마련해 주고, 이를 바탕으로 이들이 이 사회의 건강하고 능동적인 구성원으로 성장해 가도록 핵심 역량을 키워주는 교육이라는 신념과 가치에 기반해야 한다.

Bennett(2007)에서도 "문화적 다양성에 대한 교사의 지식, 태도, 신념 등은 소수 민족 학생들의 학업 성취와 높은 상관관계를 갖는다"며 교사의 신념과 태도의 중요성에 대해 강조한 바 있다. 민족적·인종적, 언어적·문화적 소수 학생들을 대하는 교사가 이들의 행동이나 학업 성취에 대해 낮은 기대감을 품게 되면 실제로 소수 그룹 학생들에게 부정적 영향을 주지만, 반대로 교사의 높은 기대감은 이들의 학업 성취와 자아정체감에 긍정적 결과를 가져온다는 것이다(Bennett, 2007; 원진숙 외, 2012:24). 이것은 다만 교사에 국한된 문제가 아니다. 다문화 배경 학생을 위한 한국어 교육 정책을 수립하고, 이에 따라 교육과정을 설계하고 실행하는 과정에 관여하게 되는 교육 주체자 모두에게 해당되는 원리이다.

즉, 다문화 배경 학생을 위한 한국어 교육과정은, 한국 사회의 일원으로 한국의 학교에서 생활하는 다문화 배경 학생에게 한국어가 무엇을 의미하며, 이들을 대상으로 한 한국어 교육이 어떤 기능을 해야 하는가에 관한 신념과 가치를 기반으로 구성되어야 한다. 이상의 논의를 바탕으로 다문화 배경 학생 대상 한국어 교육과정 개발을 위한 첫 번째 구성 원리를 도출하면 다음과 같다.

➜ 구성 원리 1:
다문화 배경 학생 대상 한국어 교육의 본질에 대한
신념과 가치를 기반으로 한국어 교육과정을 구성해야 한다.
✔ 학업 성취 경험을 위한 평등한 기회 보장
✔ 사회 구성원으로 성장하기 위한 핵심 역량 함양

---

(2) 다문화 배경 학생 대상 한국어 교육과정 설계를 위한 실제적 원리

앞서, 다문화 배경 학생 대상 한국어 교육은, 다양한 배경을 가진 학생들이 학교라는 공간에서 학업 성취를 경험하는 평등한 기회를 가질 수 있도록 기반을 마련해 주고, 이를 바탕으로 이들이 이 사회의 건강하고 능동적인 구성원으로 성장해 가도록 역량을 키워주는 교육이어야 한다고 밝혔다. 그렇다면 이들의 성공적인 학업 성취를 위한 한국어 교육은 어떤 방향으로 이루어져야 하는가? 한국에서 나고 자란 일반 학생들에게도 언어 능력은 성공적인 학업 성취를 위해 갖추어야 할 필수 요소이다. 그런데 그들에게 필요한 국어 능력과 다문화 배경 학생에게 필요한 한국어 능력은 어떤 점이 다르며, 국어교육의 목표나 내용과 어떤 차이가 있는가? 이러한 질문에 대한 답을 찾아 그에 부합하는 교육과정 설계를 하기 위해 필요한 것이 바로 요구 분석(needs analysis)이다.

Taba(1962)는 교육과정 및 교수요목 설계의 과정을 7단계로 설명하고 있다. '① 요구 분석, ② 목표 설정, ③ 내용 선정, ④ 내용 조직, ⑤ 학습 활동 선정, ⑥ 학습 활동 조직, ⑦ 평가 내용과 방법의 선정'4의 7단계가 그것이다(배두본, 1999:110-111에서 재인용). 즉, 교육과정 설계 중 가장 먼저 해야 할 일은 "학습자가 배우고자 하는 사항들과 교사가 가르치고자 하는 사항들(needs)을 뽑아내는 일"이며, 이때 "학습자나 학습자가 속해 있는 사회의 목표가 중요한 기준"이 된다는 것이다(김정숙, 1992:29).

다문화 배경 학생의 한국어 교육 문제는 이론과 논리만으로 해결될

---

[4] ① needs analysis, ② formulation of objectives, ③ selection of content, ④ organization of content, ⑤ selection of learning activities, ⑥ organization of learning activities, ⑦ decisions about what needs evaluating and how to evaluate

수 없는 부분이 매우 많다. 교육 현장의 여건이나 학습자의 상황이 천차만별이기 때문이다. 교육과정 개발의 과정에서 이론적 근거와 학문적 성과를 담아내려는 노력에 못지않게 교육 현장에 대한 폭넓은 조사와 심층적인 분석이 수반되어야 한다. 이러한 과정을 통해 다문화 배경 학생이 처한 교육적 환경과 제반 여건을 확인할 수 있고, 이 과정에서 좀 더 실제적이고 현장 적용 가능한, 학습자 중심(learner-centered) 교육과정이 구안될 수 있기 때문이다.5 이를 위해 다문화 배경 학생을 대상으로 하는 한국어 교육 현장의 상황과 필요성을 파악하기 위한 요구 분석은 필수적이며 이를 위한 다양한 방법이 동원되어야 할 것이다.6

> **➜ 구성 원리 2:**
> **학습자를 비롯한 교육 현장의 요구와 필요성을**
> **충분히 반영한 실제적 교육과정이 되어야 한다.**
> ✓ 학습자의 요구 충족
> ✓ 교수자 및 교수·학습 환경의 요구 충족

(3) 한국어 교육과정의 목표 설정을 위한 구성 원리

---

5 본 연구에서는 다문화 배경 학생의 다양한 유형과 상황에 따른 맞춤형 교육이 가능한 개별적인 한국어 교육과정에 관한 논의를 펼친 것이 아니라, 초·중·고등학교 학교 내 한국어 교육의 대상인 다문화 배경 학생에 관한 전반적인 고찰과 그들의 한국어 교육 방안 탐색을 위한 이론적 근거를 세운 후 한국어 교육과정 개발 방안을 제안하고 있다. 학습자 특성에 따른 특수화된 개별적인 교육과정의 구안은 후속 연구로 남겨둔다.

6 사실 교육이라는 일체의 행위는 매우 다면적이고 복합적이며 유기적인 과정이기 때문에 '요구'라 하면 학습자뿐 아니라 교사, 교육 행정가, 교육 정책 담당자, 나아가 지역 사회와 국가까지, 여러 층위에서 그 교육이 담아내고 성취하기를 기대하는 목표와 내용과 방법이 있게 마련이다. 그럼에도 불구하고 가장 중요한 것은 학습자와 교육 현장의 목소리를 담아내려는 노력이 우선시되어야 한다는 것이다.

이제까지 다문화 배경 학생 대상 한국어 교육과정 개발을 위해서는 이들을 대상으로 한 한국어 교육과정의 본질에 대한 가치와 신념이 바탕이 되어야 하며, 현장의 요구에 대한 파악이 중요하다는 점을 논하였다. 그렇다면, 다문화 배경 학생을 위한 한국어 교육은 어떠한 요구와 목적을 충족시킬 수 있도록 구성되어야 할까? 즉, 기존에 개발되어 있는 다양한 유형의 한국어 교육과정들과 어떤 점에서 차별화가 되어야 하는 것일까? 한국어 교육과정을 통해 성취되어야 하는 능력에는 어떤 것들이 있을까? 이는 다문화 배경 학생 대상 한국어 교육과정이 설정해야 하는 목표와 관련된 내용이다.

다문화 배경 학생이 한국어 교육과 관련하여 처한 상황은 학교와 교실 수업 상황을 전제한다는 점에서 어느 정도 대학의 학문 목적 한국어 학습자와 공통되는 측면이 있다. 하지만, 초·중·고등학교에 재학 중인 다문화 배경 학생은 기본적인 의사소통 능력이 전혀 갖추어지지 않은 상황에서 교과 수업 시간의 학습 내용도 따라가야 하는 상황이라는 점에서는 차이가 있다. 한국어 능력의 부족이 결국은 학습을 방해하는 장애로 작용하게 되고 결과적으로 학업 성취도를 낮추는 원인이 된다는 점은 이미 많은 연구를 통해 밝혀진 바 있다.

앞서 2장에서 자세히 살펴보았듯, 이와 같은 초·중·고등학교의 언어 학습자들을 대상으로 한 언어 교육의 장면에서 고려해야 할 특수한 언어 능력의 측면에 대한 Cummins(1979, 1980, 1984, 2000, 2005)의 논의는 우리의 상황에도 충분히 적용 가능하다. 특히 그가 사용한 학교라는 맥락 안에서의 언어 능력의 두 가지 유형인 BICS와 CALP[7]의 개념을 도입할 필요가 있다. Cummins의 이러한 언어 능력의 구분은 일반적인

---

[7] BICS(Basic Interpersonal & Communicative Skills)는 기본적인 대인관계 의사소통 능력, CALP(Cognitive Academic Language Proficiency)는 인지·학업적 언어 숙달도를 의미한다. BICS와 CALP 관련 논의는 2장에서 자세히 다루었다.

언어 능력 구분이 아니라, 학교 교육이라는 사회 문화적 맥락에 초점을 맞춘 것이라는 점에서 다문화 배경 학생 대상 한국어 교육 방안 모색과 관련하여 주목할 만하기 때문이다. 본고에서는 이를 기본 문식성과 학업 문식성으로 설정하였다.

이러한 축적된 논의와 4장에서 밝힌 요구 분석 결과에 의거할 때 다문화 배경 학생을 위한 한국어 교육은 일상적인 의사소통에 필요한 기본 문식성 신장을 위한 교육뿐 아니라 한국어를 사용하는 교실의 수업 상황에서 적극적이고 능동적으로 참여하며 교과 학습이 가능하도록 교육의 목표를 설정해야 한다.

➔ 구성 원리 3:

**다문화 배경 학생의 일상적인 의사소통 능력과
교과 학습을 위한 학습 언어 능력 신장에 목표를 두어야 한다.**

✓ 일상생활에 필요한 기본 문식성 신장
✓ 교과 학습에 필요한 학업 문식성 신장

---

(4) 문화적 측면의 구성 원리

앞서 교육과정의 목표 설정 원리까지 마련하였다. 그런데 다문화 배경 학생이 갖추어야하는 언어 능력에 이와 같은 두 가지 능력이면 충분할까? 기본적 의사소통 능력도 갖추고 교과 학습에 필요한 학문적 언어 능력도 갖춘 다문화 배경 학생이 원활한 학교생활을 위해 반드시 갖추어야 할 또 다른 자질에는 어떤 것이 있을까?

이와 관련해서는 앞서 4장에서 언급하였던, 미국에서 외국어 교육의 기준으로 제시되었던 5C의 요소들을 상기할 필요가 있다. 전술하였듯 5C란, '의사소통(Communication), 문화(Cultures), 다른 학과목과의 연계

(Connections), 비교(Comparison), 다문화 사회에의 참여(Communities)'를 말한다.8 각각의 내용을 살펴보면, '의사소통'은 "해당 외국어의 구어와 문어로 소통할 수 있는 능력"을 뜻하고, '문화'는 "외국의 문화에 대한 지식과 이해"를 의미한다. "다른 학과목과의 연계'라 하면 '외국의 각종 학과목을 해당 외국어로 습득하여 지식과 정보를 넓히는 것"을 말하며, '비교'는 "습득한 외국어나 외국 문화를 모어나 모어 문화와 비교하여 언어와 문화의 본질을 이해하는 것"을 의미한다. "다문화 사회에의 참여'는 '국내외의 다언어, 다문화 사회의 생활과 삶에 참여하여 해당 외국어를 활용하는 것"을 뜻한다(손호민, 1999:62-82; 윤희원·서혁, 2009:18-19).

5C를 이루고 있는 다섯 가지 요소 중 '의사소통' 및 '다른 학과목과의 연계'는 본고에서 앞서 제시한 KSL 교육과정 구성 원리 3항의 '일상적인 의사소통 능력' 및 '교과 학습을 위한 학습 언어 능력'과 상통하는 부분이다. 그렇다면 다음으로 설정해야 할 원리는 '문화'와 관련한 것으로 생각해 볼 수 있다.

언어 교육과 문화 교육의 상관관계에 관한 다양한 각도의 논의는 김정숙(1997), 조항록·강승혜(2001), 성기철(2001), 박영순(2003), 이진숙(2003), 김대행(2003), 조항록(2004), 윤여탁(2005), 이호형(2008), 김윤주(2010) 등 많은 연구에서 찾아볼 수 있다. 언어 교육에 문화 교육을 포함시켜야 하는 당위성은 물론, 문화적 요소가 언어 교육 초기부터 계

---

8 손호민(1999)에서는 5C를 '의사전달, 문화터득, 다른 학과목과의 연계, 비교, 다문화 사회에의 참여'로 번역 소개하고 있다. 손호민(1999)에 의하면, 21세기를 대비한 외국어 교육의 발전을 위해 미국정부는 1993년부터 1996년까지 초·중·고등학교에서의 외국어 교육 목표와 교육 내용의 기준을 개발하게 하였다고 한다. 개발 결과는 연방정부와 주정부의 정책 지침으로 채택되었고, 전미 42개 외국어 교육협회에 의해 인준, 사용되고 있으며, 대학의 외국어 교육에까지 적용되고 있다고 한다(손호민, 1999; 윤희원·서혁, 2009:18-19에서 재인용)

획되어야 하며, 문화적 내용도 언어 요소처럼 신중히 계획되어야 한다는 주장(김정숙, 1992:322-323)에 이르기까지고 내용과 방향도 다양하다. 다문화적 상황에서의 문화에 대한 이해는 일방적인 것이 아니라 상호문화적 이해 능력을 말한다.

상호문화주의에서 '상호'란 "집단, 개인, 정체성 간의 상호 작용을 관련짓고 고려한다는 것"을 뜻한다. "다원문화(pluriculturel), 다문화(multiculturel)라는 용어가 확인 차원에 멈춘다면, 상호문화는 절차를 중시한다"는 것이다(Abdallah-Pretceille, 1999; 장한업 옮김, 2010:65). 2장에서도 자세히 살펴보았듯, 자신의 문화적 특수성을 인식하고 타인의 문화에 대한 인식과 배움의 과정을 거쳐 자신과 타인 사이의 공통점과 차이점을 인식하며 서로를 인정하고 받아들이는 과정이 바로 상호문화주의적 관점에서의 문화 교육이라 할 수 있다. 이러한 상호문화 이해는 저절로 이루어지는 간단한 일이 아니기 때문에 다양한 방법론적 모색이 동반되어야 할 필요가 있다.[9]

이상의 논의를 바탕으로 한국어 교육과정 구성의 네 번째 원리를 도출하면 다음과 같다.

→ 구성 원리 4:
상호문화주의 관점에 입각하여
다문화적 역량을 함양할 수 있도록 구성하여야 한다.
✔ 자신의 문화와 타인의 문화에 대한 이해와 수용
✔ 다문화 사회에 동참하는 실천적 행동

---

[9] 장한업(2009b:650)에서는 상호문화교육을 위해 '자기중심에서 벗어나기', '타인의 입장이 되어보기', '타인과 협력하기', '타인이 현실과 나를 어떻게 인식하는지를 이해하기'와 같은 방법론을 제안하였다.

(5) 인지·정의적 측면의 구성 원리

지금까지 다문화 배경 학생을 위한 한국어 교육과정의 목표로 기본적 의사소통 능력, 교과 학습에 필요한 학문적 언어 능력, 상호문화이해에 기반한 다문화적 역량 함양 등에 관한 논의를 진행하였다. 이 외에 초·중·고등학교의 한국어 교육과정 구성을 위해 고려해야 할 점은 또 무엇이 있을까?

앞서 다문화적 역량 함양을 위한 상호문화주의 관점에 관해 논의하였다. 다문화 배경 학생이 처한 학교에서의 일상생활은 또래와의 관계에서 인정되는 문화, 교사 등 연장자와의 관계에서 요구되는 문화, 교실 수업 상황에서의 용인되는 문화 등 다양한 층위의 생활문화에 대한 지식과 적절한 수행을 요구한다.

Snow(2005a)에서도 Walqui(2000), Duff(2001), Cummins(2005) 등의 논의를 소개하며 청소년 제2언어 학습자를 위한 문화 교육의 중요성에 관해 강조한 바 있다. 청소년 학습자들이 또래 담화에 참여해 맥락에 맞게 상호 작용하기 위해서는 지역과 세계정세에 관한 지식도 갖추어야 하지만, 또래 연령 사이에 인기 있는 주류 문화에 대한 이해와 지식도 필요하다는 것이다. 예를 들어 인기 있는 TV프로그램이나 청소년용 잡지, 연예인, 스포츠 팀, 유명 인사 등에 관한 지식도 교과 지식이나 시사 관련 지식만큼이나 중요하다는 것이다. 이들의 논의를 하나씩 살펴보기로 하자.

Duff(2001)는 캐나다의 10학년 교실, 사회 교과 수업 시간에 참여하는 ESL 학습자를 대상으로 2년간의 민족지학적 연구를 수행하였다. 이 연구를 통해, 학생들이 교실과 또래 문화에 잘 어울리기 위해서는 교과서의 내용에 대한 심도 깊은 지식도 갖추어야 하지만, 북미 지역에 유행하는 문화, 최신 사건이나 기사거리에 대한 지식도 갖추어야 하며, 이와 더불어 자신의 관점을 피력할 수 있는 자신감 등 정의적인 요소도 매우 중요하다고 강조하고 있다(Snow, 2005a:703-704).

가령, 한국의 중·고등학교에 어느 날 갑자기 들어오게 된 중도 입국 청소년의 경우, 한국이라는 나라의 고유한 전통적 문화보다 당장 또래 사이에서 오고가는 언어적 특성, 그들이 공감하는 연예인이나 가요 등의 대중문화, 교과 학습 관련 과제나 프로젝트를 해결하는 데 필요한 또래간의 의사소통 방법과 특성 등에 대한 다양한 문화적 지식이 필요하다. 이것은 동료 간에 이질감을 없애고 하루 빨리 공동체 안에 소속되고 싶은 청소년의 입장에서는 다른 무엇보다 중요한 학습에 필요한 내용 요소가 될 수 있을 것이다.

Walqui(2000)는 학교라는 사회적 문화적 맥락의 중요성, 특히 중·고등학교에서의 중요성을 강조하면서, 연령이나 학년 등 기본적인 틀에 있어서 융통성이 없는 사회적 공간인 학교라는 구조가 때론 장애로 작용하면서 학생의 학업적 성취를 억제하기도 한다고 지적한 바 있다(Snow, 2005:704). Cummins(2005)도 학문적 언어 능력을 신장시키기 위한 방안에 대해 논의하면서 학습자의 자기 정체감이 학문적 언어 능력 신장에 영향을 미치는 요소라고 강조하고 있다. 학교와 교실이라는 공간에서, 학문적 언어 숙달도가 낮은 학생들이 자기 정체감을 형성해 가는 데 긍정적 영향을 끼치는 대인관계를 어떻게 형성해 갈 것인가 하는 것이 학문적 언어 능력 신장의 문제와도 관련이 있다는 것이다(Snow, 2005:704).

이러한 여러 논의를 고려할 때, 다문화 배경 학습자를 위한 교육과정 구성 시 이들의 정의적 측면의 내용을 어떻게 담아낼 것인가의 문제에 대한 고민 역시 중요하다 하겠다. 이러한 논의를 바탕으로 도출한 구성 원리는 다음과 같다.

> **→ 구성 원리 5:**
> **한국어 숙달도뿐 아니라 아동과 청소년의**
> **인지·정서적 발달 양상을 고려하여 구성하여야 한다.**
> ✓ 긍정적 자아 정체감 형성을 위한 다양한 경험
> ✓ 정서적 소속감과 공동체 의식 함양을 위한 교류 활동

(6) 한국어 교육과정의 범주와 위계 설정 원리

앞서 다문화 배경 학생을 대상으로 한 한국어 교육은 일상생활에 필요한 한국어 의사소통 능력뿐 아니라 교과 학습에 필요한 학업 능력까지 갖출 수 있도록 하는데 목표가 있음을 밝혔다. 또한 한국어 교육과정 구성에 있어서도 기본적인 의사소통 능력 신장 방안과 교과 학습을 위한 한국어 능력 신장 방안을 동시에 담아낼 수 있도록 구성되어야 한다고 논의를 펼친 바 있다. 같은 맥락에서 한국어 교육과정은 국어는 물론, 수학, 사회, 과학 등 내용교과 영역과의 연계와 활용이 가능하도록 구성되어야 한다.

다문화 배경 학생의 한국어 능력이 해당 학년의 일반 학생들의 수준에 미치지 못한다 하여 그 학년에서 배워야 할 교육 내용으로부터 배제되어서는 안 된다. Chamot & O'Malley(1994:43-45)에서는 학문적 언어를 가르쳐야 하는 이유에 대해 다음과 같이 설명한다. 첫째, 학문적 언어는 학년 수준의 교실 수업에서 성공에 이르게 하는 핵심 요소이기 때문이다. 둘째, 학문적 언어는 보통 교실 밖의 상황에서는 학습할 수 없기 때문이다. 셋째, 내용교과 교사들은 학생들이 이미 적절한 학문적 언어 능력을 갖추고 있다고 가정하고 있을 가능성이 있기 때문이다. 넷

째, 학문적 언어는 고등 수준의 사고 기능을 촉진하고, 언어를 생각의 매개로 사용하는 연습의 기회를 제공하기 때문이다.

그렇다면 학문적 언어의 선정은 어떤 방식으로 할 수 있을까? 이 역시 Chamot & O'Malley(1994:46)에서 제안하고 있는 방법을 참고해 볼 수 있겠다. 우선, 첫 번째 방법으로 내용교과 수업 상황에서 사용되는 언어를 관찰하고 녹음하는 방법이 있다. 또 두 번째 방법으로는, 내용교과 교과서에 사용된 언어를 분석하는 방법이 있을 수 있다. 세 번째로 과제를 선정할 때는 실제적 언어 과제를 선정한다. 이때 '실제적 언어 과제(authentic language tasks)'라 하면 학생들로 하여금 내용교과의 어떤 주제에 관해 배우고, 읽고, 말하고, 쓰고, 생각하는 등의 다양한 언어적 기술과 기능을 사용하게 하는 과제를 말한다. 마지막으로 학생들로 하여금 배우고 연습할 학문적 언어를 스스로 선택할 수 있는 기회를 제공하는 방법이 있다.

국어는 물론이고 수학, 사회, 과학 등 내용교과에서 최소한의 필수 학습 내용 요소를 추출할 때는 국가 수준 교육과정의 내용을 기반으로 하는 것이 바람직하다. 일단 공교육의 영역 안에 들어온 다문화 배경 학생은 더 이상 '한국어 학습자'로만 머무를 수 없을뿐더러 초·중·고등학교에 재학 중인 일반 한국 학생과 동등하게 교육 받아야 할 권리가 있고, 이들이 우리 사회에 성공적으로 안착하고 주체적인 삶을 영위하기 위해 갖추어야 할 핵심 역량을 함양하기 위해서는 이러한 내용교과의 학습이 필수적이기 때문이다. 이를 위해 내용교과 교사와의 긴밀한 협조 체제가 구축되어야 함은 물론이다. 교육 목표의 수립, 교육 내용의 범주와 위계 설정은 물론 교수요목의 선정과 교수·학습 방법의 지원에 이르기까지 교육과정의 개발 전 단계에 걸쳐 내용교과 교육 전문가와의 공동 연구와 협의 과정을 거쳐야 한다.

> **→ 구성 원리 6:**
> **한국어 교육과정의 범주와 위계 설정은**
> **내용교과 영역과의 연계와 활용이 가능하도록 구성되어야 한다.**
> ✔ 내용교과의 핵심 주제와 어휘 반영
> ✔ 동일 학년의 지식을 경험하고 학습할 수 있는 기회 제공

(7) 교육 내용 반복과 심화를 위한 구성 원리

앞서 논의한 것처럼 다문화 배경 학생의 한국어 수준이 낮아 교과 학습에 어려움이 있다 해도 동일 학년의 동료들이 배우는 학습 내용으로부터 배제되거나 학습의 기회를 박탈당해서는 안 된다. 그런 까닭에 각 내용교과의 핵심 주제와 개념 어휘를 교육과정의 내용 범주나 위계 속에 어떻게든 반영을 해야 한다. 또한, 동일 학년의 교과 내용을 최소한의 핵심 지식이 담기도록 난이도를 조정하여 재구성한 후 학습할 수 있도록 기회를 제공해야 한다.

앞서 3장에서도 살펴본 것처럼 미국, 일본 등 해외 여러 국가에서는 학교 내 다문화·다언어 배경 학습자들을 대상으로 한 제2언어 교육에서 언어 능력과 교과 학습 능력의 동시 신장을 위해 언어 학습과 교과 학습을 연계한 효율적인 교수·학습 방안을 모색하고 그 결과를 교육과정에 반영하고 있다. 본 연구에서 본격적으로 분석하였던 미국의 ESL 교육과정이나 일본의 JSL 교육과정뿐만 아니라, 호주와 캐나다 등 그 외의 영어권 국가에서도 영어 학습자를 위한 ESL 교육에 타 교과의 내용을 어떻게 하면 효율적으로 통합할 수 있을 것인가에 관한 많은 연구와 정책들이 시도되고 있다.

내용교과 학습을 위한 교육 내용을 재구성하는 방안으로 여러 가지 방법들이 있을 수 있겠으나, 체계적이고 지속적인 반복 학습의 중요성

또한 간과할 수 없다. 즉, 한국어 교육과정의 등급이 올라감에 따라 교육 내용이 반복 심화되는 나선형 구성 원리에 기반해 학습 내용을 구성해야 한다. 이 때 교과 간 통합 수업, 학년 간 통합 수업이 가능하도록 주제와 내용 배열에 연계성이 확보되어야 한다.

> ➜ **구성 원리 7:**
> **나선형 구성 원리에 기반해 교육 내용을 계획, 조직하여**
> **교수·학습이 반복 심화되며 이루어질 수 있도록 구성해야 한다.**
> ✓ 교과 간 통합수업이 가능하도록 타 교과 교육과정과의 연계성 확보
> ✓ 학년 간 통합수업이 가능하도록 교육 내용과 활동 구성 및 배열

(8) 언어 활동 관련 구성 원리

지금까지 다문화 배경 학생의 한국어 교육을 위한 철학적 기반, 요구 분석의 필요성, 목표 설정의 원리, 범주와 위계 설정 원리 등에 관해 논하였다. 이제 이렇게 구성된 교육 내용과 요소들을 실제 교육 장면에서 활용하는 문제에 관한 원리 구안 문제에 관해 논해 보자.

문법 중심 교수요목 시대나, 행동주의에 기반한 언어 교수법이 지배하던 시대에는 선정된 교육 내용과 요소를 그저 일방적으로 주입하고, 반복적으로 연습을 하면 학습이 일어난다고 믿을 수 있었다. 하지만, 제2언어 습득 연구에서 정보 처리와 인지 처리 과정을 중시하는 인지주의나 학습이 숙련된 조력자와 초보자 사이의 상호 작용과 협력을 통해 구성되고 완성되어가는 것이라 믿는 사회적 구성주의의 관점에서는 의사소통 능력 신장을 위해 구안된 과제(task)의 중요성을 외면할 수 없게 되었다. 앞서 2장에서 다문화 배경 학습자를 대상으로 한 한국어 교육의 장면에 과제 기반 접근법을 도입할 필요성에 대해 주장한 것도 같은

맥락에서다.

의사소통적 과제를 수행하기 위해서는 과제 수행에 필요한 여러 가지 능력과 기능을 전략적으로 사용해야 한다. 이는 특정한 목표와 결과에 도달하기 위한 다양한 '목적 지향적 행위들을 수행하는 것'을 의미한다. 수업 시간에 이루어지는 이러한 과제는 그것이 '실제적 과제'이든 '교육적 과제'이든 상관없이 일정한 의사소통적 목표를 성취하기 위하여 학생들로 하여금 "내용을 이해하고, 그것을 협상하고, 표현하도록 요구하기 때문에" 의사소통적 특성을 지닌다(유럽평의회, 2001; 김한란 외 역, 2010:193-194). 한국어 수업을 위한 언어 활동을 이러한 의사소통 과제를 중심으로 구성해야 하는 이유이기도 하다. 또한, 과제 구성에 있어 전략(strategy) 교수의 중요성을 인지할 필요가 있다. Chamot & O'Malley(1994)는 언어와 내용을 통합시킨 언어 교수 모형으로, 특히 '체계적인 전략 교수의 중요성'에 입각한 CALLA 모형을 제안한 바 있다(김윤주, 2012a).

한국어 교육에서 과제 기반 접근법에 관한 논의는 이미 주류가 되었지만, 아동 학습자를 대상으로 한 논의는 미약한 편이다. 앞서 2장에서도 논의하였듯, 아동 학습자의 특성에 기반한 과제와 학습 활동에 대한 연구로는 Willis(1999)의 연구를 주목할 필요가 있다. Willis(1999)에서는 아동 학습자를 대상으로 한 제2언어 교육이 성인 대상 언어 교육과 어떻게 다른지에 대해 총체적으로 기술하고, 아동의 초기 언어 학습에 적절한 과제 유형과 특성에 대해 논하며, 노래, 게임, 목록 만들기, 순서 짓기, 분류하기, 비교하기, 문제 해결하기, 조사하기 등의 실제 과제의 예를 보이고 있다.

이제까지의 논의를 종합하면, 다문화 배경 학생을 위한 한국어 교육의 장면에서 교육적 목적으로 수행하게 될 언어 활동들은 이들의 한국어 능력 신장에 목표를 두되, 특히 일상생활에서의 의사소통적 특성을 반영해야 함은 물론이고, 학교생활과 교과 영역 학습에 필요한 의사소통 기능과 전략이 함께 신장될 수 있도록 구성되어야 한다. 다음과 같은 구성 원리를 세울 수 있을 것이다.

> **→ 구성 원리 8:**
> **과제 수행 활동을 통해 언어 능력이 신장되도록 구성하되,**
> **교과 학습에 필요한 기능과 전략이 신장될 수 있도록 구성한다.**
> ✔ 학습자의 흥미와 동기를 유발하는, 수준에 맞는 과제 구성
> ✔ 교과 학습에 필요한 기능과 전략 신장을 위한 과제 구성

(9) 교사의 측면을 고려한 구성 원리

지금까지 한국어 교육과정 구성 원리를 다양한 측면에서 살펴보았다. 마지막으로 교사의 측면을 생각해 보자. 앞서 3장에서 보인 설문 조사 결과에 의하면 다문화 배경 학생 대상 한국어 교육 현장에서 담임교사, 국어과 교사, 한국어 강사가 거의 비슷한 비율(20% 내외)로 한국어 수업을 담당하고 있었다. 다문화 배경 학생의 한국어 교육에 대한 전문성을 담보하기 어려운 실정이다. 하지만 모든 현장에 설사 전문적인 한국어 교사가 배치된다 해도 문제가 간단치는 않다. 이들은 한국어 교사이지 내용교과 교사가 아니기 때문이다. 언어와 내용을 통합한 내용 중심 접근법에서도 항상 논란의 중심에 있었던 것이, 교육의 주체가 누구인가의 문제였던 것이다. 초등학교의 경우는 한 교사가 전 교과를 담당하는 체제이기 때문에 그나마 어느 정도의 연수나 교육의 과정을 거쳐 다문화 배경 학생의 한국어 교육을 담당할 수 있는 역량을 키울 수 있는 시스템을 구축할 수 있을 거라 낙관적인 기대를 할 수도 있다. 그러나

중·고등학교의 경우는 간단치 않다. 국어, 수학, 사회, 과학 등 각 교과의 내용 지식 간에 넘나듦이 적고 각 교과 영역마다 내용 지식의 전문성이 크게 요구되기 때문이다.

한국어 교육과정은 교수·학습 방법과 평가 방안에 대한 안내와 예시가 충분히 제공되어 실제 교육 현장에서 참고하고 활용할 수 있도록 구성하여야 한다. 그 이유는 몇 가지 측면에서 살펴볼 수 있다. 먼저, 현실적으로 교육 현장의 여건상 다문화 배경 학생을 대상으로 하는 한국어 교육을 누가 담당하게 될지의 문제가 고정되기 어려운 측면이 있다는 점이 첫 번째 이유다. 또한 무엇보다 앞서 논의해 온 바대로, 다문화 배경 학생의 한국어 교육은 언어 교육으로 그치는 것이 아니라 교과 내용과 통합된 접근법에 기반해 이루어져야 하기 때문에 교육과정 상에 이 같은 철학적, 이론적 관점이 투영되어야 하고, 역시 같은 맥락에서 그와 같은 방법론에 근거한 실제성 높은 사례를 충분히 많이 보여줄 필요가 있다. 그리하여 한국어 교사와 내용교과 교사 간에 상호 협력을 유도하고, 교수·학습 과정 내내 밀접한 관계를 유지할 수 있을 것이기 때문이다.

자국민을 대상으로 한 국어교육의 경우, 이러한 안내가 충분치 않다 해도 현장의 교사 입장에서 크게 낯설거나 고민하지 않아도 어느 정도는 해결할 수 있는 부분들이 있다. 왜냐하면 교육의 주체인 교사 자신도 그 이전에 매우 오랜 기간을 학생의 입장에서 지금과 유사한 교육 현장을 경험해 왔기 때문이다. 하지만, 다문화 배경 학생을 대상으로 하는 한국어 교육의 경우, 교사 자신이 이러한 교육 현장에 적응하는 것 자체가 예기치 못했던 낯선 상황일 가능성이 매우 크다. 또한 현재 대학의 교사 양성 과정에는 다문화적 교수 역량을 강화할 기회를 아직은 제공하고 있지 않다. 다양한 유형의 다문화 배경 학생을 만나 그들과 함께 생활하고 한국어 교육이든 내용교과의 교육이든 일체의 교수·학습 과 정을 진행해 가면서 교사가 맞닥뜨려야 할 수많은 상황의 지침과 안내 가 되고 활용 가능한 예시들을 제공해 준다면 더없이 실제적이고 유용 한 교육과정이 될 수 있을 것이다.

이와 관련해 앞서 3장에서 분석한 WIDA의 ESL 교육과정에 제시된 다양한 비계 설정(scaffolding)의 예들을 시사하는 바가 크다. 또한 미국 의 자국어 및 ESL 교육과정에도 교육과정 해설서뿐만 아니라, 교사용 교수·학습 자료들이 풍부하게 제공되고 있음을 확인하였다. 앞서 4장에 서 소개하였던, 연구자가 방문·참관하였던 학교의 수업에서도 국어, 수 학, 사회, 과학 등의 담당 교사들이 학생에게 제공하고 있는 학습 자료 에는 다양한 그래픽 조직자들이 사용되고 있음을 확인하였다. 이는 대 개 교사 개인이 준비하여 사용하는 자료들이었다. 한국어 교육과정 개 발 시 이러한 다양한 자료들이나 적어도 그에 대한 아이디어를 제공한 다면 현장에서 유용하게 활용할 수 있을 것이다.

➜ 구성 원리 9:
교수·학습 방법과 평가에 대한 안내와 예시가 충분히 제공되어
실제 교육 현장에서 참고하고 활용할 수 있도록 구성하여야 한다.
✓ 평가 준거의 역할을 할 수 있는 명확하고 세분화된 성취기준 제시
✓ 풍부한 교수·학습 자료 제공과 교수·학습 방법의 구체적 제시

---

(10) 교육과정 운영과 관련한 구성 원리

다문화 배경 학생의 한국어 교육과정은 초·중·고등학교 교육과정에 부합하는 체계를 갖추어야 한다. 언어 교수 이론이나 언어 교육과정 개 발 및 교수요목 설계와 관련해 이론적 근거로 삼을 만한 수없이 많은

방법론들이 있으나, 그 중에서도 다문화 배경 학생의 한국어 교육을 위한 교육과정 개발은 학교의 교육과정 운영 체계와 같은 맥락에서 구성되어야 한다. 그래야 현장에서의 연동성이 높아질 수 있기 때문이다.

예를 들면, 우리나라는 현재 초·중·고등학교 공히 3월부터 2월까지의 1개년을 학사 일정의 단위로 삼고 있으며, 여름방학과 겨울방학을 기준으로 각각 17주씩을 한 학기로, 1년에 2개 학기로 나누어진 학사 운영의 체계를 갖추고 있다. 또한 올해부터 토요일을 전면 휴업일로 지정하여 주 5일제 수업을 하기 때문에 그 이전에 비해 방학 기간이 짧아져 여름방학과 겨울방학이 각각 4-5주 정도 수준으로 단축되었다. 따라서 기본적인 정규 수업을 위한 교육과정이나 방과 후 수업을 위한 교육과정은 16주 정도를 한 학기 단위로 구성하거나, 혹은 16주를 둘로 나누어 8주마다 한 개 주기로 나누어 1년에 4개 기수로 나누어 운영하는 방법이 있을 수 있다. 또 학교의 실정에 따라서는 주말을 이용한 특별반 운영도 가능할 수 있을 것이다. 방학기간을 이용한 특별 프로그램을 운영하는 방법도 있을 수 있는데 이때는 이전에 비해 짧아진 방학 기간에 맞추어 계획을 수립해야 할 것이다. 이처럼 학사 일정만을 기준으로 놓고 보더라도 다문화 배경 학생 대상 한국어 교육과정 설계를 위해 고려해야 할 점이 있음을 알 수 있다.

교육 내용의 위계 설정에 있어서도 그 기준을 무엇으로 하느냐가 문제가 된다. 가장 기본적으로는 한국어 숙달도를 기준으로 수준을 나누어 위계 설정을 해야 하지만, 다문화 배경 학생 수가 한국어 교육과정 운영에 충분할 만큼의 인원이 안 되는 학교에서는 숙달도를 기준으로 교육과정을 운영하기가 쉽지 않을 것이기 때문이다. 한국어 교육과정을 일반 다른 교과목과 같이 학년제로 계획하느냐, 무학년제로 구성하느냐, 학년제라 해도 몇 개 학년을 하나의 단위로 묶느냐 등 고려해야 할 사항이 더 있을 수밖에 없다.

그리고, 앞서 3장에서도 밝힌 바, 다문화 배경 학생이 처한 교육 현장의 상황과 성격은 매우 다양하다. 설문 조사의 서술형 응답이나 현장 교사와의 면담 결과를 보더라도, 국제결혼 가정 자녀, 중도 입국 학생, 외국인 가정 자녀, 탈북 학생, 귀국 학생 등 소위 '다문화 배경 학생'이라는 이름으로 묶여 있는 학습자 집단은 그들이 갖고 있는 배경으로서의 '다문화'가 그 본질상 너무도 이질적이다. 장차 이들 각각의 그룹을 대상으로 한 학습자 특성 진단과 현황 파악, 학습자 특성에 기반한 차별화된 교육과정과 교수·학습 방안 등에 관한 연구가 진행되어야 하겠으나, 본고에서는 우선 이들을 포괄하는 '공통참조기준'으로서의 한국어 교육과정 구안에 초점을 두었다.

→ 구성 원리 10:

초·중·고등학교 교육과정에 적합하되,
공통참조기준으로서의 역할이 가능하도록 구성되어야 한다.

✓ 다문화 배경의 다양성과 학교급별 연령대의 공통성을 고려한 구성
✓ 다양한 수업 형태에 따른 변용이 가능한 탄력적 수업 시수 제시

이상의 논의를 종합하여 다문화 배경 학생을 위한 한국어 교육과정의 구성 원리를 설정하면 다음과 같다.

◉ 다문화 배경 학생 대상 한국어 교육과정의 구성 원리 ◉

(1) 다문화 배경 학생을 위한 한국어 교육의 본질에 관한 신념과 가치를 기반으로 한국어 교육과정을 구성해야 한다.
(2) 학습자를 비롯한 교육 현장의 요구와 필요성을 충분히 반영한 교육과정이 되어야 한다.

(3) 다문화 배경 학생의 일상적인 의사소통 능력과 교과 학습을 위한 학습 언어 능력 신장에 목표를 두어야 한다.

(4) 상호문화주의 관점에 입각하여 다문화적 역량을 함양할 수 있도록 구성하여야 한다.

(5) 한국어 숙달도뿐 아니라 아동과 청소년의 인지·정서적 발달 양상을 고려하여 구성하여야 한다.

(6) 한국어 교육과정의 범주와 위계 설정은 내용교과 영역과의 연계와 활용이 가능하도록 구성되어야 한다.

(7) 나선형 구성 원리에 기반해 교육 내용을 계획, 조직하여, 교수-학습이 반복 심화되며 이루어질 수 있도록 구성해야 한다.

(8) 과제 수행 활동을 통해 언어 능력이 신장되도록 구성하되, 교과 학습에 필요한 기능과 전략이 신장될 수 있도록 구성한다.

(9) 교수·학습 방법과 평가에 대한 안내와 예시가 충분히 제공되어 실제 교육 현장에서 참고하고 활용할 수 있도록 구성하여야 한다.

(10) 초·중·고등학교 교육과정에 적합하되, 공통참조기준으로서의 역할이 가능하도록 구성되어야 한다.

다음으로 이렇게 설정된 구성 원리에 기반해 다문화 배경 학생을 대상으로 하는 한국어 교육과정의 목표와 내용 체계가 어떻게 구현될 수 있을지 생각해 보기로 하자.

2. 한국어 교육과정 구성 방안

이 절에서는 앞서 설정한 다문화 배경 학생을 위한 한국어 교육과정 구성 원리에 기반해 다문화 배경 학습자를 위한 한국어 교육과정의 목표와 내용 구성 체계를 마련하고, 구성 요소들을 추출한 후, 교육과정의 범주(scope)와 위계(sequence)를 설정할 것이다.

2.1. 한국어 교육과정의 목표

다문화 배경 학생 대상 한국어 교육은, 다문화 배경 학생들이 우리나라에서의 일상생활과 학교생활에 잘 적응하고, 나아가 이 사회에서 행복한 삶을 살아가기 위해 필요한 기본적인 역량을 갖추게 하는 교육이 되어야 한다. 즉, 한국어 교육은 기본적인 한국어 능력 신장에만 목표를 두어서는 안 된다는 뜻이다. 한국어 학습을 통해 동일 학년에서 이루어져야 하는 교과 학습도 도모해야 하고, 한국의 학교 문화와 또래 문화도 이해하고 적응해야 한다. 또한, 자신의 문화와 타인의 문화에 대한 이해와 수용을 통해 긍정적인 자아 정체감을 형성하고, 나아가 사회 공동체의 일원으로 능동적이고 주체적인 삶을 영위하게 하는 데에도 한국어 교육이 바탕이 되어야 한다. 이와 같은 신념에 근거하여, 원진숙 외 (2011)에 근거하여 본고에서는 한국어 교육과정의 목표를 다음과 같이 설정하고자 한다.

1. 일상생활과 학교생활의 기본적 의사소통에 필요한 기본 문식성 신장
2. 교과 수업에 능동적이고 적극적인 학습자로 참여하기 위해 필요한 학업 문식성 신장
3. 상호문화적 소통에 필요한 다문화 문식성 신장
4. 한국 사회의 일원으로서 긍정적인 자아 정체감과 태도 형성

2.2. 한국어 교육과정 구성을 위한 문식성의 개념 설정

다문화 배경 학생의 한국어 교육을 위한 교육과정을 설계하기 위해

선행되어야 할 것 중 하나는 다문화 배경 학생에게 필요한 언어 능력이 어떤 것인가에 대한 개념 규정이다. 이는 교육이라는 행위와 과정을 통해 성취하고자 하는 교육 내용의 본질에 해당하는 부분이며 이것이 명확히 정의되어 있어야만 교육과정의 목표가 정립될 수 있으며 그에 따라 교육의 내용을 선정하고 배열하는 등 교수요목의 체계를 조직할 수 있기 때문이다.

그동안 언어 교육의 장면에서 교육과 평가의 대상이 되어야 하는 언어 능력은 과연 어떤 본질을 가지며 어떻게 구성되어 있는가에 관한 수많은 논의의 역사가 있어 왔다. 한국어 교육계에서도 한국어 교육 행위를 통해 성취해야 할 교육의 내용으로서의 한국어 능력의 구성 요소에 대한 논의들이 축적되어 왔다. 하지만 이들 연구는 대부분 성인 외국인을 대상으로 한 연구들이었다.

앞서도 지속적으로 언급해 왔듯이 다문화 배경 학생의 한국어 능력의 구인을 정의하는 데에는 다양한 층위에서의 고민이 필요하다. 이들의 한국어 능력을 정의하고 한국어 교육 문제를 논하기 위해서는 몇 개의 변인이 문제가 될 수 있는데, 이들이 성인이 아니며, 공교육의 영역 안에 들어와 있다는 점이다. 이 점이 문제가 되는 이유는 다문화 배경 학생의 한국어 교육이 '선택'의 문제가 아니라는 것이다. 일정 연령에 도달하게 되면 학교 교육의 영역 안에 들어오게 되고 그 순간 이들의 한국어는 기본적인 일상생활과 학교생활을 위한 최소한의 도구이며 수단이다. 이들의 안정적인 일상생활과 성공적인 학교생활에 직결되는 생존 수단이 되어 버리는 것이다.

본 연구에서는 특히 문식성의 개념에 중점을 두어 논의를 진행하였다. 그렇다면, 다문화 배경 학생이 학교생활에 성공적으로 안착하기 위해 갖추어야 할 문식성에는 어떤 것들이 있을까? 다문화 배경 학생이 성공적인 학교생활을 위해 갖추어야 할 자질과 능력들은 다양한 층위에서 정의될 수 있다. 본 연구에서는 기본 문식성(Basic Literacy), 학업 문식성(Academic Literacy), 다문화 문식성(Multicultural Literacy) 등 문식성의 세 가지 측면으로 내용 요소를 중심으로 논의를 진행하였다. 이를 그림으로 도식화하면 다음과 같이 나타내 볼 수 있다.

〈그림 24〉 다문화 학생의 한국어 능력

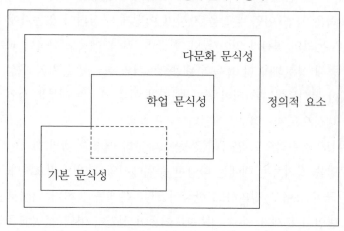

각각의 내용 요소를 좀 더 자세히 살펴보기로 하자. 앞서 Cummins (1980, 2000, 2005), Snow(2005), Chamot & O'Malley(1994) 등의 여러 학자들의 논의에서도 살펴보았듯이 다문화 배경 학습자에게 필요한 언어 능력에는 기본적인 의사소통을 위한 능력과 교과 학습을 위해 필요한 능력이 있다. 전자를 기본 문식성(Basic Literacy), 후자를 학업 문식성(Academic Literacy)이라 정의하고자 한다. 기본 문식성은 Cummins가 제안한 BICS의 개념에 기반하였으며, 학업 문식성은 CALP의 개념과 통한다 하겠다. 각 영역을 하나씩 살펴보기로 하자.

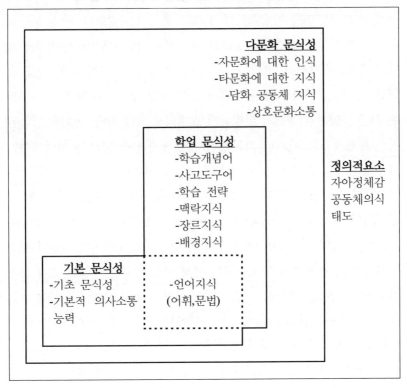

첫째, 기본 문식성(Basic Literacy)은 기초 문식성과 기본적인 의사소통 능력을 비롯하여 어휘, 문법 등에 관한 언어 지식 등을 포함한다. Cummins가 제안한 BICS의 개념은 애초에는 '회화적 유창성' 즉, 친숙한 면 대 면 상황에서 상대와 대화를 이어갈 수 있는 능력으로 구어적 능력이 강조된 측면이 있다. 그러나 기본 문식성이라 표현한 이유는 학교라는 공간이 특별히 읽고 쓰는 활동이 일상생활에서보다 강조되는, 교육을 위한 공간이라는 점에서 다른 의사소통 공간과 차별화되는 특성을 가지고 있음에 착안한 것이다.

둘째, 학업 문식성(Academic Literacy)은 국어는 물론 수학, 사회, 과학 등의 내용교과를 학습하는데 필요한 문식성을 말한다. 학업 문식성의 수준과 성취를 결정짓는 중요한 요소에는 학습 개념어, 사고 도구어, 학습 전략, 배경지식, 맥락 지식, 장르 지식, 언어 지식 등이 있을 수 있다. 앞서 2장에서도 살펴본 바와 같이 학업 문식성과 관련된 연구들은 최근 다양한 관점에서 활발하게 진행되고 있다. 이들 논의의 공통된 점은 내용교과와 관련된 기본적인 개념 용어들을 모르는 상태에서는 기존에 제1언어로 이미 학습하여 알고 있는 내용이라 해도 새로운 언어로 이루어지는 수업 상황에서는 학습 내용을 이해하기 어렵고, 수업 상황에서의 여러 활동이나 과제 해결에 문제가 있을 수 있다는 것이다.

또한, 교과의 기본적인 핵심 용어 외에도 사고 도구어의 학습이 필수적이다. 내용교과의 교수·학습 상황에서 학습 개념어는 알고 있다 하더라도 학습 활동을 수행하는 데 직접적 영향을 미치는 언어와 사고 행위에 대한 기술을 알지 못해 답답한 경우들이 있기 때문이다. '비교하고, 대조하고, 분류하고, 순서짓고, 추론하는' 등 교수·학습의 각 단계와 수업의 다양한 장면에서 처리해야 할 사고 과정과 언어 활동은 무수히 많다.

이밖에 특정 교과 영역에서만 쓰이는 표현과 맥락, 장르에 대한 이해가 있어야 하며 학습 전략에 대한 숙지와 훈련이 필요하다. 새로운 것을 배우고, 기존의 지식과 결합하고, 문제를 해결해가는 일련의 과정에서 어떤 순간마다 도입되어야 하는 구체적인 조작들이 있을 수 있는데 이를 학습 전략이라 하며, 학생의 학업 성취도를 결정짓는 중요한 요소 중 하나이다.

배경지식 역시 내용교과의 개념 학습에서 매우 중요한 요소 중 하나이다. McKenna는 내용교과 문식성[10]을 '문식성을 통한 배경지식의 구성'과 "구성된 배경지식을 통한 학습 내용의 깊이 있는 이해 및 적용"이라고 정의하고 있다(이정호, 2011:14; 이소라, 2012:43에서 재인용). 내용교과의 학습에 배경지식이 차지하는 역할이 그만큼 큰 까닭이다.

기본 문식성과 학업 문식성은 서로 단절된 언어 능력이 아니라 연속선상에 있다. 이런 특성을 나타내기 위해 둘 사이에 공통된 부분을 점선으로 표시하였다. 또한 기본 문식성이지만 학업을 위해 사용되는 영역이 있고, 학업 문식성에 가까운 요소지만 일면 일상생활에 종종 사용되는 능력들도 있기 때문에 그러한 부분들을 포괄하는 의미로 공동의 영역이 필요하게 되었다.

셋째, 다문화 문식성(Multicultural Literacy)은 다문화 배경 학생이 학교생활에 잘 적응하며 한국 사회의 일원으로 꿈을 이루며 살아가게 하기 위해 반드시 갖추어야 할 문화적 문식성을 의미한다. 즉, 새롭게 접하게 되는 낯선 문화에 비춰 자신의 문화를 이해하고, 상대의 문화와 비교하며, 공동체 안에서 살아가기 위한 상호문화적 이해 능력을 의미한다. 이때 '상호문화적 이해 능력'이라 하면, 민족적, 인종적, 국가적 특수성에 기인한 문화의 차이에 대한 이해만을 의미하는 것이 아니다.

그뿐 아니라, 학생이 속한 학교 공동체 안에서 또래 간의 문화에 대한 이해와 수용 능력을 포함하는 개념이다. 아동은 아동대로, 청소년은 청소년대로 안정적인 학교생활을 위해서는 그들만의 공감대를 형성하고 유대감을 만들어 가야 할 필요성이 있다. 이 점은 청소년의 경우 더욱 그러하다. 하물며 한국에서 나고 자란 일반 청소년의 경우에도 이 시기 청소년 발달과 관련해 크게 부각되곤 하는데, 인종, 국적, 언어와 문화가 다른 구성원들 사이에서는 더 큰 요소로 작용할 수 있다. 이 점과 관련해

---

10 교과 문식성을 Vacca는 '텍스트를 통한 학습에 동원되는 언어사용능력'으로, 김명순(2007)은 '지식적 내용의 이해와 습득을 위주로 하여 읽기와 쓰기를 사용하는 능력'으로 정의하고 있다(이정호, 2011:14; 이소라, 2012:42에서 재인용).

Cummins(2000)는 학문적 언어 능력과 관련된 또 다른 측면의 요소로 상호문화적 정체성(intercultural identity)의 문제를 추가하기도 하였다. 본 연구에서는 이러한 점을 통틀어 '다문화 문식성'에 포함하였다.

이상의 논의를 표로 정리하면 다음과 같다.

〈표 84〉 기본 문식성, 학업 문식성, 다문화 문식성의 개념과 내용

	기본 문식성	학업 문식성	다문화 문식성
개념	일상생활이나 학교생활을 위한 기본적인 의사소통이 가능한 수준의 문식성	학교 수업과 교과 활동 및 내용교과의 다양한 교수·학습 상황에 능동적으로 참여하기 위해 필요한 문식성	자신의 문화를 이해하고, 상대의 문화와 비교하며, 공동체 안에서 살아가기 위한 상호문화적 소통 능력
내용 요소	기초 문식성, 기본적 의사소통능력, 언어 지식(어휘,문법)	학습개념어, 사고도구어, 학습전략, 맥락지식, 장르지식, 배경지식, 언어지식(어휘,문법)	자문화에 대한 인식 타문화에 대한 지식 담화 공동체 지식 상호문화소통
교육 내용의 예시	▪ 일상적인 생활에 필요한 언어 지식과 활동 ▪ 인사하기, 자기소개하기, 감정 표현하기, 이유 말하기 등과 같은 기본적인 의사소통 기능 ▪ 학교에서의 일상적인 의사소통에 필요한 언어 지식과 기능	▪ 교실 담화 유형 ▪ 수업 상황에 필요한 담화 표지 ▪ 강의, 발표, 토의, 토론, 질문 등 교과 수업 활동 관련 담화 유형 ▪ 교과 학습과 관련된 다양한 읽기 자료 ▪ 교과 영역과 관련된 특정 개념어와 용어 목록 ▪ 독서 감상문, 실험 보고서, 설명문, 논설문 등 교과 영역에서 자주 다루는 텍스트의 장르 유형	▪ 학습자 자신을 비롯한 가족 구성원의 모국이나 이전 거주국의 역사·사회·문화에 관한 내용 ▪ 학교 공동체 안에서의 문화 및 또래 간의 문화에 대한 적응, 반응 능력 ▪ 한국의 전통문화와 현대문화 ▪ 한국의 생활문화와 규범문화 ▪ 민족·인종·국가·언어적 특수성에 기인한 문화의 차이에 대한 이해

이러한 각각의 문식성 교육을 위해서는 교육의 실제적이고 구체적인 내용이 될 다양한 측면의 요소들이 필요할 것이다. 그러한 내용 요소에는 무엇이 있을까? 다음 절에서는 문식성 교육을 위한 내용 체계와 세부 내용 요소들에 관해 논의해 보기로 하자.

2.3. 한국어 교육과정의 범주(scope) 설정

앞에서 다문화 배경 학생을 대상으로 하는 한국어 교육과정의 구성을 위해 교육의 내용이 되는 문식성의 개념과 범주에 대해 생각해 보았다. 다문화 시대 문식성 교육을 위해 한국어 교육과정의 내용 범주에는 크게 기본 문식성, 학업 문식성, 다문화 문식성의 세 가지 범주의 문식성 개념 설정이 필요함을 논의하였다. 그럼 이 각각의 문식성 신장을 위한 교육 내용 구성 요소에는 어떤 것들이 있을 수 있는지 생각해 보기로 하자.

van Ek(1975)는 『Threshold Level English』라는 책에서 언어 교육과정 개발 과정 중에 고려해야 할 다양한 교수요목(syllabus)의 구성 요소들을 보여주고 있는데 그 내용은 다음과 같다.

1. 다루어질 화제(topic)를 포함한, 외국어가 사용되는 상황(situation)
2. 학습자가 참여하게 될 언어 활동(language activities)
3. 학습자가 수행하게 될 언어 기능(language function)
4. 각각의 화제와 관련하여 학습자가 수행 가능한 것들
5. 학습자가 다룰 수 있게 될 일반적 개념(notion)들
6. 학습자가 다룰 수 있게 될 (화제와 연관된) 특정 개념
7. 학습자가 사용 가능하게 될 언어 형식(language form)들

8. 학습자가 수행하게 될 기술(skill)의 정도

(van Ek, 1975:8-9; Nunan, 1988:7에서 재인용)

즉, van Ek(1975)의 논의에 의하면, 교육과정의 내용 구성 체계를 형성하게 될 교수요목의 구성 요소로 '화제(topic), 상황(situation), 개념(notion), 언어 기능(language function), 언어 활동(language activities), 언어 형식(language form), 기술(skill)' 등의 핵심 요소들을 추출해 낼 수 있다.

본 연구에서는 각각의 문식성 범주에 따라 달라지는 언어 요소로 주제, 기능, 어휘, 문법, 발음, 텍스트 유형, 전략 등을 설정할 것이다. 즉, 다문화 배경 한국어 학습자를 위한 한국어 교육과정은 기본 문식성, 학업 문식성, 다문화 문식성이라는 커다란 내용 범주의 언어 능력 신장을 중심으로 구성되어야 한다. 이때 교육과정의 중심 내용이 되는 문식성의 범주는 나뉘어져 있어도 결국 표출되는 형태는 읽기·쓰기·듣기·말하기의 네 가지 언어 기능을 통해 드러나게 된다. 이러한 이유로 내용 체계의 가장 표층적인 부분에 이러한 네 가지 언어 기능이 자리 잡게 되는 것이다.

또한, 교육 내용의 세부 내용 범주는 각각의 문식성의 구성 요소와 특성에 기반해 선정되어야 한다. 이때의 교육 내용 요소는 교육과정 성취기준의 수준을 결정하고 교수·학습 상황에서의 직접적인 재료로 사용되는 것들이 될 것이다. 본 연구에서는 이러한 또 다른 층위의 범주를 '주제, 기능, 어휘, 문법, 발음, 텍스트 유형, 전략' 등으로 설정하고자 한다. '주제, 기능, 어휘, 문법, 발음, 텍스트 유형, 전략' 등의 요소들은 문식성 범주에 따라 다루어지는 중요도에 조금씩 차이가 있을 수 있으며, 경우에 따라 각각의 문식성 영역을 넘나들 수도 있다. 이러한 특성을 도식화 하면 다음과 같다.

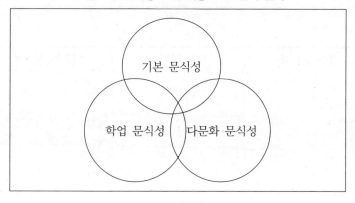

〈그림 26〉 문식성 교육 내용 요소 간의 관계

기본 문식성

학업 문식성   다문화 문식성

즉, 같은 '주제'라 해도, 기본 문식성, 학업 문식성, 다문화 문식성, 각각의 고유 영역에 속하는 유형이 있는가 하면 두 영역 사이에 혹은 세 영역 사이에 공통적으로 해당하는 주제가 있을 수 있다는 것이다.

'계절과 날씨'라는 주제를 예로 들어 보자. 동일한 '계절과 날씨'라는 주제를 교육과정을 구성한다 해도, '좋아하는 계절 묻고 대답하기', '엄마 나라, 내가 태어난 나라, 우리 반 친구들이 살던 나라의 계절과 날씨에 대해 알아보기' 등의 활동으로 구성되면 기본 문식성이나 다문화 문식성 교육을 위한 내용이 된다. 하지만, 과학 교과서의 계절과 날씨 관련 단원에서 발췌한 텍스트와 과제는 학업 문식성 교육을 위한 내용으로 구성될 수 있다. 이들은 서로 분리되어 집중적으로 교육될 수도 있고, 혹은 서로 연결 지어 확장, 심화 과정으로 구성할 수도 있을 것이다. 이러한 특성은 교육 내용 요소로서의 어휘나 기능, 텍스트의 장르 유형 등에도 마찬가지로 적용될 수 있다.

지금까지의 논의를 바탕으로 한국어 교육과정의 내용 체계를 도식화하면 다음과 같다.

〈표 85〉 다문화 배경 학생 대상 한국어 교육과정의 내용 체계

언어 기능 (듣기·말하기·읽기·쓰기)		
기본 문식성	학업 문식성	다문화 문식성
주제 기능 어휘 문법 발음 텍스트 유형	주제 기능 어휘 (학습개념어, 사고도구어) 문법 텍스트 유형 전략	주제 기능 어휘 텍스트 유형 문화 화행
정의적 요소 (자아정체성, 공동체의식, 태도)		

그러면 이제 주제, 기능, 어휘, 문법, 텍스트 유형, 전략 등의 내용 구성 요소에 대해 하나씩 살펴보기로 하자.

(1) 주제와 기능

주제는 기본 문식성, 학업 문식성, 다문화 문식성 각각의 범주에 해당하는 주제로 나눠볼 수 있다. 기본 문식성 범주의 주제라 하면, 일상생활에서의 기본적인 의사소통 상황에서 주로 사용되는 주제를 뜻한다. 앞서 4장의 설문 조사 결과에도 나타났듯 다문화 배경 학생을 위한 한국어 교육과정에서 다루어야 할 주제로 가장 중요한 것은 '학교생활'이다.[11] 다문화 배경 학생에게 있어서는 한국어로 의사소통을 해야 하는

---

[11] '학교생활'은 설문 조사 결과 가장 높은 빈도수를 보인 주제로, 76명(12.2%)의 응답자가 선택하였다. 또 다른 높은 빈도수를 보인 것으로 '친구 관계'(35명, 5.6%)가 있었는데 이 또한 같은 맥락에서 이해된다. 고등학교의 경우 '진로·직업'(28명, 4.5%)이 많은 응답자가 선택한 주제 중 하나였다. 곧 고등학교를 졸업하고 대학 진학이나 취업 중 진로를 결정해야 하는 상황을 반영한 주제인 것

'일상'의 상황이 주로 학교에서 이루어지기 때문이다. 또한 가족, 친구 관계 등도 주요 주제로 설정되어야 할 것이다. 또 하나 중요하게 다루어져야 할 주제로 '감정'이 있다.[12] 아직 낯선 환경과 문화에 적응하는 과정에서 특히 학교의 선생님과 친구들 사이에서 자신의 감정을 표현하는 것은 다문화 배경 학생의 입장에서는 매우 중요하고 시급한 일이기 때문이다.

학업 문식성 범주의 주제는, 내용교과의 학습을 위해 반드시 알아야 할 필수적 내용과 관련된 주제를 의미한다. 학업 문식성 범주의 주제는 초·중·고등학교 국가 수준 교육과정의 각 교과별 교육 내용과 성취기준에서 추출한 주제로 구성되어야 할 것이다.

기본 문식성과 관련한 주요 의사소통 기능에는 감정 표현하기[13], 거절하기, 격려하기, 권유하기, 동의 구하기, 길찾기, 물건사기, 부탁하기, 사과하기, 요청하기, 인사하기, 전화하기, 칭찬하기, 소개하기 등이 있고, 학업 문식성과 관련된 주요 언어 기능은 '기술하기, 설명하기, 질문하기, 대조하기, 비교하기, 순서짓기, 예측하기, 분류하기, 범주화하기, 예시하기' 등이 있을 수 있다. 의견 표현하기, 이유와 까닭 말하기 등은 기본 문식성, 학업 문식성 모두와 긴밀히 연관이 있는 기능이다.[14]

으로 파악된다.

[12] '가족'(61명, 9.8%), '감정'(47명, 7.5%) 등도 상위 응답률을 보여 각각 2위, 3위를 차지하였다. 표에는 드러나지 않지만 '규칙' 13명(2.1%), '존칭' 12명(1.9%), '역사' 12명(1.9%), '교육' 10명(1.7%) 등이 그 뒤를 이었다.

[13] 압도적으로 많은 응답을 받은 기능은 '감정 표현하기'로 109명(17.4%)이 선택하였다.

[14] '의견 표현하기', '이유와 까닭 말하기'는 각각 61명(9.8%), 45명(7.2%)의 선택을 받은 높은 순위의 기능으로 나타났다.

(2) 어휘와 문법

어휘 역시 기본 문식성, 학업 문식성, 다문화 문식성 각각에 포함되는 대표적인 어휘들을 제시할 수 있다. 기본 문식성 범주에 속하는 어휘는 국제통용 한국어 교육 표준 모형이나 한국어능력시험 출제용 어휘 목록 등을 참조할 수도 있다. 이때 고려해야 할 점은 학습자가 초·중·고등학교 연령에 해당하는 아동이나 청소년이라는 점이다. 무엇보다 초·중·고등학교의 학교생활을 위해 필수적으로 학습해야 하는 어휘를 중심으로 선정해야 한다.

가령, 한국어능력시험 초급 어휘 목록15에는 '가정통신문, 개교기념일, 강당, 교무실, 교탁, 대걸레, 도화지, 등교, 면담, 모둠, 문단속, 사물함, 성적표, 수행평가, 식판, 실내화' 등의 어휘가 제시되어 있지 않지만 한국의 초등학교에 입학해 학교생활에 적응하려면 반드시 알아야 하는 기본적이고 일상적인 생활 어휘이므로 초등학교 다문화 배경 학생을 위한 교육과정에서는 기본 문식성을 위한 필수 어휘로 선정되어야 한다. 반면, 한국어능력시험 초급 어휘 목록에 있는 '커피숍, 전공, 월세, 금연, 인터뷰하다, 취직하다' 등의 어휘가 초등학교에 해당하는 다문화 배경 학생 대상 한국어 교육과정에서는 당장 제시되지 않아도 학생들의 일상생활과 학교생활에는 큰 문제가 없다.

학업 문식성 범주의 어휘는 앞서 선정한 각 교과별 핵심 주제 목록을 기준으로 각각의 주제에 속하는 필수 어휘들을 중심으로 선정할 수 있을 것이다. 실제 교육 현장에서도 이와 같이 교과 학습을 위한 학습 개념어들의 학습을 위한 노력들을 기울이고 있음을 확인할 수 있었다. 앞서 4장에서 기술하였듯, 부산 아시아공동체학교를 방문했을 때 고등학

---

15 김중섭 외(2010), <국제 통용 한국어 교육 표준 모형 개발> 288-322쪽.

교 교실에 붙어 있던 수학 교과의 개념어 목록이 그 한 예다.

교과별 주요 학습 개념어를 선정함에 있어서는 앞서 핵심 주제를 선정할 때와 마찬가지로 내용교과 교사와의 긴밀한 협의가 있어야 하며, 내용교과 교사 간에도 합의된 핵심 목록이 설정되어야 할 것이다. 특히 역사, 사회 등의 교과는 역사를 보는 관점이나 사회 현상에 대한 해석과 관념의 차이에 따라 중요도가 달라지거나 표현 형식이 달라지는 경우가 흔히 발생할 것으로 짐작할 수 있기 때문이다. 따라서 먼저 이에 대한 합의가 있은 후 한국어 교육과정에서 다루어야 할 최소한의 핵심 어휘 목록이 구성될 수 있을 것이다. 또한 앞으로는 이와 같은 내용교과 영역에서의 한국어 교육과정용 주요 말뭉치 구축 작업이 있어야 할 것이다.

문법 항목의 선정에 있어서도 학습자의 상황을 고려해야 한다. 단적인 예로 성인 학습자를 대상으로 하는 한국어 교육에서보다 훨씬 먼저 반말 표현이 등장해야 한다는 점이다. 학생들의 학교생활에 있어 또래와의 어울림이 매우 중요한데 친구들 사이에서 자연스럽게 어울려 생활하려면 반말은 필수 항목이기 때문이다. 그렇다고 격식체를 경시하여서는 안 된다. 특히, 3장의 요구 조사에서도 나타났듯, 교실 수업이나 발표 등 공식적인 자리에서의 말하기를 위한 '-습니다'체의 교육 필요성에 대한 지적은 주의 깊게 생각해볼 필요가 있기 때문이다.

(3) 텍스트 유형

한국어 교육과정에 제시되어야 할 텍스트 유형에는 간판, 감상문, 건의문, 관찰보고서, 광고, 그래프, 그림일기, 그림책, 기사문, 기행문, 노래, 뉴스, 자기소개서, 토의, 토론, 편지, 표지판, 안내문, 안내방송 등의 다양한 형식이 있을 수 있다.

학업 문식성 측면에서 교과 학습 활동에 반드시 필요한 텍스트 유형으로 보고서, 감상문, 독후감, 토의, 토론, 도표, 그래프 등이 있으며, 일상생활에서의 기본 문식성 측면을 고려한 것으로 편지, 쪽지, 전화, 간판, 광고, 이메일, 인터넷 게시판, 온라인 대화 등이 있을 것이다.

텍스트 유형 선정에 있어서도 앞서 어휘 항목 선정에서와 마찬가지로 성인 학습자 대상 한국어 교육에서는 다루어지는 유형들이 초·중·고등학교 다문화 배경 학생 대상 한국어 교육의 상황에서는 필수적이지 않은 유형들이 있다. 예를 들면, 계약서, 고지서, 제품보증서, 증명서, 처방전, 청첩장 등의 텍스트[16]가 그것이다. 반면, 동요, 동화, 우화, 그림책, 그림일기 등은 초등학교 아동 학습자에게는 필수적인 텍스트 유형으로 다루어져야 할 것이다.

(4) 전략

언어 학습이든 내용 학습이든, 학습이라는 것은 본질적으로 능동적이고 역동적인 과정이며, 수많은 변인이 학습 진행 과정 중에 존재한다. 학습자 자신을 포함해 동료 학습자, 교사 등 교수·학습의 구성원, 수업 장소와 시간 등 물리적 환경은 물론이고, 학습 목표와 학습 내용, 교수·학습 방법과 각종 자료 등 내용적 측면도 학습에 영향을 주는 변인 중 하나가 된다. 그밖에 학습을 통해 성취해야 하는 지식의 유형이 다양하다는 점도 또 다른 변인으로 작용할 수 있다.

Chamot & O'Malley(1994)에 분류에 의하면, 지식의 유형은 '선언적 지식, 절차적 지식, 메타인지 지식' 등으로 나눌 수 있다. 선언적 지식

---

[16] 김중섭 외(2010) <국제 통용 한국어 교육 표준 모형 개발>

(Declarative Knowledge)이란 '사실에 대한 지식'을 뜻하고, 절차적 지식 (Procedural Knowledge)은 '어떤 것을 처리하는 방법과 과정에 관한 지식'을 의미하며, 메타 인지적 지식(Metacognitive Knowledge)은 '과제의 성격, 학습 과정, 효과적인 전략 등에 관한 지식, 즉, 상위 인지 능력과 관련된 지식'을 의미한다(김윤주, 2012a:30).

지식의 유형이 이렇게 다양하기 때문에 이러한 지식을 획득해야 하는 학습의 과정도 동일할 수는 없다. 학습 과정에 필요한 전략도 '메타 인지 전략, 인지 전략, 사회적·정의적 전략'의 세 가지로 나눠 볼 수 있다. '학습을 위한 계획, 자기 점검과 평가 등에 사용되는 전략'을 메타 인지 전략(Metacognitive Strategies)이라 하고, '지식과 학습 내용을 연습, 구성, 상세화의 과정을 통해 조작하는 데 사용되는 전략'을 인지 전략(Cognitive Strategies)이라 한다. '학습 과정에서 타인과 상호 작용하고 자신의 감정을 조절하기 위해 사용하는 전략'은 사회적·정의적 전략(Social/Affective Strategies)이라 한다.

그런데 이러한 전략들은 교수·학습 과정의 각 단계마다 필요에 따라 적절히 사용된다. 성공적인 언어 학습을 위해서는 이러한 전략들을 효과적으로 적용하는 방법에 대한 교수도 함께 이루어져야 한다. 특히 언어와 내용교과의 지식이 통합된 언어 교수 상황에서는 이와 같은 다양한 층위의 전략을 언어 학습 과정에 어떻게 적용할 수 있는가가 성공적 학업 성취를 위해 필수적이라 해도 과언이 아니다.

이러한 필요성에서 제안된 것이 Chamot & O'Malley(1994)의 인지적·학문적 언어 학습 접근법(CALLA: Cognitive Academic Language Learning Approach)[17]이다. CALLA는 언어-내용 통합 수업에서 교수·학

---

[17] CALLA에서 대상으로 삼고 있는 학습자는 대략 세 가지 유형이라 할 수 있다. '① 사회적 의사소통 기술은 환경이나 기초 수업을 통해 어느 정도 발달이 되었으나 그 단계에 맞는 적절한 학문적 언어 능력은 아직 발달되지 않은 상태의

습의 각 단계마다 다양한 층위의 전략들을 활용하는 방법을 보여주고 있는 언어 교수 방법론이다(Chamot & O'Malley, 1994; 김윤주, 2012a). 이와 같이 능동적이고 역동적인 교수·학습의 장면에서 학습자의 성공적인 학업 성취를 위해 반드시 필요한 전략 사용의 측면을 교육과정에도 적극적으로 반영하여야 한다.

2.4. 한국어 교육과정의 위계(sequence) 설정

지금까지 다문화 배경 학생 대상 한국어 교육과정의 범주(scope) 설정에 대해 논의하였다. 다음으로 위계(sequence) 설정의 문제를 생각해보자.

김정숙(2003:125)에서도 지적하고 있는 바와 같이 교육과정의 위계 설정, 즉, 교육할 내용을 특정 목표 하에 배열한다는 것은 교육과정의 범주별로 선정된 구체적인 세부 내용들을 어떤 순서로 가르칠 것인가에 관한 결정이다. 이는 단순히 순서 정하기의 차원이 아니라 범주별로 교육 내용과 항목들을 서로 어떻게 연결지어 조직할 것인가에 관한 것이다. 교육과정에서 위계는, "교육 내용의 배열 순서와 계열"(강봉규 외, 2004:90) 또는 "의도된 학습 성과의 학년별 열거와 배당"(강현석 외, 2004:19, 22) 등으로 정의되곤 한다(민경모·김선정, 2010:138에서 재인용).

교육과정의 위계 설정에 있어 교과 교육과정의 경우는 "학년이나 이수 시기 등을 기준으로 구체화"(민경모·김선정 2010:138)되는 것이 일

___

학습자, ② 학문적 언어 능력이 모어로는 어느 정도 습득되었으나 아직 목표어로의 개념 전이를 위해 도움이 필요한 학습자, 마지막으로 ③ 모어든 목표어든 학문적 언어 능력이 아직 부족한 이중 언어 학습자' 등이다(김윤주, 2012a:30).

반적이다. 반면, 언어 교수를 위한 교육과정의 위계는, 민경모·김선정 (2010:143)에서 보이고 있는 해외 사례 분석과 선행 연구에서도 알 수 있듯, "학년이나 이수 시기의 교육 단계를 고려한 경우"와 "성취 수준의 등급을 고려한 경우"의 두 가지로 나눠 볼 수 있다.

먼저, 첫 번째 유형인 학년이나 이수 시기의 교육 단계를 고려한 경우 의 예로, 미국의 한국어 교육자협회(AATK: American Association of Teachers of Korean)의 『한국어 표준(NSK: National Standards for Korean language and teaching)』의 위계를 들 수 있다. NSK는 미국 초·중·고등 학교의 '한국어' 교과에 대한 국가 수준의 교육과정으로 2010년 발표되 었다. NSK에서는 위계 기준을 초·중·고·대학교의 교육 단계별 이수시 기를 고려하여 K-4, 5-8, 9-12, 12-16으로 설정하고 있다(AATK, 2010; 유영미, 2009:36; 민경모·김선정, 2010:142-143에서 재인용).

반면, 두 번째 유형인 성취 수준의 등급을 고려하여 위계가 설정된 경우로는 앞서 3장에서 살펴본 『국제 통용 한국어 교육 표준 모형』과 『유럽공통참조기준』을 예로 들 수 있다. 3장에서도 고찰하였듯, 『유럽 공통참조기준』은 언어 능력 수준과 의사소통 활동을 기술하기 위해 A1, A2, B1, B2, C1, C2의 총 6단계로 학습자의 숙달도 수준을 기술하고 있다. 세분화된 이 6개의 척도는 가장 기초 단계(A1)부터 모국어 수준 에 가까운 숙련 단계(C2)까지의 언어 숙달도를 포괄하고 있다(유럽평의 회, 2001; 김한란 외 역, 2007). 또 역시 3장에서 살폈던 『국제 통용 한국 어 교육 표준 모형』에서는 한국어 교육과정의 위계를 최상급을 포함한 7급으로 설정하고 있었으며, 한국어(KSL) 교육과정에서는 언어 숙달도 별로 6개의 단계를 설정하고 있었다.

이와 같은 교육과정이나 평가 척도 외에, 본 연구에서는 대상으로 삼 고 있는 다문화 배경 학습자가 초·중·고등학교 재학 중인 점을 고려해 미국의 자국어 교육과정과 ESL 교육과정을 자세히 고찰하였다. 앞서 3장에서 분석한 바와 같이, 미국의 경우 학년군별로, 언어 숙달도 수준에 따라 위계를 설정한 체계를 취하고 있었고, 이러한 언어 교육과정의 위계는 자국어 교육과정은 물론 각 내용교과의 교육과정과도 긴밀히 연계된 체계로 구성되어 있음을 알 수 있었다.

본 연구에서 본격적인 분석 대상으로 삼지는 않았지만, 호주의 ESL 교육과정을 살펴보더라도, ESL 교육과정의 범주와 위계 설정에 있어 언어 숙달도 등급과 성취기준의 구성 요소는 국가 수준 교육과정에서 제시해 놓은 학년별 성취기준의 진술 내용에서 요구하는 세부 항목이나 요소들에 기반해 설정되어 있다. ESL 교육과정에 기술되어 있는 성취기준의 내용은 학생의 언어 수준을 진단하고 이해하는 데에 도움이 되도록 명확하고 집약적인 기술 모형으로 제시되어 있다. 성취기준은 학생이 도달해야 할 일정 수준을 기술해 주는 명시적인 표현들이다. 즉, 교수·학습의 과정을 통해 도달되어야 할 목표 항목들의 나열이며 더불어 평가 기준이기도 하다.

앞서, 3장에서 미국의 자국어 교육과정이나 ESL 교육과정, 또 WIDA의 분석을 통해서도 드러난 바와 같이, 교육과정이 도달해야 할 목표를 중심으로 명시적으로 기술되었을 경우 그것이 교육 현장에서는 평가 척도로 사용될 수 있다. 특히나 미국의 WIDA는 본격적인 ESL 교육과정으로 교수·학습 및 평가를 위해 개발된 것임을 명시하고 있다. 그러한 까닭에 각 학년, 각 교과 영역, 각 언어 영역과 관련해 학생이 성취해야 할 목표 항목들이 상세히 기술되어 있다. 실제 교실 수업과 평가의 장면에 도입되어 활용될 수 있도록 교수·학습 자료와 평가 요목도 함께 제시되어 있어 초·중·고등학교 교육 현장에서의 활용도가 높을 수밖에 없다.

한편, 일본의 JSL 교육과정은 앞서 3장에서도 분석하였듯, 평가 체계라기보다는 교수-학습 계획과 수업 활동 계획을 위해 활용되기에 더 유용한 교육과정이다. 당초의 교육과정 개발 배경 설명에서도 밝히고 있듯, 너무도 다양한 학습자의 배경과 구성을 고려할 때 일정 수준으로 등급화하기보다 다양한 다문화적 상황의 교실 수업에 적용하고 응용할 수 있도록 풍부한 지원 시스템을 구축하겠다는 의도가 반영된 것이라 하겠다. 이는 이질적 배경의 다양한 학습자들로 구성된 교실 수업 환경에 도입되어야 할 다양한 수업 활동 사례 제시의 역할을 하기 때문에 교사들이 당장의 수업에 활용하기에 유용한 가치를 지닌다.

ESL 교육과정과 JSL 교육과정의 위계(sequence) 설정 방법은 서로 다르지만, 둘 사이에 공통되게 발견되는 점은 모두 국가 수준 교육과정의 범주와 위계를 근간으로 하고 있다는 점이다. 즉, 언어 숙달도 수준은 그에 미치지 못하더라도, 어느 정도의 매우 기본적인 초기 의사소통 능력만을 갖추게 한 후에는 동일 학년의 교육과정에 노출시키도록 구성되어 있다는 것이다. 앞서 5장의 1.2절에서 설정한 다문화 배경 학생 대상 한국어 교육과정 구성 원리에서도 밝혔듯, 한국어 교육과정의 범주는 물론 위계 설정에 있어서도 학습자의 학년과 연령이 고려되어야 한다.

국내외 여러 언어 교육과정의 위계에 대한 고찰 결과를 토대로 할 때, 다문화 배경 학생을 위한 한국어 교육과정의 위계는 다음과 같이 설정되어야 할 것이다.

언어 교육과정이므로 가장 기본적인 출발점은 물론 언어 능력 수준으로 단계 구분을 해야 할 것이다. 한국어 능력 수준에 따라 초급, 중급, 고급의 구분이 가능하다. 하지만 여기에서 반드시 고려할 점이 학교급별, 학년군별 구분의 문제이다. 인지적·정의적 발달단계는 엄연히 서로 다른 학습자들이 한국어 능력의 수준만을 기준으로 하나의 그룹으로 묶이기에는 무리가 있기 때문이다.

또한 한국어 교육과정은 초·중·고등학교의 교육과정과 맥락을 근반으로 하고 있기 때문에 타 내용교과 교육과정과의 관계도 고려하지 않을 수 없다. 특히 다문화 배경 학생의 학업 문식성 신장을 한국어 교육의 목표로 삼아, 이들이 한국어 능력을 기반으로 학교의 수업에서 학업 성취의 경험을 맛보게 함으로써 긍정적인 자아 정체감 형성과 태도에 도움을 주어야 한다 전제할 때, 이들을 대상으로 하는 한국어 수업은 언어와 내용이 통합된 교수법을 적용해야 하며, 이때 언어 수업에 통합되어야 하는 '내용'은 결국 동일 학년에서 다루어지는 교과 내용이 되어야 한다는 것이다.

이러한 점을 고려할 때 한국어 교육과정은, 학교급별, 한국어 수준별 위계 설정을 하되, 학년은 2-3개 학년씩 묶어 학년군별로 성취수준을 제시하는 방법을 취할 수 있을 것이다.[18]

3. 한국어 교육과정 운영 방안

다문화 배경 학생을 대상으로 하는 한국어 교육은 교육 기관의 상황과 실정에 맞추어 다양하게 운영될 수 있다. 장기적으로는 현실을 최대한 적극 반영하여 개별화, 특수화한 교육과정이 필요하겠지만, 현재로서는 공통참조기준의 성격으로 개발 가능하다. 한국어 교육과정은 교육 현장의 다양한 상황에 따라 다음과 같은 형태로 운영될 수 있을 것이다.

---

[18] 3장에서 실시한 요구 분석 결과에서는 '2-3개 학년씩 묶은 후 한국어 성취기준에 따른 단계 구분을 한다'와 '학년과 무관하게 한국어 수준만을 고려해 단계 구분을 한다'가 동일하게 45명(35.2%)의 선택을 받은 답이었다.

3장의 교육 현장 요구 분석 결과 다문화 학생을 모아서 '방과 후 수업 형태로 운영'해야 한다는 응답이 40.5%로 가장 많았다. 그 뒤로 특별학급으로 운영해야 한다는 응답이 20.6%였고, 주요 교과 시간에만 분리해서 교육하자는 응답이 18.3%로 그 뒤를 이었다. 또한 수업 시수에 관해서는 '주당 5시간-9시간'이 52%의 응답으로 가장 높은 응답률을 보였고, 그 뒤로 '주당 10시간-14시간'이 24.4%, '주당 4시간 이하'가 13.8%의 응답률을 보였다. 이러한 설문 조사 결과와 현장 조사 결과에 기반해 한국어 수업 운영 유형을 예로 들어 보면 다음과 같다.

〈표 86〉한국어 교육과정 운영 유형의 예

	유형	주 단위 수업 시간	주당 수업시수
1	방과 후 수업용	주 4회 하루 1시간씩	주당 4시간
		주 3회 하루 2시간씩	주당 6시간
		주 5회 하루 2시간씩	주당 10시간
2	정규 수업 선택교과용	주 3회 하루 1시간씩	주당 3시간
3	특별학급용	주 5회 하루 4시간씩	주당 20시간
4	거점학교 주말수업용	주 1회 하루 3시간씩	주당 3시간

다문화 배경 학생 대상 한국어 교육이 주로 방과 후 수업으로 이루어질 가능성이 가장 크다는 점을 고려해 방과 후 수업을 위한 모형이 가장 다양한 방식으로 제시되어야 할 것이다. 방과 후 수업의 경우도 학교 상황에 따라 매일 1-2시간씩 집중적으로 수업이 이루어지는 경우도 있을 것이며, 주3회 2시간, 주 4회 1시간 등 몇 개의 형태가 있을 수 있다. 앞서 3장의 요구 분석 결과를 보면 주당 확보되어야 하는 시간이 5시간 -9시간은 되어야 한다는 요구가 52%로 월등히 많았지만 실제 일반 공립학교에서 확보할 수 있는 시간에는 큰 차이가 있을 수 있다. 따라서 이와 같은 몇 가지 유형으로 제시되는 것이 융통성을 확보할 수 있다는

점에서 바람직하다.

그 외에 정규 수업의 선택교과용으로 주당 3시간, 거점학교 주말 수업용으로 역시 주당 3시간, 방학이나 학기 중의 특별학급용으로 20시간 등의 모형이 제시될 수 있을 것이다. 사실 학교의 수업 운영에서 중요한 것은 수업 시수 확보만이 아니라 교사의 역량이 큰 역할을 한다.

다문화 배경 학생을 위한 한국어 교육은 한국어 교사가 담당 교과인 한국어만을 잘 가르친다고 해서 이루어질 수 있는 것은 아니다. 다문화 배경 학생 대상 한국어 교육이 함의하는 바가 무엇인가에 대한 교사의 가치와 신념이 전제되어야 하며, 그 위에 한국어 교수를 위한 명확한 목표 인식과 방법 모색에 대한 노력이 있어야 한다. Bennett(2007)에서도 "문화적 다양성에 대한 교사의 지식, 태도, 신념 등은 소수 민족 학생들의 학업 성취와 높은 상관관계를 지닌다"고 강조한 바 있다(원진숙 외, 2012:27에서 재인용).

즉, 교사 개인이 다문화적 교수 역량을 갖춰 수업에 활용하려는 의지가 있어야 한다. 다문화적 교수 역량은 우리 사회에 언어적, 문화적, 인종적, 민족적으로 배경을 달리하는 구성원이 증가하고, 초·중·고등학교 학교의 학습자 구성원이 그에 따라 변화하면서 새롭게 부각되기 시작한 개념이다. 원진숙 외(2012:17)에 서는 "다문화적 교수 역량'을 '다양성이 증대된 학교 교실이라는 실제 교수 맥락에서 교사가 다문화적 인식과 신념을 가지고 다문화 교육을 효율적으로 실천할 수 있는 역량"이라고 정의하고 있다.[19]

---

[19] 원진숙 외(2012:26)에서는 "다문화적 교사는 자신의 문화적 배경을 스스로 점검하고 이러한 요소들이 자신의 수업에 어떻게 개입하는지 반성적으로 성찰할 수 있어야 한다"면서 Gay(2002)의 주장을 인용하고 있다. Gay(2002)는 '문화적으로 반응하는 수업(culturally responsive pedagogy)'을 제안하면서 교사는 "학생과 그들의 경험에 대한 존중, 학생의 학습 능력에 대한 신뢰, 자신의 수업 실천에 대해 스스로 의문을 제기하고 비판적으로 검토하려는 의지, 상습 상의 문

또한, 한국어 교육이 다만 한국어 의사소통 능력을 갖추어 일상생활에 불편이 없게 하는 것을 목표로 하는 것이 아니라, 학교에서의 학업 성취, 나아가 사회에서의 자아 성취를 도모할 수 있도록 학생을 돕는 것이라 할 때 한국어 교사와 각 내용교과 교사의 긴밀한 협력 시스템은 필수적이다. 교수·학습 목표 설정, 교수·학습 계획 수립, 수업 운영 방안 구상, 실제 수업과 활동, 평가 및 피드백의 전 과정에서 다문화 배경 학습자의 기본 문식성과 학업 문식성을 함양할 수 있는 방안이 끊임없이 모색되어야 하는데, 이 때 그 내용을 선정하고 방법을 구상하는 데 있어, 해당 교과 교사들의 교류와 소통이 반드시 필요하다는 것이다.

한국어와 각 교과의 내용을 통합한 수업은 앞서 논의한 다양한 비계 설정을 통해 효과가 촉진될 수 있을 것이다. 평가에 있어서도 최초의 진단평가에 따라 학생의 수준에 맞는 적정한 그룹에 편입돼 한국어 학습을 진행할 수 있도록 하여야 하며, 학습 과정과 결과에 대한 평가도 수시평가, 수행평가를 통해 진척 상황을 진단해 나갈 수 있어야 한다. 다문화 배경 학생 대상 수업은 특히 소규모 그룹 수업이 가능하도록 학교의 전반적인 교육과정 운영 체제가 지원되어야 한다.

제에 대해 새로운 해결 방안을 지속적으로 모색하는 태도"를 갖추어야 한다고 주장한 바 있다(원진숙 외, 2012:26에서 재인용).

06

결론

　본 연구는 초·중·고등학교에 재학 중인 다문화 배경 학생을 위한 한국어(KSL) 교육의 본질과 원리에 대해 탐색하고 한국어(KSL) 교육과정 개발 방안을 모색하는 것을 목적으로 하였다. 1장에서는 연구의 목적과 필요성을 밝히고, 다문화 배경 학생의 개념과 범주를 설정하였다. 이어 관련 선행 연구들을 살펴본 후 문제 제기를 거쳐 연구 주제와 방법을 제시하였다.

　2장에서는 다문화 사회 학교 내 언어 교육의 문제를 생각해 보기 위해 다문화 교육의 성격과 목표, 내용과 방법에 관한 논의들을 살펴보고, 다문화 교육 관점에서의 언어 교육의 문제에 관해 논의하였다. 또한, 다문화 배경 학생의 문식성 교육 방안에 대해 논의하기 위해 문식성(Literacy)의 개념을 역사적으로 고찰하였다. 다문화 배경 학생의 언어 교육에 있어 중요하게 다루어져야 할 두 가지 측면으로 BICS와 CALP의 개념에 대해 고찰하였으며, 이러한 과정을 통해 기본 문식성, 학업 문식성, 다문화 문식성이라는 주요 개념을 설정하였다. 이어 다문화 배경 학생의 문식성 교육에 도입되어야 할 언어 교육 접근법으로 내용 중심 접근법과 과제 기반 접근법에 대해 알아보았으며, 사회문화적 구성주의 관점을 살펴보았다.

3장에서는 미국의 자국어와 ESL 교육과정, 일본의 JSL 교육과정, 유럽공통참조기준 등의 고찰을 통해 해외 사례를 분석하였다. 또한, 한국어 교육과정으로는 <국제 통용 한국어 교육 표준 모형>과 본 연구가 진행되는 동안 교과부에 의해 고시된 <한국어 교육과정>을 분석하였다. 각 교육과정마다 체계, 범주, 위계 설정에 차이를 보이고 있었으며, 이러한 사례 비교를 통해 본고에서 목표를 하는 다문화 배경 학생 대상 한국어 교육과정 설계에 필요한 시사점을 도출할 수 있었다.

4장에서는 다문화 배경 학생 대상 한국어 교육 현황 검토와 요구 분석을 실시하였다. 다문화 배경 학생의 한국어 교육이 이루어지고 있는 초·중·고등학교 현장 방문 및 수업 참관을 통해 한국어 교육 프로그램의 운영 현황을 살펴보고, 한국어 교재와 국어과 교육과정 분석을 통해 다문화 배경 학생 대상 한국어 교육의 현실을 점검하였다. 또한, 광범위한 설문 조사를 통해 다문화 배경 학생 한국어 교육 및 교육과정 설계와 관련한 요구 분석을 실시하였다.

마지막으로 5장에서는 다문화 배경 학생 대상 한국어 교육과정 구성 방안을 실제로 구안하고 제시하였다. 먼저 다문화 배경 학생을 위한 한국어 교육과정의 구성 원리를 다각도에서 추출하여 제시하였다. 다음으로 한국어 교육과정의 목표와 문식성의 개념 설정, 범주와 위계 설정을 시도하였고, 마지막으로 다문화 배경 학생 한국어 교육과정 운영에 관해 현실에 근거해 논의하였다.

본 연구의 의의는 다음과 같다.

첫째, 다문화 교육에 관한 논의와 다문화 배경 학생 대상 한국어 교육에 관한 연구들이 이제 막 발아하고 있는 시점에 본 연구는, 이에 관한 총체적인 고찰과 논의를 이론적, 실제적 측면에서 시도하고 있어 향후 이 분야 연구의 초석이 되어줄 것이라는 점에서 의의가 있다.

둘째, 기존의 다문화 가정 자녀 대상 한국어 교육 연구들이 대부분 유아나 초등학생 중심으로 이루어지고 있던 것에 반해 이 연구는 공교육 안으로 편입된 학교 내 학습자들, 그중에서도 중·고등학교 학생들에게도 시선을 돌리고 이들의 현실과 요구를 반영하고 있다는 점에서 의의가 있다.

셋째, 다문화 배경 학생 대상 한국어 교육에서 기본적인 의사소통 능력은 물론 학업 능력의 신장이 중요함을 강조하고, 내용 중심 접근법에 기반한 문식성 강화 방안을 마련하였다는 점에서 의의가 있다. 한국어 교육은 이미 다양한 현장 연구와 이론 연구를 통해 학문적 성과를 축적해 오고 있다. 그러나 대개가 성인의 의사소통 능력이나 대학의 학문 목적 학습자에게 초점이 맞춰진 논의였다는 점에서 다문화 배경 학생 대상 한국어 교육의 특수성을 반영하지 못하고 있다는 아쉬움이 있었다. 이에 본 연구에서는 본격적으로 초·중·고등학교의 다문화 배경 학생 대상 한국어 교육을 내용 중심 접근법에 기반한 문식성 교육의 관점에서 접근하였다는 점에서 의의를 찾을 수 있다.

마지막으로, 미국의 ESL 교육과정, 일본의 JSL 교육과정, 유럽공통참조기준, 국제 통용 한국어 교육 표준 모형, 한국어(KSL) 교육과정 등의 비교 분석을 통해 시사점을 도출해 내었다 특히, 미국의 학교 내 주류학생과 비주류 학생을 아우르는 다문화 교육과 언어 교육의 현황을 면밀히 검토하고 시사점을 찾아내고자 했다는 점에서 의의가 있다. 미국의 자국어 교육과정과 초·중·고등학교 영어 학습자(ELL)를 대상으로 한 영어 교육과정의 고찰을 통해 두 교육과정의 성취기준 구성 체계와 관계에 대해 논의하였다. 또한 전미 지역에 걸쳐 오랜 연구와 실험의 결과이며 가장 최근의 학문적 성과라 할 수 있는, 미국의 ESL 교육과정 WIDA를 소개하고 면밀히 검토 분석하였으며, 이를 통해 우리의 학교 교육 내 한국어 교육의 방향성에 관한 시사점을 찾아내고 새로운 논의의 장을 열었다는 점에서 의의를 찾을 수 있다.

한국어 교육은 이미 다양한 현장 연구와 이론 연구를 통해 학문적 성과를 축적해 오고 있다. 그러나 대개가 성인의 의사소통 능력이나 대학의 학문 목적 학습자에 초점이 맞춰진 논의였다는 점에서 다문화 배경 학생 대상 한국어 교육의 특수성을 충분히 반영하지 못하고 있다는 아쉬움이 있었다. 다문화 교육이나, 다문화 배경 학생 대상 한국어 교육에 대한 연구들이 이제 막 발아하고 있는 이 시점에 본 연구는, 이에 관한 총체적인 고찰과 논의를 이론적, 실제적 측면에서 시도하고 있어 향후 이 분야 연구의 초석이 되어 줄 것이라 기대한다.

■ 참고문헌

강지혜(2010). "다문화 영미 그림책 활용 SIOP Model에 기반한 어휘 활동을 통한 내용 및 언어 통합 교육 연구", 고려대학교 석사학위논문.

강현화(2007). "한국어 교재의 문형유형 분석: 문형 등급화를 위해", 「한국어교육」18-1, 국제한국어교육학회, 1-21쪽.

곽재용(2004). "초등학교 국어교과서의 어휘 분석", 「우리말글」32, 1-28쪽.

권순희 외(2008). "다문화 문식성 제고를 위한 읽기 텍스트 구성 방안 연구", 「국어교육학연구」33, 국어교육학회, 177-204쪽.

권순희(2006). "다문화 가정을 위한 언어 교육 정책 모색", 국어교육학연구 27, 국어교육학회.

권순희(2009a). "결혼 이민자 가정 자녀의 언어적 문제점", 「다문화 사회에서의 삶과 언어」, 이중언어학회 제23차 전국 학술대회 춘계대회 발표집, 23-43쪽.

권순희(2009b). "다문화 가정 자녀의 국어 사용 실태", 「국어교육학연구」 36, 국어교육학회, 195-228쪽.

권순희(2011). "호주 다문화 사회에서의 영어 교육 정책", 「국어교육학연구」 40, 국어교육학회, 327-357쪽.

김대행(2003). "한국어 교육과 언어문화", 「국어교육연구」12, 서울대학교 국어교육연구소, 157-180쪽.

김대희(2007). "귀국 초등학생의 쓰기 오류 실태에 관한 연구: 초등 4학년을 대상으로", 「새국어교육」75, 한국국어교육학회, 27-59쪽.

김상돈(2010). "다문화 교육의 목표와 내용 체계 연구", 고려대학교 박사학위논문.

김선정·강진숙(2009). "다문화 가정 자녀의 어휘력 고찰", 「이중언어학」40, 이중언어학회, 31-55쪽.

김연희·김영주(2010). "다문화 가정 자녀를 위한 한국어 교재 분석: 기초 문식성을 중심으로", 「이중언어학」43, 이중언어학회, 55-79쪽.

김영란(2011). 『한국어 교육 교재와 연구』, 소통.

김영주(2008). "전래동화 스토리텔링을 활용한 한국어 교육 방안: 다문화 및 재외 동포 가정 아동을 대상으로", 「새국어교육」80, 한국국어교육학회, 97-124쪽.

김영주(2009). "다문화 가정 아동의 한국어 문어 교재 개발: 균형적 접근법을 활용하여", 「새국어교육」83, 한국국어교육학회, 99-132쪽.

김영주(2009). "다문화 교육의 '운동'적 성격과 '교육'적 성격의 탐색", 「사회과교육연구」16-3, 21-33쪽.

김영주(2012). "제2언어 습득에서 과제의 정의와 기능: 언어 교육에서 연구까지", 「국제한국어교육학회 제38차 추계 학술대회 발표집」, 국제한국어교육학회.

김윤주(2010). "재외 동포 아동학습자용 한국어교재 개발 방안 연구: 아동 문학 제재를 활용한 문화 교육 단원 구성 방안", 「한국어교육」20-1, 국제한국어교육학회, 61-85쪽.

김윤주(2011a). "여성결혼 이민자 대상 한국어교재 비교 분석: 의사소통 상황 및 문화를 중심으로", 「우리어문연구」39, 우리어문학회, 337-368쪽.

김윤주(2011b). "일제강점기 '조선어독본'과 '국어독본'의 비교: 제1차 교육령기 보통학교 1·2학년 교과서를 중심으로", 「우리어문연구」41, 우리어문학회, 137-166쪽.

김윤주(2012a). "다문화 학생 대상 한국어 교재의 학습 한국어 단원 구성 방안", 「이중언어학」50, 이중언어학회, 25-46쪽.

김윤주(2012b). "재외 동포 아동학습자용 한국어 교재의 기초 문식성 학습 활동 분석", 「어문논집」66, 민족어문학회, 237-264쪽.

김정숙(1992). "한국어 교육 과정과 교과서 연구", 고려대학교 박사학위논문.

김정숙(1997). "한국어 숙달도 배양을 위한 한국 문화 교육 방안", 「교육한글」10, 한글학회, 317-326쪽.

김정숙(2003). "통합 교육을 위한 한국어 교수요목 설계 방안 연구", 「한국어교육」14-3, 국제한국어교육학회, 119-143쪽.

김정숙(2004). "한국어 읽기·쓰기 교재 개발 방안 연구: 교수요목의 유형과 과제 구성을 중심으로", 「한국어교육」15-3, 국제한국어교육학회, 1-22쪽.

김정숙(2008). "다문화 시대의 초등학교 국어과 교육에 대한 토론", 「초등학교 다문화 교육의 현황과 과제」, 서울교육대학교 초등교육연구원, 127-128쪽.

김정우(2008). "제 7차 교육과정 고등학교 국어 교과서 분석과 국어 교과서 개발 방향, 「우리말교육현장연구」2-1, 우리말교육현장학회.

김중섭 외(2010). 「국제 통용 한국어 교육 표준 모형 개발」, 국립국어원.

김중섭(2011). "CIS 지역 재외 동포 대상 한국 문화 교육 항목 개발을 위한 기초 조사 연구", 「이중언어학」45호, 이중언어학회, 51-75쪽.

김지영(2012). "과제 기반 접근법에 기반한 한국어 교육과정 개발 방안 연구", 고려대학교 박사학위논문.

김진석(2010). "초등영어 교육과정에서의 문화 관련 성취기준 및 소재목록 설정 방안 연구", 「서울교육대학교 한국초등교육」21-1, 191-208쪽.

노명완(2010). "초등 저학년을 위한 문식성 교육", 「한국초등국어교육」42, 한국초등국어교육학회, 5-50쪽.

민경모·김선정(2010). "해외 초·중등학교 한국어 교육과정 설계를 위한 기초적 연구", 「언어와 문화」 6-3, 한국언어문화교육학회, 135-161쪽.

박경자·장복명(2002). 『영어교재론』, 박영사.

박성혁·곽한영(2008). "다문화 교육 관련 법령의 문제점과 개선 방향", 「교과교육학연구」12-3, 687-707쪽.

박영목(2003). "21세기의 새로운 문식성과 국어교육의 과제", 「국어교육」110, 한국어교육학회, 1-14쪽.

박영목·노명완 외(2008). 『문식성교육연구』, 한국문화사.

박영민·최숙기(2006). "다문화 시대의 국어교과서 단원 개발을 위한 연구",

「청람어문교육 34, 청람어문교육학회, 67-84쪽.

박영순 외(2008).『한국어와 한국어 교육』, 한국문화사.

박영순(2003). "한국어 교육으로서의 문화 교육에 대하여",「이중언어학」
   23, 이중언어학회, 67-89쪽.

박영순(2007).『다문화 사회의 언어 문화 교육론』, 한국문화사.

박윤경(2006). "민족 및 인종 편견 감소를 위한 초등 다문화 교육: 아동 문
   학을 활용한 간접 접촉",「초등사회과교육」18-2, 한국초등사회과교
   육학회, 27-45쪽.

박인기(2002). "문화적 문식성의 국어교육적 재개념화",「국어교육학연구」
   15, 국어교육학회, 23-54쪽.

박지윤·서혁(2009). "다문화 가정 학생의 읽기 능력에 관한 사례 연구",「우
   리말교육현장연구」3-2, 우리말교육현장학회, 247-283쪽.

박지희(2012). "귀국 학생을 위한 문식성 신장 프로그램의 개발- 균형적 언
   어 접근법을 활용하여", 서울교육대학교 석사학위논문.

박철희(2007). "다문화 교육의 관점에 기초한 초등 사회·도덕 교과서 내용
   에 대한 비판적 고찰",「교육사회학연구」17-1, 한국교육사회학회,
   109-129쪽.

배두본(1999).『영어 교재론 개관』, 한국문화사.

백봉자(2001). "교재와 교수법을 통해 본 한국어 교육의 역사와 과제",「외국
   어로서의 한국어 교육」25·26, 연세대학교 언어 교육연구원, 11-31쪽.

서혁(2007). "한국어 교육과 국어교육의 관계 설정: 상호 발전과 세계화를
   위한 과제",「국어교육학연구」30, 국어교육학회, 51-86쪽.

서혁(2008). "다문화 시대의 한국어 교육",「초등국어교육」17, 서울교대 초
   등국어교육연구소.

서혁(2011). "다문화 시대의 국어교육과 다문화 문식성 교육",「국어교육연
   구」48, 국어교육학회, 1-20쪽.

서혁·박지윤(2009). "다문화 가정 학생의 사회 문화적 배경과 읽기 능력에
   대한 사례 연구",「국어교육학연구」36, 국어교육학회, 393-423쪽.

설동훈(2006). "한국의 다문화 실태, 다문화 사회의 교육: 현황과 대안", 세미나 발표 논문, 유네스코 아시아·태평양 국제이해교육원.

성기철(2001). "한국어 교육과 문화 교육", 「한국어교육」12-2, 국제한국어교육학회, 111-135쪽.

송현정·양정실(2010). "다문화 사회의 국어교육 정책 방향 연구", 한국교육과정평가원 연구보고서.

송현정·양정실(2011). "다문화 사회의 국어교육 변화에 대한 인식 조사 연구", 「한국언어문화학」8-1, 국제한국언어문화학회, 45-63쪽.

심상민(2009). "다문화 사회에서의 문식성(Literacy) 교육의 제 문제", 「국어교육학연구」35, 국어교육학회, 331-359쪽.

양영자(2008). "한국 다문화 교육의 개념 정립과 교육과정 개발 방향 탐색", 이화여자대학교 박사학위논문.

오성배(2006). "한국 사회의 소수 민족, '코시안' 아동의 사례를 통한 다문화 교육의 방향 모색", 「교육사회학연구」16-4, 137-157쪽.

오은순 외(2008). 『다민족·다문화 사회로의 이행을 위한 정책 패러다임 구축(II): 다문화 교육을 위한 범교과 교수·학습 프로그램 개발 연구』, 한국여성정책연구원.

원진숙 외(2011). 「다문화 가정 학생을 위한 한국어(KSL) 교육과정 개발 연구」, 한국교육개발원·서울교육대학교.

원진숙 외(2012). 「다문화적 한국어 교수 역량 강화를 위한 한국어(KSL) 교원 연수 프로그램 개발 연구」, 한국교육개발원.

원진숙(2007). "다문화 시대의 국어교육의 역할", 「국어교육학회 제37회 정기 학술대회 발표집」, 87-101쪽.

원진숙(2008). "다문화 시대의 초등학교 국어과 교육: 다문화 가정 자녀를 위한 한국어 교육 지원 방안을 중심으로", 「초등학교 다문화 교육의 현황과 과제: 2008년 서울교육대학교 초등교육 학술대회 발표집」, 99-123쪽.

원진숙(2009). "다문화 가정 학생을 위한 한국어 교육 프로그램", 「다문화

가정 학생을 위한 한국어 교육 지원 방안 탐색 세미나」, 한국교육과
정평가원, 69-93쪽.

유네스코 아시아·태평양국제이해교육원 엮음(2008). 『다문화 사회의 이해』,
도서출판 동녘.

유럽평의회(2001). 『유럽공통참조기준(Common European Framework of
Reference for Language』, 김한란 외 역(2010), 『언어 학습, 교수, 평가
를 위한 유럽공통참조기준』, 한국문화사.

윤여탁 외(2006a). 『국어교육 100년사 I』, 서울대학교출판부.

윤여탁 외(2006b). 『국어교육 100년사 II』, 서울대학교출판부.

윤여탁(2005). "한국어 문화 교수 학습론", 『21세기 한국어교육학의 현황과
과제』, 한국문화사.

윤준채(2012). "다문화 가정 아동의 읽기 유창성 발달 연구", 「한국초등국
어교육」48, 한국초등국어교육학회, 211-230쪽.

윤희원·서혁(2009). "한국어 능력 시험의 발전 방향", 「한국어능력시험
(TOPIK) 개선 방향 모색을 위한 세미나 - 한국어능력시험의 역사와
발전 방향」, 한국교육과정평가원.

윤희원·심상민·조수진(2008). "다문화 가정 자녀의 교육을 위한 '초급' 교
재 출판 및 '중급' 교재 개발 최종 보고서", 교육과학기술부 연구보고
서.

이경수(2008). "프랑스 다문화 교육의 역사와 현황", 「초등학교 다문화 교
육의 현황과 과제: 2008년 서울교육대학교 초등교육 학술대회 발표
집」, 209-220쪽.

이경화(2006). "균형적 기초 문식성 교육 내용 연구", 「국어교육」120, 한국
어 교육학회, 139-168쪽.

이경화·이향근(2010). "국어과 교육과정 성취기준 진술 방식의 비판적 검
토", 「학습자중심교과교육연구」10-3, 287-311쪽.

이관규(2006). "세계의 자국어 교육 과정에 대한 연구: 내용 영역을 중심으
로", 「새국어교육」72, 81-102쪽.

이남호(2011). "21세기 한국에서의 국어교육", 「한국어문교육」10, 1-21쪽.

이민경(2007). "프랑스 다문화 교육의 배경과 쟁점", 「교육과정평가연구」 10-2, 한국교육과정평가원, 53-76쪽.

이병민(2005). "리터러시 개념의 변화와 미국의 리터러시 교육", 「국어교육」 117, 한국어 교육학회, 133-170쪽.

이보라미(2010). "학습 목적 한국어 교육을 위한 초등학교 국어과 교과서 '활동 지시문' 연구", 「이중언어학」43, 이중언어학회, 325-344쪽.

이소라(2012). "중도 입국 청소년의 학업 문식성 신장을 위한 한국어 교재 개발 연구", 이화여자대학교 석사학위논문.

이승미(2011). "한국,독일,중국,프랑스 교육과정의 개정 배경 및 현황 비교·분석", 「한국교육과정학회 추계학술대회 발표집」, 93-120쪽.

이용승(2010). "다문화주의 정책유형 결정요인 분석 - 미국과 캐나다를 중심으로", 고려대학교 박사학위논문.

이원희(2008). "다문화 시대의 초등 교육과정", 「초등학교 다문화 교육의 현황과 과제: 2008년 서울교육대학교 초등교육 학술대회 발표집」, 29-46쪽.

이재형(2011). "국어과 교과서에서의 비판적 문식성 수용 양상", 「청람어문교육」44, 175-198쪽.

이진숙(2003). "외국어로서의 한국어 교육에서 문화를 통합시키기 위한 교육적 방안", 「국어교육연구」12, 서울대학교 국어교육연구소, 331-350쪽.

이해영(2001a). "한국어 교재의 언어 활동 영역 분석", 「한국어교육」12-2, 국제한국어교육학회, 469-490쪽.

이해영(2001b). "학습자 중심 수업을 위한 교재 분석", 「한국어교육」12-1, 국제한국어교육학회, 199-232쪽.

이해영(2007). "외국인 근로자 자녀를 위한 한국어 교육", 「이중언어학」33, 이중언어학회, 469-496쪽.

이호형(2008). "문화교육의 국어교육적 수용 방안 연구-국어교육과 한국어 교육의 비교를 중심으로", 「한국언어문화학」5-1, 국제한국언어문화

학회, 293-319쪽.

장미혜 외(2008). 『다민족·다문화 사회로의 이행을 위한 정책 패러다임 구축(II): 다문화 역량 증진을 위한 정책·사회적 실천 현황과 발전 방향』, 한국여성정책연구원.

장인실(2006). "미국 다문화 교육과 교육과정", 「교육과정연구」24-4, 한국교육과정학회, 27-53쪽.

장인실(2011). 『공립형 다문화 대안학교 교육과정 총론(시안) 개발 연구』, 한국교육개발원.

장한업(2009a). "프랑스의 상호문화교육과 미국의 다문화 교육의 비교연구", 「프랑스어문교육」32, 한국프랑스어문교육학회, 105-121쪽.

장한업(2009b). "프랑스의 이민정책과 상호문화교육-한국 사회에 주는 시사점을 중심으로", 「불어불문학연구」79, 한국불어불문학회, 633-656쪽.

전은주(2008). "다문화 사회와 제2언어로서의 한국어(KSL) 교육과정의 목표 설정 방향", 「국어교육학연구」33, 국어교육학회, 629-656쪽.

전은주(2009). "다문화 학습자와 일반 학습자의 국어과 교수·학습에 관한 비교 연구", 「국어교육학연구」34, 국어교육학회, 117-150쪽.

정은아(2012). "국어교육의 개선에 관한 연구- 외국의 자국어 교육을 참고하여", 고려대학교 박사학위논문.

정한호(2009). "한국 학생의 미국 공립학교 교실수업 경험에 대한 생태학적 분석", 「교육과정평가연구」12-1, 한국교육과정평가원, 43-72쪽.

정혜승(2008). "문식성(literacy)의 변화와 기호학적 관점의 국어과 교육과정 모델", 「교육과정연구」26-4, 한국교육과정학회, 149-172쪽.

정혜승(2010). "초등학교 저학년 문식성 교육과정의 향방", 「한국초등국어교육」42, 한국초등국어교육학회, 186-216쪽.

조수진·윤희원·진대연(2008). "다문화 가정 자녀를 위한 '학습 한국어' 교재 개발의 방향", 「이중언어학」37, 이중언어학회, 235-264쪽.

조영달(2006). 「다문화 가정 자녀를 위한 교육지원 방안 연구」, 교육인적자원부.

조영달(2008). "한국 다문화 교육의 현황과 정책", 「초등학교 다문화 교육의 현황과 과제: 2008년 서울교육대학교 초등교육 학술대회 발표집」, 1-26쪽.

조항록(2003). "한국어 교재 개발을 위한 기초적 논의: 교재 유형론적 관점에서 본 교재 개발의 현황과 주요 쟁점", 「한국어교육」14-1, 국제한국어교육학회, 249-278쪽.

조항록(2004). "한국 언어문화와 한국어 교육", 「한국언어문화학」1-2, 국제한국언어문화학회, 193-210쪽.

조항록·강승혜(2001). "초급 단계 한국어 학습자를 위한 문화 교수 요목의 개발(1)", 「한국어교육」12-2, 국제한국어교육학회, 491-510쪽.

진선희(2010). "다문화 사회의 국어과 교육 방향", 「학습자중심교과교육연구」10-1, 403-428쪽.

천나영(2010). "다문화 문식성 신장을 위한 읽기 교수·학습 방법 연구-통합 프로젝트 학습을 중심으로", 이화여자대학교 석사학위논문.

최관경(2007). "다문화 시대의 교육적 과제", 「초등교육연구」22, 부산교육대학교 교육연구소, 245-272쪽.

최권진·채윤미(2010). "다문화 가정 자녀 대상 한국어 교육의 현황과 교재 분석", 「한국어문학연구」54, 한국어문학연구학회(구-동악어문학회), 431-462쪽.

최숙기(2007). "국어 교과서 다문화 제재 선정에 관한 연구: 민족과 문화 다양성에 대한 이해를 중심으로", 「독서연구」18, 287-319쪽.

최인자(2001). "문식성 교육의 사회·문화적 접근", 「국어교육연구」8, 서울대학교 국어교육연구소, 191-219쪽.

최인자(2002). "다중 문식성과 언어문화교육", 「국어교육」109, 한국어교육학회, 195-216쪽.

최정순(1997). "'개발자(Developer)'로서의 교사: 교재 개발 및 교과 과정 개발에서의 교사의 역할", 「한국어교육」8, 국제한국어교육학회, 131-159쪽.

하나리(2012). "귀국 중학생을 위한 한국어 교육 방안 연구", 고려대학교 교육대학원 석사학위논문.

한명숙(2009). "다문화국어교육을 지원하는 교수내용지식", 「공주교대논집」 46-2, 187-218쪽.

한순미(1999). 『비고츠키와 교육: 문화-역사적 접근』, 교육과학사.

홍종선(2007). "제대양주 동포의 한국어 교육", 「이중언어학」33, 이중언어학회, 525-550쪽.

황인교(2003). "국내·외 한국어 교재 분석", 「말」28, 연세대학교 한국어학당, 287-329쪽.

나카지마 카즈코(中島和子) 편저(2010). 『マルチリンガル敎育への招待-言語資源としての外國人·日本人年少者』, 이미숙 외 공역(2012), 『이중 언어와 다언어의 교육-캐나다·미국·일본의 연구와 실천』, 한글파크.

호소카와 히데오(細川英雄) 외(2002). 『ことばと文化を結ぶ日本語敎育』, 한국일어교육학회 번역(2012), 『언어와 문화를 잇는 일본어교육』, 시사일본어사.

Au, K.(2008). *Multicultural Issues and Literacy Achievement*, New York, NJ: Routledge Taylor & Francis.

August, D. & Shanahan, T.(eds.)(2006). *Developing Literacy in Second-Language Learners: Report of the National Literacy Panel on Language-Minority Children and Youth*, Mahwah, NJ: Lawrence Erlbaum Associates.

Bachman, L. F.(1990). *Fundamental Considerations in Language Testing*, Oxford, UK: Oxford University Press.

Banks, J. A. & Banks, C. A.(2010). *Multicultural Education: Issues and Perspectives(7th eds.)*, Hoboken, NJ: Wiley.

Banks, J. A.(2008). *An Introduction to Multicultural Education(4th eds.)*, Pearson Education, Inc. 모경환 외 공역(2008). 『다문화 교육 입문』,

아카데미프레스.

Banks, J. A.(2010). Multicultural Education: Characteristics and Goals, In Banks, James. A. & Banks, Cherry A.(eds.). *Multicultural Education: Issues and Perspectives(7th eds.)*, Hoboken, NJ: Wiley.

Barton, D.(2007). *Literacy: An Introduction to the Ecology of Written Language*, Malden, MA: Blackwell Publishing.

Bennett, C. I.(2007). *Comprehensive Multicultural Education: Theory and Practice(6th eds.)*, Boston, MA: Pearson Education, Inc.

Bennett, M.(1996). Intercultural communication in multicultural society, *TESOL Matters, 6(2)*, pp.1-15.

Bently, K.(2010). *The TKT(Teaching Knowledge Test) Course CLIL(Content and Language Integrated Learning) Module*, Cambridge University Press.

Brinton, D. M., Snow, M. A., & Wesche, M. B.(1989). *Content-based Second Language Instruction*, New York: Newbury House.

Brown, D.(2009). Why and How Textbooks should encourage extensive reading, *ELT Journal, 63(3)*, pp.238-245.

Brown, H. D.(2004). *Language Assessment: Principles and Classroom Practice*, White Plains, NY: Pearson Education, Inc.

Brown, H. D.(2007). *Principles of Language Learning and Teaching(5th eds.)*, White Plains, NY: Pearson Education, Inc.

Canale, M. & Swain, M.(1980). Theoretical Bases of Communicative Approaches to Second Language Teaching and Testing, *Applied Linguistics, 1(1)*, pp.1-47.

Carrasquillo, A., Kucer,, S. T. & Abrams, R.(2004). *Beyond the Beginnings: Literacy Interventions for Upper Elementary English Language Learners*, Multilingual Matters Ltd.

Celce-Murcia(2001). *Teaching English as a Second or Foreign Language*,

Heinle & Heinle. 임병민 외(2008). 『교사를 위한 영어 교육의 이론과 실제』. 경문사.

Chamot, A. U. & O'Malley, J. M.(1994). *The CALLA Handbook: Implementing the Cognitive Academic Language Learning Approach*, Addison-Wesley Publishing Company.

Crawford, A. N.(2005). Communicative Approaches to Second Language Acquisition From Oral Language Development into the Core Curriculum and L2 Literacy, In Leyba, C. F.(eds.). *Schooling and Language Minority Students: a theoretico-practical framework(3rd eds.),* California State University, Los Angeles: Evaluation, Dissemination and Assessment Center. pp.65-118.

Cullinan, B. E.(2006). *Read to me: Raising Kids Who Love to Read*, Scolastic.

Cummins, J.(1979). Cognitive/Academic Language Proficiency, Linguistic Independence, the Optional Age Question and Some Other Matters, *Working Papers on Bilingualism 19*.

Cummins, J.(1980). The Cross-Lingual Dimensions of Language Proficiency: Implications for Bilingual Education and the Optimal Age Issue, *TESOL Quarterly, 14(2)*, pp.175-187.

Cummins, J.(2000). *Language, power and pedagogy: Bilingual children in the crossfire*. Clevedon: Multilingual Matters LTD.

Cummins, J.(2005). Teaching the Language of Academic Success: A Framework for School-Based Language Policies, In Leyba, C. F.(eds.). *Schooling and Language Minority Students: a theoretico-practical framework(3rd eds..)*, California State University, Los Angeles: Evaluation, Dissemination and Assessment Center. pp.3-32.

Day, R. R.(1981). Silence and the ESL Child, *TESOL Quarterly, 15(1)*, pp.35-39.

Diane Larsen-Freeman(2000). *Techniques and Principles in Language*

Teaching(2nd eds.), Oxford, UK: Oxford University Press.

Duff, Patricia A.(2005). ESL in Secondary Schools: Programs, Problematics, and Possibilities, In Hinkel, E.(eds.). *Handbook of Research in Second Language Teaching and Learning*. Mahwah, NJ: Lawrence Erlbaum Associates. pp.45-63.

Echevarria, J., Short, D. & Vogt, M.(2008). *99 Ideas and Activities for Teaching English Learners with the SIOP Model*. New York: Pearson Education.

Echevarria, J., Vogt, M. & Short, D.(2010). *Making content comprehensible for Elementary English Learners: The SIOP Model*, New York: Pearson Education.

Echevarria, J., Vogt, M. & Short, D.(2012). *Making content comprehensible for English Learners: The SIOP Model (4th eds.)*, New York: Pearson Education.

Ellis, R.(2003). *Task-based Language Learning and Teaching*, Oxford, UK: Oxford University Press.

Fitzgerald, J., Garcia, G. E., Jiménez, R. T. & Barrera, R.(2000). How will bilingual/ESL programs in literacy change in the next millennium?, *Reading Research Quarterly 35(4)*, pp.520-523.

Gibson, S.(2008). Reading Aloud: a useful learning tool?, *ELT Journal 62(1)*, pp.29-36.

Graves, K.(2000). *Designing Language Course: A Guide for Teachers*, Boston, MA: Thomson Heinle.

Halliday, M. A. K. & Matthiessen, C.(2004). *An Introduction to Functional Grammar(3rd Eds.)*, New York, NY: Oxford University Press.

Hardley, Alice Omaggio(2001). *Teaching Language in Context(3rd Eds.)*, Boston: MA: Heinle & Heinle.

Hawkins(2005). ESL in Elementary Education, In Hinkel, E.(eds.)(2005).

Handbook of Research in Second Language Teaching and Learning. Mahwah, NJ: Lawrence Erlbaum Associates, pp.25-43.

Hinkel, E.(1999). *Culture in Second Language Teaching and Learning*, Cambridge University Press.

Hirsch, Jr., E. D.(1987). *Cultural Literacy: What Every American Needs to Know*, Boston: Houghton Mifflin Company.

Jordan, R. R.(1997). *English for Academic Purpose: A guide and resource book for teachers*, Cambridge, UK: Cambridge University Press.

Krahen, S. D.(1985). *The input hypothesis: Issues and implications*, London: Longman.

Krashen, S. D.(1989). We acquire vocabulary and spelling by reading: additional evidence for the input hypothesis. *The Modern Language Journal 73(4)*, pp.440-464.

Krahen, S. D.(1995). *Principle and practice in second language acquisition*. Prentice Hall Europe. 김윤경 역(2000). 『외국어 교육 이론과 실제: 학습인가, 습득인가?』, 서울: 한국문화사.

Krashen, S. D.(2005). Bilingual Education and Second Language Acquisition Theory, In Leyba, C. F.(eds.). *Schooling and Language Minority Students: a theoretico-practical framework(3rd eds.)*, California State University, Los Angeles: Evaluation, Dissemination and Assessment Center, pp.33-64.

Li, G.(2009). *Multicultural Families, Home Literacies, and Mainstream Schooling*, Charlotte, NC: IAP-Information Age Publishing.

Maddalena de Carlo(1998). *L'interculturel*, 장한업 역(2011). 『상호문화이해 하기: 개념과 활용』, 한울.

Marsh, C. J.(2004). *Key Concepts for Understanding Curriculum*, New York, NY: RoutledgeFalmer.

Martine Abdallah-Pretceille(1999). *L'éducation interculturelle*, 장한업 역

(2010). 『유럽의 상호문화교육: 다문화 사회의 새로운 교육적 대안』, 도서출판 한울.

McNamara, T.(2000). *Language Testing*, Oxford, UK: Oxford University Press.

Met, M.(1998). Curriculum decision-making in Content-based Language Teaching, In J. Cenoz & F. Genesee (eds.) *Beyond Bilingualism: Multilingualism and Multilingual Education*, Clevedon, UK: Multilingual Matters, pp.35-63.

Mohan, B. A.(1979), Relating Language Teaching and Content Teaching, *TESOL Quarterly, 13(3)*, pp.171-182.

Nunan, D.(1988). *Syllabus Design*, Oxford, UK: Oxford University Press.

Nunan, D.(1999). *Second Language Teaching and Learning*, An International Thomson Publishing Company.

Nunan, D.(2004). *Task-Based Language Teaching*, New York, NY: Cambridge University Press.

Ortega, L.(2009). *Understanding Second Language Acquisition*, London, UK: Hodder Education.

Richards, J. C. & Rodgers, Theodore S.(2001). *Approaches and Methods in Language Teaching(2nd eds.)*, New York, NY: Cambridge University Press.

Richards, J. C.(2001). *Curriculum Development in Language Teaching*, New York, NY: Cambridge University Press.

Seelye, H. N.(1993). *Teaching Culture: Strategies for Intercultural Communication*, Lincolnwood, IL: National Textbook Company.

Sheu, H.(2008). The Value of English Picture Story Books, *ELT Journal 62(1)*, pp.47-55.

Snow, M. A.(2005a). A Model of Academic Literacy for Integrated Language and Content Instruction, In Hinkel, Eli(eds.), *Handbook of Research* in *Second Language Teaching and Learning(3rd eds.)*, Mahwah, NJ: Lawrence Erlbaum Associates, pp.693-712.

Snow, M. A.(2005b). Primary Language Instruction: A Bridge to English Language Development, In Leyba, C. F.(eds.). *Schooling and Language Minority Students: a theoretico-practical framework(3rd eds.)*, California State University, Los Angeles: Evaluation, Dissemination and Assessment Center, pp.119-160.

Snow, M. A., Met, M. & Genesee, F.(1989). A Conceptual Framework for the Integration of Language and Content in Second/ Foreign Language Instruction, *TESOL Quarterly 23(3)*, pp. 201-217.

Tarone, E., Bigelow, M. & Hansen, K.(2009). *Literacy and Second Language Oracy*, Oxford University Press.

Thunberry, S.(1999). *How to Teach Grammar*, Pearson education limited. 이관규 외(2009). 『문법을 어떻게 가르칠 것인가?』, 한국문화사.

Trelease, J.(2006). *The Read-Aloud Handbook(6th ed.)*, Penguin Books.

Van Dijk, T. A.(1985). *Handbook of Discourse Analysis: Volume 1, Disciplines of Discourse*, Orlando, FL: Academic Press.

Vygotsky, L. S.(1962, 1986). *Thought and Language*, Cambridge, MA: MIT Press. A.Kozulin 편; 윤초희 역(2011), 『사고와 언어』, 교육과학사.

Vygotsky, L. S.(1978). *Mind in Society: The Development of Higher Psychological Progresses*. M. Cole 엮음(1939); 정회욱 옮김(2009), 『마인드 인 소사이어티 : 비고츠키의 인간 고등심리 과정의 형성과 교육』, 학이시습.

Wiley, T. G.(2005). Second Language Literacy and Biliteracy, In Hinkel, E.(eds.) *Handbook of Research in Second Language Teaching and Learning,* Lawrence Erlbaum Associates, pp.529-544.

Willis, J. (1996). *A Framework for Task-Based Learning*. Addison Wesley Longman Ltd.

■ 참고 자료

교육과학기술부(2011). 『국어과 교육과정』

교육과학기술부(2012). 『한국어 교육과정』

日本 文部科學省(2004). 「學校敎育における JSL カリキュラムの開發につい
て(最終報告): 小學校編」.

日本 文部科學省(2007). 「學校敎育における JSL カリキュラム(中學校編)」.

日本 文部科學省. 「海外子女敎育, 歸國・外國人兒童生徒敎育等に關する總合
ホームページ」, CLARINET(Children Living Abroad and Returnees
Internet)

Virginia Department of Education(2002). *English Standards of Learning for
Virginia Public School*, Commonwealth of Virginia Department of
Education Richmond, Virginia.

Virginia Department of Education(2004). *English Standards of Learning:
ENHANCED SCOPE and SEQUENCE*, Commonwealth of Virginia
Department of Education Richmond, Virginia.

Virginia Department of Education(2010). *English Standards of Learning:
Curriculum Framework*, Commonwealth of Virginia Department of
Education Richmond, Virginia.

WIDA(2004). *Understanding the WIDA English Language Proficiency
Standards: A Resource Guide, 2004 Edition.*

WIDA(2007). *Understanding the WIDA English Language Proficiency
Standards: A Resource Guide, 2007 Edition.*

http://www.corestandards.or/gthe-standards (2012.3.2 검색)

http://www.doe.virginia.gov/testing/sol/standards_docs/english (2012.3.2 검색)

http://www.mext.go.jp/a_menu/shotou/clarinet/003/001/008.htm (2012.3.2 검색)

http://wida.us (2012.3.2 검색)

설문조사지

이 설문은 다문화 배경 학생을 위한 한국어 교육과정 개발 방안 연구를 위해 마련되었습니다. 다문화 배경 학생 대상 한국어 교육의 현황과 현장의 요구를 파악하기 위한 내용으로 구성되어 있습니다. 총 문항 수는 기본 정보 파악 문항을 포함하여 34문항이며 5장 분량으로 20분 정도의 시간이 소요될 것으로 보입니다. 설문에 응해 주셔서 감사드리며, 본 설문 결과는 연구에만 사용할 것을 약속드립니다.

※ **설문 응답 방법**
- **해당 번호나 항목에 ∨표시, <u>밑줄 표시</u>, 빨간색 표시, 직접 답변 쓰기 등 편한 방법을 선택하여 응답해 주세요.**

<기본 정보>

1	성별	① 남자 ② 여자
2	연령	① 20대 ② 30대 ③ 40대 ④ 50대 ⑤ 60대
3	교직경력	① 1-5년 ② 6-10년 ③ 11-15년 ④ 16-20년 ⑤ 21-25년 ⑥ 26-30년 ⑦ 31년 이상
4	담당 교과	① 국어 ② 수학 ③ 사회 ④ 과학 ⑤ 영어 ⑥ 제2외국어 ⑦ 기타 : ( )
5	다문화 배경 학생을 가르치거나 담임을 해 본 경험	① 있다 ② 없다
6	학교급	① 초등학교 ② 중학교 ③ 고등학교
7	학교 유형	① 다문화 예비학교 ② 글로벌 다문화 선도학교 ③ 다문화교육 거점학교 ④ 탈북학생 대안학교 ⑤ 일반 초·중·고등학교 ⑥ 기타:( )

8	학교명	지　역 : (　　　　　　　　　) 학교명 : (　　　　　　　　　)
9	다문화 배경 학생 재학 여부	① 있다　② 없다
10	다문화 배경 학생 수	다문화 배경 학생 수 : (　　　　　　)

11. 귀교에는 다문화 배경 학생을 위한 한국어 교육과정이 마련되어 있습니까?
  (　　　)
  ① 예　　　　　　　　　　　② 아니오

12. 한국어 수업은 어떤 방식으로 운영되고 있습니까? [복수답변 가능]
  (　　　)
  ① 다문화 배경 학생을 모아서 방과 후 수업 형태로 운영
  ② 다문화 배경 학생을 주요 교과 시간에만 분리해서 교육
  ③ 다문화 배경 학생만을 위한 특별학급으로 운영
  ④ 다문화 배경 학생만을 위한 주말 특별학급으로 운영
  ⑤ 다문화 배경 학생만을 위한 방학 집중 프로그램으로 운영

13. 주당 어느 정도의 수업 시수로 한국어 수업이 운영되고 있습니까?
  (　　　)
  ① 주당 4시간 이하　　　　② 주당 5시간 – 9시간
  ③ 주당 10시간 – 14시간　　④ 주당 15시간 – 19시간
  ⑤ 주당 20시간 이상　　　　⑥ 기타 : (　　　　　　)

14. 한국어 수업은 누가 담당하고 있습니까? [복수답변 가능] (　　　　)
  ① 담임교사　　　　　　　　② 국어과 교사
  ③ 한국어 강사　　　　　　　④ 다문화담당교사
  ⑤ 방과후학교 강사　　　　　⑥ 기타 : (　　　　　　　　)

15. 다문화 배경 학생을 위한 한국어 교육에 주로 사용하는 교재는 무엇인가요?
  [복수답변 가능] (　　　　　　)
  ① 정부나 중앙기관에서 개발·보급한 교재
  ② 각 시도교육청 자체 개발 교재
  ③ 시중에 판매되고 있는 일반 한글학습 교재
  ④ 교사가 직접 제작한 학습지

⑤ 기타 : (   )

16. 귀교에서 사용하고 있는 교재의 장점은 무엇입니까? (   )
① 학생의 한국어 능력 수준에 맞게 구성되어 있다.
② 기본적인 의사소통 능력 향상에 도움이 되도록 구성되어 있다.
③ 타 교과 학습에 도움이 되는 내용으로 구성되어 있다.
④ 한국어 학습에 대한 흥미를 유발하도록 구성되어 있다.
⑤ 기타 : (   )

17. 귀교에서 사용하고 있는 교재의 단점은 무엇입니까? (   )
① 본문의 내용이 학습자의 상황에 맞지 않는다.
② 타 교과와의 연계성이 적어 교과 학습에 도움이 되지 않는다.
③ 교재에 담긴 어휘의 수준과 양이 적당하지 않다.
④ 교재에 담긴 문법의 수준과 양이 적당하지 않다.
⑤ 기타 : (   )

18. 다문화 배경 학생들이 한글 자모를 익히는데 최소한 어느 정도의 시간이 필요하다고 보시나요? (   )
① 1주   ② 2주-3주
③ 한 달 내외   ④ 3개월 내외
⑤ 6개월 내외   ⑥ 기타 : (   )

19. 다문화 배경 학생들이 기본적인 의사소통 능력을 갖추는데 최소한 어느 정도의 시간이 필요하다고 보시나요? (   )
① 3개월   ② 6개월
③ 1년   ④ 1년 반
⑤ 2년   ⑥ 기타 : (   )

20. 다문화 배경 학생들이 교과 수업을 이해하는 데까지 최소한 얼마 정도의 시간이 필요하다고 보시나요? (   )
① 3개월   ② 6개월
③ 1년   ④ 2년
⑤ 3년   ⑥ 기타 : (   )

21. 다문화 배경 학생들이 특히 어려워하는 교과는 무엇입니까? (   )
① 국어   ② 수학
③ 사회   ④ 과학

⑤ 기타 : (   )

22. 다문화 배경 학생들이 특정 교과를 어려워하는 이유는 무엇입니까?
( )
① 교과 학습에 필요한 주요 개념어를 몰라서
② 교과 학습에 필요한 사고 도구어(비교하기, 분류하기 등)를 몰라서
③ 교과의 내용에 대한 기초 지식이나 배경지식이 부족해서
④ 기타 : (   )

23. 다문화 배경 학생을 위한 교과 학습은 어떻게 하고 계십니까? [복수답변
가능] ( )
① 다문화 배경 학생을 특별히 따로 가르치지는 못하고 있다.
② 주요 교과의 핵심 내용을 정리한 학습지를 따로 만들어 배부한다.
③ 수업 시간에 사전을 사용하게 한다.
④ 도움을 줄만한 친구를 짝지어 준다.
⑤ 기타 : (   )

24. 다문화 배경 학생을 위한 교수-학습 자료 개발과 활용은 어떻게 하고
계십니까? [복수답변 가능] ( )
① 교사가 직접 만들어 사용한다.
② 일반 참고서나 문제집을 활용해 만들어 사용한다.
③ 관련 웹사이트의 자료를 다운 받아 사용한다.
④ 기타 : (   )

25. 한국어 수업은 어떤 방식으로 운영되어야 한다고 생각하십니까? ( )
① 다문화 배경 학생을 모아서 방과 후 수업 형태로 운영
② 다문화 배경 학생을 주요 교과 시간에만 분리해서 교육
③ 다문화 배경 학생만을 위한 특별학급으로 운영
④ 다문화 배경 학생만을 위한 주말 특별학급으로 운영
⑤ 다문화 배경 학생만을 위한 방학 집중 프로그램으로 운영
⑥ 기타 : (   )

26. 주당 어느 정도의 수업 시수로 한국어 수업이 운영되어야 한다고 생각하십
니까? ( )
① 주당 4시간 이하   ② 주당 5-9시간
③ 주당 10-14시간   ④ 주당 15-19시간
⑤ 주당 20시간 이상   ⑥ 기타 : (   )

27. 한국어 교육과정 개발 시 영역 구분은 어떻게 해야 한다고 생각하십니까?
( )
① 표현, 이해
② 구두언어, 문자언어
③ 언어기능, 언어지식, 문화
④ 말하기, 듣기, 읽기, 쓰기
⑤ 말하기, 듣기, 읽기, 쓰기, 문법, 어휘
⑥ 말하기, 듣기, 읽기, 쓰기, 문화, 태도
⑦ 말하기, 듣기, 읽기, 쓰기, 문법, 어휘, 문화, 태도
⑧ 기타: ( )

28. 한국어 교육과정 개발 시 단계 구분은 어떻게 해야 한다고 생각하십니까?
( )
① 학년별로 한국어 성취기준을 정해 단계 구분을 한다.
② 2-3개 학년씩 묶은 후 한국어 성취기준에 따른 단계 구분을 한다.
③ 학년과 무관하게 한국어 수준만을 고려해 단계 구분을 한다.
④ 초등학교, 중학교, 고등학교를 따로 나눈 후 단계 구분을 한다.
⑤ 기타 : ( )

29. 한국어 교육과정 개발 시 단계 설정은 몇 개로 해야 한다고 생각하십니까?
( )
① 3개 등급으로 나눈다.　　② 4개 등급으로 나눈다.
③ 5개 등급으로 나눈다.　　④ 6개 등급으로 나눈다.
⑤ 기타 : ( )

30. 한국어 교육과정 개발 시 무엇에 초점을 두어야 합니까? 중요한 순서대로 번호를 써 주세요.
① 기본적인 의사소통능력 신장에 초점을 두어야 한다. ( )
② 교과 학습 능력 신장에 초점을 두어야 한다. ( )
③ 학교 문화와 또래 문화 이해에 초점을 두어야 한다. ( )
④ 한국의 문화에 대한 이해에 초점을 두어야 한다. ( )
⑤ 상호문화이해를 통한 정체성 함양에 초점을 두어야 한다. ( )

31. 다문화 배경 학생을 위한 한국어 교육과정에서 반드시 다루어야 할 주제는 무엇입니까? 5개만 골라 주세요.

가게, 가족, 감정, 건강, 견학, 계절·날씨, 계획, 고향, 공공장소, 관혼상
제, 교육, 교통, 국가, 규칙, 기분, 꿈, 돈, 모양, 문화, 물건, 방학, 방향,
버릇, 병, 병원, 봉사, 사고, 생일, 성격, 속담·격언, 습관, 시간·날짜,
신체, 식당, 실수, 약속, 어린 시절, 여행, 역사, 예절, 옷, 외모, 운동,
위치·장소, 유행, 음식, 인사, 인물, 인터넷, 자기소개, 자연현상, 전통,
조리법, 존칭, 주말활동, 진로·직업, 초대, 추억, 축제·명절, 취미, 취업,
친구관계, 컴퓨터, 학교생활, 환경

32. 다문화 배경 학생을 위한 한국어 교육과정에서 반드시 다루어야 할 기능은 무엇입니까? 5개만 골라 주세요.

감정 표현하기, 거절하기, 격려하기, 기관·시설(병원, 우체국, 은행
등) 이용하기, 권유하기, 금지표현하기, 기술하기, 길 묻기, 대답하기,
동의 구하기, 동의하기, 명령하기, 묘사하기, 물건사기, 부탁하기, 비교
하기, 비유하기, 사과하기, 설명하기, 소개하기, 아픈 증상 말하기,
약속하기, 예를 들어 말하기, 요약하기, 요청하기, 의견 표현하기,
이유와 까닭 말하기, 인사하기, 전화하기, 정보 주고받기, 정의하기,
제안하기, 주문하기, 추측하기, 축하하기, 충고하기, 칭찬하기, 확인하
기, 후회 표현하기

33. 다문화 배경 학생을 위한 한국어 교육과정에서 반드시 다루어야 할 텍스트 의 종류는 무엇입니까? 5개만 골라 주세요.

간판, 감상문, 관찰보고서, 광고, 그림책, 기사문, 기행문, 노래, 뉴스,
대화문, 도표, 독후감, 동화, 시, 만화, 메모, 문자 메시지, 비평문, 생활문,
설명문, 소설, 상담하는 글, 수필, 신문기사, 안내문, 안내방송, 연설,
요약하는 글, 우화, 이메일, 인터넷 게시판, 인터뷰, 일기, 일기예보,
자기소개서, 전기문, 전화, 초대장, 토론·토의, 편지, 표지판

34. 마지막으로 다문화 배경 학생 한국어 교육과 관련해 선생님께서 경험하신 문제점, 애로사항, 개선 및 요구사항 등에 대해 자유롭게 의견을 제시해

주시기 바랍니다.

설문에 응해 주셔서 진심으로 감사드립니다.

Grades 1-2

ELP Standard 5: The Language of Social Studies, Formative Framework

WIDA CONSORTIUM

	Example Topics	Level 1 Entering	Level 2 Beginning	Level 3 Developing	Level 4 Expanding	Level 5 Bridging	Level 6- Reaching
LISTENING	Neighborhoods/ Communities	Match signs around neighborhoods with actions based on oral commands and pictures, realia or field trips (e.g., "Stop, look, listen" at railroad crossings) with a partner	Identify signs or places in communities from oral statements and pictures, realia or field trips (e.g., "Firefighters work here.") with a partner	Locate places in relation to other places or signs in neighborhoods or communities from pictures, maps or field trips and oral statements (e.g., "The house is next to the park.") with a partner	Find specific locations on neighborhood or community maps based on detailed oral statements (e.g., "The school is at the corner of First and Oak.") with a partner	Construct or complete neighborhood or community maps with places and signs based on a series of oral directions	
SPEAKING	Families & responsibilities	State what families do based on gestures or modeling in small groups	Share personal responsibilities within a family based on pictures or role playing (e.g., "I feed the dog.") in small groups	Compare responsibilities of family members (e.g., younger and older siblings) based on pictures, role playing or personal experiences in small groups	Propose changes to personal or family responsibilities based on role playing or personal experiences in small groups	Discuss or rate importance of personal or family responsibilities in small groups	
READING	Money & banking	Use phonetic clues to sort or match real or visuals of currencies from around the world, (e.g., peso, penny)	Associate words or phrases related to currencies with illustrated word/phrase walls or picture books	Match simple sentences about familiar experiences with uses of currency shown in illustrations	Sequence illustrated sentences about familiar experiences with uses of currency to make a story	Select titles for grade-level stories about money and banking	
WRITING	Homes & habitats	Draw and label pictures of different types of homes or habitats from models (e.g., on bulletin boards)	Identify different types of homes or habitats from pictures or models using general vocabulary (e.g., "Birds here.")	Describe different types of homes or habitats from illustrations using some specific vocabulary (e.g., "Birds live in nests.")	Compare different types of homes or habitats from illustrated scenes using specific vocabulary (e.g., hives v. caves)	Produce stories about different types of homes or habitats using grade-level vocabulary	

		Level 6- Reaching				
Example Topics	Level 1 Entering	Level 2 Beginning	Level 3 Developing	Level 4 Expanding	Level 5 Bridging	
LISTENING — Land forms/ Bodies of water	Match land forms or bodies of water based on oral questions or directions	Identify characteristics of land forms or bodies of water from oral descriptions and visuals (e.g., "You see many hills. This one is the highest.")	Classify or group land forms or bodies of water by common characteristics described orally with visuals (e.g., oceans, rivers, streams)	Locate land forms or bodies of water based on specific language, descriptive oral discourse and visuals	Differentiate land forms or bodies of water based on specific language and oral scenarios (e.g., mountains, hills or plateaus)	
SPEAKING — Community workers	Name community workers shown doing their jobs in pictures or illustrated scenes	State roles of community workers in pictures or illustrated scenes	Describe encounters or interactions with community workers in illustrated scenes	Explain importance or contributions of community workers in illustrated scenes	Predict impact of community workers in emergencies or unusual situations	
READING — Artifacts of the past	Match labeled pictures with illustrated artifacts of the past	Sort types of artifacts of the past (e.g., transportation v. communication) described in illustrated phrases	Compare/contrast information about artifacts of the past from illustrated text	Summarize information about artifacts of the past from illustrated text	Interpret explicit information about artifacts of the past from illustrated text	
WRITING — Products in the marketplace	Reproduce or label pictures of products in the marketplace from illustrated word banks	Describe products in the marketplace from illustrated examples	Compare attributes of two products in the marketplace from illustrated examples	State uses of products in the marketplace from illustrated examples	Evaluate usefulness of products in the marketplace and give reasons for choices or decisions	

ELP Standard 5: The Language of Social Studies, Summative Framework

WIDA CONSORTIUM

Grades 1-2